马克思主义理论研究和建设工程重点教材《西方经济学》（上册）配套习题集

- 二十一世纪“双一流”建设系列精品教材
- 中 央 高 校 教 育 教 学 改 革 专 项
- 四川省精品课程建设项目“西方经济学”配套教材

微观经济学习题集

（第三版）

主编○袁正

U0952792

西南财经大学出版社
四川·成都

图书在版编目(CIP)数据

微观经济学习题集 / 袁正主编.--3 版.--成都:
西南财经大学出版社,2025. 1. --ISBN 978-7-5504-6358-5
Ⅰ. F016-44
中国国家版本馆 CIP 数据核字第 2024C50X57 号

微观经济学习题集(第三版)

主编　袁正

责任编辑:李晓嵩
责任校对:杜显钰
封面设计:何东琳设计工作室
责任印制:朱曼丽

出版发行	西南财经大学出版社(四川省成都市光华村街 55 号)
网　　址	http://cbs. swufe. edu. cn
电子邮件	bookcj@ swufe. edu. cn
邮政编码	610074
电　　话	028-87353785
照　　排	四川胜翔数码印务设计有限公司
印　　刷	郫县犀浦印刷厂
成品尺寸	185 mm×260 mm
印　　张	20. 125
字　　数	527 千字
版　　次	2025 年 1 月第 3 版
印　　次	2025 年 1 月第 1 次印刷
印　　数	1— 3000 册
书　　号	ISBN 978-7-5504-6358-5
定　　价	49. 80 元

第三版前言

Preface to the Third Edition

《微观经济学习题集》以马克思主义理论研究和建设工程（以下简称“马工程”）重点教材《西方经济学》（上册）为蓝本。“马工程”版《西方经济学》（上册）的内容是现代经济学中的微观经济学部分。该教材以马克思主义为指导，介绍现代微观经济学的基本原理和分析方法，用马克思主义基本原理特别是马克思主义经济学原理对微观经济学理论和政策进行评述，这有利于指导中国特色社会主义市场经济实践，不忘本来，吸收外来，面向未来。

《微观经济学习题集》的章节完全参照“马工程”版《西方经济学》（上册），包括导论，需求、供给和均衡价格，消费者选择，企业的生产和成本，完全竞争市场，不完全竞争市场，生产要素市场和收入分配，一般均衡和效率，市场失灵和微观经济政策。《微观经济学习题集》涵盖了“马工程”版《西方经济学》（上册）的基本知识和分析方法，对该教材每章的思考题也做出了详细的参考解答。

编者从事微观经济学教学工作已有17年，编者根据教学经验及国内微观经济学教学、应试（包括研究生入学考试）的现状，适当编写了一些难度略高的题目。对于高年级本科生而言，《微观经济学习题集》的全部内容都应该加以掌握；对于低年级本科生而言，部分难度略高的题目仅供练习参考。《微观经济学习题集》所有习题都给出了参考答案。

在编写《微观经济学习题集》的过程中，西南财经大学经济学院硕士研究生石雨曦、刘璐做了校对工作。西南财经大学出版社的李晓嵩编辑对《微观经济学习题集》的编辑和出版做了大量的工作。西南财经大学经济学院微观经济学教学团队对《微观经济学习题集》给予非常多的指导，吴开超、刘恒、鲁利民、李毅、刘金石、谢洪燕、吴应军、郑雪梅、田超岳、程瑶、赵劲松、张安全、王湛、王帝、张凯霞、盛大林、黄大康、刘柯含、林熙、徐扬帆、李元哲等老师对《微观经济学习题集》给予了很多的支持和帮助。西南财经大学经济学院盖凯程院长、韩文龙副院长对本书给予了很大支持，在此一并表示由衷的谢意。

《微观经济学习题集》第一版和第二版得到很多读者的喜爱，在市场上反响良好。使用《微观经济学习题集》的学生在微观经济学课程学习中均有很大的收获。一些学生、教师指出了《微观经济学习题集》第二版中存在的错误，我们在第三版中做了订正。《微观经济学习题集》第二版中遗漏的知识点，我们在第三版中也做了习题补充。在此对指出错误的所有学生、教师表示衷心的感谢。吴冠阳同学在修订过程中做了一些编辑工作，在此表示感谢。

在编写《微观经济学习题集》的过程中，编者参考了一些教材特别是习题，未能一一标清来源，还请原作者见谅，并及时与编者沟通，编者会做出相应的删除或修改。对《微观经济学习题集》中存在的任何错误和不足，请读者朋友和同行专家帮助指正，你们的纠错、指导将有助于我们完善《微观经济学习题集》，为以后的青年学子打造一本规范、适用的微观经济学配套习题集。

主编邮箱：yuanzhengok@ swufe.edu.cn。

袁正

2025 年 1 月于成都

目录 CONTENTS

习题部分

参考答案部分

习题部分

导论

一、思考题

1. 如何界定西方经济学？试述西方经济学的研究对象和研究方法。
2. 西方经济学是如何产生、发展和演变的？
3. 为什么了解与研究西方经济学？如何了解与研究西方经济学？

二、单项选择题

1. 经济学可以定义为（　　）。
   A. 研究政府如何运作　　B. 研究企业如何创造利润
   C. 研究家庭怎么赚钱
   D. 研究如何配置稀缺的资源，以满足各种用途
2. 稀缺性是指（　　）。
   A. 资源太少
   B. 资源相对于人类的无限欲望而言不足
   C. 资源正在消耗殆尽　　D. 以上都不对
3. 西方经济学主张通过（　　）配置资源。
   A. 政府　　B. 市场机制　　C. 发改委　　D. 企业家
4. 经济问题产生于（　　）。
   A. 资源的稀缺性　　B. 资源配置的权力欲
   C. 政府对资源的控制欲　　D. 以上都不是
5. 西方经济学研究的基本问题是（　　）。
   A. 生产什么　　B. 如何生产　　C. 为谁生产　　D. 以上都是

6. 微观经济学的研究对象是（　　）。

A. 个体经济单位的经济行为　　B. 总体经济现象

C. 局部经济现象　　D. 小的经济现象

7. 微观经济学的中心理论是（　　）。

A. 计划理论　　B. 价格理论　　C. 需求理论　　D. 生产理论

8. 关于生产可能性曲线，下列选项中，错误的是（　　）。

A. 在生产要素和技术既定情况下，一个经济体所能生产的产品数量的组合的图形

B. 生产要素增加或技术进步，导致生产可能性曲线向外移动

C. 在生产要素和技术不变时，要增加某产品的生产数量，必须减少别的产品的生产数量

D. 生产可能性曲线凸向原点

9. 关于生产可能性曲线，下列选项中，错误的是（　　）。

A. 给出了稀缺性条件下能生产的产品组合

B. 生产可能性曲线上的点，都实现了有效率的生产

C. 随着生产某产品的数量不断增加，多生产一单位该产品必须放弃别的产品的数量越来越多

D. 生产可能性曲线的斜率（绝对值）越来越小

10. “经济人”假设是指（　　）。

A. 经济主体是自私的

B. 经济主体是利他的

C. 经济主体是市场参与者

D. 经济主体是自利的，且追求利益最大化

11. 经济学所说的理性是指（　　）。

A. 自利的　　B. 自私的　　C. 追求利益最大化　　D. 追求完全信息

12. 下列选项中，（　　）不是微观经济学的问题。

A. 张三一家的消费决策　　B. 张三的消费决策

C. 张三所在公司的生产决策　　D. 张三所在的国家消费增长缓慢

13. 实证分析研究（　　）。

A. “是什么”的问题　　B. “为什么”的问题

C. “怎么做”的问题　　D. “应该是什么”的问题

14. 规范分析研究（　　）。

A. “是什么”的问题　　B. “为什么”的问题

C. “怎么做”的问题　　D. “应该是什么”的问题

15. 经济学所讲的均衡，（　　）。

A. 是在其他情况不变时，各种经济变量的值不再变化的一种状态

B. 均衡一般是一种静止状态

C. 均衡会随着外生变量的改变而改变　D. 以上说法都正确

16. 下列选项中，关于均衡的说法错误的是（　　）。
   A. 局部均衡是指某种产品或生产要素的供给和需求达到均衡的状态
   B. 一般均衡是指各种产品和生产要素同时实现供求均衡的状态
   C. 经济学所讲的均衡只针对供求均衡
   D. 均衡是外生变量给定时实现的静止状态
17. 关于经济模型，下列选项中，错误的是（　　）。
   A. 经济模型是描述和研究经济现象的理论结构
   B. 主要运用数学工具建立经济模型
   C. 图表、图形可以用作经济模型
   D. 经济模型是数学公式
18. 关于经济模型中的经济变量，下列选项中，错误的是（　　）。
   A. 经济变量区分为外生变量和内生变量
   B. 内生变量是指由模型决定的变量
   C. 外生变量是指模型以外的因素决定的变量
   D. 由内生变量和模型结构决定外生变量
19. 关于静态分析，（　　）。
   A. 分析经济现象的均衡状态
   B. 根据既定的外生变量求得内生变量
   C. 在图形上表现为分析均衡点
   D. 以上说法都正确
20. 关于比较静态分析，（　　）。
   A. 分析已知条件变化后，经济现象均衡状态的变化
   B. 分析外生变量的变化对内生变量有何影响
   C. 在图形上表现为外生条件发生变化后均衡点的变化
   D. 以上说法都正确
21. 关于边际分析，（　　）。
   A. 分析经济变量的边际变化对其他经济变量有何影响
   B. 在数学上，体现为求导数或微分
   C. 在图形上，通常体现为斜率
   D. 以上说法都正确
22. 人们在资源配置中离不开权衡选择的宿命，根本原因在于（　　）。
   A. 人性贪婪　　B. 资源的稀缺性
   C. 多样化选择　　D. 人们的主观偏好不同
23. 机会成本可理解为（　　）。
   A. 为了得到某种东西所必须放弃的东西
   B. 使用的资源放弃的其他用途所能获得的最大价值
   C. 最优化时，使用的资源放弃的次优选择的价值
   D. 以上说法都正确

24. 沿着生产可能性边界，随着某种产品的数量不断增加，单位该产品的机会成本（　　）。

A. 趋于增加　　B. 趋于减少　　C. 保持不变　　D. 以上都不对

25. “看不见的手”是指（　　）。

A. 政府　　B. 市场　　C. 税收　　D. 贸易

26. 微观经济学解释的核心命题是（　　）。

A. 市场机制是配置资源的好方法　　B. 政府是配置资源的好方法

C. 市场总是会失灵的　　D. 以上都不对

27. 混合经济是指（　　）。

A. 经济体制既有市场经济的成分，也有计划经济的成分

B. 以市场经济为主、计划经济为辅

C. 以计划经济为主、市场经济为辅

D. 让市场在资源配置中起决定性作用

28. 在研究关注的变量与变量之间的关系时，要做出（　　）。

A. 其他条件不变假设　　B. 理性人假设

C. 自利假设　　D. 均衡假设

29. 下列选项中，属于经济模型的是（　　）。

A. 需求表　　B. 需求曲线　　C. 需求函数　　D. 以上都是

30. 自由成交的贸易会（　　）。

A. 使双方获益　　B. 一方受益，另一方吃亏

C. 使双方变差　　D. 以上都不对

31. 两个经济体实现贸易的好处，（　　）。

A. 若彼此都存在绝对优势，基于每个经济体的绝对优势专业化生产

B. 基于每个经济体的比较优势专业化生产

C. 一个国家没有绝对优势的产品，也可能专业化生产

D. 以上都对

32. 关于比较优势，下列选项中，错误的是（　　）。

A. 若一个经济体生产某一种产品的机会成本低于另一个经济体，则这个经济体生产该产品具有比较优势

B. 一个经济体可能在两种产品上都具有绝对优势，但不可能在这两种产品上都具有比较优势

C. 经济体应该选择具有比较优势的产品进行专业化生产

D. 比较优势原理是亚当·斯密提出的理论

33. 关于效率与公平，下列选项中，错误的是（　　）。

A. 效率是指从稀缺资源获得最大的利益

B. 讲效率意味着把蛋糕做大

C. 公平是指将经济成果平均地分配给社会成员

D. 讲公平不会损害效率

34. 经济的循环流动图中的市场包括（　　）。
   A. 产品、服务市场和要素市场　　B. 产品市场和服务市场
   C. 金融市场和劳动市场　　D. 资本市场和土地市场
35. 经济的循环流动图中的经济主体主要是（　　）。
   A. 消费者和生产者　　B. 消费者和政府
   C. 政府和生产者　　D. 以上都不对
36. 下列选项中，属于实证分析的是（　　）。
   A. 政府必须降低房价，使居者有其屋
   B. 最佳税率是零，因为没有无谓损失
   C. 经济学课程应该开设两个学期，太有用了
   D. 大学学费增加会导致上大学的人数减少
37. 下列选项中，属于规范分析的是（　　）。
   A. 近年来，出生率趋向减少　　B. 出生率低于可更替水平
   C. 出生率应该高于可更替水平
   D. 人们为了增加孩子质量，减少了孩子数量
38. 市场主要通过（　　）来协调个体决策。
   A. 政府指令　　B. 价格　　C. 广告　　D. 董事会
39. 下列选项中，（　　）不是微观经济学的问题。
   A. 个人电脑一直在降价　　B. 通货膨胀有所上升
   C. 家庭外出旅游不断增加　　D. 企业陷入亏损状态

三、判断题

1. 微观经济学的中心思想是论证市场机制可以实现资源的有效配置。（　　）
2. 经济学研究稀缺资源的有效配置问题。（　　）
3. 市场机制配置资源总是有效的。（　　）
4. 经济学可以理解为由稀缺性引起的各种选择问题的学问。（　　）
5. 任何东西都是稀缺的。（　　）
6. 价格分析是微观经济学的核心，微观经济学因此被称为价格理论。（　　）
7. “经济人”假设认为人是自利的，并且追求利益最大化。（　　）
8. 经济学意义的完全理性是指基于完全信息和完美计算能力，追求利益最大化。（　　）
9. 经济学意义的均衡是各种经济变量在没有外部力量变化时保持静止的状态。（　　）
10. 内生变量是指在模型中要解释的变量。（　　）
11. 外生变量是指由模型以外的因素决定的变量。（　　）
12. 经济模型仅限于用公式表示的经济现象与经济现象之间的关系。（　　）
13. 由一组既定的外生变量得出内生变量的值，称为静态分析。（　　）
14. 研究外生变量的变化对内生变量变化的影响，称为比较静态分析。（　　）

15. 边际分析研究一个变量的 1 单位变动对其他变量变动的影响。（　）
16. 实证分析研究“应该是什么”的问题。（　）
17. 正常商品的需求量与收入同向变化，这是实证分析。（　）
18. “生产什么”“怎么生产”“为谁生产”都是资源的稀缺性导致的选择问题。（　）
19. 微观经济学主张通过市场机制来配置资源。（　）
20. 法治是市场经济的基础，法律保护产权和契约。（　）

四、简答题

1. 为什么说经济学是关于选择的科学？
2. 市场是配置资源的好方法，为什么还存在政府？
3. 石油价格上升，石油的需求量一定会降低吗？
4. 什么是稀缺性？
5. 什么是完全理性假设？
6. 什么是“经济人”假设？
7. 自愿贸易总是使卖方的状况变得更好，但不一定使买方的状况变好。你是否赞同这一观点。
8. 什么是经济学意义的均衡？
9. 什么是经济学意义的最优化？
10. 如何理解“在其他条件不变时”这句话在经济学分析中的作用？

第一章

需求、供给和均衡价格

一、思考题

1. 你对早餐牛奶的需求是如何决定的？列出决定牛奶需求的各因素，并运用这些因素讨论需求量与需求变动之间的联系和区别。

2. 什么是供给规律？它有没有特例？谈谈你对经济学中经济规律的看法。

3. 均衡价格是如何决定的？以此为例说明均衡的静态分析和比较静态分析之间的联系与区别。

4. “需求曲线越陡，价格弹性就越小；需求曲线越平缓，价格弹性就越高。”这句话对吗？

5. 某国政府准备在每辆汽车销售时征收 1 000 美元的税，请问向购买者和销售者征税的后果是否相同？请画图加以说明。

6. 试用马克思主义观点对供求均衡理论进行分析评论。

二、单项选择题

1. 需求曲线表达的是（　　）。

A. 需求与价格的关系　　B. 需求与收入的关系

C. 需求量与价格的关系　　D. 需求量与收入的关系

2. 保持其他条件不变时，普通物品的价格下降，将导致（　　）。

A. 需求增加　　B. 需求量增加　　C. 需求减少　　D. 需求量减少

3. 人口增加对房地产需求曲线的影响是（　　）。

A. 使需求量增加　　B. 使需求增加

C. 使需求量减少　　D. 使需求减少

4. 保持其他条件不变时，预期某物品未来价格上升，对该物品的当前需求（　　）。

A. 减少　　B. 增加　　C. 不变　　D. 以上三种都有可能

5. 下列选项中，（　　）因素不使需求曲线移动。

A. 消费者收入变化　　B. 商品价格下降

C. 相关商品价格下降　　D. 广告效应

6. 消费者收入水平提高，同时某正常物品的生产技术大大改进，下列选项中，正确的是（　　）。

A. 需求曲线右移，供给曲线右移，均衡产量提高，均衡价格上升

B. 需求曲线右移，供给曲线右移，均衡产量下降，均衡价格下降

C. 需求曲线右移，供给曲线左移，均衡产量提高，均衡价格下降

D. 需求曲线右移，供给曲线右移，均衡产量提高，均衡价格可能上升，也可能下降

7. 广告效应使消费者对某商品的偏好增加，同时该商品的生产技术大大改进。该商品均衡价格的变化（　　）。

A. 上升　　B. 下降　　C. 不变　　D. 都有可能

8. 商品 A 和商品 B 互为替代品，商品 A 价格下降，将造成（　　）。

A. 商品 A 的需求曲线右移　　B. 商品 A 的需求曲线左移

C. 商品 B 的需求曲线右移　　D. 商品 B 的需求曲线左移

9. 商品 A 和商品 B 互为互补品，商品 A 价格下降，将造成（　　）。

A. 商品 A 的需求曲线右移　　B. 商品 A 的需求曲线左移

C. 商品 B 的需求曲线右移　　D. 商品 B 的需求曲线左移

10. 其他情况不变时，生产者预期某产品未来价格要下降，则对该产品当前的供给会（　　）。

A. 增加　　B. 减少　　C. 不变　　D. 以上三种情况都有可能

11. 其他条件不变，建筑工人的工资提高，将使（　　）。

A. 房子供给曲线左移，使房价上升

B. 房子供给曲线右移，使房价上升

C. 房子需求曲线左移，使房价上升

D. 房子需求曲线右移，使房价下降

12. 某产品市场存在超额需求（短缺），是因为（　　）。

A. 价格超过均衡价格　　B. 价格低于均衡价格

C. 产品需求太旺　　D. 产品供给不足

13. 其他条件不变，假如某种物品的原材料价格上升了，则（　　）。

A. 价格上升，均衡产量减少　　B. 价格下降，均衡产量减少

C. 价格上升，均衡产量增加　　D. 价格下降，均衡产量增加

14. 若一条直线型需求曲线与一条曲线型需求曲线在同一点相切，则在切点处，（　　）。

A. 斜率相同，需求价格弹性不同　　B. 斜率相同，需求价格弹性相同

C. 斜率不同，需求价格弹性不同　　D. 斜率不同，需求价格弹性相同

15.（　　）度量的是沿着需求曲线的移动。

A. 需求价格弹性　　B. 需求收入弹性

C. 交叉价格弹性　　D. 以上都不是

16. 商品 A 和商品 B 两种产品的交叉价格弹性为正，则二者互为（　　）。

A. 替代品　　B. 互补品　　C. 正常物品　　D. 低档物品

17. 商品 A 和商品 B 两种产品的交叉价格弹性为负，则二者互为（　　）。

A. 替代品　　B. 互补品　　C. 正常物品　　D. 低档物品

18. 如果某商品的需求价格弹性富有弹性，则该商品的价格上升，会使（　　）。

A. 销售收益增加　　B. 销售收益减少

C. 销售收益不变　　D. 以上都有可能

19.（　　）用来衡量家庭食物支出在总支出中的比重。

A. 吉芬系数　　B. 恩格尔系数

C. 希克斯系数　　D. 斯勒茨基系数

20. 若需求曲线是一条线性的直线，向右下方倾斜，当价格从高到低不断下降时，销售的收益（　　）。

A. 不断减少　　B. 不断增加

C. 先增加后减少　　D. 先减少后增加

21. 如果价格下降 10%，使买者支出增加 1%，则该商品的需求价格弹性为（　　）。

A. 富有弹性　　B. 缺乏弹性　　C. 单位弹性　　D. 以上都有可能

22. 低档商品的需求收入弹性（　　）。

A. 为正　　B. 为负　　C. 为零　　D. 以上都有可能

23. 某商品的供给曲线是一过原点的直线，则其供给价格弹性（　　）。

A. 随价格变化而变化　　B. 恒为 1

C. 趋向 1　　D. 不可确定

24. 若斜率为正，从右向左先与价格轴再与数量轴相交的直线型供给曲线，其供给价格弹性（　　）。

A. 等于 1　　B. 大于 1　　C. 小于 1　　D. 以上都不对

25. 若斜率为正，从右向左先与数量轴再与价格轴相交的直线型供给曲线，其供给价格弹性（　　）。

A. 等于 1　　B. 大于 1　　C. 小于 1　　D. 以上都不对

26. 斜率为正的供给曲线，离原点越远，其供给价格弹性（　　）。

A. 趋向 1　　B. 趋向 0　　C. 恒定不变　　D. 以上都不对

27. 已知某商品的均衡数量为 600 单位，现在消费者的收入提高使该商品需求增加了 200 单位，则新的均衡数量是（　　）。

A. 800 单位　　B. 400 单位

C. 600 单位　　D. 大于 600 单位小于 800 单位

28. 小麦歉收，导致小麦价格上升，结果使（　　）。

A. 收益增加　　B. 收益减少　　C. 收益不变　　D. 以上都有可能

29. 政府对卖者销售某商品每单位征收 1 元的税，则税收让均衡价格（　　）。

A. 上升不超过 1 元　　B. 上升超过 1 元

C. 下降不超过 1 元　　D. 下降超过 1 元

30. 政府把某商品的价格限制在均衡价格水平以下，不可能导致（　　）。

A. 短缺　B. 过剩　C. 黑市交易　D. 无谓损失

31. 需求和供给同时减少的情况下，下列选项中，正确的是（　　）。

A. 均衡价格和均衡数量都下降　B. 均衡价格下降，均衡数量无法确定

C. 均衡价格无法确定，均衡数量下降　D. 均衡价格上升，均衡数量下降

32. 均衡价格随着（　　）。

A. 需求和供给的增加而上升　B. 需求和供给的减少而上升

C. 需求的减少，供给的增加而上升　D. 需求的增加，供给的减少而上升

33. 下列选项中，不决定供给曲线的位置的是（　　）。

A. 技术　B. 要素成本　C. 消费者收入　D. 政府税收

34. 当需求方完全无弹性，对供给方征税，无谓损失情况如何？（　　）

A. 导致无谓损失　B. 没有无谓损失

C. 无谓损失无穷大　D. 以上都不对

35. 当需求方完全无弹性，对供给方征税，（　　）。

A. 税收由买卖双方共同承担　B. 税收全部由需求方承担

C. 税收全部由供给方承担　D. 以上都不对

36. 当需求方完全弹性，对供给方征税，无谓损失情况如何？（　　）。

A. 导致无谓损失　B. 没有无谓损失

C. 无谓损失无穷大　D. 以上都不对

37. 当需求方完全弹性，对供给方征税，（　　）。

A. 税收由买卖双方共同承担　B. 税收全部由需求方承担

C. 税收全部由供给方承担　D. 以上都不对

38. 当供给方完全无弹性，对需求方征税，（　　）。

A. 税收由买卖双方共同承担　B. 税收全部由需求方承担

C. 税收全部由供给方承担　D. 以上都不对

39. 当供给方完全无弹性，对需求方征税，无谓损失情况如何？（　　）。

A. 导致无谓损失　B. 没有无谓损失

C. 无谓损失无穷大　D. 以上都不对

40. 若政府补贴产品市场，补贴导致（　　）。

A. 无谓损失　B. 社会福利增加

C. 使均衡数量减少　D. 使消费者受损

41. 若政府补贴产品市场，（　　）。

A. 补贴由买方获得　B. 补贴由卖方获得

C. 补贴由买卖双方共同获得　D. 以上都不对

42. 需求定律是指（　　）。

A. 所有物品的需求量与价格呈反向变化

B. 假设其他条件不变，普通物品的需求量与价格呈反向变化

C. 普通物品的需求与价格呈反向变化

D. 以上都对

43. 房地产需求曲线向左平移的原因是（　　）。

A. 房地产价格下降　　B. 房地产价格上升

C. 人口大量流入　　D. 预期房价未来下降

44. 保障房租金上涨，对商品房的需求将（　　）。

A. 增加　　B. 减少　　C. 不变　　D. 都有可能

45. 薄利多销适合需求价格弹性（　　）的商品。

A. 富有弹性　　B. 缺乏弹性　　C. 单位弹性　　D. 完全弹性

46. 民航机票经常打折销售，说明飞机旅行需求（　　）。

A. 富有价格弹性　　B. 缺乏价格弹性

C. 单位价格弹性　　D. 完全价格弹性

47. （　　）导致商品需求量的变化而不是需求的变化。

A. 消费者收入变化　　B. 商品价格变化

C. 消费者预期该商品的价格变化　　D. 替代品的价格变化

48. 在推导某商品的供给曲线时，除（　　）变量之外的其他因素均假设不变。

A. 技术水平　　B. 投入品价格

C. 该商品的价格　　D. 预期该商品未来价格变化

49. 供给定律给出（　　）。

A. 假设其他条件不变，生产技术提高会扩大产品供给

B. 假设其他条件不变，商品价格上升导致该商品供给量增加

C. 假设其他条件不变，商品供给量增加导致该商品价格上升

D. 假设其他条件不变，生产要素成本降低导致商品供给扩大

50. 商品的供给和需求同时增加后，该商品的均衡价格（　　）。

A. 上升　　B. 下降　　C. 不变　　D. 无法确定

51. 若需求函数为 $Q=10-2P$，在 $P=1$ 处，需求价格弹性（绝对值）是（　　）。

A. 0.25　　B. 0.5　　C. 1　　D. 4

52. 某商品的需求函数是 $D=30-P$，供给函数为 $S=3P-10$，如果对该商品销售（卖方）实行征税，则征税后的市场均衡价格（　　）。

A. 等于 10　　B. 小于 10　　C. 大于 10　　D. 以上都有可能

53. 某商品的需求函数为 $Q=500-100P$，那么价格在 2 元和 4 元之间的需求价格弧弹性（绝对值）是（　　）。

A. 1　　B. 2　　C. 2.5　　D. 1.5

54. 某消费者对某商品的需求价格弹性（绝对值）为 1.3，需求收入弹性为 2.2，在其他条件不变时，商品价格下降 2%，对需求量的影响是（　　）。

A. 增加 2.6%　　B. 减少 2.6%　　C. 增加 4.4%　　D. 减少 4.4%

55. 负斜率线性需求曲线上，富有弹性的点位于（　　）。

A. 价格较高的部分　　B. 价格较低的部分

C. 价格中等的部分　　D. 以上都有可能

56. 销售收入随价格同方向变化，则该商品的需求价格弹性（　　）。

A. 富有弹性　　B. 缺乏弹性　　C. 单位弹性　　D. 以上都有可能

57. 某产品的需求函数为 $D=10-2P$，目前的价格为 3，为了提高销售收益，应该（　　）。

A. 提价　　B. 降价　　C. 价格不变　　D. 以上都不对

58. 某一时期，X 商品因为替代品价格上升和互补品价格上升，分别引起 X 商品 40 单位、60 单位需求的变化。在两者共同作用下，这一时期 X 商品的需求（　　）。

A. 增加 20 单位　　B. 减少 20 单位

C. 增加 100 单位　　D. 减少 100 单位

59. 当两种商品中一种商品价格变化时，这两种商品的需求量同时增加或减少，这两种商品的交叉价格弹性（　　）。

A. 为正　　B. 为负　　C. 为 1　　D. 为 0

60. 某商品的需求收入弹性为正，这种商品是（　　）。

A. 正常物品　　B. 低档物品　　C. 吉芬物品　　D. 都不对

61. 某商品的需求收入弹性为 0.8，这种商品是（　　）。

A. 必需物品　　B. 低档物品　　C. 奢侈品　　D. 吉芬物品

62. 某商品的需求收入弹性为 1.5，这种商品是（　　）。

A. 必需物品　　B. 低档物品　　C. 奢侈品　　D. 吉芬物品

63. 假设消费者收入增加了 20%，他对商品 X 的需求只增加了 10%，商品 X 是（　　）。

A. 正常物品　　B. 低档物品　　C. 奢侈品　　D. 吉芬物品

64. 商品的定义范围越狭窄，它的需求价格弹性（　　）。

A. 越小　　B. 越大　　C. 不变　　D. 以上都不对

65. 保持其他因素不变，（　　）的需求量与价格同方向变化。

A. 普通物品　　B. 吉芬物品　　C. 正常物品　　D. 低档物品

66. 把单个消费者的需求曲线（　　）得到市场需求曲线。

A. 水平加总　　B. 垂直加总　　C. 算平均　　D. 以上都不对

67. 弹性是指（　　）。

A. 因变量的变化比自变量的变化　　B. 因变量的变化率比自变量的变化率

C. 自变量的变化比因变量的变化　　D. 自变量的变化率比因变量的变化率

68. 关于斜率与需求价格弹性的关系，下列选项中，正确的是（　　）。

A. 斜率决定需求价格弹性的大小

B. 在 P 和 Q 给定的条件下，需求曲线越平缓，需求价格弹性越大（纵轴为 P）

C. 在 P 和 Q 给定的条件下，需求曲线越陡峭，需求价格弹性越大（纵轴为 P）

D. 在 P 和 Q 给定的条件下，$\frac{\mathrm{d}Q}{\mathrm{d}P}$越小，需求价格弹性越大

69. 调整的时间（　　），需求价格弹性越大。

A. 越短　　B. 越长

C. 调整时间对需求价格弹性不影响　　D. 以上都不对

70. 要减少香烟的使用量，下列选项中，不可行的是（　　）。

A. 通过公益广告，宣传吸烟的危害　B. 提高香烟税

C. 规划减少烟草种植　D. 提高香烟生产技术

71. 当价格高于均衡价格时，存在（　　），价格会（　　）。

A. 短缺，下降　B. 短缺，上升　C. 过剩，下降　D. 过剩，上升

72. 当价格低于均衡价格时，存在（　　），价格会（　　）。

A. 短缺，下降　B. 短缺，上升　C. 过剩，下降　D. 过剩，上升

73.（　　）是协调千千万万消费者和生产者行动的信号。

A. 政府　B. 价格　C. 互联网　D. 企业家

74. 若价格上限高于市场均衡价格，会导致（　　）。

A. 市场过剩　B. 市场短缺　C. 没有限制作用　D. 使均衡产量减少

75. 若价格下限低于市场均衡价格，会导致（　　）。

A. 市场过剩　B. 市场短缺　C. 没有限制作用　D. 使均衡产量减少

76. 法定最高房租控制，若低于市场租金，可能导致（　　）。

A. 租房市场短缺　B. 租房市场过剩

C. 没有限制作用　D. 以上都不对

77. 法定最低工资若高于市场工资，可能导致（　　）。

A. 劳动力过剩（失业）　B. 劳动力短缺

C. 没有限制作用　D. 以上都不对

78. 税收对商品市场的影响，下列选项中，错误的是（　　）。

A. 税收使均衡产量下降，抑制市场活动

B. 税收产生无谓损失　C. 政府获得税收收入

D. 对供给者（或消费者）征税，税收就落在供给者（或消费者）身上

79. 对商品销售征收相同的税率，或者对买方征税，或者对卖方征税，下列选项中，正确的是（　　）。

A. 两种情况的结果一致　B. 两种情况的结果不同

C. 对买方征税，税收由买方承担　D. 对卖方征税，税收由卖方承担

80. 一般情况下对商品销售的购买方征税，税收的归宿落在（　　）。

A. 购买方　B. 销售方

C. 由购买方和销售方共同分担　D. 以上都不对

81. 一般情况下，对商品销售的销售方征税，税收的归宿落在（　　）。

A. 购买方　B. 销售方

C. 由购买方和销售方共同分担　D. 以上都不对

82. 一般情况下，对商品销售征税，税收负担更多地落在（　　）。

A. 缺乏弹性的市场一方身上　B. 富有弹性的市场一方身上

C. 单位弹性的市场一方身上　D. 完全弹性的市场一方身上

83. 关于商品市场征税造成的无谓损失的大小，下列选项中，正确的是（ ）。
A. 税率越高，无谓损失越大
B. 随着税率增高，无谓损失先增大，后减小
C. 随着税率增高，无谓损失先减小，后增大
D. 税率越高，无谓损失越小

84. 关于商品市场征税造成的无谓损失的大小，下列选项中，错误的是（ ）。
A. 供给价格弹性越大，税收的无谓损失越大
B. 需求价格弹性越大，税收的无谓损失越大
C. 供给或需求的价格弹性越大，税收的无谓损失越大
D. 供给或需求的价格弹性越小，税收的无谓损失越大

85. 对商品市场征收销售税，随着税率增大，下列选项中，正确的是（ ）。
A. 税收收入增大 B. 税收收入先增大，后减小
C. 税收收入减小 D. 税收收入先减小，后增大

86. 下列选项中，征税没有造成无谓损失的情况是（ ）。
A. 需求方或供给方完全弹性 B. 需求方或供给方完全无弹性
C. 需求方或供给方单位弹性 D. 以上都不对

87. 关于消费者剩余，下列选项中，错误的是（ ）。
A. 需求曲线表达的是消费者的支付意愿
B. 均衡价格表达的是消费者的实际支付
C. 消费者剩余等于消费者的支付意愿减去实际支付的价格
D. 价格越高，消费者剩余越大

88. 关于消费者剩余，下列选项中，错误的是（ ）。
A. 消费者剩余是消费者的主观心理感受
B. 经济学用消费者剩余衡量消费者的福利
C. 价格下降，消费者剩余增加 D. 价格上升，消费者剩余增加

89. 关于生产者剩余，下列选项中，错误的是（ ）。
A. 供给曲线表达的是生产者的边际成本
B. 均衡价格是生产者实际得到的价格
C. 生产者剩余等于实际得到的价格减去边际成本
D. 价格上升，生产者剩余减少

90. 关于生产者剩余，下列选项中，错误的是（ ）。
A. 生产者剩余是生产者的主观心理感受
B. 经济学用生产者剩余衡量生产者的福利
C. 价格下降，生产者剩余增加 D. 价格上升，生产者剩余增加

91. 在市场均衡上，下列选项中，错误的是（ ）。
A. 在市场均衡点，社会总剩余实现了最大化
B. 在市场均衡点，市场结果是有效率的

C. 市场总是能实现资源的有效配置

D. 政府干预是对市场失灵必要的补救

92. 政府补贴某产品市场，下列选项中，正确的是（　　）。

A. 补贴对供给方有利，对需求方无利　B. 补贴由供给方和需求方共同获得

C. 补贴对政府有利　D. 补贴增进社会福利

93. 政府制定法定的价格上限，并且低于市场均衡价格，对市场的影响，下列选项中，错误的是（　　）。

A. 使均衡产量减少　B. 造成市场短缺

C. 增进社会福利　D. 没有限制作用

94. 政府制定法定的价格下限，并且高于市场均衡价格，对市场的影响，下列选项中，错误的是（　　）。

A. 使均衡产量减少　B. 造成市场过剩

C. 增进社会福利　D. 没有限制作用

95. 政府对出租车市场进行数量管制，并且低于市场均衡数量，对市场的影响，下列选项中，错误的是（　　）。

A. 增进社会福利　B. 造成无谓损失

C. 会助长黑车市场　D. 会产生出租车执照市场

96. 政府对农产品实行支持价格，下列选项中，错误的是（　　）。

A. 使消费者福利受损　B. 使生产者福利增加

C. 使社会总剩余增加　D. 给社会造成无谓损失

97. 政府对农产品实行支持价格，下列选项中，错误的是（　　）。

A. 使市场需求量下降　B. 支持价格使生产者供给增加

C. 政府无需购买过剩农产品　D. 造成无谓损失

98. 下列选项中，让某种蘑菇的需求曲线右移的情况是（　　）。

A. 消费者收入降低　B. 另一种蘑菇的价格上升

C. 培育蘑菇的工人工资上涨　D. 这种蘑菇的价格下降

99. 对商品市场的销售税实施减税，下列选项中，错误的是（　　）。

A. 使均衡产量增加　B. 使无谓损失减少

C. 使供给曲线右移　D. 政府一定减少税收收入

100. 对于线性的需求曲线上任意一点 G，坐标是（P_1, Q_1），如图 1-1-1 所示。其需求价格弹性可以表示为（　　）。

A. $\frac{OQ_1}{Q_1B}$　B. $\frac{Q_1B}{OQ_1}$　C. $\frac{OQ_1}{OB}$　D. $\frac{Q_1B}{OB}$

101. 对于线性的供给曲线上任意一点 G，坐标是（P_1, Q_1），如图 1-1-2 中所示。其供给价格弹性可以表示为（　　）。

A. $\frac{CQ_1}{OQ_1}$　B. $\frac{OQ_1}{CQ_1}$　C. $\frac{CO}{OQ_1}$　D. $\frac{OQ_1}{CO}$

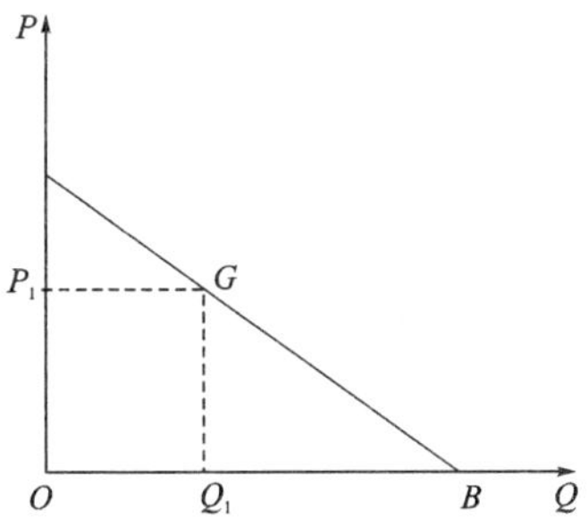

图 1-1-1

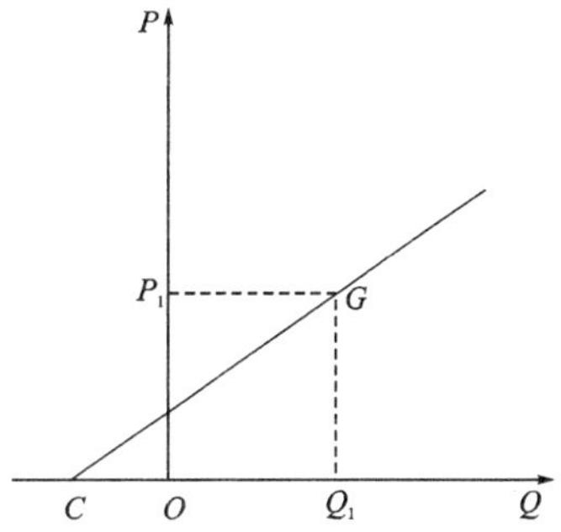

图 1-1-2

102. 对于线性的需求曲线，如图 1-1-3 所示。关于需求价格弹性，下列选项中，错误的是（　　）。

A. 从 A 点到 B 点，弹性越来越小　　B. 在中点 E，弹性等于 1

C. AE 段是富有弹性　　D. 线性需求曲线的各点弹性相同

103. 对于线性的需求曲线，如图 1-1-3 所示。关于需求价格弹性，下列选项中，错误的是（　　）。

A. A 点的弹性是无穷大　　B. B 点的弹性为 0

C. 中点 E，弹性等于 1　　D. EB 段是富有弹性

104. 两条线性的需求曲线相交于一点 E，如图 1-1-4 所示。两条需求曲线在 E 点的需求价格弹性（　　）。

A. 相同　　B. 不同　　C. 都有可能　　D. 以上都不对

105. 两条线性的需求曲线相交于一点 E，如图 1-1-4 所示。关于两条需求曲线的交点 E 点，下列选项中，错误的是（　　）。

A. 斜率不同，坐标值相同　　B. 斜率不同，弹性相同

C. 斜率不同，弹性不同

D. 斜率小（更平缓）的需求曲线在交点处弹性大

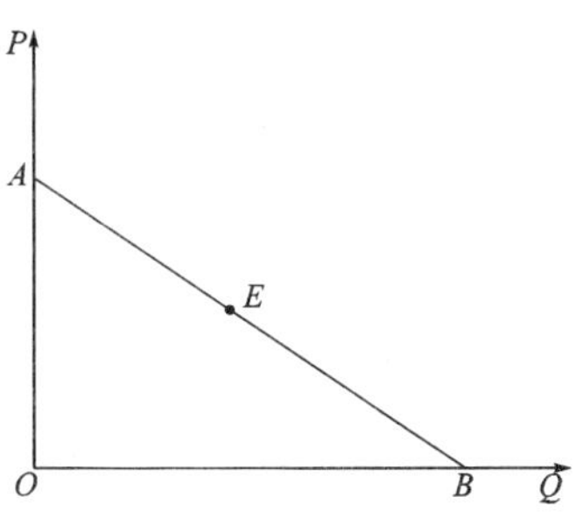

图 1-1-3

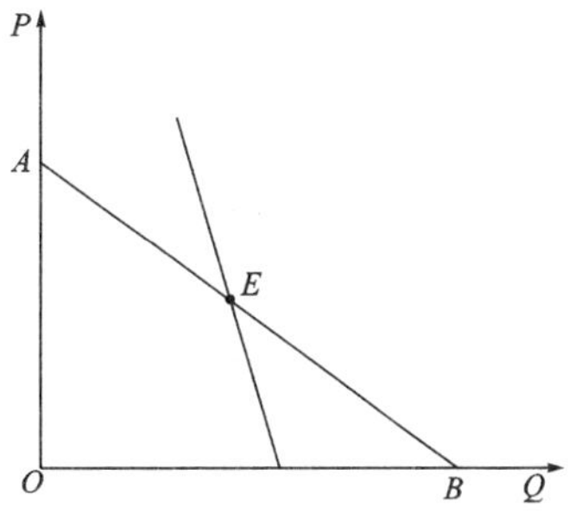

图 1-1-4

106. 两条需求曲线在 E 点相切，如图 1-1-5 所示。在切点处，两条需求曲线的（　　）。

A. 斜率相同，弹性相同　　B. 斜率相同，弹性不同

C. 斜率不同，弹性相同　　D. 斜率不同，弹性不同

107. 两条线性的需求曲线相交于一点 E，如图 1-1-6 所示。关于两条需求曲线的交点 E 点，下列选项中，正确的是（　　）。

A. AB 需求曲线的 E 点的需求价格弹性比 CD 需求曲线的 E 点的弹性大

B. AB 需求曲线的 E 点的需求价格弹性比 CD 需求曲线的 E 点的弹性小

C. AB 需求曲线的 E 点的需求价格弹性与 CD 需求曲线的 E 点的弹性相同

D. 以上都有可能

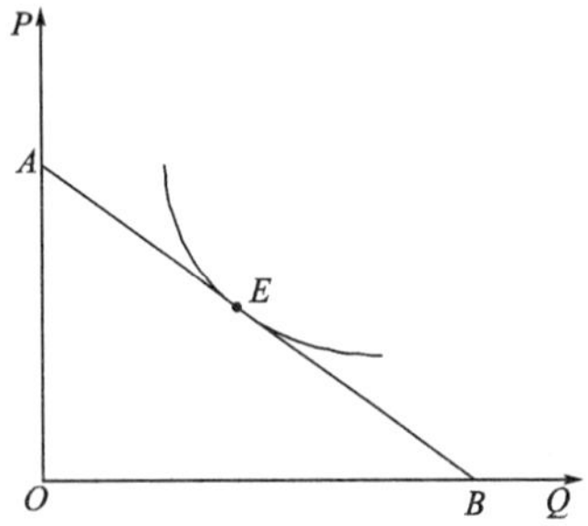

图 1-1-5

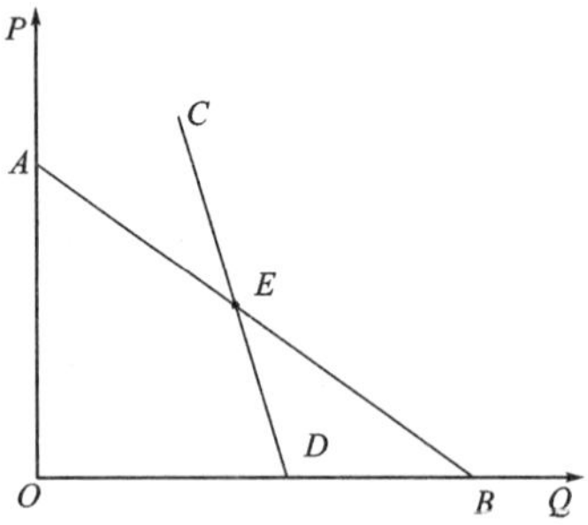

图 1-1-6

108. 若某国居民对香烟的需求价格弹性为 0.2，政府提高香烟的税收，使香烟价格上涨 40%，则对香烟的需求量（　　）。

A. 下降 8%　　B. 上升 8%

C. 下降超过 40%　　D. 上升超过 8%

109. 关于国际贸易，下列选项中，错误的是（　　）。

A. 单个小国家都是世界价格的价格接受者

B. 开放贸易后，出口国的消费者福利增加

C. 当世界价格高于国内均衡价格，该国出口该产品

D. 出口国会增进社会福利

110. 关于进口国，下列选项中，错误的是（　　）。

A. 单个小国家都是世界价格的价格接受者

B. 当世界价格高于国内均衡价格，该国进口该产品

C. 进口会增进国内消费者福利

D. 进口会降低国内生产者福利

111. 关于国际贸易，下列选项中，正确的是（　　）。

A. 进口国会降低社会福利　　B. 出口国会增加社会福利

C. 进口对国内生产者有利　　D. 出口对国内消费者有利

112. 关于进口关税的经济效果，下列选项中，错误的是（　　）。

A. 进口关税会降低进口量　　B. 进口关税会增进社会福利

C. 进口关税会降低消费者剩余　　D. 进口关税可以增加政府的收入

113. 某国某产品国内均衡价格低于世界价格，放开国际自由贸易，下列选项中，错误的是（　　）。

A. 与不开放国际贸易相比，该国消费者变好

B. 与不开放国际贸易相比，该国生产者变好

C. 与不开放国际贸易相比，该国总的福利增加

D. 该国成为该产品的出口国

114. 某国某产品国内均衡价格高于世界价格，放开国际自由贸易，下列选项中，错误的是（　　）。

A. 与不开放国际贸易相比，该国消费者变好

B. 与不开放国际贸易相比，该国生产者变好

C. 与不开放国际贸易相比，该国总的福利增加

D. 该国成为该产品的进口国

115. 若进口国提高进口商品的关税，下列选项中，错误的是（　　）。

A. 国内消费者福利变差　　B. 国内生产者福利变差

C. 社会福利变差　　D. 进口数量减少

116. 进口对国内社会福利的影响是（　　）。

A. 生产者剩余增加，消费者剩余减少，总剩余减少

B. 生产者剩余减少，消费者剩余增加，总剩余减少

C. 生产者剩余增加，消费者剩余减少，总剩余增加

D. 生产者剩余减少，消费者剩余增加，总剩余增加

117. 有限制作用的最低工资法决定的就业人数主要取决于（　　）。

A. 需求价格弹性　　B. 供给价格弹性

C. 需求价格弹性和供给价格弹性　　D. 以上都不是

118. 对于向右上方倾斜的线性供给曲线，有关供给价格弹性表述正确的是（　　）。

A. 曲线斜率越大，供给价格弹性越大　　B. 曲线斜率越小，供给价格弹性越大

C. 供给价格弹性为一常数值　　D. 沿曲线向右上方移动，逐渐趋近于 1

119. 如果某种商品市场的需求价格弹性为 2，则这种商品的个人需求价格弹性（　　）。

A. 等于 2　　B. 小于 2　　C. 大于 2　　D. 以上都有可能

120. 如果一种物品价格上升，收益保持不变，其需求价格弹性（　　）。

A. 富有弹性　　B. 缺乏弹性　　C. 单位弹性　　D. 以上都有可能

121. 如果（　　），消费者承担大部分的商品税。

A. 需求价格富有弹性，供给价格富有弹性

B. 需求价格缺乏弹性，供给价格缺乏弹性

C. 需求价格缺乏弹性，供给价格富有弹性

D. 需求价格富有弹性，供给价格缺乏弹性

122. 在图 1-1-7 中，生产者剩余是（　　）。

A. 面积 E　　B. 面积 F　　C. 面积 G　　D. 面积 F 加 G

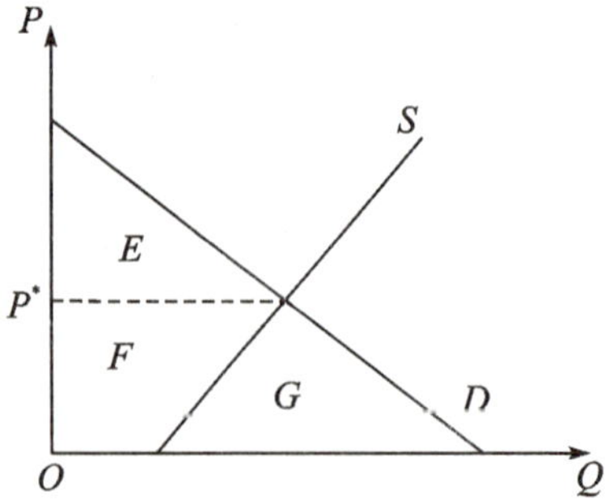

图 1-1-7

123. 如图 1-1-8 所示，生产者剩余是（　　）。

A. 面积 E　　B. 面积 F　　C. 面积 G　　D. 以上都不对

124. 如图 1-1-9 所示，消费者剩余是（　　）。

A. 面积 E　　B. 面积 F　　C. 面积 G　　D. 以上都不对

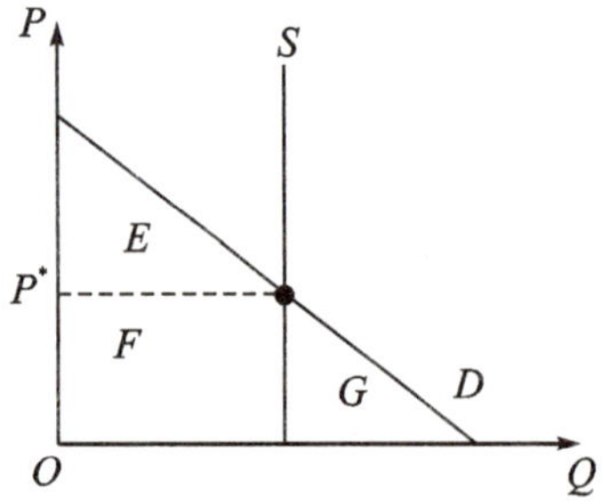

图 1-1-8

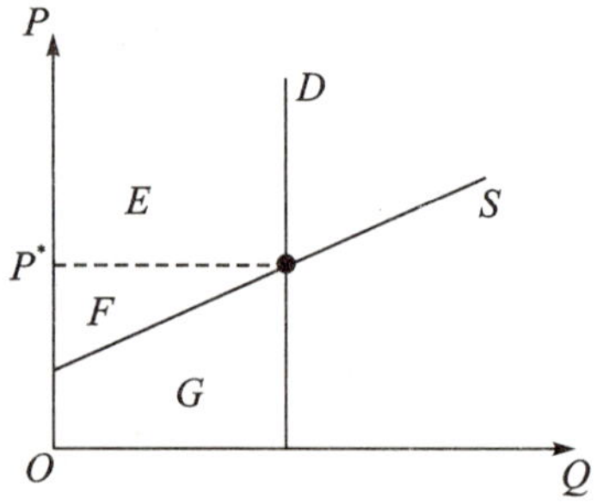

图 1-1-9

125. 甲、乙两名司机分别开车到加油站。甲说：“我想加 10 升汽油。”乙说：“我想加 100 元的汽油。”两名司机的需求价格弹性分别是（　　）。

A. 甲是 0，乙是 1　　B. 甲是 1，乙是 0

C. 甲是 10，乙是 1　　D. 甲是 0，乙是 10

三、判断题

1. 价格变化，导致需求变化。（　　）
2. 价格以外的因素变化，导致需求量变化。（　　）
3. 钢材价格上涨，钢材需求量一定会减少。（　　）
4. 线性需求曲线上的每一个点需求价格弹性相同。（　　）
5. 需求曲线越陡，该需求曲线上每一个点的需求价格弹性越大。（　　）
6. 时间越长，供给价格弹性越大，而需求价格弹性越小。（　　）
7. 缺乏弹性的商品，涨价可以增加销售收益。（　　）
8. 政府实施价格管制可以增进社会福利，但数量管制会损害社会福利。（　　）
9. 需求增加，供给增加，均衡数量一定会增加。（　　）
10. 需求增加，供给增加，均衡价格一定会增加。（　　）

11. 吉芬物品的需求量与价格同向变化。（　）
12. 若馒头是低档物品，则收入增加，需求量会减少。（　）
13. 若养孩子和养宠物有替代关系，且养孩子的价格上升，人们会偏爱养宠物。（　）
14. 所有消费者的需求曲线水平加总，得到市场需求曲线。（　）
15. 微观经济学用消费者剩余衡量消费者参与市场交易获得的经济福利。（　）
16. 生产者技术进步，会使其供给曲线右移。（　）
17. 在经济萧条时，口红、电影等小额消费品的需求价格弹性大。（　）
18. 计算弧弹性时，同一弧弹性起点不同时结果不同，因此运用中点法求解。（　）
19. 奢侈品的需求收入弹性大于 1。（　）
20. 对单位产品的销售征税，对销售者征税和对消费者征税对销售者与消费者的结果是一致的。（　）
21. 征税一定造成无谓损失。（　）
22. 政府补贴产品的销售，会增进社会福利，因为均衡产量增加了。（　）
23. 实施支持价格政策，需要政府购买过剩的产量，并且造成社会的无谓损失。（　）
24. 当实施价格上限时，造成市场短缺，其后果会造成黑市交易。（　）
25. 缺乏弹性的一方，承担更多的税收份额。（　）
26. 若开放国际贸易，国内价格高于世界价格则进口。（　）
27. 若开放国际贸易，国内价格低于世界价格则出口。（　）
28. 进口减少进口国的社会福利。（　）
29. 出口增进出口国的社会福利。（　）
30. 加征进口商品的关税会增进进口国的社会福利。（　）
31. 在其他条件不变时，若金融科技可以替代人员处理金融活动，这种替代性将减少对金融人员的雇佣。（　）
32. 最低工资法有限制作用时，可增加社会福利。（　）
33. 对房租的价格上限有限制作用时，会减少社会福利。（　）

四、简答题

1. 影响需求价格弹性大小的因素有哪些？
2. 价格会影响商品的需求量，影响商品需求的因素有哪些？
3. 价格会影响商品的供给量，影响商品供给的因素有哪些？
4. 影响供给价格弹性的因素有哪些？
5. 请用供求机制解释过去 10 年某国的房地产价格上涨迅速。
6. 请用供求机制解释在节假日旅游景点的服务价格上涨，而商场的货物却可以打折销售。
7. 自然灾难发生后，应急物资价格飞涨，请用市场机制解释这一现象。在政府不干预的情况下，市场能否自动缓解灾后应急物资价格飞涨的问题。

8. 夏天人们对西瓜需求大，冬天人们对西瓜需求少，夏天的西瓜价格反而比冬天的西瓜价格便宜。请用经济学原理解释之。

9. 若纯净水是完全竞争行业，政府决定对每单位销售征税 0.5 元，厂商认为这个税收将全部由生产者承担，因此反对这个征税政策。请辨析厂商的反对态度。

10. 请论证收益与弹性的关系。

11. 某国政府采取休耕政策保护农民的利益，请解释这一政策的经济学合理性。

12. 为什么对消费者进行禁毒宣传可以减少毒品有关的犯罪？请用供求机制加以解释。

13. 证明对商品市场征收销售税会造成无谓损失。

14. 请用图形证明进口配额给进口国带来的福利变化。

15. 请用图形证明对商品市场进行补贴带来的福利变化。

16. 请用图形证明支持价格造成无谓损失。

17. 请用图形说明出口给出口国带来的福利变化。

18. 请用图形说明进口给进口国带来的福利变化。

19. 请用图形说明进口关税给进口国带来的福利变化。

20. 有三条线性需求曲线，如图 1-1-10 所示。请比较 a，b，c 三点的需求价格弹性的大小，请比较 a，d，e 三点的需求价格弹性的大小。

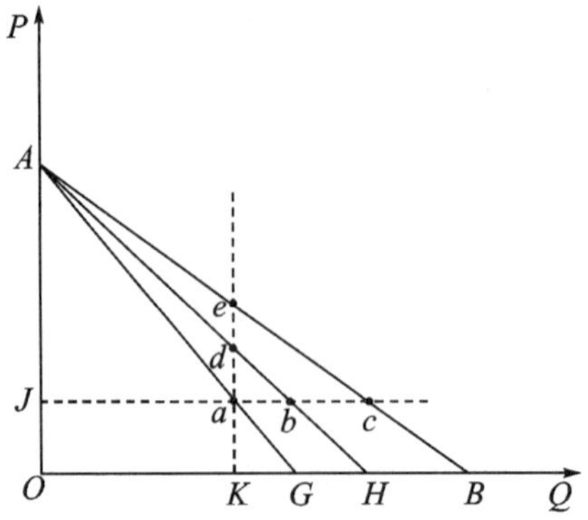

图 1-1-10

21. 辨析需求曲线一定向右下方倾斜。

22. 辨析供给曲线一定向右上方倾斜。

23. 请解释“谷贱伤农”。

24. 节假日高速公路免费造成高速公路拥堵，为什么？

25. 什么是支持价格？举例说明。

26. $\ln Q=a+b\ln P$，求 Q 对 P 的弹性。

27. 假定某消费者对某种商品的消费数量 Q 与其收入 M 之间符合函数关系：$M=100Q^2$。求 $M=6\ 400$ 时的需求收入弹性。

28. 某商品需求价格弹性为 1.6，现在的销售价格为 4，该商品价格下降多少，销售量增加 10%？

29. 某商品的市场需求曲线的需求价格弹性一定大于个人需求曲线的需求价格弹性。请辨析之。

30. 某产品市场需求曲线的需求价格弹性是完全无弹性，供给曲线的供给价格弹性有一定的弹性。当对供给方销售单位产品征税 t，请分析税收的分担情况。

31. 某产品市场需求曲线的需求价格弹性是完全弹性，供给曲线的供给价格弹性有一定的弹性。当对供给方销售单位产品征税 t，请分析税收的分担情况。

32. 某产品市场需求曲线的需求价格弹性有一定的弹性，供给曲线的供给价格弹性是完全无弹性。当对需求方购买单位商品征税 t，请分析税收的分担情况。

33. 某产品市场需求曲线的需求价格弹性有一定的弹性，供给曲线的供给价格弹性是完全弹性。当对需求方购买单位商品征税 t，请分析税收的分担情况。

34. 某产品市场需求曲线的需求价格弹性是完全弹性，供给曲线的供给价格弹性是完全无弹性。当对供给方销售单位商品征税 t，请分析税收的分担情况。

35. 某产品市场需求曲线的需求价格弹性是完全无弹性，供给曲线的供给价格弹性是完全弹性。当对需求方购买单位商品征税 t，请分析税收的分担情况。

36. 对香烟销售（卖方）加征税收，在其他条件不变时，对烟民吸烟量有何影响？

37. 微观经济学如何论证市场机制的有效性？

38. 在黄牛票市场，一个愿买，一个愿卖，自愿以某个价格达成交易，但为什么一般反对黄牛票市场的存在？

五、计算题

1. 消费品 X 的需求函数为 $P=100-\sqrt{Q}$，计算当 $P=30$ 时的需求价格弹性。要想提高收益，此时应该采取涨价还是降价的措施。

2. 销售商品的收益函数为 $R=100Q-2Q^2$，计算当边际收益等于 20 时的需求价格弹性。

3. 假设某商品需求函数为 $Q=\dfrac{M}{2P}$，P 为价格，M 为收入，试计算需求价格弹性和需求收入弹性。

4. 某商品价格从 3 元上升为 5 元，均衡消费量减少 10%，涨价后的均衡消费量是 18 单位，试求需求的价格弧弹性。

5. 消费者对某商品的需求函数为 $Q=100-2P$，在什么价格水平上，需求价格弹性为 1？

6. 某市场的需求函数为 $Q=400-P$，供给函数为 $Q=P+100$。

（1）求市场均衡价格、均衡数量以及均衡点的需求价格弹性。

（2）现在对每单位商品交易征收 10 元的税收，求税后的均衡价格、均衡数量以及税收分担情况。

（3）现在对每单位商品交易征收 10 元的税收，求税后的消费者剩余、生产者剩余、政府的税收收入以及征税造成的无谓损失。

7. 某产品的需求函数为 $Q=50-2P$，供给函数为 $Q=-25+3P$。

（1）求均衡价格和均衡数量。

（2）求均衡点的需求价格弹性、供给价格弹性。

（3）求达到市场均衡时的消费者剩余、生产者剩余、总剩余。

（4）政府对每单位产品销售征收 5 元的销售税，求单位税收中买方和卖方分别承担多少税收、税收带来的税收收入、税收造成的无谓损失。

8. 某种农作物的需求函数为 $Q=6-0.5P$，供给函数为 $Q=3+P$。为支持该农作物的稳定生产，政府决定对该农产品实施从量补贴，每千克补贴 0.5 元。

（1）实施补贴后，粮食的均衡价格和均衡产量分别是多少？

（2）每千克 0.5 元的补贴在生产者和消费者之间如何分配。

（3）补贴造成生产者剩余、消费者剩余、政府支出以及社会总剩余分别变化多少？

9. 假设某商品市场有 10 000 个同质消费者，每个消费者的需求函数为 $D=12-2P$；同时，有 1 000 个同质生产者，每个生产者的供给函数为 $S=20P$。

（1）写出市场需求函数和市场供给函数。

（2）求均衡价格和均衡数量。

（3）假设每个消费者的收入增加，个人需求曲线右移 2 单位，求收入变化后的市场均衡价格和均衡数量。

（4）假设每个生产者的技术水平提高，使个人的供给曲线右移 40 单位，求技术变化后的市场均衡价格和均衡数量。

10. 某商品的需求价格弹性是 0.5，价格为 3.2 元时，销售量是 1 000 千克，若价格下降 10%，销售量是多少？该商品降价后，总收益如何变化？

11. 假设某商品的国内市场需求曲线是 $Q_D=100-2P_D$，国内供给曲线是 $Q_S=3P_S$。若开放国际贸易，世界价格等于 15。

（1）计算国内市场的均衡价格和均衡数量。

（2）若开放国际贸易，该国对该商品是进口还是出口，是多少？

（3）若开放国际贸易，计算该国社会福利的变化。

12. 假设某商品的国内市场需求曲线是 $Q_D=100-2P_D$，国内供给曲线是 $Q_S=3P_S$。若开放国际贸易，世界价格等于 15。采取进口关税制度，对进口每单位征收 3 元的进口关税。

（1）请计算没有进口关税时，该国对该商品的国际贸易情况。

（2）请计算在进口关税制度下，该国对该商品的国际贸易情况。

（3）请计算进口关税制度对该国社会福利的影响。

13. 一个小国生产且消费软糖，国内的需求函数为 $Q_D=8-P$，国内的供给函数为 $Q_S=P$，世界价格是每袋 1 美元，P 是每袋软糖的价格，Q 是软糖的袋数。

（1）计算不允许国际贸易时的国内均衡价格、均衡数量以及消费者剩余、生产者剩余和社会总剩余。

（2）若开放国际贸易，计算该国软糖的国际贸易情况以及社会总剩余的变化。

（3）若对进口软糖征收每袋 1 美元的关税，计算国际贸易情况以及社会总剩余的变化。

14. 某商品的需求表如表 1-1-1 所示。

表 1-1-1

价格/元	1	2	3	4	5
需求量	400	300	200	100	0

（1）求出价格 2 元和 4 元之间的需求价格弧弹性。

（2）若需求函数是 $Q=500-100P$，求 $P=2$ 元时的需求价格点弹性。

15. 某商品的供给表如表 1-1-2 所示。

表 1-1-2

价格/元	2	3	4	5	6
供给量	2	4	6	8	10

（1）求出价格 3 元和 5 元之间的供给价格弧弹性。

（2）若供给函数是 $Q=-2+2P$，求 $P=3$ 元时的供给价格点弹性。

16. 若需求函数为 $Q=MP^{-N}$，M 表示收入，P 表示商品价格，$N>0$ 是常数，求需求价格点弹性和需求收入点弹性。

17. 假设某商品的 50%由 75 名消费者购买，他们每个人的需求价格弹性为 2；另外 50%由 25 名消费者购买，他们每个人的需求价格弹性为 3。试问这 100 名消费者合计的需求价格弹性为多少？（假设整个市场价格为 P，100 名消费者购买的商品总量为 Q。）

18. 若需求价格弹性为 1.3，需求收入弹性为 2.2，求：

（1）在其他条件不变的情况下，商品价格下降 2%对需求数量有何影响。

（2）在其他条件不变的情况下，消费者收入提高 5%对需求数量的影响。

19. 厂商 A 和 B 生产有差异的产品，A 厂商的需求曲线是 $P_A=200-Q_A$，B 厂商的需求曲线是 $P_B=300-0.5Q_B$。目前，两个厂商的销售量分别是 $Q_A=50$，$Q_B=100$，求：

（1）此时两个厂商的需求价格弹性。

（2）若 B 厂商降价，B 厂商的需求量增加为 160，A 厂商的需求量减少为 40，求 A 厂商的需求交叉价格弹性。

（3）B 厂商为了增加销售收入，应该降价还是增加价格？

20. 某汽车的需求价格弹性为-1.2，需求收入弹性为 3。假设价格提高 8%，收入增加 10%，2018 年该汽车销量是 800 万辆，估计 2019 年该汽车的销量。

21. 市场需求曲线为 $Q=15-P$，供给曲线为 $Q=2P$，求市场均衡数量和均衡价格。若政府实施价格管制，将市场价格限定在 $P=3$。请问市场是过剩还是短缺，过剩或短缺的数量是多少？

22. 市场需求曲线为 $Q=15-P$，供给曲线为 $Q=2P$，若政府实施数量管制，将市场数量限定在 $Q=8$，且按供给成本定价。请问市场是过剩还是短缺，过剩或短缺的数量是多少？

23. 某农产品市场的需求曲线为 $P=40-2q$，供给曲线为 $P=10+q$。

（1）求该市场的均衡数量和均衡价格。

（2）若政府对该农产品市场采取支持价格政策，将支持价格设定在 $P=24$，则市场需求量为多少？市场供给量为多少？政府必须收购多少？

（3）求支持价格政策对该市场造成的社会福利的影响。

24. 某国内商品市场的需求曲线为 $Q_d=8-P$，供给曲线为 $Q_s=P$，世界价格为 1。

（1）若是开放的国际贸易，该国对这种商品的进口量为多少？

（2）若政府颁发 4 单位的进口配额许可，在这种制度下该国对这种商品的进口量为多少？进口配额许可证持有者可以获得多少收入？

（3）求进口配额制度和开放的国际贸易相比社会福利的变化。

25. 已知某商品的市场需求函数为 $Q=10-2P$，求 $P_1=2$ 和 $P_2=4$ 时的消费者剩余分别是多少？该价格上涨使消费者剩余变化多少？

26. 假设某商品市场只有 A、B 两个消费者，他们的需求函数分别是 $Q_A=20-4P$ 和 $Q_B=30-5P$，求市场需求函数。

第二章
消费者选择

一、思考题

1. 简要说明总效用和边际效用之间的关系。
2. 无差异曲线具有哪些特点？试解释其经济意义。
3. 什么是商品的边际替代率？它为什么会出现递减？
4. 什么是消费者均衡？效用的基数和序数假设得出的均衡条件有什么联系与区别？
5. 正常品的需求曲线为什么向右下方倾斜？
6. 何为吉芬商品？其需求曲线形状如何？试利用替代效应和收入效应加以说明。
7. 以保险市场为例，说明消费者在不确定条件下是如何进行选择的。
8. 试运用马克思主义的观点对效用价值论进行分析评论。

二、单项选择题

1. 顾客吃自助餐，会吃到（　　）为止。

A. 效用为 0　　B. 边际效用 = 0

C. 边际效用 > 0　　D. 边际效用为负

2. 当消费者对 X 的消费达到饱和点时，边际效用为（　　）。

A. 正　　B. 零　　C. 负　　D. 不能确定

3. 小王吃鸡腿，吃了一个又一个，吃了还想吃，是因为此时（　　）。

A. 边际效用 > 0　　B. 边际效用 < 0

C. 边际效用 = 0　　D. 以上都不对

4. 总效用曲线达到顶点时，（　　）。

A. 边际效用 > 0　　B. 边际效用 < 0

C. 边际效用 = 0　　D. 以上都不对

5. 无差异曲线为斜率不变的直线时，表示两种商品是（　　）。

A. 可以替代　　B. 完全替代　　C. 完全互补　　D. 可以互补

6. 若某人的无差异曲线是水平直线（横轴为X，纵轴为Y），表明（　　）是一种中性商品（消费多与少都不影响效用的物品）。

A. 商品Y　B. 商品X　C. 商品X和商品Y都是　D. 商品X和商品Y都不是

7. 无差异曲线上任一点的边际替代率（绝对值）等于（　　）。

A. 价格之比　　B. 数量之比

C. 边际效用之比　　D. 平均效用之比

8. 商品X和Y的价格按相同的比率上升，而收入不变，预算线（　　）。

A. 向右上方平移　　B. 向左下方平移

C. 不变　　D. 向右上方转动

9. 商品X和Y的价格和预算收入按相同的比率上升，预算线（　　）。

A. 向右上方平移　　B. 向左下方平移

C. 不变　　D. 向右上方转动

10. 关于预算线，下列选项中，错误的是（　　）。

A. 预算线反映消费者资源的稀缺性　　B. 预算线反映消费者的选择空间

C. 要增加一种商品的消费，必须减少别的商品的消费

D. 预算线反映消费者的喜好程度

11. 假设其他条件不变，普通物品的价格下降，消费者会（　　）这种商品的购买。

A. 增加　　B. 减少　　C. 不改变　　D. 以上都有可能

12. 假设其他条件不变，吉芬物品的价格上升，消费者会（　　）这种商品的购买。

A. 增加　　B. 减少　　C. 不改变　　D. 以上都有可能

13. 已知 P_X 和 P_Y，当边际替代率 $MRS_{XY} > \frac{P_X}{P_Y}$，消费者为达到最大满足，应该（　　）。

A. 增加商品X的购买，减少商品Y的购买

B. 增加商品Y的购买，减少商品X的购买

C. 同时增加两种商品的购买　　D. 同时减少两种商品的购买

14. 无差异曲线的形状取决于（　　）。

A. 消费者偏好　　B. 消费者收入　　C. 消费品价格　　D. 消费环境

15. 基数效用论关于消费者均衡的条件是（　　）。

A. 无差异曲线与预算线相切　　B. $\frac{MU_X}{P_X} = \frac{MU_Y}{P_Y} = \lambda$

C. 边际替代率 $= \frac{P_X}{P_Y}$　　D. 以上都不对

16. 一元钱的边际效用为 3 单位，一支钢笔的边际效用是 36 单位，消费者愿意花（ ）买这支钢笔。

A. 12 元　　B. 36 元　　C. 3 元　　D. 108 元

17. 消费者只消费 Z 和 Y 两种商品，预算收入是 260 元，$P_Z=2$，$P_Y=3$，商品 Z 对商品 Y 的边际替代率是$\frac{Y}{Z}$，消费者消费 40 单位 Z 和 60 单位 Y，则（ ）。

A. 实现了效用最大化

B. 应该增加商品 Z 的消费，减少商品 Y 的消费来增加他的效用

C. 应该增加商品 Y 的消费，减少商品 Z 的消费来增加他的效用

D. 应该增加商品 Z 和商品 Y 的消费来增加他的效用

18. 序数效用论认为，不同消费者从相同商品中获得的效用（ ）。

A. 相同　　B. 可以比较　　C. 不能比较　　D. 以上都不对

19. 消费者的偏好保持不变，则（ ）也保持不变。

A. 收入　　B. 均衡点　　C. 效用　　D. 无差异曲线

20. 如果无差异曲线相交，则会违背（ ）。

A. 完备性假设　　B. 传递性假设

C. 边际效用递减规律　　D. 边际替代率递减规律

21. 效用函数为 $U(X_1,X_2)-\min(2X_1,X_2)$，$X_1$ 和 X_2 是（ ）。

A. 可替代品　　B. 完全替代品

C. 完全互补品　　D. 都不是

22. 边际替代率递减意味着偏好关系满足（ ）。

A. 单调性　　B. 凸性　　C. 凹性　　D. 完备性

23. 边际替代率在几何上表现为（ ）。

A. 无差异曲线上某点的斜率　　B. 预算线上某点的斜率

C. 效用曲线上某点的斜率

D. 无差异曲线上某点与原点连线的斜率

24. 若无差异曲线上一点的斜率为$\frac{dy}{dx}=-\frac{1}{2}$，这意味着此时他愿意放弃（ ）单位 X 而获得 1 单位 Y。

A. 0.5　　B. 2　　C. 1　　D. 1.5

25. 随着 X 增多，边际替代率 MRS_{XY}递减，边际效用 MU_X 和 MU_Y 必定（ ）。

A. 递增　　B. 递减

C. MU_X 递减，MU_Y 递增　　D. MU_X 递增，MU_Y 递减

26. 下列选项中，不属于消费者均衡的条件的是（ ）。

A. $\frac{MU_X}{P_X}=\frac{MU_Y}{P_Y}$　　B. 货币在每种用途上的边际效用相等

C. $MU=\lambda P$　　D. 各种商品的边际效用相等

27. 某低档物品价格下降，在其他情况不变时，（　　）。
A. 替代效应和收入效应都使该商品需求量增加
B. 替代效应和收入效应都使该商品需求量减少
C. 替代效应使需求量增加，收入效应使需求量减少
D. 替代效应使需求量减少，收入效应使需求量增加

28. 某正常物品价格上升，在其他情况不变时，（　　）。
A. 替代效应和收入效应都使该商品需求量增加
B. 替代效应和收入效应都使该商品需求量减少
C. 替代效应使需求量增加，收入效应使需求量减少
D. 替代效应使需求量减少，收入效应使需求量增加

29. 当吉芬物品价格上升，在其他情况不变时，（　　）。
A. 替代效应为增加，收入效应为增加，总效应为增加
B. 替代效应为减少，收入效应为减少，总效应为减少
C. 替代效应为减少，收入效应为增加，总效应为增加
D. 替代效应为减少，收入效应为增加，总效应为减少

30. 消费者预算线发生平移，连接消费者均衡点的曲线叫做（　　）。
A. 需求曲线　　B. 价格-消费扩展线
C. 收入-消费扩展线　　D. 恩格尔曲线

31. 消费品价格发生变化时，连接消费者均衡点的曲线叫做（　　）。
A. 需求曲线　　B. 价格-消费扩展线
C. 收入-消费扩展线　　D. 恩格尔曲线

32. 恩格尔曲线从（　　）推导出。
A. 需求曲线　　B. 价格-消费扩展线
C. 收入-消费扩展线　　D. 供给曲线

33. 关于消费者需求曲线，下列选项中，错误的是（　　）。
A. 需求曲线可由消费者均衡推导出来
B. 需求曲线上任一点都实现了效用最大化
C. 需求曲线只能向右下方倾斜
D. 普通物品的需求曲线向右下方倾斜

34. 如果消费者在第一期是储蓄者，现在利率上升，他的储蓄反而减少，是因为（　　）。
A. 收入效应大于替代效应　　B. 替代效应大于收入效应
C. 收入效应等于替代效应　　D. 以上都不对

35. 边际替代率递减的根本原因是（　　）。
A. 边际效用递减　　B. 边际报酬递减
C. 规模报酬递减　　D. 以上都不对

36. 一份汉堡包的价格是 3 美元，一份炸薯条的价格是 2 美元，一份菠萝派的价格是 1 美元。在消费者均衡状态下，炸薯条对汉堡包和菠萝派的边际替代率分别是（　　）。
A. 1.5，0.5　　B. 2/3，0.5　　C. 1.5，2　　D. 2/3，2

37. 下列选项中，关于消费者偏好的（　　）假定可以排除饱和点的存在。

A. 完备性　　B. 传递性

C. 单调性（偏好于商品多甚于少）　　D. 凸性（凸向原点）

38. 在达到消费者均衡时，消费者（　　）。

A. 从各种商品得到相同的效用　　B. 在各种商品上的支出相同

C. 从各种商品中获得的边际效用相同

D. 花在各种商品上的每一元钱都具有相同的边际效用

39. 如果消费者的效用函数为 $U(X_1, X_2)=2X_1+X_2$，而且商品 1 和商品 2 的价格分别是 2 和 1，预算收入为 m，那么消费者将（　　）。

A. 同时购买两种商品，而且 $X_1+2X_2=m$，$0\leqslant X_1\leqslant m$，$0\leqslant X_2\leqslant \frac{m}{2}$

B. 同时购买两种商品，而且 $2X_1+X_2=m$，$0\leqslant X_1\leqslant \frac{m}{2}$，$0\leqslant X_2\leqslant m$

C. 只购买商品 1　　D. 只购买商品 2

40. 对于两种正常商品，收入-消费扩展线（　　）。

A. 向右下倾斜　　B. 向右上倾斜

C. 是水平曲线　　D. 是竖直曲线

41. 表达收入与某一商品需求量之间的关系的曲线叫做（　　）。

A. 收入-消费扩展线　　B. 价格-消费扩展线

C. 恩格尔曲线　　D. 需求曲线

42. 商品价格下降，对于收入效应和替代效应，（　　）。

A. 替代效应总是为正，收入效应可正可负

B. 收入效应总是为正，替代效应可正可负

C. 替代效应总是为负，收入效应可正可负

D. 收入效应总是为负，替代效应可正可负

43. 当价格变化时，总效应和替代效应的关系是（　　）。

A. 总效应大于替代效应　　B. 总效应小于替代效应

C. 总效应可能比替代效应大，也可能比替代效应小

D. 以上都不对

44. 某商品价格下降，替代效应使需求量增加，收入效应使需求量减少，可以断定该商品不是（　　）。

A. 正常物品　　B. 低档物品　　C. 吉芬物品　　D. 以上都不对

45. 消费者只购买面包和油条这两种正常物品，如果面包价格下降，那么（　　）。

A. 收入效应与替代效应都引起油条消费上升

B. 收入效应与替代效应都引起油条消费下降

C. 收入效应使油条消费上升，替代效应作用相反

D. 收入效应和替代效应相互抵消，油条消费不变

46. 对于向上倾斜的需求曲线而言，(　　)。

A. 肯定是正常物品

B. 肯定是低档品且替代效应大于收入效应

C. 肯定是低档品且收入效应大于替代效应

D. 是吉芬物品且替代效应大于收入效应

47. 收入增加，馒头的需求量反而减少，馒头是（　　）。

A. 正常物品　　B. 低档物品　　C. 奢侈品　　D. 吉芬物品

48. 假设其他条件不变，某商品价格下降，消费者会增加购买，原因是（　　）。

A. 存在替代效应　　B. 存在收入效应

C. 既有替代效应，也有收入效应　　D. 既不是替代效应，也不是收入效应

49. 假设买一张彩票，0.1 的概率得到 2 500 元，0.9 的概率得到 100 元，效用函数为 $U(w)=\sqrt{w}$。那么，这张彩票的期望效用是（　　）。

A. 360　　B. 14　　C. 46　　D. 1 300

50. 某消费者的效用函数为 $U(w)=w^2$，那么该消费者是（　　）。

A. 风险规避者　　B. 风险偏好者　　C. 风险中性者　　D. 以上都不是

51. 若消费者的收入-消费扩展线是一条向右上方倾斜的线，说明（　　）。

A. 两种商品都是正常品　　B. 一种是正常品，一种是低档品

C. 两种商品都是低档品　　D. 两种商品都是吉芬物品

52. 若消费者的效用函数是 $U=XY^4$，他会把收入的（　　）用于商品 Y 上。

A. 1/4　　B. 1/5　　C. 4/5　　D. 2/5

53. 消费者行为决定了市场的（　　）。

A. 需求曲线　　B. 供给曲线　　C. 均衡点　　D. 以上都不对

54. 偏好的（　　）假定意味着无差异曲线向下倾斜。

A. 非饱和性（多多益善）　　B. 完备性

C. 传递性　　D. 以上都不对

55. 偏好的（　　）假定意味着无差异曲线离原点越远，效用水平越高。

A. 单调性（偏好于多甚于少）　　B. 凸性

C. 传递性　　D. 完备性

56. 偏好的（　　）假定意味着消费者偏向更均匀地消费多种商品。

A. 单调性　　B. 凸性（凸向原点）

C. 传递性　　D. 完备性

57. 效用函数为 $U=AX_1+BX_2$，则边际替代率 MRS_{12} 等于（　　）。

A. $-\dfrac{A}{B}$　　B. $-\dfrac{B}{A}$　　C. B　　D. A

58. 柯布-道格拉斯效用函数的价格-消费扩展线（　　）。

A. 向上倾斜　　B. 向下倾斜

C. 是一条水平线　　D. 以上都不对

59. 效用函数为 $U(X_1, X_2)=\min(AX_1, BX_2)$，$X_1$ 和 X_2 最优互补关系是（　　）。

A. $\frac{X_1}{X_2}=\frac{A}{B}$　　B. $\frac{X_1}{X_2}=\frac{B}{A}$　　C. $\frac{X_1}{X_2}=-\frac{A}{B}$　　D. $\frac{X_1}{X_2}=-\frac{B}{A}$

60. 张三的边际替代率 $|MRS_{XY}|$ 小于李四的边际替代率 $|MRS_{XY}|$，若二者可以交换，则（　　）。

A. 张三应用 X 交换李四的 Y　　B. 张三应用 Y 交换李四的 X

C. 条件不足，无法判别　　D. 以上都不对

61. 张三的 $\frac{MU_Y}{MU_X}$ 小于李四的 $\frac{MU_Y}{MU_X}$，若二者可以交换，则（　　）。

A. 张三应用 X 交换李四的 Y　　B. 张三应用 Y 交换李四的 X

C. 条件不足，无法判别　　D. 以上都不对

62. 两种物品的价格-消费扩展线（　　）。

A. 向上倾斜　　B. 向下倾斜

C. 是水平线　　D. 以上都有可能

63.（　　）偏好的替代效应为零。

A. 完全替代　　B. 完全互补

C. 柯布-道格拉斯　　D. 以上都有可能

64.（　　）偏好的从量税和所得税对消费者一样好。

A. 完全替代　　B. 完全互补

C. 柯布-道格拉斯　　D. 以上都有可能

65. 先征收一个从量税，再将同样多的税收退给消费者，消费者境况（　　）。

A. 变差　　B. 变好　　C. 不变　　D. 以上都不对

66. 为什么钻石比水贵？（　　）。

A. 钻石的边际效用比水的边际效用大　　B. 钻石的总效用比水的总效用大

C. 钻石比水更持久　　D. 钻石的成本更高

67. 假设货币的边际效用为 1，消费者购买每一单位物品支付的价格一定等于（　　）。

A. 物品的总效用　　B. 物品的边际效用

C. 物品的平均效用　　D. 以上都不是

68. 某消费者购买两种商品 X 和 Y，X 的价格是 10 元，Y 的价格是 2 元。他购买了 7 单位的 X 和 3 单位的 Y，获得的边际效用分别是 30 和 20，则（　　）。

A. 他获得了最大效用

B. 他应该增加 X 的购买，减少 Y 的购买

C. 他应该增加 Y 的购买，减少 X 的购买

D. 他应该同时增加 X 和 Y 的购买以获得最大效用

69. 低档物品价格下降，其需求量（　　）。

A. 不变　　B. 减少

C. 替代效应大于收入效应，则增加　　D. 收入效应大于替代效应，则增加

70. 商品价格变化引起的替代效应，希克斯分解时表现为相应的消费者均衡点（　　）。

A. 沿着原有的无差异曲线运动　　B. 运动到另一条无差异曲线

C. 沿着原有的消费预算线运动　　D. 运动到最终的预算线

71. 商品价格变化引起的收入效应，表现为相应的消费均衡点（　　）。

A. 沿着原有的无差异曲线运动　　B. 运动到另一条无差异曲线

C. 沿着原有的消费预算线运动　　D. 运动到另一条收入-消费曲线上

72. 已知商品 X 的价格为 2 元，商品 Y 的价格为 1 元。如果消费者在获得最大满足时，商品 Y 的边际效用是 30，那么商品 X 的边际效用是（　　）。

A. 20　　B. 30　　C. 45　　D. 60

73. 某消费者逐渐增加某种商品的消费量，直至达到效用最大化。在这个过程中，该商品的（　　）。

A. 总效用和边际效用不断增加

B. 总效用不断下降，边际效用不断增加

C. 总效用不断增加，边际效用不断下降

D. 总效用和边际效用同时下降

74. 消费者剩余是（　　）。

A. 消费者预算过剩　　B. 消费者得到的总效用

C. 消费者购买商品得到的总效用减去支出的货币的效用的余额

D. 支出的货币的总效用

75. 需求曲线从（　　）导出。

A. 价格-消费扩展线　　B. 收入-消费扩展线

C. 无差异曲线　　D. 预算线

76. 假设某消费者对商品 X 和商品 Y 的效用函数为 $U(X,Y) = 5X+5Y$，商品 X 的价格为 10 元，商品 Y 的价格为 5 元，则下列选项中，正确的是（　　）。

A. 商品 X 和商品 Y 是完全互补品

B. 应该增加商品 Y 的消费，减少商品 X 的消费

C. 消费者只消费商品 X　　D. 以上说法都不正确

77. 当总效用持续增加时，边际效用应该（　　）。

A. 为正值且不断增加　　B. 为负值且不断减少

C. 为正值，但不断减少　　D. 为零

78. 假如某消费者消费的几种商品的价格都相同，为了使其在消费过程中获得最大的满足，该消费者应该购买（　　）。

A. 相同数量的这几种商品　　B. 这几种商品并使其总效用相等

C. 这几种商品并使其边际效用相等　　D. 以上都不对

79. 关于一般低档物品而言，下列选项中，正确的是（　　）。

A. 替代效应与价格成同方向变化　　B. 收入效应与价格成反方向变化

C. 总效应与价格成反方向变化　　D. 需求曲线向右上方倾斜

80. 当消费者的真实收入上升时，（　　）。

A. 他将购买更少的劣等品　　B. 他将增加正常品的消费

C. 他消费的商品组合将会移到更高的无差异曲线上

D. 以上都是

81. 在跨期消费模型中，如果 $Y_1=20\,000$，$Y_2=22\,000$，利率等于10%，则第一期最大可能的消费是（　　）。

A. 20 000　　B. 40 000　　C. 42 000　　D. 44 000

82. 在跨期消费模型中，如果 $Y_1=20\,000$，$Y_2=22\,000$，利率等于10%，则第二期最大可能的消费是（　　）。

A. 20 000　　B. 40 000　　C. 42 000　　D. 44 000

83. 效用函数 $U(X,Y)=\frac{XY}{3}$ 与（　　）效用函数表达的偏好关系相同。

A. $U(X,Y)=(X-5)(Y-5)$　　B. $U(X,Y)=(X+5)(Y-5)$

C. $U(X,Y)=(X-5)(Y+5)$　　D. $U(X,Y)=\frac{XY}{5}$

84. 老丁的效用函数为 $U(X,Y)=XY$，其中 X 是苹果的数量，Y 是梨的数量。当老丁消费 20 个苹果和 80 个梨时，此时他的无差异曲线的 MRS_{XY} 等于（　　）。

A. 8　　B. 4　　C. 1/8　　D. 1/4

三、判断题

1. 消费者的理性选择是在稀缺资源约束下追求效用最大化。（　　）
2. 效用是消费者消费商品或服务对其欲望的主观满足程度。（　　）
3. 基数效用论认为效用可以计量和加总，而且有单位。（　　）
4. 基数效用论认为商品效用可以在人与人之间进行比较。（　　）
5. 现代经济学一般认为基数效用论是科学的。（　　）
6. 序数效用论认为可以对不同商品组合的主观满足程度进行排序。（　　）
7. 基数效用论通过边际分析方法得出消费者的最优选择。（　　）
8. 序数效用论通过无差异曲线分析方法得出消费者的最优选择。（　　）
9. 消费者均衡是指消费者在既定预算约束下实现了效用最大化，在其他条件不变时，他不会改变这个资源配置状态。（　　）
10. 消费者若购买商品时单位货币实现的边际效用小于单位货币的效用，则会购买这个商品。（　　）
11. 预算约束线表示的是消费者的资源稀缺性。（　　）
12. 预算集由消费者的预算收入、商品价格共同决定。（　　）
13. 决定预算线斜率的是商品的价格。（　　）
14. 预算收入和商品价格既定时，消费者预算约束线向右下方倾斜。（　　）
15. 消费者对两个商品进行购买选择时，比较的是单位货币购买这两个商品实现的边际效用。（　　）

16. 基数效用论不能推导出需求曲线，序数效用论可以。（　　）
17. 在边际效用递减规律作用下，消费者的需求曲线向右下方倾斜。（　　）
18. 消费者剩余是指消费者购买的商品价值少于其预算约束，因此有预算剩余。（　　）
19. 消费者剩余是指消费者的支付意愿与实际支付之间的差。（　　）
20. 经济学通常用消费者剩余来衡量消费者的福利。（　　）
21. 当商品价格下降，消费者剩余趋向增加。（　　）
22. 假设消费者对商品数量偏好于多甚于少，则无差异曲线向右下方倾斜。（　　）
23. 在一个平面中，消费者通常只有三条无差异曲线。（　　）
24. 无差异曲线不能相交，否则会违背传递性假设。（　　）
25. 无差异曲线的斜率在几何上表示边际替代率。（　　）
26. 两种商品之间的边际替代率（绝对值）等于这两种商品的边际效用之比。（　　）
27. 边际效用递减规律是边际替代率递减规律的原因。（　　）
28. 边际替代率递减保证了无差异曲线凸向原点。（　　）
29. 所有的无差异曲线都满足边际替代率递减规律。（　　）
30. 完全替代时，无差异曲线的边际替代率为常数。（　　）
31. 消费者均衡点一定落在预算线上。（　　）
32. 收入增加或物价降低，可以扩大消费者的预算空间。（　　）
33. 消费者最优化的点一定是无差异曲线和预算线的切点。（　　）
34. 如果 $MRS_{12}>\frac{P_1}{P_2}$，消费者应该增加商品 1 的购买，减少商品 2 的购买。（　　）
35. 序数效用论的最优化条件 $MRS_{12}=\frac{P_1}{P_2}$，本质上和基数效用论推出的等边际原则是一致的。（　　）
36. 收入-消费扩展线一定向右上方倾斜。（　　）
37. 由收入-消费扩展线可以推导出恩格尔曲线。（　　）
38. 若收入-消费扩展线出现了背弯（向纵轴背弯或向横轴背弯），则一定存在低档品。（　　）
39. 恩格尔定律意味着，随着家庭收入增加，食物支出占家庭支出的比重趋于减少。（　　）
40. 总体上看，家庭食物支出对收入的弹性系数小于 1。（　　）
41. 恩格尔曲线表达的是商品需求量与收入的关系。（　　）
42. 正常物品的恩格尔曲线向右上方倾斜。（　　）
43. 低档物品的恩格尔曲线向右下方倾斜。（　　）
44. 需求曲线可以由价格-消费扩展线推导而来。（　　）
45. 对于两种正常物品，若商品 1（在横轴）的价格下降，对于商品 2（在纵轴），若替代效应大于收入效应，则价格-消费扩展线向右下方倾斜。（　　）

46. 经济学常常假设货币的边际效用是常量。（　　）
47. 替代效应是由两商品的相对价格变化引起的。（　　）
48. 收入效应是由价格变化导致实际收入变化引起的。（　　）
49. 替代效应的符号和价格变化的符号反向。（　　）
50. 正常物品收入效应的符号和价格变化的符号同向。（　　）
51. 正常物品的需求曲线向右下方倾斜。（　　）
52. 低档物品的需求曲线向右上方倾斜。（　　）
53. 吉芬物品的需求曲线向右上方倾斜。（　　）
54. 不确定性条件下的消费者决策可以理解为求解期望效用最大化。（　　）
55. 若期望效用大于期望值的效用，则该消费者是风险爱好者。（　　）
56. 无差异曲线的形状取决于消费者的偏好，而不取决于预算收入和价格。（　　）
57. 吉芬物品是低档物品，但低档物品不一定是吉芬物品。（　　）
58. 收入-消费扩展线是预算收入变化时均衡点的连线。（　　）
59. 价格-消费扩展线是某种商品价格变化时均衡点的连线。（　　）
60. 消费者的效用函数是 $U=XY$，这个消费者将把预算收入的一半购买 X。（　　）
61. 消费者对商品的支付意愿由边际效用决定。（　　）
62. 边际效用递减时，总效用也递减。（　　）
63. 如果收入的边际效用递减，则将富人的一单位收入转移给穷人，会增进整个社会的总效用。（　　）
64. 消费者资源配置状态改变，使两种商品的边际效用都降低了，则该消费者的总效用也降低了。（　　）
65. 在消费者均衡点上，消费者消费的各种商品的边际效用相等。（　　）
66. 无差异曲线凸向原点是因为消费者通常喜欢更加均匀的多样化消费。（　　）
67. 理性的消费者偏好是稳定的，不随收入和价格的变化而变化。（　　）
68. 互补型偏好的消费者被征从量税和总量税一样好。（　　）
69. 通过购买保险，消费者平抑不确定性风险。（　　）
70. 在完全竞争保险市场，消费者购买保险，保费率应等于事故发生的概率。（　　）
71. 在完全竞争保险市场，消费者为损失购买全额保险是不明智的。（　　）
72. 微观经济学将产品或服务的需求、生产要素的供给归为消费者行为。（　　）

四、简答题

1. 已知效用函数为 $U(X, Y) = \ln(X^{0.5}+Y)$，X 在横轴，Y 在纵轴，求 X 对 Y 的边际替代率。

2. 假如效用函数为 $U=q^{0.5}+2M$，q 是消费的商品数量，M 是货币。

（1）求解需求曲线。

（2）求 $P=0.05$，$q=25$ 时的消费者剩余。

3. 用基数效用论的消费者均衡条件解释“水与钻石之谜”，钻石总效用很小，但很昂贵，水的总效用很大，但很便宜。

4. 什么是边际替代率递减规律？为什么？

5. 若甲用全部收入能够买 4 单位 X 和 6 单位 Y，或者 12 单位 X 和 2 单位 Y。

（1）求预算线方程。

（2）商品 X 与 Y 的价格之比是多少？

6. 免费发放给消费者一定数量的实物（如食物且不能转卖为等额现金）与发给消费者等额价值的现金，哪种方法给消费者带来更高的效用？

7. 某消费者原来每月煤气开支为 50 元，现在煤气价格上涨 100%，其他商品价格不变，政府给予消费者 50 元作为价格补贴。试问该消费者的处境是改善了还是恶化了？为什么？

8. 某人的效用函数为 $U=4\sqrt{X}+Y$，原来的消费组合是（9,8），现在 X 的消费从 9 降为 4，求消费多少 Y 时，在同一条无差异曲线上。

9. 良好形状的无差异曲线有哪些特征？

10. 作图说明正常物品价格下降时的替代效应、收入效应、总效应。

11. 作图说明正常物品价格上升时的替代效应、收入效应、总效应。

12. 作图说明吉芬物品价格下降时的替代效应、收入效应、总效应。

13. 请从价格-消费扩展线推导出需求曲线。

14. 根据基数效用论推导出需求曲线，说明边际效用递减规律是需求定律成立的前提。

15. 消费者的效用函数是 $U=X^rY$，$r>0$，X，Y 的价格分别是 P_X, P_Y。证明收入-消费扩展线是一条直线。

16. 什么是消费者剩余？均衡价格下降对消费者剩余有何影响？

17. 已知一件衬衫的价格是 80 元，一份快餐的价格是 20 元，消费者关于这两种商品的均衡点上，一份快餐对一件衬衫的边际替代率 *MRS* 是多少？

18. 工资上涨时，劳动供给会增加，请辨析之。

19. 工厂的产品一般存在优等品和次等品，请用消费者行为理论解释卖到远方的应该是优等品，在本地销售的应该是次等品（这可以解释“好东西卖给国外”）。

20. 把员工从成都外派到北京，北京的住房价格更高，但其他方面价格与成都一样，公司支付该员工的收入确保其购买力不变。请问该员工的境况是变好了还是变差了？他会如何调整其最优消费。

21. 政府为了促进生育率实施托儿补贴政策，政府补贴相同的金额，你是更偏爱从量补贴还是总量补贴？

22. 消费者的预算收入为 20 元，X_1的价格为 1 元，X_2的价格为 2 元，该消费者的效用函数为 $U(X_1, X_2)=3X_1+X_2$。请求解消费者均衡，并画图。

23. 消费者的预算收入为 20 元，X_1的价格为 8 元，X_2的价格为 2 元，该消费者的效用函数为 $U(X_1, X_2)=3X_1+X_2$。请求解消费者均衡，并画图。

24. 消费者的预算收入为 200 元，左脚鞋 X_1的价格为 50 元，右脚鞋 X_2的价格为 50 元，该消费者的效用函数为 $U(X_1,X_2)=\min(X_1,X_2)$。请求解消费者均衡，并画图。

25. 消费者的预算收入为 21 元，一杯咖啡 X_1的价格为 5 元，一个糖包 X_2的价格为 1 元，该消费者喜欢一杯咖啡加两个糖包，因为这样味道可口。请求解消费者均衡，并画图。

26. 某消费者的效用函数为 $U(x_1, x_2)=x_1x_2$，p_1为 3 元，p_2为 6 元，该消费者的预算收入为 120 元。

（1）求该消费者最优化时对两种商品的消费量。

（2）若对每单位 x_1的消费征收从量税 1 元，求这时的消费者均衡。

（3）若对该消费者发放 60 元的代金券，求这时的消费者均衡。

（4）若对每单位 x_1 的消费征收从量税 1 元，同时对该消费者发放 60 元的代金券，求这时的消费者均衡。

27. 某消费者的效用函数为 $U(x_1, x_2)=x_1x_2$，p_1为 5 元，p_2为 10 元，该消费者的预算收入为 240 元。

（1）若对 x_2的消费征收从价税 20%，求这时的消费者均衡。

（2）若对该消费者征收 140 元的总量税，求这时的消费者均衡。

28. 某消费者的效用函数为 $U=xy+x$，当 $P_x=3$，$P_y=2$ 时，对该消费者来说，x 是正常品（何种）还是低档品。

29. 某消费者只消费 X 与 Y 两种商品，X 对 Y 的边际替代率恒为 Y/X。如果该消费者的收入为 260，X 的单价为 2 元，Y 的单价为 3 元。求其效用最大时的消费量。

30. 假定 X 与 Y 两种商品有线性无差异曲线，其斜率是$\frac{1}{2}$，即 $MRS_{XY}=\frac{1}{2}$

（1）当 $P_X=1$，$P_Y=1$，且 $M=1\ 000$ 时，消费者均衡是什么？

（2）当 $P_X=1$，$P_Y=2$ 时，消费者均衡是什么？

31. 假设需求曲线由 $Q=10-P$ 得出，消费 6 单位商品的总效用和消费者剩余各是多少？如果价格由 4 变动到 6，消费者剩余的变化是多少？

32. 如何理解微观经济学假设货币的边际效用是常数。

33. 餐厅里，某消费者对肉圆子的评价如表 1-2-1 所示。

表 1-2-1

对第 1 个肉圆子的支付意愿	10 元
对第 2 个肉圆子的支付意愿	6 元
对第 3 个肉圆子的支付意愿	4 元
对第 4 个肉圆子的支付意愿	1 元

请画出该消费者对肉圆子的需求曲线。当肉圆子的价格是每个 5 元时，请标出该消费者的消费者剩余。

34. 什么是罗伊恒等式？

35. 什么是谢泼德引理？

36. 什么叫显示偏好原理？

37. 对于消费者来说，与其被征一个从量税，不如被征一个等额的所得税或总量税，为什么？

38. 对消费者征一个从量税，同时把等额税额退给这位消费者，请问这位消费者在该操作下状况是变好还是变差?

39. 消费者的效用函数为 $U=X_1+2X_2$，$p_1=3$，$p_2=2$。该消费者获得效用 12，求支出最小化时的均衡及最小支出。

40. 消费者的效用函数为 $U=\min(X_1, 2X_2)$，$p_1=3$，$p_2=2$。该消费者获得效用 12，求支出最小化时的均衡及最小支出。

41. 消费者的效用函数为 $U=X_1X_2^{\ 2}$，$p_1=4$，$p_2=2$，该消费者获得效用 432，求支出最小化时的均衡及最小支出。

42. 在其他条件不变时，秋天苹果大量上市，苹果价格下降，消费者为什么消费更多的苹果?

43. 在其他条件不变时，利率上升，储蓄者是否更多地储蓄?

五、计算题

1. 某消费者的效用函数为 $U=x_1x_2$，两种商品的价格分别是 p_1 和 p_2，该消费者的预算收入为 m，求效用最大化。

（1）写出该消费者行为的理论模型。

（2）求该消费者的马歇尔需求函数。

（3）求该消费者的间接效用函数。

2. 消费者消费商品 X_1 和商品 X_2 的效用函数为 $U(X_1,X_2)=X_1^2X_2^3$。已知预算收入为 120 元，P_1 为 2 元，P_2 为 3 元，求解两种商品的最优消费量。

3. 假设消费者的效用函数为 $U(X_1,X_2)=X_1^2X_2$，X_1 是食品消费量，X_2 是其他商品的消费量。假设食品的价格为 P_1，其他商品的价格为 P_2，消费者的预算收入是 M，求最优食品需求量。食品对该消费者来说是低档物品吗？是吉芬物品吗?

4. 某消费者的效用函数为 $U(X_1,X_2)=\dfrac{\ln X_1+2\ln X_2}{3}$，商品 1 和商品 2 的价格分别是 P_1 和 P_2，消费者的预算收入为 M。

（1）求消费者对商品 1 和商品 2 的需求函数。

（2）判断商品 1 和商品 2 是正常品还是低档品，是普通物品还是吉芬物品，是互补品还是替代品。

（3）假设 $P_1=P_2=1$，画出每种商品的恩格尔曲线。

5. 某消费者的效用函数为 $U(X,Y)=a\ln X+b\ln Y$，预算收入为 M，两种商品的价格分别是 P_X 和 P_Y。

（1）求解两种商品的需求函数。

（2）$P_X=1$，$P_Y=2$，$M=120$ 时，求边际替代率，并求此时两种商品的需求价格弹性与需求收入弹性。

6. 某消费者的效用函数是 $U(X_1,X_2)=cX_1+X_2$，两种商品的价格分别是 P_1 和 P_2，预算收入是 M，求解消费者均衡。

7. 甲消费者的效用函数是 $U(X_1, X_2) = (X_1+2)(X_2+6)$，$X_1$ 是蛋糕块数，X_2 是牛奶杯数。请问：

（1）甲消费者原有 4 块蛋糕、6 杯牛奶，现在甲消费者是否愿意用 3 块蛋糕和乙消费者交换 9 杯牛奶？

（2）若边际替代率 $MRS_{12}=2$，甲消费者是否愿意用 3 杯牛奶和乙消费者交换 1 块蛋糕？

8. 某人将全部预算收入用于购买商品 X 和商品 Y，两种商品的边际效用如表 1-2-2 所示。商品 X 的价格是 20 元，商品 Y 的价格是 30 元，预算收入是 210 元。该消费者的最优消费是什么？此时获得的最大效用是多少？

表 1-2-2

消费品单位数	1	2	3	4	5	6	7	8
MU_X	25	23	20	16	10	6	4	2
MU_Y	50	45	40	35	30	25	20	15

9. 某消费者的预算收入为 120 元，全部花费于 X 和 Y 两种商品，他的效用函数为 $U(X,Y)=XY$，商品 X 的价格是 2 元，商品 Y 的价格是 3 元。

（1）求解消费者均衡，他获得的总效用是多少？

（2）货币的边际效用是多少？

（3）如商品 X 的价格提高 44%，商品 Y 的价格不变，要保持原来的效用水平，其收入要增加多少？

10. 某消费者的预算收入为 120 元，全部花费于 X 和 Y 两种商品，他的效用函数为 $U(X,Y)=X+Y$，X 的价格是 2 元，Y 的价格是 3 元。求解消费者均衡，他获得的总效用是多少？

11. 消费者的效用函数是 $U(X,Y) = X^{0.4}Y^{0.6}$，$P_X=2$，$P_Y=3$，求获得效用 9 时的最小支出是多少？

12. 某消费者消费 X 和 Y 两种商品，无差异曲线的斜率的绝对值恒为$\frac{Y}{X}$，Y 是商品 Y 的数量，X 是商品 X 的数量。

（1）证明 X 的需求不取决于 Y 的价格。

（2）证明 X 的需求价格弹性的绝对值为 1。

（3）求出 X 的恩格尔曲线，求解 X 的需求收入弹性。

13. 某消费者的效用函数是 $U(X,Y) = XY$，$P_X=1$，$P_Y=2$，$M=40$，现在 P_Y 下降为 1。

（1）求 Y 的替代效应、收入效应、总效应。

（2）求 X 的替代效应、收入效应、总效应。

请用斯勒茨基分解。

14. 某个学生的月收入是 1 000 元，他对面包的需求函数是 $X(P,M) = \frac{20}{P}+\frac{1\,000}{M}$，面包的价格 $P=4$ 元。当面包的价格从 4 元上升到 5 元，为使该学生仍买得起原来的面包消费量，他的收入应增加多少？

15. 某人的效用函数为 $U(X,Y)=XY$，预算收入为100元，商品 Y 的价格是10元。当商品 X 的价格由2元变为8元时，求保持其效用不变所需的最小收入。

16. 一个人具有效用函数 $U(W)=W^{\frac{1}{2}}$，他的财富初始值为4元。现在他拥有一张奖券，这张奖券有0.5的概率值12元，有0.5的概率值0元。若要他出让该彩票，他索取的最低价会是多少？

17. 一个人具有效用函数 $U(W)=W^{\frac{1}{2}}$，他的财富初始值为10 000元。他有5%的可能性损失3 600元，求他愿意支付的最大保险费是多少？

18. 完全竞争市场上只有两个消费者：消费者1的需求函数是 $Q_1=100-2P$（$P\leqslant 50$），$Q_1=0$（$P>50$）；消费者2的需求函数是 $Q_2=160-3P$（$P\leqslant 40$），$Q_2=0$（$P>40$）。求市场需求函数。

19. 假设消费者的均衡如图1-2-1所示。其中，横轴和纵轴分别表示商品1和商品2的数量，线段 AB 为消费的预算线，曲线 U 为消费者的无差异曲线，E 点为效用最大化的均衡点。已知商品1的价格 $P_1=2$ 元。

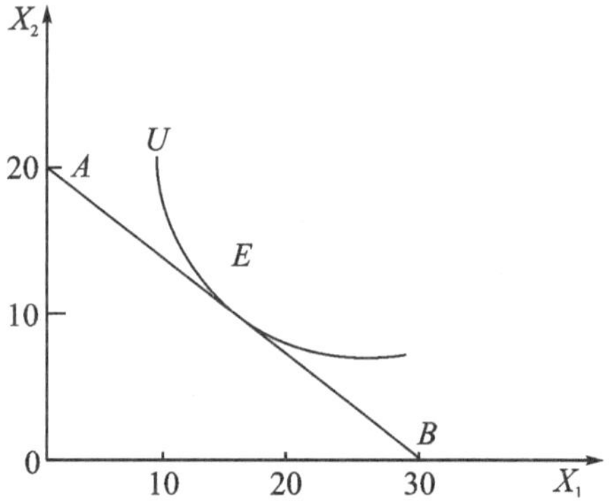

图1-2-1

（1）求消费者的预算收入。

（2）求商品2的价格 P_2。

（3）写出预算线方程。

（4）求预算线的斜率。

（5）求 E 点的 MRS_{12} 的值。

20. 请画出以下各位消费者对两种商品（咖啡和热茶）的无差异曲线，同时请对（2）和（3）分别写出消费者B和消费者C的效用函数。

（1）消费者A喜欢喝咖啡，但对喝热茶无所谓，他总是喜欢喝更多杯的咖啡，而从不在意有多少杯热茶。

（2）消费者B喜欢一杯咖啡和一杯热茶一起喝，他从来不喜欢单独喝咖啡或单独喝热茶。

（3）消费者C认为，在任何情况下，1杯咖啡和2杯热茶是无差异的。

（4）消费者D喜欢喝热茶，但厌恶喝咖啡。

21. 某消费者的效用函数为 $U=x_1x_2$，两种商品的价格分别是 p_1 和 p_2，该消费者获得 u 单位的效用，令支出最小化。

（1）写出该消费者行为的理论模型。

（2）求消费者均衡时的最优消费量。

（3）求该消费者的支出函数。

22. 假设某商品市场上只有A、B两个消费者，他们的需求函数分别为 $Q_A^d=20-4P$ 和 $Q_B^d=30-5P$。

（1）列出这两个消费者的需求表和市场需求表。

（2）根据（1），画出这两个消费者的需求曲线和市场需求曲线。

23. 设某消费者的效用函数为柯布-道格拉斯类型的，即 $U(X,Y)=X^{\alpha}Y^{\beta}$，商品 X 和商品 Y 的价格分别为 P_X 和 P_Y，消费者的收入为 M，α 和 β 为常数，并且 $\alpha+\beta=1$。

（1）求该消费者关于商品 X 和商品 Y 的需求函数。

（2）证明当商品 X 和商品 Y 的价格以及消费者的收入同时变动一个比例时，消费者对两商品的需求关系维持不变。

（3）证明消费者效用函数中的参数 α 和 β 分别为商品 X 和商品 Y 的消费支出占消费者预算收入的份额。

24. 假定肉肠和面包卷是完全互补品。人们通常以一根肉肠和一个面包卷为比例做一个热狗，并且已知一根肉肠的价格等于一个面包卷的价格。

（1）求肉肠的需求价格弹性。

（2）求面包卷对肉肠的交叉价格弹性。

（3）如果肉肠的价格是面包卷价格的两倍，那么肉肠的需求价格弹性和面包卷对肉肠的交叉价格弹性各是多少？

25. 已知某消费者的效用函数为 $U(X_1,X_2)=X_1X_2$，两商品的价格分别为 $P_1=4$，$P_2=2$，消费者的预算收入 $M=80$。现在假定商品 1 的价格下降为 $P_1=2$。求总效应、替代效应、收入效应（请用希克斯分解）。

26. 某消费者是一个风险规避者，他面临是否参与一场赌博的选择：如果他参与这场赌博，他将有 5%的概率获得 10 000 元，有 95%的概率获得 10 元；如果他不参与这场赌博，他将拥有 509.5 元。那么，他会参与这场赌博吗？为什么？

27. 消费者赵某的预算收入为 270 元，他在商品 X 和 Y 的无差异曲线上斜率为 $\frac{dY}{dX}=-\frac{20}{Y}$的点上实现均衡。已知商品 X 和 Y 的价格分别为 $P_X=2$ 元，$P_Y=5$ 元，那么此时赵某将消费多少商品 X 和 Y？

28. 若甲的效用函数为 $U(X,Y)=XY$，试问：

（1）$X=40$，$Y=5$ 时，甲得到的效用是多少？过点（40,5）的无差异曲线是什么？

（2）若甲给乙 25 单位 X 的话，乙愿意给甲 15 单位 Y。若进行这个交换，甲得到的满足比原来的组合高吗？

（3）乙用 15 单位 Y 同甲换取 X，为使甲的满足与（40,5）组合相同，乙最多只能得到多少单位 X？

29. 考虑某消费者购买商品 A 的替代效应与收入效应。假定该消费者关于商品 A 的需求函数为 $Q=0.02M-2P$，预算收入 $M=6\,500$，商品 A 的价格 $P=20$。如果目前商品 A 的价格上升为 $P=40$。求：商品 A 的价格变化的总效应是多少？其中，替代效应与收入效应分别为多少？

30. 某消费者具有效用函数 $U(X,Y)=X^{\frac{1}{2}}Y^{\frac{1}{2}}$，X 和 Y 的价格均为 4 元，该消费者的预算收入为 144 元。试问：

（1）为使消费者的效用最大化，消费者对 X 和 Y 的购买量应该各为多少单位？

（2）这时消费者的总效用是多少？

（3）若 X 的价格上升为 9 元，消费者对 X 和 Y 的购买量应该各为多少单位？此时 X 的价格上升导致的总效应是多少？即 X 的价格上升使 X 的购买量发生多少变化？

（4）其他条件不变时，求 X 的价格上升为 9 元带来的 X 的替代效应（维持当初的效用水平不变）和收入效应。

31. 近年来，保险业在我国得到迅速发展，假定有 户居民拥有财富 10 万元，包括一辆价值 2 万元的摩托车，该户居民摩托车被盗的可能性为 25%。假定该户居民的效用函数为 $U(W)=\ln W$，其中 W 表示财富价值。

（1）计算该户居民的期望效用值。

（2）如何根据效用函数判断该户居民是规避风险还是爱好风险？

（3）如果居民支付一定数额的保险费则可以在摩托车被盗时从保险公司得到与摩托车价值相等的赔偿，试计算该户居民最多愿意支付多少元保险费。

（4）在该保险费中“公平”的保险费（该户居民的期望损失）是多少？保险公司扣除“公平”的保险费后的纯收入是多少？

32. 消费者消费商品 X_1 和 X_2 的效用函数为 $U(X_1,X_2)=10(X_1^2+2X_1X_2+X_2^2)-50$，已知预算收入为 12，$P_1=2$，$P_2=4$，求解消费者均衡。

33. 小李在时期 1 的收入是 1 000 元，在时期 2 的收入是 1 200 元。他跨期的效用函数是 $U(C_1,C_2)=C_1^{0.8}C_2^{0.2}$，利率 $r=25\%$。

（1）计算小李两个时期的最优消费。

（2）如果政府征收利息收入税 20%，小李两个时期的最优消费有何变化。

34. 消费者面临跨期选择，第一期的收入是 100，第二期的收入是 180，市场利率为 r，效用函数是 $U(C_1,C_2)=C_1^{0.4}C_2^{0.6}$。

（1）求两期的最优消费。

（2）当利率 r 为何值时，该消费者在第一期将储蓄、贷款或既不储蓄也不贷款。

（3）利率 r 变化对第一期和第二期的消费有何影响。

35. 假设老大的贝努利效用函数为 $U(w)=\ln w$，他有一张彩票，如果中奖，则得到 A 元，不中奖，则得到 0 元。假定中奖的概率为 p，不中奖的概率为 $1-p$。老大的初始财富为 w_0。

（1）如果老二想购买老大的这张彩票，至少需要出多少钱？

（2）如果老大可以按 1 元钱一张的价格购买这种彩票，且 $p\times A>1$，求老大的最佳购买量（假设购买的这些彩票要么都中奖、要么都不中奖）。

36. 消费者只消费 x_1，x_2 两种商品，价格分别是 p_1，p_2，在两种商品上的总支出记为 y，效用水平记为 u。假设消费者对于第 1 种商品的马歇尔需求和希克斯需求函数分别为

$x_1(p,y)=\dfrac{y}{p_1+2p_2}$，$h_1(p,u)=\dfrac{u}{2}$，求解：

（1）第 2 种商品的马歇尔需求函数。

（2）p_1，p_2 均为 1 时，最多能实现 40 单位效用，消费者在这两种商品上的总支出

是多少？

（3）假设消费者的总支出和初始价格如上，x_1的价格上升为2，采用希克斯分解方法计算替代效应和收入效应对于x_1需求量的影响。

37. 某消费者对财富的效用为$U(w)=\sqrt{w}$，该消费者的初始财富为40 000元，如果发生火灾，则损失10 000元。发生火灾的概率为1%。火灾保险的保费率为投保金额的1%。

（1）该消费者应该为多少金额的财富投保？

（2）投保后，两种状态下的财富各是多少？

38. 小张为购买第一件装饰品愿付10元，第二件愿付9元，直到第10件愿付1元，第11件就不愿付钱了。

（1）假如每件装饰品的价格为3元，小张将买多少件装饰品？小张的消费者剩余是多少？

（2）若装饰品的价格涨到每件5元，小张将买多少件装饰品？小张的消费者剩余是多少？

（3）消费者剩余和商品价格有何关系。

39. 某人的效用函数$u=x^2y^3$依存于不劳动的闲暇日数x与对商品y的消费量。已知购买商品y的支出全部来源于劳动日数L所得的工资。假设日工资为50元，商品y的价格为25元，那么要获得效用最大化，该人每年应安排多少个劳动日？

40. 某消费者将固定时间分配于劳动和闲暇，闲暇时间为H，劳动时间为L，固定时间$T=24$，每小时工资水平为W，该消费者的效用函数为$U=36H+HY-H^2$，其中Y是劳动收入。

（1）求该消费者的劳动供给函数$L(W)$。

（2）若劳动力市场的需求曲线为$L=12-W$，求劳动力的均衡价格和均衡数量。

41. 某消费者的效用函数是$u(x)=ax^2+bx$。如果该消费者是风险厌恶的：

（1）系数a和b应该满足什么关系？

（2）如果消费者的财富有50%的可能是y，还有50%的可能是$m-y$，其中$y\in[0,m]$，那么y为何值时消费者的效用最大？

42. 某消费者的贝努利效用函数为$u=\sqrt{w}$，假设他拥有初始财富100元，他面临火灾的概率为0.5，不发生火灾的概率也为0.5。一旦发生火灾，他将损失36元。他可以购买一份保险，投保金额由他自己选择（设为$x\geqslant 0$），但保费率由保险公司给出，每1元投保金额交0.5元保费。

（1）求该消费者的绝对风险规避系数，并判断其风险态度。

（2）求确定性等值和风险升水。

（3）令c_g表示在好状态下消费者的财富（消费）水平，c_b表示在坏状态下消费者的财富（消费）水平。求消费者的预算约束，即能够消费的（c_g，c_b）的最大组合。

（4）投保人想最大化其期望效用，他该如何选择投保金额x。

43. 消费者效用函数为$u=x_1x_2$，当价格为（2，2），初始禀赋为（16，8），消费者的最优选择是什么？该消费者的购买和销售行为是什么？

44. 某消费者消费 X 和 Y 两种商品，其效用函数为 $U=X^2Y^3$，假设该消费者的禀赋是 $w_x=50$，$w_y=0$，求当 x 商品的价格由 2 变为 1 时导致 X 需求量的变化，并做斯勒茨基分解。

45. 消费者的效用函数为 $U=\min(X_1, X_2)$，$p_1=2$，$p_2=3$，预算收入 $m=60$，当 p_1 下降为 1，请做斯勒茨基分解。

46. 消费者的效用函数为 $U=X_1+X_2$，$p_1=4$，$p_2=2$，预算收入 $m=100$。

（1）当 p_1 下降为 3，请做斯勒茨基分解。

（2）当 p_1 下降为 1，请做斯勒茨基分解。

47. 消费者的效用函数为 $U=X_1+X_2$，$p_1=4$，$p_2=5$，预算收入 $m=100$，当 p_1 下降为 2，请做斯勒茨基分解。

48. 已知消费者的间接效用函数为 $V(p, y)=5y/(5p_1+p_2)$，$p_1=1$，$p_2=2$，$y=84$。

（1）求马歇尔需求函数 x_1，x_2，最优消费组合和效用水平。

（2）如果 p_1 上升为 2，按照希克斯分解，计算替代效应和收入效应。

（3）商品 1 是正常物品、一般低档品还是吉芬物品？

第三章

企业的生产和成本

第一节　生产者行为理论

一、思考题

1. 企业的经营目标有哪些？如何认识利润最大化是企业的基本目标？
2. 什么是边际报酬递减规律？这一规律适用的条件有哪些？
3. 生产要素的合理投入区是如何决定的？
4. 边际技术替代率递减规律与边际报酬递减规律之间的联系如何？
5. 为什么说理性的企业会按照最优组合来安排生产要素投入？
6. 举例说明什么是机会成本。区分机会成本与会计成本的意义何在？
7. 产量曲线与成本曲线之间有何内在联系？
8. 什么是生产的技术属性和社会属性？试用马克思主义的观点对西方经济学的生产和成本理论做出评析。

二、单项选择题

1. 如果连续地增加某种生产要素，在总产量达到最大时，边际产量曲线（　　）。

A. 与纵轴相交　　B. 经过原点

C. 与平均产量曲线相交　　D. 与横轴相交

2. 当平均产量递减时，边际产量（　　）。

A. 递增　　B. 递减　　C. 不变　　D. 以上都有可能

3. 下列选项中，错误的是（　　）。

A. 只要总产量减少，边际产量一定是负数

B. 只要边际产量减少，总产量一定也减少

C. 边际产量曲线一定在平均产量曲线的最高点与之相交

D. 随着投入要素的不断增加，边际产量曲线和平均产量曲线都将趋于下降

4. 下列选项中，正确的是（　　）。

A. 生产要素的边际技术替代率递减是规模报酬递减造成的

B. 边际收益递减是规模报酬递减造成的

C. 规模报酬递减是边际收益递减造成的

D. 生产要素的边际技术替代率递减是边际收益递减造成的

5. 使用两种生产要素，横轴是劳动，纵轴是资本，其价格分别是 P_L，P_K，则等成本线的斜率为（　　）。

A. $\frac{P_L}{P_K}$　　B. $\frac{P_K}{P_L}$　　C. $-\frac{P_L}{P_K}$　　D. $-\frac{P_K}{P_L}$

6. 在某一时刻，增加 1 单位劳动使用量，减少 3 单位资本使用量，仍生产相同的产量，则此刻的边际技术替代率 $MRTS_{LK}$ 为（　　）。

A. −3　　B. $-\frac{1}{3}$　　C. 任意值　　D. 无法计算

7. 一般情况下，等产量曲线凸向原点，是因为（　　）。

A. 边际报酬递减规律　　B. 规模报酬递减规律

C. 边际替代率递减规律　　D. 以上都不是

8. 一般情况下，在生产者均衡点上，（　　）。

A. $|MRTS_{LK}|=\frac{P_L}{P_K}$　　B. $\frac{MP_L}{P_L}=\frac{MP_K}{P_K}$

C. 等产量曲线与等成本线相切　　D. 以上都正确

9. 平均产量在几何上是（　　）。

A. 总产量曲线上一点与原点连线的斜率

B. 总产量曲线上一点的斜率　　C. 边际产量曲线上一点的斜率

D. 边际产量曲线上一点与原点连线的斜率

10. 边际产量在几何上是（　　）。

A. 总产量曲线上一点与原点连线的斜率

B. 总产量曲线上一点的斜率　　C. 平均产量曲线上一点的斜率

D. 平均产量曲线上一点与原点连线的斜率

11. 关于边际产量和平均产量的关系，下列选项中，错误的是（　　）。

A. 边际产量大于平均产量，平均产量上升

B. 边际产量小于平均产量，平均产量下降

C. 边际产量等于平均产量，平均产量最大

D. 边际产量等于平均产量，边际产量最大

12. 当某要素的边际产量小于其平均产量，则平均产量（ ）。

A. 上升　B. 下降　C. 不变　D. 先增后减

13. 当要素的边际产量曲线与平均产量曲线相交时，（ ）。

A. 总产量最大　B. 平均产量最大

C. 边际产量最大　D. 没什么规律

14. 其他生产要素保持不变，当一种要素不断增加时，总产量（ ）。

A. 会不断增加　B. 先增加后减少

C. 先减少后增加　D. 会保持不变

15. 一般来说，一种可变要素的合理投入区域为（ ）。

A. 开始于 *MP* 开始递减，结束于 *MP* 为零

B. 开始于 *MP* 和 *AP* 相等，结束于 *MP* 为零

C. 开始于 *MP* 最大，结束于 *AP* 为零　D. 开始于 *AP* 最大，结束于 *AP* 为零

16. 生产的平均产量 *AP* 为正且递减，边际产量 *MP* 可以是（ ）。

A. 递减且大于 *AP*　B. 递减且小于 *AP*

C. 递增且大于 *AP*　D. 递增且小于 *AP*

17. 关于生产函数的短期和长期，下列选项中，不正确的是（ ）。

A. 短期内，有些生产要素的数量不变

B. 长期内，所有生产要素的数量可变

C. 10 年对生产者来说属于长期

D. 以所有生产要素能否调整来区分短期和长期

18. 生产技术不变时，生产同一产量的两种投入要素的不同组合形成曲线称为（ ）。

A. 无差异曲线　B. 扩展线　C. 等成本线　D. 等产量曲线

19. 等产量曲线的斜率衡量的是（ ）。

A. 边际替代率　B. 边际技术替代率

C. 边际产量　D. 规模报酬

20. 两种生产要素形成的等产量曲线凸向原点，意味着边际技术替代率（ ）。

A. 可变　B. 不变　C. 递增　D. 递减

21. 等成本线向外平移，表明（ ）。

A. 生产要素价格不变，总成本增加　B. 生产要素价格不变，总成本减少

C. 总成本不变，生产要素价格同步增加

D. 以上都不对

22. 一家企业采取最低成本进行生产，资本的边际产量是 5，单位资本的价格是 20 元，单位劳动的价格是 8 元，则劳动的边际产量是（ ）。

A. 1　B. 2　C. 3　D. 4

23. 如果边际技术替代率 $MRTS_{LK}$ 小于劳动与资本的价格之比，为实现最优化，生产者应该（ ）。

A. 减少资本，增加劳动　B. 增加资本，减少劳动

C. 同时增加资本和劳动　D. 同时减少资本和劳动

24. 对于柯布-道格拉斯生产函数 $Q=AL^aK^b$，服从规模报酬递增的条件是（　　）。

A. $a+b>1$　　B. $a+b=1$　　C. $a+b<1$　　D. $a+b>0$

25. 如果规模报酬不变，资本投入不变，对于生产函数 $f(L,K)$，若增加 10% 的劳动投入，产出将（　　）。

A. 增加 10%　　B. 减少 10%

C. 增加少于 10%　　D. 增加大于 10%

26. 对于图 1-3-1 中的等产量曲线，下列选项中，错误的是（　　）。

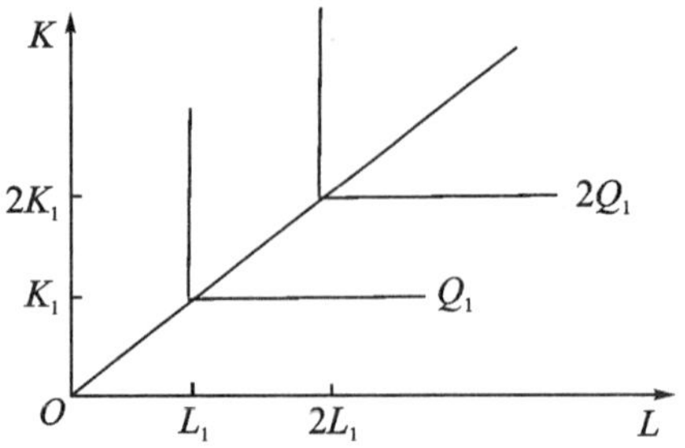

图 1-3-1

A. 规模报酬不变　　B. 固定比例生产函数

C. L 与 K 完全可替代　　D. L 与 K 的边际技术替代率为零

27. 若劳动的边际产量与资本的边际产量之比小于劳动和资本的价格之比，则该厂商应该（　　）。

A. 减少劳动，增加资本　　B. 减少资本，增加劳动

C. 劳动和资本均增加　　D. 劳动和资本均减少

28. 资本对劳动的边际技术替代率 $MRTS_{KL}$ 在最优化时等于（　　）。

A. $\frac{P_L}{P_K}$　　B. $\frac{P_K}{P_L}$　　C. $-\frac{P_L}{P_K}$　　D. $-\frac{P_K}{P_L}$

29. 横坐标是劳动，纵坐标是资本，如果资本要素的价格下降，等成本线将变得（　　），并且生产的资本密集度将（　　）。

A. 陡峭，提高　　B. 陡峭，降低　　C. 平缓，提高　　D. 平缓，降低

30. 关于一般形状的等产量曲线，下列选项中，错误的是（　　）。

A. 向右下方倾斜　　B. 凹向原点

C. 两两不相交　　D. 越高的等产量曲线表示越高的产量

31. 关于边际技术替代率，下列选项中，错误的是（　　）。

A. 边际报酬递减规律是边际技术替代率递减的原因

B. 边际技术替代率是等产量曲线的斜率

C. 等产量曲线凸向原点意味着边际技术替代率递减

D. 所有的生产函数都呈现出边际技术替代率递减规律

32. 关于长期和短期，下列选项中，错误的是（　　）。

A. 边际报酬递减是一个短期的概念　　B. 规模报酬是一个长期的概念

C. 固定成本是一个短期的概念

D. 长期内，企业的生产成本包括固定成本加可变成本

33. 关于生产者的目标，下列选项中，错误的是（ ）。

A. 利润最大化是生产者的唯一目标

B. 主流经济学在考察企业行为时，假定其目标是利润最大化

C. 生产者可能追求销售收益最大化　　D. 生产者可能追求增长最大化

34. 关于边际报酬递减和规模报酬，下列选项中，错误的是（ ）。

A. 边际报酬递减可能出现在规模报酬递增阶段

B. 边际报酬递减可能出现在规模报酬递减阶段

C. 边际报酬递减可能出现在规模报酬不变阶段

D. 边际报酬递减不可能出现在规模报酬递增阶段

35. 厂商的平均产量 AP 曲线、边际产量 MP 曲线如图 1-3-2 所示，合理的生产决策应为（ ）。

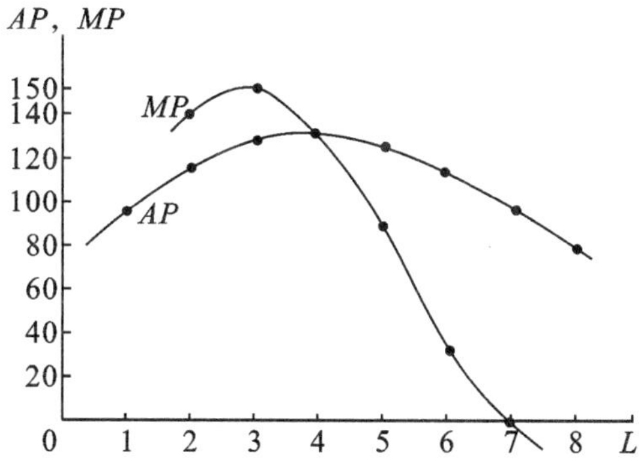

图 1-3-2

A. $3<L<7$　　B. $4<L<7$

C. $3<L<4$　　D. $1<L<4$

36. 固定比例生产函数 $Q=\min(aL,bK)$，L 对 K 的固定比例是（ ）。

A. $\frac{a}{b}$　　B. $\frac{b}{a}$　　C. a　　D. b

37. 柯布-道格拉斯生产函数 $Q=AL^aK^b$，系数 a 的含义可以表述为（ ）。

A. 劳动的平均产量　　B. 劳动的边际产量

C. 劳动的产出弹性　　D. 资本的产出弹性

38. 柯布-道格拉斯生产函数 $Q=AL^aK^b$，若系数 $a+b>1$，则其规模报酬（ ）。

A. 递增　　B. 递减　　C. 不变　　D. 以上都有可能

39. 当劳动的总产量下降时，（ ）。

A. 劳动的平均产量是递减的　　B. 劳动的平均产量为零

C. 劳动的边际产量为零　　D. 劳动的边际产量为负

40. 下列选项中，错误的是（ ）。

A. 只要总产量减少，边际产量一定是负数

B. 只要边际产量减少，总产量一定也减少

C. 随着某种生产要素投入量的增加，边际产量和平均产量到一定程度将趋于下降，其中边际产量的下降一定先于平均产量

D. 边际产量曲线一定在平均产量曲线的最高点与之相交

41. 边际报酬递减规律发生作用是在（　　）。

A. 短期　　B. 存在固定生产要素

C. 技术水平不变　　D. 以上都是

42. 对于图 1-3-3 所示的等产量曲线，其规模报酬（　　）。

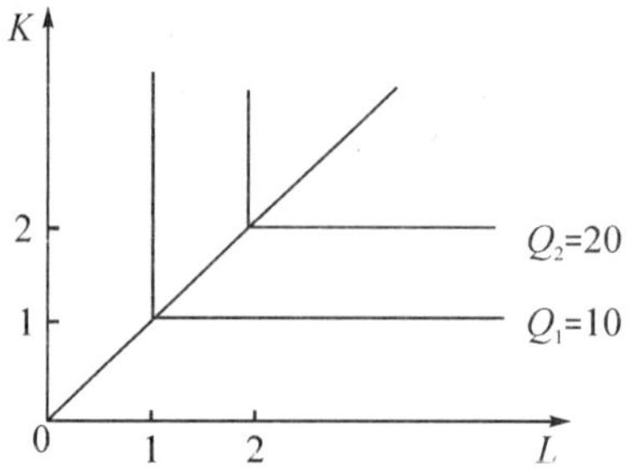

图 1-3-3

A. 递减　　B. 递增　　C. 不变　　D. 以上都不对

43. 在生产的合理投入区，等产量曲线（　　）。

A. 凸向原点　　B. 不相交　　C. 负向倾斜　　D. 以上都对

44. 如果等成本曲线在坐标平面上与等产量曲线相交，那么要生产等产量曲线表示的产量水平，（　　）。

A. 应增加成本支出，以实现最优化　B. 应沿着这条等成本曲线重新配置生产要素

C. 应减少成本支出，以实现最优化　D. 以上都不对

45. 如图 1-3-4 所示，等成本曲线 AB 的总成本是 24 元，可知生产要素 X 和 Y 的价格分别为（　　）。

A. 4 元和 3 元　　B. 3 元和 4 元

C. 8 元和 6 元　　D. 6 元和 8 元

46. 如图 1-3-4 所示，等成本曲线 AB 的总成本是 24 元，生产 300 单位产量的最低成本是（　　）。

A. 36 元　　B. 48 元　　C. 12 元　　D. 24 元

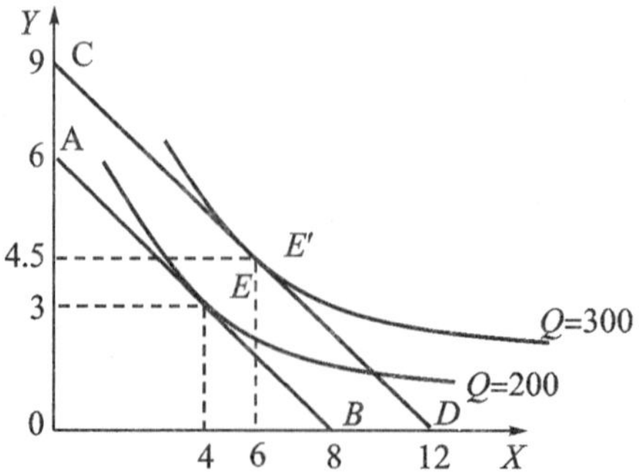

图 1-3-4

47. 在总产量、平均产量和边际产量的变化过程中，（　　）首先发生。

A. 边际产量下降　　B. 平均产量下降

C. 总产量下降　　D. 以上都不对

48. 完全替代生产函数 $Q=aL+bK$，劳动对资本的边际技术替代率为（　　）。

A. $\frac{a}{b}$　　B. $\frac{b}{a}$　　C. a　　D. b

49. 已知在等产量曲线的某一点上，以生产要素 X 替代 Y 的边际技术替代率是 2，这意味着（　　）。

A. $\frac{MP_Y}{MP_X}=2$　　B. $\frac{MP_X}{MP_Y}=2$　　C. $\frac{AP_Y}{AP_X}=2$　　D. $\frac{Q_Y}{Q_X}=2$

50. 生产函数为 $Y=L+2K+5$，则有（　　）。

A. 规模报酬递增　　B. 规模报酬不变

C. 规模报酬递减　　D. 劳动的边际产量递减

51. 若生产函数为 $Q=100L^{0.4}K^{0.6}$，则 L 对 K 的边际技术替代率为（　　）。

A. $\frac{2K}{3L}$　　B. $\frac{3K}{2L}$　　C. $\frac{2L}{3K}$　　D. $\frac{3L}{2K}$

52. 企业在生产中采用了最低成本的生产技术，劳动对资本的边际技术替代率为 0.4，资本的边际产量为 5，则劳动的边际产量为（　　）。

A. 2　　B. 1　　C. 3　　D. 5

53. 一般对于短期生产函数，从原点出发的射线与 TP 相切，对应（　　）。

A. 平均产量最小　　B. 平均产量最大

C. 边际产量最大　　D. 总产量等于零

54. 如果仅劳动是可变投入，资本等为不变要素，则（　　）不是第Ⅱ阶段的特点。

A. 劳动的边际产量递减　　B. 劳动的平均产量递减

C. 劳动的总产量不断提高　　D. 资本的平均产量递减

55. 若劳动与资本的投入组合处于等产量曲线的垂直部分（垂直于代表劳动的横轴），则（　　）。

A. 劳动与资本的边际产量均为负　　B. 劳动与资本的边际产量都为 0

C. 劳动的边际产量为 0　　D. 资本的边际产量为 0

56. 某企业以可变要素 L 生产产品 X，短期生产函数为 $Q=12L+6L^2-0.1L^3$，需雇佣（　　）名工人，AP_L 最大。

A. 30　　B. 25　　C. 55　　D. 41

57. 某企业以可变要素 L 生产产品 X，短期生产函数为 $Q=12L+6L^2-0.1L^3$，需雇佣（　　）名工人，MP_L 最大。

A. 33　　B. 20　　C. 45　　D. 21

58. 某企业以可变要素 L 生产产品 X，短期生产函数为 $Q=360L+6L^2-0.1L^3$，需雇佣（　　）名工人，TP_L 最大。

A. 35　　B. 25　　C. 55　　D. 60

59. 当短期生产函数生产处于第一阶段时，关于平均产量和边际产量的说法中，正确的是（　　）。

A. 平均产量递增，边际产量递减　　B. 平均产量递减，边际产量递增

C. 平均产量递增，边际产量先递增然后递减到与平均产量相等

D. 平均产量始终大于边际产量

60. 当生产函数为 $Q=f(L,K)$ 时，$\lambda>1$，规模报酬递增可以描述为（　　）。

A. $\lambda Q>f(\lambda L,\lambda K)$　　B. $\lambda Q<f(\lambda L,\lambda K)$

C. $\lambda Q=f(\lambda L,\lambda K)$　　D. $Q=f(\lambda L,\lambda K)$

61. 已知生产函数为 $Q=21L+9L^2-L^3$，则边际产量函数 MP 为（　　）。

A. $21+9L-L^2$　　B. $21+18L-3L^2$

C. $21L+9L^2-L^3$　　D. $18-6L$

62. 设某厂商总产量函数为 $Q=72L+15L^2-L^3$。当 $L=7$ 时，边际产量是（　　）。

A. 120　　B. 135　　C. 75　　D. 125

63. 设某厂商总产量函数为 $Q=72L+15L^2-L^3$。L 的投入量为（　　）时，边际产量最大。

A. 5　　B. 4　　C. 3　　D. 2

64. 假定企业的生产函数为 $Q=2L^{\frac{1}{2}}K^{\frac{1}{2}}$，该企业的规模报酬状态为（　　）。

A. 规模报酬递增　　B. 规模报酬递减

C. 规模报酬不变　　D. 无法确定

65. 某厂商成本增加 1 倍，产量增加 3 倍，则该厂商存在（　　）。

A. 规模经济　　B. 规模不经济　　C. 规模收益不变　　D. 以上都不对

三、判断题

1. 边际技术替代率递减意味着等产量曲线凸向原点。（　　）
2. 规模报酬递增的厂商不可能面临要素边际报酬递减的现象（　　）
3. 固定比例生产函数符合规模报酬不变。（　　）
4. 柯布-道格拉斯生产函数 $Q=AL^aK^b$，若 $a+b=1$，则规模报酬不变。（　　）
5. 边际产量增加使总产量增加，边际产量减少使总产量减少。（　　）
6. 生产要素的价格一旦确定，等成本曲线的斜率随之确定。（　　）
7. 如果边际产量递减，那么平均产量一定也是递减的。（　　）
8. 经济学中长期与短期的划分取决于时间的长短。（　　）
9. 扩展线上的任意一点都是生产者均衡点。（　　）
10. 当其他生产要素不变时，一种生产要素投入量越多，产量越高。（　　）
11. 边际产量曲线与平均产量曲线相交于平均产量曲线的最高点。（　　）
12. 边际报酬递减规律决定 MP 曲线呈现先上升后下降的走势。（　　）
13. 厂商的目标永远只有一个，就是利润最大化。（　　）
14. 完全替代技术的等产量曲线是一条直线。（　　）

15. 边际产量的下降先于平均产量。（　　）
16. 对于理性的生产者，等产量曲线不可能出现斜率为正的阶段。（　　）
17. 生产扩展线是当成本增加时，不同均衡点的连线，可以由$\frac{MP_L}{w}=\frac{MP_K}{r}$求得。（　　）
18. 短期是指至少有一种生产要素的数量固定不变的一段时期。（　　）
19. 长期是指生产者可以调整全部生产要素数量的时期。（　　）
20. 柯布-道格拉斯生产函数 $Q=AL^aK^b$，a 表示劳动的产出弹性。（　　）
21. 总产量曲线上任一点与原点连线的斜率是平均产量。（　　）
22. 总产量曲线上任一点的切线的斜率是边际产量。（　　）
23. 任何时候只要边际量大于平均量，都会拉升平均量。（　　）
24. 边际量小于平均量，平均量会降低。（　　）
25. 边际报酬递减是规律，因此边际产量曲线总是向右下方下降。（　　）
26. 边际报酬递减是规律，因此边际产量曲线最终要向右下方下降。（　　）
27. 短期生产的合理投入区始于平均产量最高点，终于边际产量与横轴的交点。（　　）
28. 长期生产的合理投入区，等产量曲线向右下方倾斜。（　　）
29. 固定比例生产技术（横轴为劳动，纵轴为资本），水平那段劳动对资本的边际技术替代率为无穷大。（　　）
30. 固定比例生产技术（横轴为劳动，纵轴为资本），竖直那段劳动对资本的边际技术替代率为无穷大。（　　）
31. 等成本线表达的是生产者的资源稀缺性。（　　）
32. 等成本线的位置和斜率取决于生产者的成本预算以及生产要素的价格。（　　）
33. 对于一般形状的等产量曲线，生产者均衡要满足等产量线和等成本线相切。（　　）
34. 等产量线和等成本线相切是生产者实现最优化的必要条件。（　　）
35. 生产者实现最优化时，若同时购买两种生产要素，则单位货币购买的这两种生产要素的边际产量相等。（　　）
36. 在长期生产中，生产者只购买了一种生产要素，则单位货币购买这两种生产要素的边际产量不相等。（　　）
37. 生产者最优化有两种思路，既定成本条件下的产量最大化和既定产量条件下的成本最小化。（　　）
38. 只要边际产量减少，总产量就一定会减少。（　　）
39. 边际产量曲线与平均产量曲线的交点，一定在边际产量曲线下降的部分。（　　）
40. 边际技术替代率递减是边际报酬递减规律造成的。（　　）
41. 边际产量达到最大时，平均产量也达到最大。（　　）
42. 一般说来，企业的规模报酬将依次经历规模报酬递增、不变和递减阶段。（　　）
43. 南郭先生在乐队中滥竽充数，他的边际产量为0。（　　）

44. 边际报酬递减规律发生在生产技术不变，保持其他生产要素不变，连接投入某种生产要素时。（　　）

45. 当总产量下降时，AP 为负。（　　）

46. 规模报酬发生在按比例增加各种生产要素时。（　　）

47. 固定比例生产技术的规模报酬不变。（　　）

48. 完全替代生产技术的规模报酬不变。（　　）

四、简答题

1. 假设某厂商的短期生产函数为 $Q=35L+8L^2-L^3$，如果企业使用的生产要素数量为 $L=6$，其是否处于短期生产的合理区间？

2. 已知柯布-道格拉斯生产函数 $Q=AL^aK^b$，请讨论该生产函数的规模报酬情况。

3. 假设生产函数 $Q=\min(5L,2K)$，请作出 $Q=50$ 时的等产量曲线，推导该生产函数的边际技术替代率，分析该函数的规模报酬情况。

4. 画图说明厂商在既定成本条件下如何实现产量最大化。

5. 画图说明一个国家（意味着要素价格相同）不同行业之间（意味着技术水平不同）资本密集程度（资本-劳动比）存在差异。

6. 画图说明不同国家（意味着要素价格不同）的同样行业（意味着技术水平相同）之间存在资本密集程度上的差异。

7. 已知柯布-道格拉斯生产函数 $Q=AL^aK^b$，请说明 a，b 分别是劳动和资本的产出弹性。

8. 什么是边际报酬递减规律？为什么出现这样的规律？

9. 什么是边际技术替代率递减规律？为什么出现这样的规律？

10. 某生产函数可以用表 1-3-1 说明。

表 1-3-1

项目	$1L$	$2L$	$3L$
$1K$	50	70	80
$2K$	70	100	120
$3K$	80	120	150

请判断规模报酬情况。边际报酬递减规律是否起作用？

11. 某生产函数可以用表 1-3-2 说明，有四种方法都可以生产出 200 单位的产品。

表 1-3-2

项目	资本（单位）	劳动（单位）
方法 A	6	200
方法 B	10	250
方法 C	10	150
方法 D	40	50

可以断定哪种生产没有效率？方法 D 只需要 90 单位的生产要素，总单位数最小，是最有效率的生产，请辨析这一观点。怎么比较这四种生产方法的效率？

12. 已知生产函数为 $Q=L^{0.5}K^{0.5}$，证明：生产符合规模报酬不变；生产符合边际报酬递减规律。

13. 用等产量曲线表达规模报酬的三种情形。

14. 企业主考虑是否要多雇佣一名工人，在劳动的平均产量和劳动的边际产量方面，他更关心哪一个变量？

15. 随着劳动力的价格不断上涨，一些企业不断增加资本运用，用机器代替工人。请用图形说明这一现象。

16. 画图表明短期生产的三阶段，说明为什么合理的生产要落在第二阶段。

17. 证明平均产量 AP_L 和边际产量 MP_L 之间的关系。

18. 企业的生产函数为 $Q=f(X_1,X_2,X_3,\cdots,X_n)$，证明：如果把规模报酬递增的企业一分为二，那么这两个企业产出之和小于原来的产出。

19. 什么是等产量曲线？请描述一般形状的等产量曲线的特征。

20. 已知柯布-道格拉斯生产函数 $Q=L^aK^b$，请写出劳动的边际产量 MP_L、资本的边际产量 MP_K 和边际技术替代率 $MTRS_{LK}$。

21. 什么叫生产扩展线？如何得到生产扩展线方程？

22. 什么叫要素需求曲线？如何得到要素需求曲线？

23. 若生产函数 $Q=KL^2$，劳动 L 和资本 K 的价格分别是 2 和 1，求生产扩展线方程。

24. 已知生产函数为 $Q=\min(3L,K)$，求生产扩展线方程。

五、计算题

1. 已知厂商的生产函数为 $Q=L^{\frac{2}{3}}K^{\frac{1}{3}}$，劳动的价格 $w=2$，资本的价格 $r=1$，求：

当成本 $C=3\ 000$ 时，企业实现最大产量时的 L，K 和 Q 的均衡值。

2. 企业生产函数为 $Q=L+K$，成本支出 $C=20$，L 的价格 $w=2$，K 的价格 $r=1$，求该企业最优化的资源配置情况及产出。

3. 企业生产函数为 $Q=\min(2L,K)$，成本支出 $C=20$，L 的价格 $w=2$，K 的价格 $r=1$，求该企业最优化的资源配置情况及产出。

4. 已知生产函数为 $Q=KL-0.5L^2-0.32K^2$，在短期，$K=10$，计算总产量最大时的最优雇佣劳动量。

5. 已知生产函数为 $Q=2L^{0.6}K^{0.2}$，求：

（1）该生产函数的规模报酬情况。

（2）如果 L 和 K 按边际产量取得报酬，当 L 和 K 取得报酬后，尚有多少剩余价值？

6. 假设一竞争性厂商的生产函数为 $Q=\sqrt{2L+4K}$，产品价格为 4，劳动价格为 2，资本价格为 3，求利润最大化的要素投入和产量。

7. 假设一竞争性厂商的生产函数为 $Q=L^{\frac{1}{2}}K^{\frac{1}{4}}$，产品价格为 4，劳动价格为 W，资本价格为 r，如果 $w=2$，$r=1$。

（1）写出劳动要素和资本要素的需求函数。

（2）计算该厂商将生产多少产量，利润是多少？

8. 已知生产函数为 $Q=-L^3+24L^2+240L$，计算该厂商在生产的第一阶段、第二阶段、第三阶段上的 L 的数值。

9. 已知生产函数为 $Q=f(L,K)=2KL-0.5L^2-0.5K^2$，假定厂商目前处于短期生产且 $K=10$。

（1）写出在短期生产中该厂商关于劳动的总产量 TP_L 函数、劳动的平均产量 AP_L 函数和劳动的边际产量 MP_L 函数。

（2）分别计算当总产量 TP_L、劳动平均产量 AP_L 和劳动边际产量 MP_L 各自达到最大值时厂商劳动的投入量。

（3）什么时候 $AP_L=MP_L$？它们的值又是多少？

第二节　成本理论

一、单项选择题

1. 不随产量变动而变动的成本称为（　　）。

A. 平均成本　　B. 固定成本　　C. 长期成本　　D. 总成本

2. 随着产量的增加，平均固定成本（　　）。

A. 固定不变　　B. 先降后升　　C. 不断下降　　D. 不断上升

3. 平均产量 AP 曲线的最高点对应于（　　）。

A. 平均成本 AC 曲线的最低点　　B. 平均可变成本 AVC 曲线的最低点

C. 平均固定成本 AFC 曲线的最低点　　D. 总产量 TP 曲线的最高点

4. 边际产量 MP 曲线的最高点对应于（　　）。

A. 平均成本 AC 曲线的最低点　　B. 平均可变成本 AVC 曲线的最低点

C. 边际成本 MC 曲线的最低点　　D. 总可变成本的最低点

5. 边际成本可用（　　）表示。

A. 平均成本的变化　　B. 总可变成本对产量的导数

C. 要素价格　　D. 平均可变成本的变化

6. 短期内在每一产量上的边际成本 MC 应该（　　）。

A. 是该产量上的总可变成本 TVC 曲线的斜率，但不是该产量上的总成本 TC 曲线的斜率

B. 是该产量上的 TC 曲线的斜率，但不是该产量上的 TVC 曲线的斜率

C. 既是该产量上的 TVC 曲线的斜率，又是该产量上的 TC 曲线的斜率

D. 以上说法都不对

7. 当产量为 10 单位时，总成本为 500；当产量为 11 单位时，平均成本为 51，边际成本为（　　）。

A. 51　　B. 50　　C. 52　　D. 61

8. 从原点出发的射线与总成本 *TC* 曲线的相切的产量上，必有（　　）。

A. 平均成本值最小　　B. 平均成本等于边际成本

C. 边际成本曲线处于上升阶段　　D. 以上都对

9. 边际成本低于平均成本时（　　）。

A. 平均成本上升　　B. 平均可变成本可能上升也可能下降

C. 总成本下降　　D. 平均可变成本上升

10. 在短期，当平均产量递减时，一定存在（　　）。

A. 边际成本递减　　B. 平均成本递增

C. 平均可变成本递增　　D. 边际产量递增

11. 对应于边际产量的递增阶段，短期总成本曲线（　　）。

A. 以递增的速率上升　　B. 以递增的速率下降

C. 以递减的速率上升　　D. 以递减的速率下降

12. 长期总成本曲线是各种产量的（　　）。

A. 最低成本点的轨迹　　B. 最低平均总成本点的轨迹

C. 最低边际成本点的轨迹　　D. 最高成本点的轨迹

13. 长期平均成本 *LAC* 曲线（　　）。

A. 当长期边际成本 *LMC*>长期平均成本 *LAC* 时上升

B. 通过 *LMC* 曲线的最低点

C. 随 *LMC* 曲线下降而下降　　D. 随 *LMC* 曲线上升而上升

14. 长期平均成本曲线呈 U 形的原因与（　　）。

A. 规模经济变动有关　　B. 外部经济与不经济有关

C. 要素的边际报酬有关　　D. 以上都不对

15. 短期平均成本曲线呈 U 形的原因是（　　）。

A. 规模报酬变化　　B. 外部经济与不经济

C. 要素的边际报酬递减规律　　D. 以上都不对

16. 当产出增加时，长期平均成本 *LAC* 曲线下降，这是由于（　　）。

A. 规模不经济　　B. 规模经济

C. 边际报酬递减规律　　D. 以上都对

17. 如果一个企业经历规模报酬不变阶段，则长期平均成本 *LAC* 曲线是（　　）。

A. 上升的　　B. 下降的　　C. 垂直的　　D. 水平的

18. 总可变成本 *TVC* 曲线先以递减的速度上升，后以递增的速度上升，是因为（　　）。

A. 边际报酬递减规律　　B. 规律报酬变化规律

C. 边际效用递减规律　　D. 边际技术替代率递减规律

19. 边际成本曲线与平均成本曲线相交于（　　）。

A. 平均成本曲线的最低点　　B. 边际成本曲线的最低点

C. 平均成本曲线的最高点　　D. 边际成本曲线的最高点

20. 边际成本曲线与平均可变成本曲线相交于（　　）。

A. 平均可变成本曲线的最低点　　B. 平均可变成本曲线的最高点

C. 边际成本曲线的最低点　　D. 边际成本曲线的最高点

21. 已知产量是 50 单位时，平均成本是 2 单位；产量增加到 60 单位时，平均成本是 2.5 单位，在这个产量变化范围内，边际成本（　　）。

A. 随着产量的增加而上升，并在数值上大于平均成本

B. 随着产量的增加而上升，并在数值上小于平均成本

C. 随着产量的增加而下降，并在数值上大于平均成本

D. 随着产量的增加而下降，并在数值上小于平均成本

22. 经济学所说的零利润是指（　　）。

A. 经济利润为零　　B. 会计利润为零

C. 正常利润为零　　D. 以上都不是

23. 已知某企业的短期总成本函数为 $STC(Q)=0.04Q^3-0.8Q^2+10Q+5$，最小的平均可变成本是（　　）。

A. 8　　B. 6　　C. 4　　D. 10

24. 下列关于短期成本曲线的选项中，错误的是（　　）。

A. 固定成本曲线是水平线　　B. 平均可变成本曲线呈 U 形

C. 平均固定成本曲线呈 U 形　　D. 边际成本曲线呈 U 形

25. 关于边际成本 MC 和平均成本 AC 的关系，下列选项中，错误的是（　　）。

A. $MC>AC$，MC 下降　　B. $MC>AC$，AC 上升

C. $MC<AC$，AC 下降　　D. $MC=AC$，AC 最小

26. 假定短期内，生产厂商实现了平均成本最小，则此时（　　）。

A. 边际成本等于平均成本　　B. 厂商实现最大利润

C. 厂商的经济利润为零　　D. 厂商的平均可变成本也最小

27. 已知产量是 100 单位时，平均成本是 9.9 元，再增加 1 单位产品，边际成本是 20 元，那么平均成本变为（　　）。

A. 5　　B. 10　　C. 15　　D. 20

28. 长期总成本曲线（　　）。

A. 从原点开始，以递增的速度上升

B. 从固定成本开始，以递增的速度上升

C. 从原点开始，先以递减的速度上升，后以递增的速度上升

D. 从固定成本开始，先以递增的速度上升，后以递减的速度上升

29. 短期总成本曲线（　　）。

A. 从原点开始，以递增的速度上升

B. 从固定成本开始，以递增的速度上升

C. 从原点开始，先以递减的速度上升，后以递增的速度上升

D. 从固定成本开始，先以递减的速度上升，后以递增的速度上升

30. 总可变成本（　　）。

A. 从原点开始，以递增的速度上升

B. 从固定成本开始，以递增的速度上升

C. 从原点开始，先以递减的速度上升，后以递增的速度上升

D. 从固定成本开始，先以递减的速度上升，后以递增的速度上升

31. 下列选项中，成本曲线不呈 U 形的是（　　）。

A. 边际成本　　B. 平均成本

C. 平均可变成本　　D. 平均固定成本

32. 在 *LAC* 曲线的最低点，（　　）。

A. *LAC* 曲线与 *LMC* 曲线相交

B. 代表最优生产规模的 *SAC* 曲线过这一点

C. 代表最优生产规模的 *SMC* 曲线过这一点

D. 以上都对

33. 当存在规模经济时，*LMC* 和 *LAC* 是什么关系（　　）。

A. $LMC>LAC$　　B. $LMC<LAC$　　C. $LMC=LAC$　　D. 以上皆有可能

34. 如果 MP_A 与 A 的积等于 MP_B 与 B 的积，已知 $P_A=2P_B$，追求成本最小化的企业，使用要素 A 和要素 B 的数量关系是（　　）。

A. $B=2A$　　B. $A=2B$　　C. $B=A$　　D. $B=3A$

35. 如果生产 10 单位产品的总成本是 100 元，第 11 单位的边际成本是 21 元，那么（　　）。

A. 第 11 单位产品的 *TVC* 是 21　　B. 第 10 单位的边际成本是 21

C. 第 11 单位产品的平均成本是 11　　D. 第 12 单位的平均成本是 12

36. 下列选项中，不属于固定成本的是（　　）。

A. 土地的租金　　B. 折旧　　C. 财产税　　D. 增值税

37. 当 *AC* 达到最低点时，（　　）是正确的。

A. $AVC=FC$　　B. $MC=AC$　　C. $P=AVC$　　D. $P=MC$

38. 企业使其利润最大化意味着（　　）。

A. 使其亏损最小化　　B. 使总收益和总成本之间的差额最大

C. 根据边际收益和边际成本相等来决定产出水平　　D. 以上都是

39. 关于经济成本与经济利润的说法正确的是（　　）。

A. 前者比会计成本大，后者比会计利润小

B. 前者比会计成本小，后者比会计利润大

C. 两者都比相应的会计成本和会计利润小

D. 两者都比相应的会计成本和会计利润大

40. 对应于边际报酬递减阶段，*STC* 曲线（　　）。

A. 以递增的速率上升　　B. 以递增的速率下降

C. 以递减的速率上升　　D. 以递减的速率下降

41. 规模经济和规模不经济解释了（　　）。

A. 固定成本和变动成本的不同

B. 为什么企业的短期边际成本曲线穿过短期平均变动成本曲线的最低点

C. 为什么企业的长期平均成本曲线为 U 形　　D. 利润最大化的生产水平

42. 任何产量水平上的 AFC 值都可以由连接原点到（　　）上的相应的点的线段的斜率给出。

A. TC 曲线　　B. TVC 曲线　　C. MC 曲线　　D. TFC 曲线

43. 短期成本变动的决定因素是（　　）。

A. 边际效用递减规律　　B. 边际报酬递减规律

C. 边际替代率递减规律　　D. 规模报酬递减

44. MC 曲线和 AVC 曲线的交点与（　　）是对应的。

A. MP_L 曲线和 AP_L 曲线的交点　　B. MC 曲线和 AC 曲线的交点

C. AVC 曲线和 AFC 曲线的交点　　D. 不确定

45. 平均可变成本 AVC 和（　　）两者的变动方向是相反的（倒数关系）。

A. MP_L　　B. AP_L　　C. MC　　D. TP_L

46. （　　）通常指厂商对自己提供的企业家才能的报酬支付。

A. 经济利润　　B. 正常利润　　C. 显成本　　D. 机会成本

47. 下列选项中，错误的是（　　）。

A. 正常利润属于成本　　B. 经济利润中不包括正常利润

C. 经济利润等于平均收益减去边际成本

D. 当厂商的经济利润为零，厂商仍然得到全部的正常利润

48. 已知等成本曲线与等产量曲线既不相交也不相切，此时，要达到等产量曲线表示的产出水平，应该（　　）。

A. 增加投入　　B. 保持原投入不变

C. 减少投入　　D. A 或 B

49. 若等成本曲线与等产量曲线相交，表明要生产等产量曲线表示的产量水平（　　）。

A. 还可以减少成本支出　　B. 不能再减少成本支出

C. 应该再增加成本支出　　D. 以上都不对

50. 生产理论中的扩展线和消费理论中的（　　）类似。

A. 价格-消费曲线　　B. 恩格尔曲线

C. 收入-消费曲线　　D. 预算线

51. 设生产函数为 $q=\min(3L,K)$，w 和 r 为 L 和 K 的价格，该产品的扩展线是（　　）。

A. $3wL=rK$　　B. $3w=r$　　C. $3L=K$　　D. $L=3K$

52. 经济成本和会计成本之差就是（　　）。

A. 固定成本　　B. 显性成本　　C. 隐性成本　　D. 机会成本

53. 总成本曲线的拐点对应的是（　　）。

A. 边际成本最大　　B. 平均成本最小　　C. 边际产量最大　　D. 边际产量最小

54. 企业长期生产，实现最优化时，资本的边际产量是 2，单位资本的价格是 1 元，单位劳动的价格是 2 元，则劳动的边际产量是（　　）。

A. 2　　B. 3　　C. 4　　D. 5

55. 用来自己开厂的自有资本的利息属于（　　）。

A. 固定成本　　B. 隐性成本　　C. 机会成本　　D. 以上都对

二、判断题

1. 总成本在长期内可以分为固定成本和可变成本。（　　）
2. 平均成本下降时，平均可变成本也一定下降。（　　）
3. 边际成本曲线呈 U 形，是因为边际产量呈倒 U 形。（　　）
4. 边际成本曲线呈 U 形，是边际报酬递减规律造成的。（　　）
5. 平均成本曲线和平均可变成本曲线之间的垂直距离越来越小。（　　）
6. 经济利润等于收益-经济成本，会计利润等于收益-会计成本。（　　）
7. 正常利润对应企业家才能的报酬。（　　）
8. 平均成本曲线 AC 的最低点出现在平均可变成本曲线 AVC 的最低点的右边。（　　）
9. 长期平均成本曲线是无数条短期平均成本曲线的包络线。（　　）
10. 长期平均成本曲线的下降意味着规模经济，长期平均成本曲线上升意味着规模不经济。长期平均成本曲线水平区域意味着规模收益不变。（　　）
11. 会计利润不小于经济利润。（　　）
12. 长期，厂商在每一个产量上选择最优生产规模实现成本最低。（　　）
13. 经济利润包括正常利润。（　　）
14. 正常利润是厂商生产成本的一部分，属于隐性成本。（　　）
15. 平均成本大于平均可变成本。（　　）
16. 平均成本最小时，平均可变成本也最小。（　　）
17. 从原点的射线与 LTC 曲线相切的点对应的是 LAC 曲线最低点。（　　）
18. 随着产量增加，固定成本不产生边际成本，所有边际成本都来自可变成本，对边际成本积分得到总可变成本。（　　）
19. 长期总成本 LTC 曲线与一条代表最优生产规模的短期总成本 STC 曲线相切，意味着在该切点上，$LMC=SMC$。（　　）
20. 即使经济利润为零，也可以获得正常利润。（　　）
21. 短期平均成本曲线 SAC 呈 U 形，是因为边际报酬递减规律。（　　）
22. 长期平均成本曲线 LAC 呈 U 形，是因为规模经济效应。（　　）
23. 边际成本先于平均成本上升。（　　）
24. 当总收益等于总成本时，正常利润为零。（　　）
25. 在竞争的环境中，企业的经济利润为零。（　　）
26. 在每一个产量水平上，都存在着一个长期总成本 LTC 曲线与相应的代表最优生产规模的短期总成本 STC 曲线的相切点，一个长期平均成本 LAC 曲线与相应的代表最优生产规模的短期平均成本 SAC 曲线的相切点，一个长期边际成本 LMC 曲线与相应

代表最优生产规模的短期边际成本 SMC 曲线的相交点。（ ）

27. 在短期生产条件下，边际产量递减时，边际成本递增，二者存在对应关系。（ ）

28. 在短期生产条件下，平均产量最大时，平均可变成本最小。（ ）

29. 对应于边际产量的递增阶段，短期总成本曲线以递减的速率上升。（ ）

30. 长期成本分为长期固定成本和长期可变成本。（ ）

31. SAC 与 LAC 相切处，其 SMC 与 LMC 相等。（ ）

32. 长期边际成本曲线呈 U 形的原因是边际报酬递减规律。（ ）

33. 当边际成本递增时，平均成本也是递增的。（ ）

34. 厂商增加一单位产量所增加的可变成本或总成本都等于边际成本。（ ）

35. 在每一产量上，短期总成本总是不小于长期总成本。（ ）

36. 某企业运用生产要素 A 和 B 生产，如果 $MP_A=20$，$MP_B=9$，$P_A=4$，$P_B=3$，该企业应该增加要素 B 的使用量。（ ）

37. 厂商产量增加的倍数大于成本增加的倍数，则表现出规模经济效应。（ ）

38. MC 曲线和 AVC 曲线的交点与 MP_L 和 AP_L 曲线的交点是对应的。（ ）

39. 厂商在既定产量下实现最小成本化的两要素最优使用原则，与在既定成本下实现产量最大化的两要素最优使用原则，都满足等边际原则。（ ）

40. 生产者使用两种生产要素，实现最优化时要满足单位货币所实现的边际产量相同。（ ）

41. 短期总成本曲线是从原点出发的向右上方倾斜的曲线。（ ）

42. 长期总成本曲线是从原点出发的向右上方倾斜的曲线。（ ）

43. 厂商对资金的利息支出属于固定成本。（ ）

44. 厂商使用的自有资金的利息属于隐性成本。（ ）

45. 一家公司有两个工厂生产同质产品，均衡时这两家工厂的边际成本相等。（ ）

46. 微观经济学将产品或服务的供给、生产要素的需求归为生产者行为。（ ）

三、简答题

1. 请推导边际成本与边际产量的关系、平均可变成本与平均产量的关系。

2. 为什么边际成本曲线呈 U 形？

3. 什么是规模经济？为什么会产生规模经济？

4. 什么是规模不经济？为什么会产生规模不经济？

5. 短期平均成本 SAC 曲线和长期平均成本 LAC 曲线都呈 U 形，其原因相同吗？

6. 已知某企业短期总成本函数是 $STC(Q)=0.04Q^3-0.8Q^2+10Q+5$，求最小的平均可变成本。

7. 已知某企业短期总成本函数是 $STC(Q)=Q^3-5Q^2+15Q+66$，求最小的边际成本。

8. 某厂商的生产函数为 $Q=\frac{1}{2}L^{\frac{1}{3}}K^{\frac{2}{3}}$，短期资本的使用量为 $K=50$，$P_K=10$，$P_L=5$，求总成本函数、平均成本函数、边际成本函数。

9. 证明可以用成本-产出弹性来考察规模经济（$E=\frac{MC}{AC}$）。

10. 经济学家关于成本、利润的概念与会计师有何不同?

11. 假定某企业将生产一件售价为 10 美元的产品，生产该产品的固定成本为 5 000 美元，该产品每件可变成本为 5 美元。试问该产品生产多少时正好无盈亏?

12. 什么是等成本线? 决定等成本线的斜率的因素是什么?

13. 什么是条件要素需求函数?

14. 假定某企业的短期成本函数是 $TC=Q^3-5Q^2+15Q+66$。

（1）指出该短期成本函数中的可变成本部分和不变成本部分。

（2）写出下列相应的函数：$TVC(Q)$、$AC(Q)$、$AVC(Q)$、$AFC(Q)$和 $MC(Q)$。

15. 假定某厂商的边际成本函数 $MC=3Q^2-30Q+100$，生产 10 单位产品时的总成本为 1 000，求：

（1）固定成本值。

（2）总成本函数、总可变成本函数以及平均成本函数、平均可变成本函数。

16. 某企业使用劳动 L 和资本 K 进行生产，长期生产函数 $Q=20L+65K-0.5L^2-0.5K^2$，总成本 $TC=2\,200$ 元，要素价格 $w=20$ 元，$r=50$ 元，求：

（1）最佳 L 和 K 的投入量。

（2）企业的最大产量。

17. 若生产函数为 $Q=\frac{KL}{K+L}$，P_L、P_K 为劳动 L 和资本 K 的价格，求生产扩展线方程。

18. 假定一企业的平均成本函数为 $AC=\frac{160}{Q}+5-3Q+2Q^2$，求边际成本函数。

19. 从甲地到乙地，可以坐飞机或汽车。飞机票价是 200 美元，飞行 2 小时；汽车票价是 100 美元，需要 12 小时。在下面的两种情况下，相应个人应选择什么交通工具?

（1）A 每小时的时间成本是 50 美元。

（2）B 每小时的时间成本是 5 美元。

20. 图 1-3-5 是某厂商的 LAC 曲线和 LMC 曲线图，请分别在 Q_1 和 Q_2 的产量上画出代表最优生产规模的 SAC 曲线和 SMC 曲线。

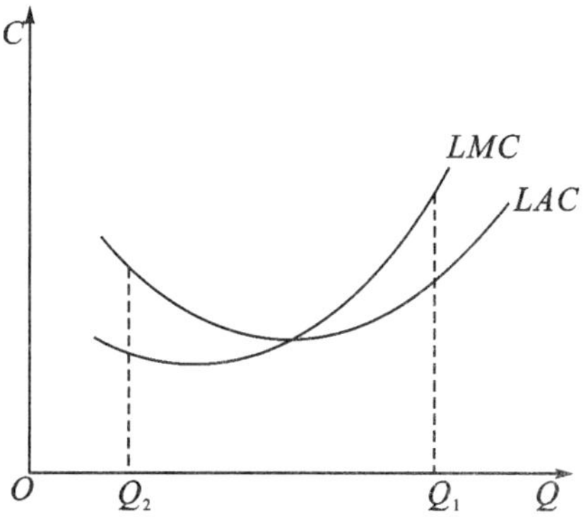

图 1-3-5

21. 厂商短期成本函数如何推导？
22. 厂商长期成本函数如何推导？
23. 画图说明厂商在既定产量条件下如何实现成本最小化。
24. 假设生产函数为 $Q=LK^2$，$w=5$，$r=20$，求成本最小化时的资本和劳动的组合。
25. 什么叫范围经济？

四、计算题

1. 已知某厂商的生产函数为 $Q=L^{\frac{3}{8}}K^{\frac{5}{8}}$，劳动的价格 $w=3$，资本的价格 $r=5$，求产量 $Q=10$ 时的最低成本支出和使用的 L 与 K 的数量。

2. 已知生产函数为 $Q=4\sqrt{LK}$，生产要素的价格分别是 $P_L=w$，$P_K=r$，求：

（1）扩展线方程。

（2）当 $w=1$，$r=4$，$Q=10$ 时，使成本最小的投入组合。

3. 已知生产函数为 $Q=\min(4L,3K)$，生产要素的价格分别是 P_L 和 P_K，求：

（1）扩展线方程。

（2）当 $P_L=1$，$P_K=4$，$Q=10$ 时，使成本最小的投入组合。

4. 企业生产函数为 $Q=L+K$，生产产量 $Q=20$，L 的价格 $w=2$，K 的价格 $r=1$，求该企业最优化的资源配置和成本支出。

5. 某公司有两个工厂生产同质产品，总成本函数为 $C=2Q_1^2+Q_2^2-Q_1Q_2$，Q_1 和 Q_2 分别是两个工厂的产量，公司生产 40 单位总产量时，求使成本最小的两个工厂的产量。

6. 已知某厂商的边际成本函数 $MC=3Q^2-8Q+100$，生产 5 单位产量时的总成本是 595，求总成本函数、平均成本函数、可变成本函数、平均可变成本函数。

7. 已知某厂商的边际成本函数 $MC=100+0.02Q$，求产量从 1 000 到 2 000 时成本的变化量。

8. 已知某厂商的总成本函数为 $C=4Q^3-30Q^2+90Q+60$，产量为多少时，生产遵循边际报酬递减？

9. 已知生产函数为 $Q=L^{\frac{1}{2}}K^{\frac{1}{2}}$，若短期资本 $K=4$，$P_K=25$，$P_L=10$，产品价格为 20，求：

（1）短期的均衡劳动量。

（2）总成本函数、边际成本函数、平均成本函数。

（3）总收益最大时的产量。

10. 某厂商的生产函数为 $Q=4L^{\frac{1}{2}}K^{\frac{1}{2}}$。

（1）在短期，K 为固定投入，$K=1$，L 是可变投入，其价格分别是 $P_L=2$，$P_K=1$，求厂商的短期总成本函数和边际成本函数。

（2）在长期，K 和 L 都为可变投入，其价格分别是 $P_L=2$，$P_K=1$，求厂商的长期总成本函数和边际成本函数。

11. 某公司考虑建造一个工厂，有下面两个方案：方案 A 的短期成本函数为 $STC_A=80+2Q_A+0.5Q_A^2$，方案 B 的短期成本函数为 $STC_B=50+Q_B^2$。如果市场需求量仅为 8 单位产品，厂商应选哪个方案？

（1）如果选 A 方案，市场需求量至少为多少？

（2）如果计划产量足够大，则需要同时使用这两个工厂，假设计划产量是 22 单位，厂商应如何配置两个工厂的产量？

12. 假定某厂商的需求函数 $Q=5\ 000-50P$，其中 Q 为产量，P 为价格，厂商平均成本函数 $AC=20+\frac{6\ 000}{Q}$。

（1）使厂商利润最大化的产量和价格分别是多少？最大化利润是多少？

（2）如果政府对每单位产品征收 10 元税收，使厂商利润最大化的价格、产量、利润分别是多少？

13. 假定某厂商只有一种可变要素劳动 L，生产一种产品 Q，固定成本既定，短期生产函数为 $Q=-0.1L^3+6L^2+12L$，求：

（1）劳动的平均产量为最大时雇佣的劳动量。

（2）劳动的边际产量为最大时雇佣的劳动量。

（3）平均可变成本最小时的产量。

（4）假如每人工资为 360 元，产品价格为 30 元，求利润最大时雇佣的劳动人数。

14. 设生产函数为 $Q=6KL$，试推导出相应的成本函数（资本 K 和劳动 L 的价格既定为 r 和 w）。

15. 设某厂商的需求函数为 $Q=6\ 750-50P$，总成本函数为 $TC=12\ 000+0.025Q^2$，求：

（1）利润最大化时的产量和价格。

（2）最大利润。

16. 厂商的生产函数为 $Q=24L^{\frac{1}{2}}K^{\frac{2}{3}}$，生产要素 L 和 K 的价格分别为 $P_L=1$，$P_K=2$，求：

（1）厂商的扩展线方程。

（2）如果资本的数量 $K=27$，厂商的短期成本函数。

17. 已知某厂商的生产函数为 $Q=0.5L^{\frac{1}{3}}K^{\frac{2}{3}}$，当资本投入量 $K=50$ 时资本的总支出为 500，劳动价格 $P_L=5$，求：

（1）劳动的投入函数 $L=L(Q)$。

（2）总成本函数、平均成本函数和边际成本函数。

（3）当产品的价格 $P=100$ 时，厂商获得最大利润的产量和利润各是多少？

18. 假设生产函数为 $f(X_1,\ X_2)=\sqrt{X_1}+\sqrt{X_2}$，产品的价格为 P，生产要素的价格分别是 w_1 和 w_2，求：

（1）要素需求函数和产出供给函数。

（2）条件要素需求函数。

19. 已知厂商的生产函数为 $Q=L^{\frac{2}{3}}K^{\frac{1}{3}}$，劳动的价格 $w=2$，资本的价格 $r=1$，求：

当产量为 800 时，企业实现最小成本时的 L，K 和 C 的均衡值。

第四章

完全竞争市场

一、思考题

1. 企业面临的需求和市场需求有什么区别与联系？
2. 划分市场结构的依据有哪些？
3. 为什么说完全竞争企业改变产量的行为不会影响市场价格？
4. 完全竞争企业在进行短期生产决策时，要解决哪几个相互联系的问题？
5. 完全竞争企业在利润最大化产量上生产是否会亏损？为什么？
6. 在短期中，完全竞争企业停产会有多大的损失？为什么？
7. 为什么说在长期均衡状态中，长期利润最大化与最优的短期利润最大化是一致的？
8. 如何正确认识完全竞争假定和在该假定基础上建立起来的完全竞争理论。

二、单项选择题

1. 下列选项中，正确的是（　　）。

A. 完全竞争企业的短期供给曲线是平均成本以上的边际成本曲线

B. 完全竞争企业的长期供给曲线是长期平均成本以上的长期边际成本曲线

C. 完全竞争企业的长期供给曲线是价格等于最小长期平均成本的水平线

D. 完全竞争企业的短期供给曲线是向上倾斜的边际成本曲线

2. 一个完全竞争厂商不会降价推销自己的产品，因为（　　）。

A. 他的竞争对手会以更低的价格应战

B. 由于缺乏需求价格弹性，总收入会减少

C. 他可以按市场价格出售任何数量的产品

D. 虽然降价可以扩大销售，但并不能增加利润

3. 完全竞争的企业不能控制（ ）。

A. 产量 B. 成本

C. 价格 D. 投入品的使用

4. 下列选项中，（ ）不是完全竞争市场的特征。

A. 存在众多消费者和厂商 B. 消费者和厂商具有完全信息

C. 从长期看，厂商可以自由进入或退出这一行业

D. 产品存在差异

5. 在完全竞争市场上，一个企业的需求曲线是（ ）。

A. 向右下方倾斜的线 B. 与横轴平行的线

C. 向左上方倾斜的线 D. 不能确定

6. 在任何市场中，厂商的平均收益曲线可以由（ ）。

A. 他的产品的供给曲线表示 B. 他的产品的需求曲线表示

C. 行业的产品供给曲线表示 D. 行业的产品需求曲线表示

7. 完全竞争厂商面临的需求曲线是一条水平线，它表示（ ）。

A. 完全竞争厂商可以通过改变销售量影响商品价格

B. 完全竞争厂商只能接受市场价格

C. 完全竞争厂商可以通过提价来增加收益

D. 完全竞争厂商对产品的市场价格有控制权

8. 完全竞争厂商的平均收益与边际收益的关系是（ ）。

A. 平均收益大于边际收益 B. 平均收益小于边际收益

C. 平均收益等于边际收益 D. 以上都可能

9. 假定在某一产量水平上，某厂商的平均成本达到了最小值，这意味着（ ）。

A. 厂商获得了最大利润 B. 厂商获得了最小利润

C. 厂商的超额利润为零 D. 边际成本等于平均成本

10. 在 $MR=MC$ 的均衡产量上，企业（ ）。

A. 必然得到最大利润 B. 不可能亏损

C. 必然得到最小亏损

D. 若获利润，则利润最大；若亏损，则亏损最小

11. 在完全竞争的条件下，如果厂商把产量调整到平均成本曲线最低点对应的水平，则（ ）。

A. 他将取得最大利润 B. 他没能取得最大利润

C. 他是否取得最大利润仍无法确定 D. 他一定亏损

12. 在均衡条件下，完全竞争厂商的产品价格（ ）。

A. $P=AC=MC$ B. $P=MR=AC$

C. $P=AR=MC$ D. 以上都不对

13. 在完全竞争市场上，厂商的短期均衡条件是（ ）。

A. $P=MC$ B. $P=AR$

C. $P=MR$ D. $P=AC$

14. 在完全竞争市场上，已知某厂商的产量是 500 单位，总收益是 500 元，总成本是 800 元，总不变成本是 200 元，边际成本是 1 元。按照利润最大化原则，他应该（　　）。

A. 增加产量　　B. 停止生产

C. 减少产量　　D. 以上任一个措施都可以采取

15. 如果某厂商的边际收益大于边际成本，那么为了取得最大利润（　　）。

A. 他在完全竞争条件下应该增加产量，在不完全竞争条件下则不一定

B. 他在不完全竞争条件下应该增加产量，在完全竞争条件下则不一定

C. 任何条件下都应该增加产量　　D. 任何条件下都应该减少产量

16. 在厂商的停止营业点上，应该有（　　）。

A. $AR=AVC$　　B. 总亏损等于 TFC

C. $P=AVC$　　D. 以上说法都对

17. 如果竞争市场的厂商面临边际成本大于边际收益的局面，厂商（　　）。

A. 增加产量利润不变　　B. 增加产量增加利润

C. 减少产量会增加利润　　D. 减少产量减少利润

18. 假定完全竞争行业内某厂商在目前产量上的边际成本、平均成本和平均收益均等于 10 元，则这家厂商（　　）。

A. 得到了正常利润　　B. 实现了利润最大化

C. 实现了收支相抵　　D. 以上都对

19. 如果在厂商的短期均衡产量上，AR 小于 SAC，但大于 AVC，则厂商（　　）。

A. 亏损，立即停产　　B. 亏损，但继续生产

C. 亏损，生产或不生产都可以　　D. 获得正常利润，继续生产

20. 完全竞争厂商短期价格 $P=80$，$TFC=1\ 000$，$MR=MC$ 时，$Q=50$，$AC=90$，则短期内该厂商（　　）。

A. 不生产，因为 $P<AC$，生产会亏损

B. 不生产而且退出行业，因为无利可图

C. 生产，通过调整产量，可以实现利润

D. 生产，因为与不生产比，可以减少亏损

21. 假设某公司的产品市场价格为每单位 15 元，平均可变成本为每单位 12 元，平均总成本为每单位 17 元。在短期中，该公司（　　）。

A. 赚取经济利润　　B. 应该停止生产

C. 经济利润为零　　D. 应该继续生产

22. 在短期中，企业所能出现的最大经济亏损是（　　）。

A. 零　　B. 其总成本

C. 其可变总成本　　D. 其固定总成本

23. 完全竞争厂商的短期供给曲线应该是（　　）。

A. SMC 曲线上超过停止营业点的部分

B. SMC 曲线上超过收支相抵点的部分

C. SMC 曲线上升的部分　　D. SAC 曲线上升的部分

24. 在完全竞争厂商（并非整个行业）的长期均衡产量上必然有（　　）。

A. $MR=LMC\neq SMC$，式中 $MR=AR=P$

B. $MR=LMC=SMC<LAC$，式中 $MR=AR=P$

C. $MR\neq LMC=SMC$，式中 $MR=AR=P$

D. $MR=LMC=SMC$，式中 $MR=AR=P$

25. 当完全竞争厂商和行业都处于长期均衡时，必然有（　　）。

A. $P=MR=SMC=LMC$　　B. $P=MR=SAC=LAC$

C. $P=MR=LAC$ 的最低点　　D. 以上都对

26. 在完全竞争市场长期均衡时，厂商的经济利润（　　）。

A. 大于零　　B. 等于零　　C. 小于零　　D. 不确定

27. 完全竞争厂商的长期供给曲线（　　）。

A. 不存在　　B. 是一条水平线

C. 沿着长期边际成本向上，高于长期平均成本的最低点

D. 沿着长期边际成本向上，高于平均可变成本的最低点

28. 一个完全竞争厂商发生亏损时，所在行业趋于长期均衡过程中可能发生的情况是（　　）。

A. 较高的价格和较少的厂商　　B. 较低的价格和较少的厂商

C. 较高的价格和较多的厂商　　D. 较低的价格和较多的厂商

29. 如果一个完全竞争行业中企业获得了超额利润，就会有新企业进入，这将使（　　）。

A. 行业的供给曲线向右下方移动，并引起市场价格下降

B. 行业的供给曲线向右下方移动，并引起市场价格上升

C. 行业的供给曲线向左上方移动，并引起市场价格上升

D. 行业的供给曲线向左上方移动，并引起市场价格下降

30. 长期来看，新企业进入一个完全竞争的行业当中将会导致（　　）。

A. 长期均衡价格上升　　B. 均衡数量下降

C. 对每个厂商的需求上升　　D. 消除经济利润

31. 在完全竞争市场中，行业的长期供给曲线取决于（　　）。

A. SAC 曲线最低点的轨迹　　B. SMC 曲线最低点的轨迹

C. LAC 曲线最低点的轨迹　　D. LMC 曲线最低点的轨迹

32. 成本递增行业的长期供给曲线是（　　）。

A. 水平直线　　B. 自左向右上倾斜

C. 垂直于横轴　　D. 自左向右下倾斜

33. 完全竞争企业在长期均衡状况下，在成本不变的行业中，产量的增加量（　　）。

A. 完全来自新企业　　B. 完全来自原有企业

C. 要么完全来自新企业，要么完全来自原有企业

D. 部分来自新企业，部分来自原有企业

34. 利润最大化原则是（　　）。

A. 边际成本>边际收益
B. 边际成本=边际收益
C. 边际成本<边际收益
D. 以上都不对

35. 假设厂商的平均收益曲线从水平线变为向右下方倾斜的曲线，这说明（　　）。

A. 新的厂商进入该行业
B. 完全竞争被不完全竞争取代
C. 原有厂商退出该行业
D. 不完全竞争被完全竞争取代

36. 在完全竞争条件下，需求曲线与平均成本曲线相切是（　　）。

A. 厂商短期利润最大化条件
B. 厂商长期利润最大化条件
C. 行业厂商数量不再变化的条件
D. 厂商实现均衡的条件

37. 完全竞争厂商在短期均衡时可能使（　　）。

A. *AVC* 上升　B. *AC* 上升　C. *MC* 上升　D. 以上都有可能

38. 完全竞争厂商的短期供给曲线是（　　）。

A. $MC \geqslant AVC$ 的边际成本曲线
B. $MC \geqslant AC$ 的边际成本曲线
C. 上升阶段的边际成本曲线
D. $MC \geqslant AVC$ 的平均可变成本曲线

39. 若生产要素的价格与数量同方向变化，则该行业是（　　）。

A. 成本递增行业
B. 成本递减行业
C. 成本不变行业
D. 不可判断

40. 决定市场类型划分的主要因素有（　　）。

A. 厂商的数目
B. 产品的差异程度
C. 对价格的控制程度
D. 进出行业的难易程度
E. 以上都对

41. 完全竞争厂商的总收益曲线是（　　）。

A. 过原点，向右上方倾斜的直线
B. 过原点，向右上方倾斜的曲线（斜率变化）
C. 不过原点，向右上方倾斜的直线
D. 不过原点，向右上方倾斜的曲线（斜率变化）

42. 判断厂商是否获得正的利润应根据（　　）。

A. 均衡价格是否大于 *AC*
B. 均衡价格是否大于 *AVC*
C. 均衡价格是否大于 *MC*
D. 均衡价格是否等于 *MC*

43. 完全竞争厂商实现短期均衡时，（　　）。

A. 可能获得正的利润
B. 可能获得亏损
C. 可能盈亏相抵
D. 上述都有可能

44. 成本不变行业，完全竞争市场的长期供给曲线是（　　）。

A. 水平线，$P=\min LAC$
B. 水平线，$P=\min LMC$
C. 向右上方倾斜
D. 向右下方倾斜

45. 作为价格接受者的厂商是（　　）。

A. 垄断厂商
B. 完全竞争厂商
C. 垄断竞争厂商
D. 寡头厂商

46. 完全竞争厂商生产产量 Q 为 9 时，总成本为 100；当生产产量增加到 10 时，平均成本为 11，产品价格为 15。该厂商（　　）。

A. 应该增加产量　　B. 应该减少产量

C. 应该保持产量不变　　D. 无法判断

47. 关于完全竞争厂商，下列成本曲线的选项中，错误的是（　　）。

A. MC 曲线与 AC 曲线相交于 AC 曲线的最低点

B. MC 曲线与 AVC 曲线相交于 AVC 曲线的最低点

C. MC 曲线与 AC 曲线的交点在 MC 曲线与 AVC 曲线交点的左边

D. MC 曲线与 AC 曲线的交点、MC 曲线与 AVC 曲线的交点在 MC 曲线的上升段

48. 假设一个企业生产的平均成本是 6 元，平均固定成本是 3 元，其产品的价格是 5 元。在短期，该企业应该（　　）。

A. 关门　　B. 继续生产

C. 减少固定成本　　D. 建设更大的厂房

49. 关于生产者剩余和利润的关系，下列选项中，错误的是（　　）。

A. 生产者剩余一定不小于利润

B. 在长期内，生产者剩余等于利润

C. 生产者剩余的变化量等于利润的变化量

D. 利润一定小于生产者剩余

50. 完全竞争市场长期均衡时，完全竞争厂商（　　）。

A. $P=LMC$　　B. $MR=LMC$　　C. $LMC=LAC$　　D. 以上都是

51. 完全竞争市场实现长期均衡时，（　　）。

A. 每个厂商得到正常利润　　B. 每个厂商的经济利润为零

C. 不再有厂商进入或退出　　D. 以上都对

52. 完全竞争市场中企业的平均成本曲线与边际成本曲线的交点，即平均成本曲线的最低点被称为（　　）。

A. 收支相抵点　　B. 停止营业点

C. 扭亏为盈点　　D. 收益最高点

53. 完全竞争市场是指（　　）。

A. 市场参与者的购销量只占整个市场交易量的极小一部分

B. 市场参与者只能接受价格，而不能影响价格

C. 交易的商品是同质的　　D. 以上都对

54. 在完全竞争市场中，企业的主要竞争策略是（　　）。

A. 广告促销　　B. 降价促销　　C. 涨价盈利　　D. 降低成本

55. 完全竞争市场中的企业如图 1-4-1 所示，则（　　）。

A. 实现了短期均衡且利润大于零　　B. 实现了短期均衡且利润等于零

C. 实现了长期均衡且利润大于零　　D. 实现了长期均衡且利润等于零

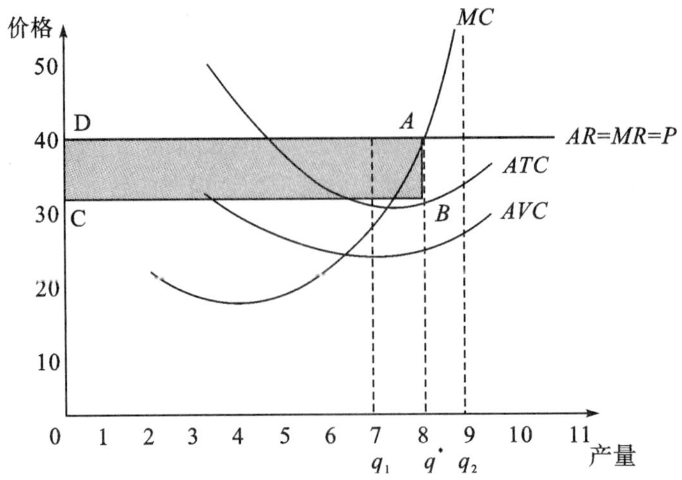

图 1-4-1

56. 图 1-4-2 是完全竞争市场中某企业的短期均衡图，下列选项中，正确的是（　　）。

A. 利润小于零，继续生产　　B. 利润小于零，无法判断是否停产

C. 利润小于零，一定停产　　D. 利润大于零

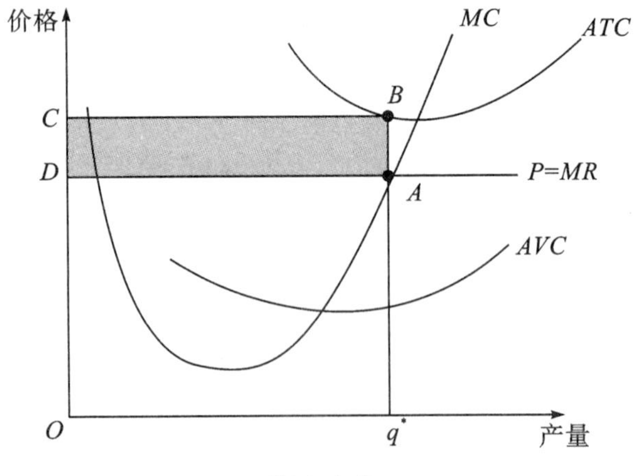

图 1-4-2

57. 如果一个完全竞争企业生产的产量使价格等于平均总成本，那么该企业（　　）。

A. 将停止营业　　B. 收支相抵

C. 仍然会获得经济利润　　D. 处于经济亏损状态

58. 在完全竞争市场，在长期，企业会发生的最大亏损是（　　）。

A. 零　　B. 其总成本

C. 其可变成本　　D. 其平均可变成本

59. 在成本不变的完全竞争行业中，在长期，需求增加会导致市场价格（　　）。

A. 提高　　B. 不变　　C. 降低　　D. 以上都不对

60. 完全竞争厂商在短期均衡时（　　）。

A. 总收益大于总成本　　B. 价格高于平均成本

C. 不存在亏损　　D. 实现了利润最大化

61. 完全竞争厂商短期均衡在（　　）情形下，生产和不生产是一样的。
A. 价格等于平均成本　B. 价格等于平均可变成本
C. 价格等于平均固定成本　D. 价格等于零

62. 所有企业实现利润最大化的条件是（　　）。
A. $MR=MP$　B. $MR=MC$　C. $MR=MU$　D. $MR=AC$

63. 完全竞争行业的长期供给曲线是一条（　　）。
A. 向上倾斜的曲线　B. 向下倾斜的曲线
C. 水平线　D. 以上都有可能

64. 完全竞争行业的短期供给曲线是一条（　　）。
A. 向上倾斜的曲线　B. 向下倾斜的曲线
C. 水平线　D. 以上都有可能

65. 某完全竞争厂商短期生产时，可变成本为 20，不变成本为 40，其产量为 20，价格为 3，则该厂商的利润为（　　），生产者剩余为（　　）。
A. 0，40　B. 40，0　C. 20，20　D. 40，20

三、判断题

1. 市场需求曲线也是厂商的需求曲线。（　　）
2. 所有厂商的平均收益总曲线等于厂商面临的需求曲线或价格。（　　）
3. 完全竞争厂商，$P=AR=MR$。（　　）
4. 完全竞争厂商是价格接受者。（　　）
5. 完全竞争厂商生产同质产品。（　　）
6. 完全竞争厂商进入或退出一个行业是自由的、容易的。（　　）
7. 所有厂商实现利润最大化的条件是 $MR=MC$。（　　）
8. 完全竞争厂商的需求曲线和市场需求曲线一样，向右下方倾斜。（　　）
9. 完全竞争厂商的需求曲线是水平线。（　　）
10. 完全竞争厂商的价格变化来自市场需求曲线或市场供给曲线的变化。（　　）
11. 只要 $P=MC$，完全竞争厂商即实现了利润最大化。（　　）
12. 短期内，完全竞争厂商陷入亏损，应该停产。（　　）
13. 长期内，完全竞争厂商陷入亏损，应该停产。（　　）
14. 在短期，AC 的最低点是收支相抵点。（　　）
15. 在短期，AVC 的最低点是停止营业点。（　　）
16. 完全竞争厂商短期供给曲线上的任一点都实现了利润最大化（或亏损最小化）。（　　）
17. 在短期，固定成本可视为沉没成本，是否生产的决策依据 P 和 AVC 的比较。（　　）
18. 市场供给曲线可以理解为生产者的边际成本。（　　）
19. 在理论上，完全竞争市场的短期供给曲线是所有厂商的短期供给曲线水平加总。（　　）

20. 在长期，完全竞争厂商可以自由调整其生产规模，行业也因为厂商的自由进入和退出实现规模调整。（　）

21. 完全竞争厂商的长期供给曲线和完全竞争市场的长期供给曲线是同样的。（　）

22. 完全竞争厂商的长期均衡和完全竞争市场的长期均衡是同样的。（　）

23. 完全竞争厂商的长期均衡条件是 $P=LMC=SMC$。（　）

24. 完全竞争市场的长期均衡条件是 $P=LMC=\min LAC=SMC=SAC$。（　）

25. 完全竞争厂商的长期供给曲线是沿着 LMC 曲线向上，不低于 LAC 曲线。（　）

26. 成本不变行业，完全竞争市场的长期供给曲线是水平线，即 $P=\min LAC$。（　）

27. 成本递增行业，完全竞争市场的长期供给曲线向右上方倾斜。（　）

28. 成本递减行业，完全竞争市场的长期供给曲线向右下方倾斜。（　）

29. 完全竞争市场实现长期均衡时，厂商一定在有效规模上运营，即 $P=\min LAC$。（　）

30. 在完全竞争市场实现长期均衡时，厂商获得经济利润为零。（　）

31. 高固定成本可能是厂商亏损的原因，但不是厂商停产的原因。（　）

32. 完全竞争市场的长期供给曲线是该行业所有厂商的长期供给曲线水平相加。（　）

33. 生产者剩余是指厂商实际接受的价格与愿意接受的最小支付之间的差额。（　）

34. 当边际收益等于边际成本时，厂商不会出现亏损。（　）

35. 在短期内，完全竞争行业的供给曲线上的每一点都表示在相应价格水平下能够使全体厂商获得最大利润（或最小亏损）的行业短期供给量。（　）

36. 如果某一行业的产品是同质的，则这一行业是完全竞争市场。（　）

37. 获得经济利润的厂商一定获得正常利润。（　）

38. 获得正常利润的厂商一定获得经济利润。（　）

39. 边际收益下降，总收益也下降。（　）

40. 边际收益小于平均收益，平均收益下降。（　）

41. 边际收益为零，总收益最大。（　）

42. 完全竞争厂商 $P=MC$，并且 MC 下降，这时厂商获得最小利润。（　）

43. 追求利润最大化的厂商，不会在亏损状态下维持运营。（　）

44. 追求利润最大化的厂商，长期不会在亏损状态下维持运营。（　）

45. 当完全竞争行业处于长期均衡状态时，所有厂商必须具有相同的成本曲线，并且只能获得正常利润。（　）

46. 完全竞争企业实现长期均衡时，完全竞争市场必定处于长期均衡。（　）

47. 完全竞争市场处于长期均衡时，完全竞争厂商一定实现了长期均衡。（　）

48. 完全竞争行业具有规模报酬不变的性质，则该行业的长期供给曲线是水平线。（　）

49. 在长期均衡点，完全竞争市场的厂商获得零利润，若价格下降，所有的厂商都将退出经营。（　）

50. 完全竞争市场的需求曲线是一条水平线。（　）

51. 完全竞争厂商短期生产的条件是 AR 大于等于 AVC。（　）

52. 企业的经济利润为零时，实现了收支相抵。（　）

53. 新企业进入一个完全竞争行业会提高价格并增加每个企业的利润。（　）

54. 在长期均衡时，完全竞争行业中的每个企业都选择与 $\min LAC$ 相一致的产量规模。（　）

55. 当 $MR=MC$ 时，总是达到利润最大化（或亏损最小化）。（　）

56. 如果完全竞争市场中的厂商面临价格低于平均成本，就应该停产。（　）

57. 完全竞争厂商短期最大亏损额是总不变成本。（　）

58. 生产者剩余是收益减可变成本。（　）

59. 生产者剩余大于经济利润。（　）

60. 所有厂商的平均收益等于价格。（　）

61. 完全竞争厂商按市场价格出售其产品。（　）

62. 假如某厂商的平均收益曲线从水平线变成向右下方倾斜，则该厂商从完全竞争向不完全竞争转变。（　）

63. 完全竞争厂商短期生产将不变成本视为沉没成本。（　）

四、简答题

1. 完全竞争市场的条件有哪些？

2. 为什么完全竞争厂商的需求曲线是水平线？

3. 完全竞争市场实现长期均衡时，厂商只获得零利润，为何厂商仍继续经营？

4. 为什么完全竞争厂商不愿为自己的产品打广告？

5. 完全竞争厂商短期均衡时若边际产量等于平均产量，这时是否亏损，亏损多少？

6. 说明完全竞争市场实现长期均衡时 $P=\min LAC$，并且此时 $P=LMC=LAC=SMC=SAC$。

7. 说明生产者剩余可以表达为收益$-Q\times AVC$，Q 是均衡产量。

8. 为什么利润最大化原则 $MC=MR$ 在完全竞争条件下可以表达为 $MC=P$？

9. 画图说明完全竞争厂商短期均衡的各种盈亏状态。

10. 画图说明完全竞争厂商的短期供给曲线。

11. 画图说明完全竞争厂商的长期供给曲线。

12. 画图说明完全竞争市场的长期供给曲线。

13. 完全竞争厂商的短期供给曲线来自边际成本曲线，为什么完全竞争厂商的边际成本曲线呈 U 形，而市场短期供给曲线向上倾斜？

14. 完全竞争市场的短期供给曲线向右上方倾斜，完全竞争市场的长期供给曲线是什么形状？

15. 完全竞争的成本不变行业，单个厂商的长期成本函数为 $LTC=Q^3-12Q^2+40Q$，求市场实现长期均衡的价格和厂商产量。

16. 假设完全竞争市场的需求函数和供给函数分别是 $Q_D=50\ 000-2\ 000P$，$Q_S=40\ 000+3\ 000P$，求厂商的需求函数。

17. 假设某完全竞争厂商的平均成本函数为 $AC=\dfrac{10}{Q}+5Q$，产品的价格 $P=60$，该厂商利润最大时的产量和利润额为多少？

18. 请区分在完全竞争市场条件下，单个厂商的需求函数、单个消费者的需求函数以及市场的需求函数。

19. 为什么完全竞争厂商和行业的短期供给曲线都向右上方倾斜？完全竞争行业的长期供给曲线也向右上方倾斜吗？

20. 为什么完全竞争的企业不能收取高于市场价格或低于市场价格的价格？

21. 为什么在完全竞争的行业中实现了长期均衡时，经济利润为零？

22. “虽然很高的固定成本会是厂商亏损的原因，但永远不会是厂商关门的原因。”你同意这种说法吗？

23. 厂商利润最大化的原则是什么？为什么？

24. 在完全竞争市场中，厂商的长期成本函数为 $LTC=0.05q^3-q^2+10q$。当市场价格 $P=30$ 时，该厂商的利润最大化产量以及净利润是多少？这个产出点是均衡的吗？

25. 某企业处于完全竞争市场中，它的成本函数为 $STC=0.1q^2+8q$，该企业利润最大化的产量为 $q=30$。现在该企业准备再加一条生产线，新生产线的成本函数为 $STC=0.05q^2+10q$，问新生产线的产量是多少？

26. 什么是沉没成本，沉没成本对企业的短期决策有何影响？

五、计算题

1. 已知某厂商总成本函数为 $TC=0.2Q^2-12Q+200$，总收益函数为 $TR=20Q$，求生产多少件产品时利润最大？其利润为多少？

2. 某完全竞争厂商的短期成本函数是 $STC=0.1Q^3-2Q^2+15Q+10$，求：

（1）市场上产品的价格 $P=55$ 时，厂商的短期均衡产量、利润及生产者剩余。

（2）当市场价格下降为多少时，厂商必须停产。

（3）厂商的短期供给曲线。

3. 在某完全竞争的成本不变行业中，单个厂商的长期总成本函数为 $LTC=Q^3-12Q^2+40Q$，求：

（1）市场的价格 $P=100$ 时，厂商实现长期均衡的产量、平均成本和利润。

（2）行业实现长期均衡时的价格和单位厂商的产量。

（3）若市场的需求函数为 $Q=660-15P$，求行业长期均衡时的厂商数量。

4. 已知某完全竞争市场的需求函数为 $D=6\ 300-400P$，短期市场供给函数为 $SS=3\ 000+150P$，单个典型企业在 LAC 曲线的最低点为 6，产量为 50，每个企业的成本规模不变。

（1）求市场的短期均衡价格和均衡产量。

（2）市场是否处于长期均衡？求行业的厂商数量。

（3）如果市场的需求函数变为 $D'=8\ 000-400P$，短期供给函数变为 $SS'=4\ 700+150P$，求市场的短期均衡价格和均衡产量。此时是否处于长期均衡，并求行业内的厂商数量。

（4）需要新加入多少厂商才能提供行业总产量的增量？

5. 在完全竞争市场上，单个厂商的长期成本函数为 $LTC=Q^3-20Q^2+200Q$，市场的产品价格为 $P=600$，求：

（1）厂商实现长期利润最大化时的产量、平均成本和利润。

（2）该行业是否处于长期均衡，为什么？

（3）该行业处于长期均衡时，每个厂商的产量、平均成本和利润各是多少？

（4）判断（1）中的厂商是处在规模经济阶段还是处在规模不经济阶段？

6. 在一个完全竞争的成本不变行业中，单个厂商的长期成本函数为 $LTC=Q^3-40Q^2+600Q$，该市场的需求函数为 $D=13\ 000-5P$，求：

（1）该行业的长期供给曲线。

（2）该行业实现长期均衡时的厂商数量。

7. 某完全竞争厂商的短期边际成本 $SMC=0.6Q-10$，总收益函数 $TR=38Q$。已知产量 $Q=20$ 时的总成本 $STC=260$，求该厂商利润最大化时的产量和利润。

8. 某企业成本函数为 $C=Q^2+120$，C 为总成本，Q 为产品 X 的产量。

（1）若产品市场价格 $P=40$，那么 Q 为多少才可以实现利润最大化？

（2）当产品价格达到多少时，该企业利润才为正？

9. 假设某完全竞争行业有 100 个相同的企业，所有企业的短期成本函数是 $STC=0.1Q^2+Q+10$。

（1）求市场供给函数。

（2）若市场需求函数 $Q_D=4\ 000-400P$，求均衡产量和价格。

（3）如果对每单位产品销售征税 0.9 元，求新的均衡产量和价格。

10. 某完全竞争厂商的短期成本函数是 $STC=Q^3-6Q^2+30Q+40$，试求：

（1）若产品价格为 66 元，利润最大化时的产量、利润和生产者剩余各是多少？

（2）若市场价格变为 30 元，这时厂商是否发生亏损？若亏损，最小亏损多少？

（3）该厂商在什么情况下停产？

11. 某完全竞争厂商的短期成本函数 $STC=2Q^3-24Q^2+120Q+400$，试求：

（1）短期厂商继续经营的最低产品价格是多少？

（2）若市场产品价格为 120 元，短期内，厂商将生产多少产品？生产者剩余和利润各为多少？

12. 完全竞争行业有许多相同的厂商，代表厂商 LAC 曲线的最低点是 6，产量是 500 单位。当厂商产量为 550 单位时，SAC 是 7 美元。已知市场需求函数与供给函数分别为 $Q_D=80\ 000-5\ 000P$，$Q_S=35\ 000+2\ 500P$，试求：

（1）市场均衡价格是多少？判断该行业是否处于长期均衡？

（2）长期均衡时，该行业有多少厂商？

（3）如果市场需求曲线变为 $Q_D=95\ 000-5\ 000P$，试求行业与厂商的新的短期均衡价格和产量，厂商在新的均衡上，盈亏状况如何？

13. 假设产品 X 由国内成本递增的行业生产，长期总成本函数为 $LTC=0.01q^3-1.6q^2+(70+0.000\ 5Q)q$，$Q$ 是行业产量，q 是厂商产量。产品 X 可以按每单位 10 元的价格进口或出口，不计运输成本。国内产品 X 的市场需求函数为 $Q_D=27\ 900-1\ 500P$，试求：

（1）此时产品 X 的进口或出口是多少？

（2）国内厂商的数目是多少？

14. 完全竞争市场有三家生产相同产品的企业，各企业的成本函数分别如下：$C_1(Q)=2Q^2+20Q+18$，$C_2(Q)=Q^2+25$，$C_3(Q)=3Q^2+5Q+12$。试求：

（1）市场价格满足什么条件时，短期内三家企业的产量都为正。

（2）短期市场供给曲线。

15. 完全竞争成本不变行业的典型厂商的长期成本函数为 $LTC=Q^3-50Q^2+750Q$，该产品的市场需求曲线为 $Q=1\ 500-2P$。试求：

（1）行业的长期供给曲线。

（2）长期均衡时的厂商的数目是多少？

（3）如果对产品征收市场价格 10%的税，长期均衡的厂商的数目是多少？

16. 完全竞争行业，代表厂商的成本函数是 $TC=Q^2+8Q+36$。试求：

（1）厂商的短期供给曲线。

（2）行业的需求曲线为 $P=32-\frac{Q}{50}$，行业内有 100 家厂商，计算行业市场的均衡价格和数量。

（3）行业是否处于长期均衡？

17. 完全竞争市场上代表厂商的长期成本函数是 $LTC=Q^3-4Q^2+8Q$。试求：

（1）该厂商的长期供给曲线。

（2）行业的长期供给函数。

（3）假设行业的需求函数为 $Q_D=2\ 000-100P$，求行业均衡价格、厂商产量和厂商数量。

18. 完全竞争行业的代表厂商的长期成本函数为 $LTC=Q^3-60Q^2+1\ 500Q$。

（1）当价格为 $P=975$ 时，求利润最大化的产量、利润、长期成本。

（2）推导行业长期供给曲线。

（3）厂商是会进入还是会退出？

（4）若市场需求曲线是 $P=9\ 600-2Q$，求长期市场中的厂商数量。

19. 已知某完全竞争的成本递增行业的长期供给函数为 $LS=5\ 500+300P$，试求：

（1）当市场需求函数为 $D=8\ 000-200P$ 时，市场的长期均衡价格和均衡产量。

（2）当市场需求增加，市场需求函数为 $D'=10\ 000-200P$ 时，市场长期均衡价格和均衡产量。

（3）比较（1）（2），说明市场需求变动对成本递增行业的长期均衡价格和均衡产量的影响。

20. 如果企业面临的生产函数为 $f(X_1, X_2) = [\min(X_1, 2X_2)]^{\frac{1}{2}}$，$w_1$ 和 w_2 是投入品 X_1 和投入品 X_2 的价格。试求：

（1）企业的成本函数。

（2）如果两个投入品的价格都是 1，生产 y 单位产品的边际成本是多少？当产品的价格是 P 时，这个企业将会生产多少单位的产品？单位产品的成本是多少？

（3）如果市场是完全竞争的，$P=48$，两个投入品的价格均是 1，这个企业将会生产多少单位的产品？这个企业的经济利润是多少？

（4）企业的边际成本函数和供给函数。

21. 某行业有三个企业，它们的供给函数分别为 $S_1(P)=P$，$S_2(P)=P-5$ 和 $S_3(P)=2P$。试求：

（1）整个行业的供给曲线。

（2）如果市场需求函数是 $D(P)=15$，求市场均衡价格和市场供给量，每个企业的产出水平各为多少？

22. 某完全竞争行业中有 N 个技术相同的企业，每个企业的长期成本函数为 $C(q)=q^2+1$，$C(0)=0$，市场需求函数为 $Q=52-P$。

（1）求长期均衡价格。

（2）若该行业是成本不变行业，画出行业的长期供给曲线。

（3）求该行业中的厂商个数。

（4）每一个厂商的利润是多少？

23. 已知某企业的平均可变成本为 $AVC=X^2-30X+310$，X 为产量。当市场价格为 310 时，该企业的利润为 0，求该企业的固定成本。

24. 已知长期成本函数 $c(y)=y^2+1$，求该厂商的长期供给曲线。

第五章

不完全竞争市场

第一节　垄断

一、思考题

1. 在短期中，垄断企业是否会亏损，为什么？

2. 试比较垄断企业与完全竞争企业的最终均衡。

3. 谈谈你对自然垄断的看法。

4. 为什么垄断竞争企业可以对价格施加一定的影响？

5. 试比较垄断竞争企业与完全竞争企业、垄断企业的联系和区别。

6. 为什么同一个垄断竞争企业会面临各种不同的需求曲线？

7. 寡头企业与其他类型企业（如完全竞争、垄断、垄断竞争企业）最主要的区别是什么？

8. 根据西方经济学，在长期中，之所以存在超额利润或经济利润，是因为存在各种各样的“进入障碍”。这种看法对吗？为什么？

二、单项选择题

1. 对于垄断厂商，下列选项中，不正确的是（　　）。

A. 一个厂商提供全部的市场供给量

B. 在利润最大化水平，边际收益等于边际成本

C. 边际收益小于价格

D. 垄断厂商有一条水平的需求曲线

2. 对于垄断，下列选项中，错误的是（　　）。

A. 由于只有一个企业，企业的需求就是行业的需求

B. 由于没有替代品，需求缺乏弹性

C. 平均收益曲线就是需求曲线　　D. 边际收益小于价格

3. 一个垄断者的边际收益必定（　　）。

A. 是负数　　B. 是正数　　C. 低于价格　　D. 高于价格

4. 完全垄断厂商的平均收益曲线为直线时，边际收益曲线也是直线。边际收益曲线的斜率为平均收益曲线斜率的（　　）。

A. 2倍　　B. 0.5倍　　C. 1倍　　D. 4倍

5. 在完全垄断市场上，平均收益与边际收益的关系是（　　）。

A. 平均收益大于边际收益　　B. 平均收益小于边际收益

C. 平均收益等于边际收益　　D. 以上都可能

6. 完全垄断厂商的总收益与价格同时下降的前提条件是（　　）。

A. $E_d>1$　　B. $E_d=1$　　C. $E_d=0$　　D. $E_d<1$

7. 完全垄断厂商的产品需求弹性 $E_d=1$ 时，（　　）。

A. 总收益最小　　B. 总收益最大　　C. 总收益递增　　D. 总收益递减

8. 一个垄断企业面临着一条线性的需求曲线，当总收益上升时，可以断定（　　）。

A. MR 在下降，但是正值　　B. MR 在上升

C. MR 是负值　　D. MR 是常数

9. 当垄断市场的需求富于弹性时，边际收益为（　　）。

A. 正　　B. 负　　C. 0　　D. 1

10. 如果在需求曲线上有一点，$E_d=-2$，$P=20$ 元，则垄断厂商的 MR 为（　　）。

A. 30元　　B. 10元　　C. 60元　　D. −10元

11. 当垄断厂商利润最大化时，（　　）。

A. $P=AR=MC=MR$　　B. $P>MR=AC$

C. $P>MR=MC$　　D. $P>MC=AC$

12. 在短期均衡时，完全垄断厂商（　　）。

A. 收支相抵　　B. 取得经济利润

C. 发生亏损　　D. 以上情况都可能发生

13. 所谓自然垄断，是指（　　）。

A. 从经济上看允许多个企业存在，但从技术上不允许

B. 从技术上看允许多个企业存在，但从经济上不允许

C. 从技术上和经济上看都允许多个企业存在

D. 从技术上和经济上看都只允许一个企业存在

14. 在垄断市场上，厂商为追求最大利润，愿意扩大产量的可能情况是（　　）。

A. 价格大于边际成本　　B. 边际低于边际成本

C. 边际收益大于边际成本　　D. 边际成本大于边际收益

15. 对垄断厂商来说，下列选项中，不正确的是（　　）。

A. 面临的需求曲线向右下方倾斜

B. 在利润最大化产量上，价格等于边际收益

C. 边际收益与平均收益不相等

D. 利润最大化产量上，价格高于边际成本

16. 完全垄断厂商如果 A 市场的价格高于 B 市场的价格，则（　　）。

A. A 市场的需求弹性大于 B 市场的需求弹性

B. A 市场的需求弹性小于 B 市场的需求弹性

C. 两个市场的需求弹性相等　　D. 以上都正确

17. 在完全垄断厂商最优产量处，（　　）。

A. $P=MC$　　B. $P=SAC$ 的最低点的值

C. $P=MR$　　D. $MR=MC$

18. 下列关于垄断企业和完全竞争的企业的选项中，不正确的是（　　）。

A. 都试图获取最大化利润

B. 如果边际成本超过边际收益，都将减少生产

C. 都把产量确定在边际收益等于边际成本的那一点

D. 都面对着一条完全弹性的需求曲线

19. 垄断厂商的供给曲线（　　）。

A. 是平均总成本以上的边际成本曲线

B. 是平均可变成本之上的边际成本曲线

C. 是边际收益曲线向右上方倾斜的那一部分

D. 不存在

20. 政府要对一个垄断企业的价格进行管制，要使企业的经济利润消失，其方法是（　　）。

A. $P=MC$　　B. $P=AC$　　C. $P=AVC$　　D. $P=AFC$

21. 在成本和需求曲线相同的情况下，垄断市场会比完全竞争市场赚取更多的行业利润。这是因为垄断（　　）。

A. 比完全竞争有更大的产出　　B. 比完全竞争投入的价格更低

C. 比完全竞争有着更高的行业产品价格

D. 比完全竞争价格更高，而且产出更大

22. 完全垄断厂商达到长期均衡的条件是（　　）。

A. $MR=MC$　　B. $MR=LMC=SMC$

C. $MR=SMC=LMC=SAC$　　D. $MR=SMC=LMC=SAC=LAC$

23. 一个垄断企业在目前的产量水平下，边际收益是 12 元，边际成本是 15 元，它怎样做才能增加利润？（　　）

A. 价格和产量同时减少　　B. 提高价格和产量

C. 增加产量，降低价格　　D. 提高价格，减少产量

24. 某垄断厂商实现利润最大化，利润刚好为零，此时该厂商（　　）。

A. 价格刚好等于边际成本　　B. 需求无弹性

C. 边际收益大于边际成本　　D. 平均成本大于边际成本

25. 垄断企业面对的需求是 $Q=100/P^2$，企业的边际成本始终是 1，则垄断价格为（　　）。

A. 1　　B. 2　　C. 5　　D. 25

26. 理性的垄断者不会选择在需求价格弹性（绝对值）（　　）上生产。

A. 等于零　　B. 等于无穷大　　C. 大于 1　　D. 小于 1

27. 垄断厂商的边际收益为 20 元，需求价格弹性是 2，则该企业的均衡垄断价格是（　　）元。

A. 0　　B. 20　　C. 40　　D. 无法计算

28. 超额利润（　　）。

A. 能被垄断厂商在长期内获得　　B. 能被完全竞争厂商在长期内获得

C. 垄断厂商在长期均衡时将失去　　D. 为完全竞争厂商继续生产所必需

29. 完全垄断厂商的产品需求价格弹性的绝对值大于 1，厂商的总收益与销售量之间的关系是（　　）。

A. 同方向　　B. 反方向　　C. 不受影响　　D. 以上都不对

30. 完全垄断厂商的产品需求价格弹性的绝对值大于 1，厂商的总收益与价格之间的关系是（　　）。

A. 同方向　　B. 反方向　　C. 不受影响　　D. 以上都不对

31. 垄断厂商的需求曲线是向右下方倾斜的直线，当 $MR=0$ 时，对应的需求价格弹性（　　）。

A. 大于 1　　B. 小于 1　　C. 等于 1　　D. 不确定

32. 下列选项中，属于一级价格歧视的是（　　）。

A. 厂商的每单位产品都按消费者愿意支付的最高价出售

B. 厂商的产品在不同的市场售价不同

C. 针对不同的消费数量收取不同的价格

D. 根据生产成本的不同制定不同的价格

33. 下列选项中，属于二级价格歧视的是（　　）。

A. 老年人看电影,票价打折　　B. 根据消费者的支付意愿收取不同的价格

C. 根据用电的数量,收取不同的电价　　D. 以上都不是

34. 一个垄断企业销售 8 单位产品的平均收益是 12 元，销售 7 单位产品的平均收益是 13 元，则第 8 单位产品的边际收益是（　　）元。

A. 5　　B. 12　　C. 1　　D. 6

35. 两部收费制的门票（第一部收费）应等于（　　）。

A. 边际成本　　B. 边际收益　　C. 消费者剩余　　D. 生产者剩余

36. 下列选项中，不属于实施价格歧视的前提条件的是（　　）。

A. 卖方具有一定的垄断势力　　B. 商品是耐用品

C. 能阻止套利　　D. 消费者有不同的偏好

37. 垄断厂商的需求曲线是 $P=a-bQ$，则其边际收益曲线是（　　）。

A. $MR=2a-bQ$　　B. $MR=a-2bQ$

C. $MR=b-aQ$　　D. $MR=b-2aQ$

38. 某垄断厂商有两个工厂，各自的边际成本分别是 $MC_1=18+3Q_1$，$MC_2=8+4Q_2$，该厂商在工厂 1 生产 6 单位产品，在工厂 2 应生产（　　）单位产品。

A. 6　　B. 7　　C. 8　　D. 10

39. 下列选项中，会导致一个行业形成自然垄断的情况是（　　）。

A. 发放营业许可证　B. 专利制　C. 政府特许　D. 规模经济

40. 如果在某种产量水平时边际收益是负的，那么（　　）。

A. 价格必定是负的　B. 利润最大化的垄断者将增加产量

C. 在这种产量水平时需求弹性绝对值小于 1

D. 在这种产量水平时需求必定是富有弹性的

41. 在（　　）条件下，垄断者将不再经营。

A. 有经济亏损　B. 由于政府管制不能使利润最大化

C. 价格低于平均可变成本

D. 利润最大化的产量水平存在需求富有弹性的区间

42. 垄断厂商的总收益函数为 $TR=100Q-Q^2$，总成本函数为 $TC=10+6Q$，则厂商利润最大化时，（　　）。

A. 产量为 47，价格为 53　B. 产量为 53，价格为 47

C. 产量为 43，价格为 57　D. 产量为 57，价格为 43

43. 下列选项中，不能成为进入一个垄断行业壁垒的是（　　）。

A. 垄断利润　B. 立法　C. 专利权　D. 资源控制

44. 当发生（　　）时，厂商将会倾向于进入一个行业

A. 该行业存在超额利润　B. 规模经济不构成一个主要的进入壁垒

C. 该行业的主要资源不被现存的厂商控制　D. 以上全对

45. 一个垄断企业面对的需求曲线是（　　）。

A. 市场需求曲线　B. 完全无弹性的，因为只有一个销售者

C. 完全有弹性的，因为只有一个销售者

D. 其弹性比行业需求曲线的弹性小

46. 完全垄断厂商的价格与收益的关系是（　　）。

A. 降低价格会减少收益　B. 提高价格会增加收益

C. 提高价格未必会增加收益，降低价格未必会减少收益

D. 以上都不对

47. 完全垄断厂商如果处于（　　）。

A. 长期均衡时，一定处于短期均衡　B. 长期均衡时，不一定处于短期均衡

C. 短期均衡时，一定处于长期均衡　D. 以上都不是

48. 在垄断市场中，厂商将扩大其产出水平的情况（　　）。

A. 价格低于边际成本　B. 价格高于边际成本

C. 边际收益低于边际成本　D. 边际收益高于边际成本

49. 一个垄断厂商在长期中一直获得经济利润，原因是（　　）。

A. 该厂商的生产比竞争性市场的厂商更有效率

B. 其他厂商无法进入该行业与其竞争

C. 政府和垄断厂商之间必定串谋来维持一个高价格

D. 垄断厂商的需求曲线缺乏弹性，从而使其获得更多的收益

50. 当成本相同时，垄断厂商和竞争性厂商一致的是（　　）。

A. 利润最大化目标　　B. 产出水平

C. 长期中的经济利润　　D. 生产的有效率

51. 对于一个垄断企业而言，边际收益小于价格，因此利润最大化的结果是（　　）也小于价格。

A. 平均收益　　B. 边际成本　　C. 总收益　　D. 总成本

52. 如果垄断者的长期平均成本超过市场价格，厂商将（　　）。

A. 停留在这一营业水平上，因为它使资本得到了一个正常报酬

B. 停留在这一营业水平上，尽管其固定成本没有得到补偿

C. 歇业并清理资产　　D. 暂时停业

53. 如果一个价格歧视垄断者对学生收取低价格，那么他（　　）。

A. 相信学生的需求是富有弹性的　　B. 相信学生的需求是缺乏弹性的

C. 相信学生的需求曲线移动　　D. 相信学生的购买能力强

54. 在完全竞争市场，如果一家企业的产品价格高于市场价格，那么它将失去（　　）；在不完全竞争市场，企业提价将失去（　　）。

A. 它的全部顾客；它的部分顾客　　B. 它的部分顾客；它的全部顾客

C. 它的全部顾客；它的全部顾客　　D. 它的部分顾客；它的部分顾客

55. 如果市场价格超过平均成本，边际收益大于边际成本，垄断厂商多卖 1 单位时（　　）。

A. 对总利润没有影响，但会缩小边际收益和边际成本之间的差额

B. 总利润会减少　　C. 厂商总收益会减少，其数额等于 $P-AC$

D. 总利润会增加，并缩小边际收益和边际成本之间的差额

56. 完全垄断厂商的平均收益曲线为直线时，边际收益曲线也是直线。边际收益曲线与横轴的截距为平均收益曲线与横轴的截距的（　　）。

A. 2 倍　　B. 12 倍　　C. 1/2 倍　　D. 4 倍

57. 一个垄断企业以 15 元的价格销售 10 单位的产品，以 16 元的价格销售 9 单位的产品，那么与第 10 单位相伴随的 MR 是（　　）。

A. 6 元　　B. 1 元　　C. 15 元　　D. 150 元

58. 自然垄断行业若按边际成本定价，厂商将（　　）。

A. 获得高额利润　　B. 亏损

C. 盈亏相抵　　D. 存在无谓损失

59. 不完全竞争市场出现低效率是因为产品价格（　　）边际成本。

A. 低于　　B. 高于　　C. 等于　　D. 以上都不对

60. 垄断厂商生产产品的边际成本为 5，在第一个市场销售的边际收益 MR_1 为 5，均衡时第二个市场销售的边际收益 MR_2 为（　　）。

A. 3　　B. 4　　C. 5　　D. 无法确定

61. 已知某厂商的边际成本函数为 $MC=4+Q/4$，边际收益函数 $MR=9-Q$，利润最大化时的产量是（　　）。

A. 2　　B. 3　　C. 4　　D. 5

三、判断题

1. 垄断厂商的 $MR<P$。（　　）
2. 垄断厂商提高价格一定提高收益。（　　）
3. 垄断厂商处在长期均衡时，一定处于短期均衡。（　　）
4. 垄断厂商的长期平均成本超过市场价格，则应该停业并清理资产。（　　）
5. 第三级价格歧视时，对需求价格弹性大的消费者定高价。（　　）
6. 垄断厂商面临的需求曲线就是市场的需求曲线。（　　）
7. 垄断厂商的平均收益曲线与边际收益曲线是同一条曲线。（　　）
8. 垄断厂商的平均收益曲线就是其市场需求曲线。（　　）
9. 垄断会带来无谓损失，因此垄断是缺乏效率的。（　　）
10. 垄断企业是不会发生经济亏损的。（　　）
11. 垄断厂商在短期实现均衡时，可以获得最大利润，可以利润为零，也可以最小亏损。（　　）
12. 垄断行业比竞争时产量更高，价格更低。（　　）
13. 垄断厂商长期均衡时，垄断者的生产规模一定会使短期平均成本和长期平均成本达到最低。（　　）
14. 完全垄断厂商的均衡产量必然在需求曲线价格弹性为正的区域内。（　　）
15. 当生产成本增加时，垄断者的利润不会下降，因为垄断者总可以向消费者索取更高的价格。（　　）
16. 一级价格歧视，没有福利损失。（　　）
17. 当政府向垄断企业征税时，垄断企业总有能力把全部税收转嫁给消费者。（　　）
18. 自然垄断是厂商独家掌握自然资源造成的垄断。（　　）
19. 一级价格歧视时，消费者剩余为零。（　　）
20. 自然垄断产业常常与规模经济有关，由一家厂商经营比由多家厂商经营成本更低，更有效率。（　　）
21. 二级价格歧视时，厂商把一部分消费者剩余转化为生产者剩余。（　　）
22. 长期，垄断厂商一定获得正的利润。（　　）
23. 达到均衡时，完全竞争企业 $P=MC$，垄断企业 $P>MC$。（　　）
24. 对自然垄断厂商实施价格管制 $P=MC$，则厂商会陷入亏损。（　　）
25. 对自然垄断厂商实施价格管制 $P=AC$，则厂商的利润为零，没有无谓损失。（　　）
26. 垄断势力由厂商的需求价格弹性决定。（　　）

27. 厂商垄断是因为政府授予厂商独家经营权。（ ）
28. 完全竞争企业是价格接受者，垄断企业是价格制定者。（ ）
29. 随着市场规模扩大，自然垄断可能变成竞争市场。（ ）
30. 完全竞争厂商的均衡和垄断厂商的均衡都落在 $MR=MC$。（ ）
31. 专利药的价格是垄断价格，专利到期后的药品价格趋于完全竞争价格。（ ）
32. 垄断均衡时，$P>MC$，因而造成无谓损失。（ ）
33. 垄断产生低效率，是因为垄断者通过低产量高价格，把消费者剩余转变为生产者剩余。（ ）
34. 垄断产生低效率，是因为垄断均衡的产量低于总剩余最大化的产量。（ ）
35. 垄断者为了垄断地位付出的非生产性成本也是垄断低效率的一个原因。（ ）
36. 对垄断低效率的公共政策主流的做法是出台反垄断法。（ ）
37. 管制垄断者按平均成本定价不能激励垄断者降低成本。（ ）
38. 价格歧视可以提高垄断厂商的利润。（ ）
39. 不完全的价格歧视可能使社会总剩余增加、减少或不变。（ ）
40. 完全价格歧视可以使垄断者获得所有消费者剩余。（ ）
41. 完全价格歧视的产量水平应该是在边际成本曲线与需求曲线的交点。（ ）
42. 价格歧视要求不存在市场套利情形。（ ）
43. 价格歧视趋向完全价格歧视，则垄断产量趋向于完全竞争产量。（ ）
44. 当 $MR>MC$ 时，应该增加产量，以增加利润或减少亏损。（ ）
45. 规模经济是自然垄断产生的一个原因。（ ）
46. 对垄断者来说，$P=AR$。（ ）
47. 垄断者只会在需求曲线富有弹性的区间生产。（ ）
48. 垄断厂商的供给曲线是其 MC 曲线。（ ）
49. 垄断厂商利润最大化时，价格低于边际收益。（ ）
50. 垄断厂商对两个不同的市场实施价格歧视，在富有弹性的市场卖出更多的产品。（ ）
51. 对不完全竞争市场，边际收益一定小于平均收益。（ ）
52. 总量税不改变垄断厂商的垄断定价。（ ）
53. 从量税会提高垄断厂商的垄断定价。（ ）
54. 垄断平台大数据“杀熟”，主要使用的是一级价格歧视。（ ）
55. 垄断厂商不存在供给曲线。（ ）
56. 垄断者的生产由两个不同的工厂完成，在相同的市场上销售，则 $MR=MC_1=MC_2$。（ ）
57. 垄断者生产的产品在两个不同的市场完成销售，则 $MR_1=MR_2=MC$。（ ）
58. 一级价格歧视（完全价格歧视）可以实现最有效率的产量。（ ）
59. 自然垄断不存在无谓损失。（ ）

四、简答题

1. 证明边际收益与需求价格弹性之间的关系。

2. 说明垄断厂商的需求曲线与边际收益曲线必然相交于代表价格的纵轴上。

3. 辨析垄断厂商在短期和长期都一定获得正的利润。

4. 证明垄断厂商不会在需求价格弹性的绝对值小于 1 的地方生产。

5. 有人认为，春运火车票应该提价，淡季火车祟应该降价，请用高峰定价原理解释之，并画图说明。

6. 有人认为，垄断厂商只有一家厂商供给这个市场，因此没必要打广告，请辨析。

7. 证明垄断带来效率损失，并画图说明。

8. 对垄断的公共政策有哪些?

9. 同一趟飞机的公务舱票价比经济舱票价要贵，为什么?

10. 已知垄断厂商面临的需求曲线为 $Q=50-3P$，求：

(1) 厂商的边际收益函数。

(2) 若 $MC=4$，利润最大化的产量和价格。

11. 某垄断厂商面对的需求曲线上某一点的点弹性 $E_d=5$，商品的价格 $P=6$，假定在该点实现了短期均衡，求相应的边际收益 MR 与边际成本 MC 值。

12. 画图描述垄断厂商的短期均衡（盈利、收支相抵、亏损）。

13. 画图描述垄断厂商的长期均衡。

14. 垄断厂商的成本函数是 $TC=5Q^2+20Q+10$，产品需求函数是 $Q=140-P$，求该垄断厂商利润最大化时的产量、价格和利润。

15. 一个垄断厂商的产品在两个市场均垄断，在市场 1 的边际收益为 $MR_1=37-Q_1$，在市场 2 的边际收益为 $MR_2=40-2Q_2$。假设厂商的边际成本是 16，求该垄断者在两个市场上如何定价，以实现利润最大化。

16. 为什么经济学家倾向于对垄断厂商征收定额税，而不是从量税。

17. 完全垄断厂商开办了两个工厂，各自的边际成本函数分别为 $MC_A=18+3Q_A$，$MC_B=8+4Q_B$。该厂商实现最优化时，在工厂 A 生产了 6 单位产品，工厂 B 应生产多少单位产品?

18. 根据图 1-5-1 中线性需求曲线 d 和相应的边际收益曲线 MR，试求：

(1) A 点所对应的 MR 值。

(2) B 点所对应的 MR 值。

19. 图 1-5-2 是某垄断厂商的长期成本曲线、需求曲线和收益曲线。试在图中标出：

(1) 长期均衡点及相应的均衡价格和均衡产量。

(2) 长期均衡时代表最优生产规模的 SAC 曲线和 SMC 曲线。

(3) 长期均衡时的利润量。

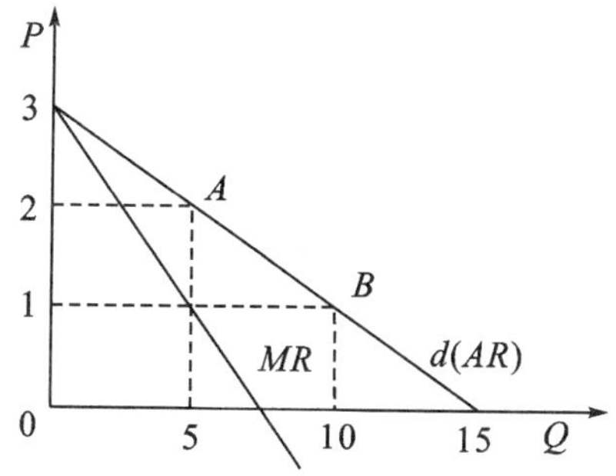

图 1-5-1

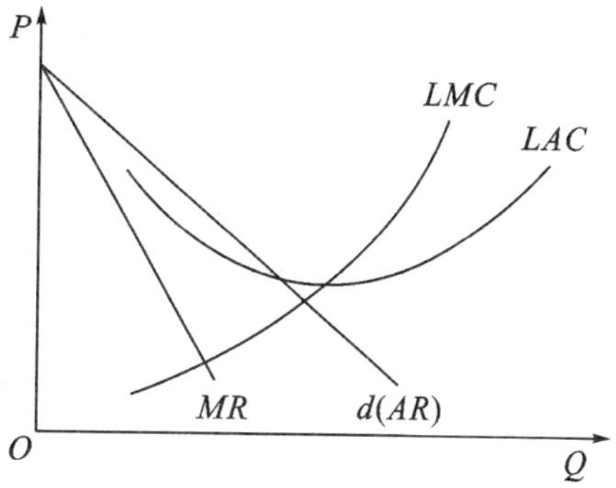

图 1-5-2

20. 已知某垄断厂商的短期成本函数为 $TC=0.6Q^2+3Q+2$，反需求函数为 $P=8-0.4Q$，求：

（1）该厂商实现利润最大化时的产量、价格、收益和利润。

（2）该厂商实现收益最大化时的产量、价格、收益和利润。

（3）比较（1）和（2）的结果。

21. 为什么竞争行业的产量总大于处于单一价格垄断时的产量？

22. 垄断厂商一定能保证获得超额利润吗？如果在最优产量处亏损，其在短期内会继续生产吗？在长期内又会怎样？

23. 用图表示垄断厂商长期均衡时最优生产规模的情况，并说明在什么样的条件下，垄断厂商长期生产规模是最优的。

24. 某景点的门票采取价格歧视，本地游客的门票定价为 20 元，外地游客的门票定价为 50 元，试用经济理论分析之。

25. 简述价格歧视的前提条件及分类。

26. 简述完全垄断市场的特征及形成垄断的原因。

27. 用图示分析政府对自然垄断企业价格管制的方法（边际成本定价法、平均成本定价法以及双重定价法）。

28. 垄断厂商边际成本函数为 $MC=100+10Q$，市场需求函数为 $P=1\ 000-10Q$，请计算：

（1）垄断产量和价格。

（2）竞争产量和价格。

（3）垄断带来的无谓损失。

29. 什么叫捆绑销售？

30. 什么叫第三级价格歧视？

31. 什么叫垄断加成定价？

32. 什么叫两部收费制？

五、计算题

1. 垄断厂商的需求函数是 $P=90-0.5Q$，成本函数是 $TC=0.5Q^2+10Q$，求：

（1）该垄断厂商利润最大化的产量、价格与利润。

（2）如果国内市场的价格超过 $P=55$，就有国外同质产品进入本国，计算 $P=55$ 时，该垄断厂商的产量和利润。

（3）如果政府实施最高限价 $P=50$，求该垄断厂商的产量和利润。市场是否出现短缺？

2. 假设一个垄断厂商面临的需求曲线是 $P=10-3Q$，成本函数是 $TC=Q^2+2Q$，求：

（1）该垄断厂商利润最大化的产量、价格和利润。

（2）如果政府采取限价政策，使之生产完全竞争所能达到的产量水平，则限价应为多少？

（3）如果政府对该垄断厂商的产品每单位征收 1 单位的产品税，这时垄断厂商的产量、价格和利润分别是多少？

（4）如果政府对该垄断厂商实施总额税以便拿走所有垄断利润，则总额税为多少？厂商的最优产量为多少？

3. 垄断者的需求曲线是 $P=16-Q$，垄断者出售 8 单位产品，求：

（1）出售 8 单位产品的总收益是多少？

（2）如果实行一级价格歧视，垄断者的总收益是多少？其掠夺的消费者剩余是多少？

（3）如果实行二级价格歧视，前 4 个单位定价 12 元，后 4 个单位定价 8 元，垄断者掠夺的消费者剩余是多少？

4. 一个垄断者在一个工厂中生产，产品在两个分割的市场上销售，其成本曲线和两个市场的需求曲线方程分别为 $TC=Q^2+10Q$，$Q_1=32-0.4P_1$，$Q_2=18-0.1P_2$。求：

（1）假设厂商可以在两个市场之间实行差别价格，计算在利润最大化时每个市场的价格、销售量及其获得的总利润。

（2）如果两市场只能索取相同的价格，计算在利润最大化时每个市场的价格、销售量及其获得的总利润。

5. 一个垄断者的产品只在两个市场销售，在市场 1 的边际收益为 $MR_1=37-3Q_1$，在市场 2 的边际收益为 $MR_2=40-2Q_2$。假设厂商的边际成本是 16，固定成本是 150。该垄断者在两个市场各卖多少才能获得利润最大化，利润是多少？

6. 垄断厂商的产品在两个市场上销售，总成本函数是 $TC=0.1Q^3-9Q^2+330Q+3\,700$。市场 1 的需求函数为 $P_1=300-1.5q_1$，市场 2 的需求函数为 $q_2=aP_2^{-2}$。垄断者达到利润最大化时，市场 1 的均衡价格为 240，这个垄断厂商的利润是多少？

7. 垄断厂商的总成本函数是 $TC=\dfrac{Q^3}{3}-30Q^2+1\,000Q$，产品在两个差别市场上销售。市场 1 的需求函数为 $P_1=1\,100-13q_1$，利润最大化时总产量为 $Q=48$；市场 2 的需求曲线也是直线，均衡价格时需求价格弹性的绝对值为 3。试求该垄断厂商利润最大化时的利润。

8. 假设一个垄断厂商面临的需求曲线是 $Q=100-5P$，边际成本恒为 10 元，在征收每单位 2 元的消费税后，试求垄断厂商的均衡价格上升多少？垄断厂商的利润变化多少？

9. 垄断厂商的需求函数和成本函数分别是 $P=100-2Q+2\sqrt{A}$，$TC=3Q^2+20Q+A$，A 是广告支出费，求利润最大化时的 A，Q 和 P，计算需求广告点弹性。

10. 垄断厂商的总成本函数是 $TC=2Q^2-20Q+50$，利润最大化时的价格和需求价格弹性均为 5，试求该厂商的最大化利润。

11. 垄断厂商可以采取两种技术：A 技术的成本函数为 $10+8q$，B 技术的成本函数为 $60+2q$。产品的市场需求函数为 $P=24-q$。试求垄断厂商应该采取何种技术生产。

12. 假设垄断厂商的需求函数为 $Q=10-P$，成本函数为 $C=2Q$，试求：

（1）垄断厂商的均衡产量、价格和利润。

（2）垄断厂商达到均衡时的生产者剩余、消费者剩余。

（3）若是竞争厂商，消费者剩余和生产者剩余分别是多少？

13. 垄断厂商的边际成本 $MC=2+\dfrac{Q}{2}$，边际收益 $MR=8-Q$，试求：

（1）产量由 1 增加到 6，总成本和总收益分别增加多少？

（2）利润最大化的产量是多少？

（3）固定成本是 9，平均成本最低时的产量是多少？

14. 垄断厂商有两种产品 Q_1 和 Q_2，两种产品的需求函数分别是 $Q_1=40-2P_1+P_2$，$Q_2=15+P_1-P_2$，该垄断厂商的总成本函数是 $TC=Q_1^2+Q_1Q_2+Q_2^2$。试求该垄断厂商利润最大化时的 Q_1，Q_2，P_1，P_2。

15. 存在一个特殊的市场结构，有一个垄断厂商，还有 50 个竞争厂商。垄断厂商的边际成本为 0，垄断厂商的需求曲线为 $Q=1\ 000-50P$，竞争厂商有相同的成本函数 $C(y)=\dfrac{y^2}{2}$。试求：

（1）垄断厂商的利润最大化产量和价格。

（2）每个竞争厂商的供给量。

16. 垄断厂商有两个工厂：工厂 1 的成本函数是 $TC_1=5+9Q_1+Q_1^2$，工厂 2 的成本函数是 $TC_2=4+10Q_2+0.5Q_2^2$，市场需求曲线是 $P=31-Q$，$Q=Q_1+Q_2$。试求垄断厂商利润最大化的总产量、价格和各厂的产量。

17. 某垄断厂商短期固定成本是 3 000 元，短期边际成本 $SMC=0.3Q^2-12Q+140$，其中 Q 是产量，为使利润最大，产量为 40 千克，利润是 1 000 元。试求：

（1）该厂商的边际收益、销售价格和总收益。

（2）在均衡点的需求价格弹性。

（3）假定该厂商面临的是线性需求函数，写出其具体形式。

18. 某垄断厂商的平均成本 $AC=\dfrac{600}{Q}+50$，其面临的需求曲线是 $Q=300-2P$。试求：

（1）该厂商利润最大化时的产量、价格和利润。

（2）如果政府对消费者购买征收每单位 10 元的税收，求新的产量、价格和利润。

19. 某垄断厂商供给两个市场，两个市场的需求函数分别是 $P_1=1-X_1$，$P_2=2-2X_2$，$0<X_1$，$X_2<1$，垄断者的成本函数为 $C(X)=K$，$X=X_1+X_2$。试求：

（1）垄断者按照三级价格歧视的原则供应两个市场，那么在两个市场上的销售量和价格分别是多少？

（2）垄断者按统一的价格供应两个市场，两个市场的销售量和价格分别是多少？

（3）比较上述两种情况下的消费者福利和生产者利润，判断三级价格歧视对谁有利。

20. 某垄断厂商供给两个市场，两个市场的需求函数分别是 $P_1=15-Q_1$，$P_2=25-Q_2$，垄断者的成本函数为 $C=5+3Q$，$Q=Q_1+Q_2$。试求：

（1）实施价格歧视供应两个市场，两个市场上的销售量和价格分别是多少？利润是多少？

（2）如果不能实施价格歧视，两个市场的销售量和价格分别是多少？利润是多少？

21. 已知某垄断厂商利用一个工厂生产一种产品，其产品在两个分割的市场上出售，其成本函数为 $TC=Q^2+14Q$，两个市场的需求函数分别为 $Q_1=50-P_1$，$Q_2=100-2P_2$。试求：

（1）当该厂商实行三级价格歧视时，其追求利润最大化两市场各自的销售量、价格以及厂商的总利润。

（2）当该厂商在两个市场上实行统一的价格时，其追求利润最大化的销售量、价格以及厂商的总利润。

（3）比较（1）和（2）的结果，有没有必要实行价格歧视？为什么？

22. 假设一垄断企业，其边际成本和平均成本均是每单位 5 元，其在两个市场上销售产品，第一个市场的需求函数为$Q_1=55-P_1$，第二个市场的需求函数为$Q_2=70-2P_2$，求：

（1）如果该垄断企业能够严格分割这两个市场，每个市场的价格和产量分别是多少？企业的利润是多少？

（2）如果两个市场间的商品能够流通，但运输费是每单位 5 元，每个市场的价格和产量分别是多少？企业的利润是多少？

（3）如果两个市场的商品能够流通，无运输费，每个市场的价格和产量分别是多少？企业的利润是多少？

23. 某垄断厂商的成本函数为 $C(Q)=0.05Q^2$。市场上有两种类型的消费者：第一类消费者共 5 人，每人的需求函数为 $q_1=24-p$；第二类消费者也是 5 人，每人的需求函数为 $q_2=12-p$。

（1）如果该垄断厂商采取非歧视性的线性定价，请计算垄断价格和垄断利润。

（2）如果垄断厂商可以根据消费者的外在特征区分不同的消费者，而且可以采取两部定价法收费，请分析厂商如何实施价格歧视。

24. 假设垄断厂商的两个需求者的需求曲线都是 $q=24-p$，垄断厂商的边际成本为 6 且没有固定成本。

（1）该垄断者如何实施两部收费制？

（2）该垄断者的利润是多少？

25. 假设垄断厂商有两个需求者，需求曲线分别是 $q_1=12-p_1$，$q_2=14-p_2$，垄断厂商的边际成本为 6 且没有固定成本。

（1）该垄断者如何实施两部收费制使两个消费者均加入市场？

（2）该垄断者的利润是多少？

第二节　垄断竞争

一、单项选择题

1. 一个行业有很多厂商，每个厂商销售的产品与其他厂商的产品略有差别，这样的市场结构称为（　　）。

A. 垄断竞争　　B. 完全垄断　　C. 完全竞争　　D. 寡头垄断

2. （　　）不是垄断竞争市场的特征。

A. 厂商数目很少　　B. 进出该行业容易　　C. 存在产品差别

D. 垄断竞争企业在整个市场中所占的份额微不足道

3. 下列选项都是垄断的特征，其中（　　）不是垄断竞争行业的特征。

A. 有进入限制　　B. 企业面临着向右下方倾斜的需求曲线

C. 企业以利润最大化为目标　　D. 企业生产有差别产品

4. 在垄断竞争中，（　　）。

A. 有许多厂商生产同质产品　　B. 只有为数很少几个厂商生产有差别的产品

C. 有许多厂商生产有差异的产品　　D. 只有为数很少几个厂商生产同质产品

5. 完全竞争市场与垄断竞争市场不同的特点之一是（　　）。

A. 市场上有大量的买者　　B. 各企业生产的产品是同质的

C. 企业进出这一市场是自由的　　D. 当 $MC=MR$ 时利润达到最大

6. 垄断竞争和垄断在（　　）方面是相似的。

A. 进入限制　　B. 行业中生产者的数量

C. 对产品价格的控制能力　　D. 产品的需求曲线是向下倾斜的

7. 垄断竞争市场上厂商的短期均衡发生于（　　）。

A. 边际成本等于实际需求曲线中产生的边际收益时

B. 平均成本下降时

C. 主观需求曲线 d 曲线与实际需求曲线 D 曲线相交，并有边际成本等于主观需求曲线中产生的边际收益时

D. 主观需求曲线与平均成本相切时

8. 垄断竞争厂商短期均衡时，（　　）。

A. 厂商获得利润　　B. 厂商获得亏损

C. 厂商得到正常利润　　D. 以上三种情况都可能

9. 长期中，一个垄断竞争厂商生产的产量要使价格等于（　　）。

A. 平均成本　　B. 边际成本　　C. 边际收益　　D. 平均可变成本

10. 垄断竞争厂商长期均衡的条件是（　　）。

A. $MR=MC$　　B. $MR=LMC=SMC=LAC=SAC$

C. $MR=LMC=SMC$，$AR=LAC=SAC$　　D. $MR=LMC=AMC$

11. 在垄断竞争市场长期均衡时超额利润会趋于零，这是由于（　　）。
A. 新厂商进入该行业容易　　B. 产品存在差异化
C. 市场有多家厂商　　D. 市场有许多消费者

12. 在一般情况下，厂商得到的价格若低于（　　）就停止营业。
A. 平均成本　　B. 平均可变成本
C. 边际成本　　D. 平均固定成本

13. 垄断竞争厂商长期均衡点上，平均成本曲线处于（　　）。
A. 上升阶段　　B. 下降阶段
C. 水平阶段　　D. 以上三种情况都有可能

14. 垄断竞争厂商获取最大利润的途径有（　　）。
A. 价格竞争　　B. 品质竞争
C. 广告竞争　　D. 以上途径都可能使用

15. 当垄断竞争行业处于均衡状态时，（　　）。
A. 边际收益高于边际成本　　B. 边际收益等于价格
C. 价格高于最低平均成本　　D. 边际成本高于边际收益

16. 垄断竞争厂商达到长期均衡时，下列选项中，正确的是（　　）。
A. $MC=AC$　　B. $MC>AC$
C. $MC<AC$　　D. 以上都有可能

17. 下列选项中，属于非价格竞争的是（　　）。
A. 广告　　B. 包装　　C. 售后服务　　D. 以上都是

18. 下列选项中，属于非价格竞争的是（　　）。
A. 品牌　　B. 商标　　C. 广告　　D. 以上都是

19. 对于一个垄断竞争厂商来说，其确切的供给曲线（　　）。
A. 向上方倾斜　　B. 等同于其边际成本曲线
C. 等同于其边际收益曲线　　D. 不存在

20. 下列选项中，都是垄断竞争市场的特征，其中（　　）不是完全竞争市场的特征。
A. 有许多企业　　B. 生产有差别产品
C. 企业以利润最大化为目标　　D. 自由进入

21. 下列选项中，都是垄断竞争市场的特征，其中（　　）不是寡头市场的特征。
A. 每个企业面临向右下方倾斜的需求曲线　　B. 企业以利润最大化为目标
C. 一个企业的销售量对其他企业没什么影响　　D. 行业中不止一家企业

二、判断题

1. 垄断竞争厂商的需求曲线向右下方倾斜。（　　）
2. 主观需求曲线 dd 的弹性大于实际需求曲线 DD 的弹性。（　　）
3. 垄断竞争市场既有垄断的特点，又有竞争的特点。（　　）
4. 垄断竞争市场是指许多厂商生产有差异化的同种产品。（　　）

5. 垄断竞争厂商进出市场比较容易。（　）

6. 主观需求曲线 dd 与实际需求曲线 DD 相交，意味着垄断竞争市场的供求平衡状态。（　）

7. 垄断竞争厂商的短期均衡条件是 $MR=SMC$。（　）

8. 垄断竞争厂商实现均衡的产量上，dd 曲线与 DD 曲线正好相交。（　）

9. 垄断竞争厂商实现长期均衡的条件是 $MR=LMC=SMC$ 且 $AR=LAC=SAC$。（　）

10. 垄断竞争厂商在短期均衡时一定获得正的利润。（　）

11. 垄断竞争厂商在长期均衡时一定获得零利润。（　）

12. 垄断竞争厂商的长期均衡点在 LAC 曲线最低点。（　）

13. 垄断竞争厂商在实现长期均衡时，存在多余的生产能力。（　）

14. 垄断竞争厂商的长期均衡点，dd 曲线相切于 LAC 曲线的左侧。（　）

15. 垄断竞争厂商不存在供给曲线。（　）

16. 垄断竞争厂商一般不打广告。（　）

17. 垄断竞争厂商生产有差异化的同种产品，因此非价格竞争是重要的竞争手段，如品牌、广告、售后服务等。（　）

18. 垄断竞争厂商进行非价格竞争，是为了增强产品的差异化，可以实现更多的垄断性而不是竞争性。（　）

19. 许多企业生产有差别产品的市场是垄断竞争市场。（　）

20. 许多企业生产同质产品的市场是完全竞争市场。（　）

21. 垄断竞争厂商 $MR=AR$。（　）

22. 垄断竞争厂商 $MR<P$。（　）

23. 垄断竞争厂商长期均衡时，$P>MC$。（　）

24. 垄断竞争厂商长期均衡时，$P=AC$。（　）

25. 垄断竞争厂商长期均衡时，存在无谓损失。（　）

26. 完全竞争厂商不存在过剩的生产能力。（　）

27. 垄断竞争厂商可以高于边际成本进行价格加成。（　）

28. 完全竞争厂商均衡时，$P=MC$，没有高于边际成本的价格加成。（　）

29. 垄断竞争厂商之间的产品具有很高的替代性。（　）

30. 垄断竞争厂商的产品具有完全弹性。（　）

31. 垄断竞争厂商对产品价格具有一定的影响力。（　）

32. 垄断竞争厂商的需求曲线位于完全竞争厂商和垄断厂商的需求曲线之间。（　）

33. 假定垄断竞争厂商改变价格不会引起其他厂商同时改变价格，则垄断竞争厂商面临的需求曲线是 dd 曲线，dd 需求曲线比较平缓。（　）

34. 假定垄断竞争厂商改变价格会引起其他厂商同时改变价格，则垄断竞争厂商面临的需求曲线是 DD 曲线，DD 需求曲线比较陡直。（　）

35. 垄断竞争厂商的边际收益曲线由 dd 需求曲线决定。（　）

36. 产品差别越大，价格差别越大。（　）

37. 垄断竞争和完全竞争的关键区别是前一种情况存在产品差别。（　）

38. 垄断竞争企业降价有两种效果：一是会改变原有顾客的购买数量，二是会改变购买其产品的顾客数量。（　　）

39. 如果垄断竞争企业获得利润，新厂商会进入，每个企业的需求曲线将向右方移动。（　　）

40. 完全竞争企业和垄断竞争企业的差别之一是后者可以影响产品的价格。（　　）

41. 垄断和垄断竞争的关键差别是后者存在自由进入。（　　）

42. 长期均衡时，垄断竞争厂商的产量低于长期平均成本的最低点，因而存在过剩的生产能力。（　　）

三、简答题

1. 垄断竞争市场的特征有哪些？
2. 垄断竞争厂商如何实现长期均衡？请画图说明。
3. 非价格竞争对垄断竞争厂商具有吸引力，请辨析之。
4. 垄断竞争厂商为何热衷于广告？
5. 垄断竞争厂商如何实现短期均衡？请画图说明。
6. 试述垄断竞争厂商的两条需求曲线的含义及其相互关系。
7. 画图说明完全竞争厂商与垄断竞争厂商长期均衡的区别。

四、计算题

1. 在垄断竞争市场中，某厂商的短期成本函数为 $STC=0.001Q^3-0.036Q^2+35.5Q+100$。该厂商主观地认为，产品价格降低 1 元，可以增加 500 单位的销售量，而厂商实际的需求曲线为 $Q=4\,000-100P$。试求：

（1）该厂商的短期均衡产量和均衡价格。

（2）该厂商的获利情况。

2. 垄断竞争厂商的长期成本函数为 $LTC=0.001q^3-0.425q^2+85q$，其实际需求曲线是 $q=300-2.5p$。试求：

（1）该厂商的长期均衡产量和价格。

（2）该厂商主观需求曲线上长期均衡点的需求价格弹性。

（3）假设是线性的主观需求曲线，求该厂商的主观需求曲线。

3. 垄断竞争厂商的长期成本函数和主观需求曲线分别是 $LTC=0.002\,5Q^3-0.5Q^2+384Q$，$P=A-0.1Q$，求解在长期均衡条件下：

（1）该厂商的均衡价格和产量。

（2）A 的数值。

4. 垄断竞争厂商的长期成本函数为 $LTC=0.001Q^3-0.51Q^2+200Q$，实际需求曲线为 $P=238-0.5Q$，求解：

（1）在长期均衡下该厂商的产量和价格。

（2）假设是线性的主观需求曲线，求出该厂商的主观需求曲线。

5. 某家厂商的需求函数为 $P=88-2Q+2\sqrt{A}$，成本函数为 $C=3Q^2+8Q+A$，A 是广告

费用，P 是价格，Q 是产量。试求：

（1）在无广告的情况下，该厂商利润最大化的产量、价格和利润。

（2）在有广告的情况下，该厂商利润率最大化的产量、价格和利润。

6. 已知某垄断竞争厂商的长期成本函数为 $LTC=0.001Q^3-0.51Q^2+200Q$。如果该产品生产集团内的所有厂商都按相同比例调整价格，那么每个厂商的实际需求曲线（图 1-5-3 中的 D 曲线）为 $P=238-0.5Q$。试求：

（1）该厂商长期均衡时的产量与价格。

（2）该厂商长期均衡时的主观需求曲线（图 1-5-3 中的 d 曲线）上的需求价格点弹性值。

（3）如果该厂商的主观需求曲线（图 1-5-3 中的 d 曲线）是线性的，推导该厂商长期均衡时的主观需求函数。

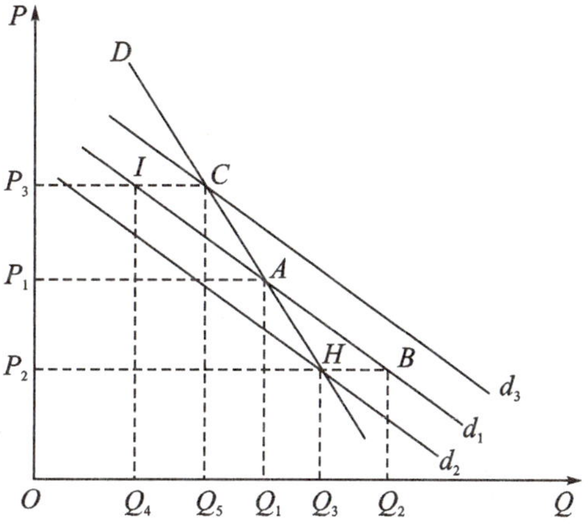

图 1-5-3

7. 在某垄断竞争市场，代表性厂商的长期成本函数为 $LTC=5Q^3-200Q^2+2\,700Q$，市场的需求函数为 $P=2\,200A-100Q$，求在长期均衡时，代表性厂商的产量和产品价格以及 A 的值。

第三节　寡头

一、单项选择题

1. 一个行业有少数厂商供给整个市场，这样的市场结构被称为（　　）。

A. 垄断竞争　　B. 完全垄断　　C. 完全竞争　　D. 寡头市场

2. 在寡头市场，（　　）。

A. 厂商数目很多，每个厂商都必须考虑其竞争对手的行为

B. 厂家数目很多，每个厂商的行为都不受其竞争对手行为的影响

C. 厂商数目很少，每个厂商都必须考虑其竞争对手的行为

D. 厂商数目很少，每个厂商的行为都不受其竞争对手行为的影响

3. 寡头厂商的产品是（　　）。

A. 同质的　　B. 有差异的

C. 可以是同质的，也可以是有差异的　　D. 以上都不对

4. 厂商之间影响关系最密切的市场是（　　）。

A. 完全竞争市场　　B. 寡头市场

C. 垄断竞争市场　　D. 完全垄断市场

5. 双寡头市场的需求函数为 $Q=a-P$，每个厂商的边际成本恒为 c，$a>c$，无固定成本，每个寡头厂商古诺均衡产量为（　　）。

A. $a-c$　　B. $(a-c)/2$　　C. $(a-c)/3$　　D. $(a-c)/4$

6. 在短期，寡头厂商可能（　　）。

A. 获得利润　　B. 获得亏损　　C. 无盈亏　　D. 以上都有可能

7. 在拐折需求曲线模型（斯威齐模型）中，需求曲线上的折点意味着边际收益曲线是（　　）。

A. 不确定的　　B. 不连续的　　C. 水平的　　D. 垂直的

8. 在拐折需求曲线模型（斯威齐模型）中，拐点左右两边的需求弹性是（　　）。

A. 左边弹性大，右边弹性小　　B. 左边弹性小，右边弹性大

C. 左右两边弹性一样大　　D. 以上都不对

9. 卡特尔的决策是使（　　）。

A. 整个卡特尔的产量最大　　B. 整个卡特尔的收益最大

C. 整个卡特尔的利润最大　　D. 领导者的利润最大

10. 古诺模型讨论的是（　　）。

A. 价格竞争市场　　B. 产量竞争市场

C. 产量领导的市场　　D. 价格领导的市场

11. 假设市场上有四家相同的寡头生产和销售相同的产品，该产品的市场最大容量是 1 500 单位。根据古诺模型，假设边际成本恒为 0，没有固定成本，每家厂商的均衡产量是（　　）。

A. 300 单位　　B. 400 单位　　C. 500 单位　　D. 600 单位

12. 古诺模型中的反应函数是指（　　）。

A. 另一厂商产量给定时，某厂商的产量反应

B. 另一厂商产量给定时，某厂商的价格反应

C. 另一厂商价格给定时，某厂商的价格反应

D. 另一厂商价格给定时，某厂商的产量反应

13. 卡特尔面临的主要问题是（　　）。

A. 成员厂商有违约的动机　　B. 无法分配成员厂商的产量

C. 不能决定成员厂商的销售价格　　D. 有成员厂商的利润减少

14. 生产同质产品的寡头市场实现行业利润最大化的途径是（　　）。

A. 各自实现利润最大化　　B. 各厂商之间结成卡特尔

C. 各厂商统一定价　　D. 实施价格歧视

15. 下列选项中，经济效率最低的市场结构是（　　）。

A. 完全竞争　　B. 垄断　　C. 垄断竞争　　D. 寡头

16. 斯塔克博格模型讨论的是（　　）。

A. 同时决策产量　　B. 先后决策产量

C. 同时决策价格　　D. 先后决策价格

17. 古诺模型讨论的是（　　）。

A. 同时决策产量　　B. 先后决策产量

C. 同时决策价格　　D. 先后决策价格

18. 伯特兰模型（Bertrand）讨论的是（　　）。

A. 同时决策产量　　B. 先后决策产量

C. 同时决策价格　　D. 先后决策价格

19. 价格领导模型讨论的是（　　）。

A. 同时决策产量　　B. 先后决策产量

C. 同时决策价格　　D. 先后决策价格

20. 双寡头市场的需求函数为 $Q=a-P$，每个厂商的边际成本恒为 c，$a>c$，无固定成本，合谋时每个寡头厂商均衡产量为（　　）。

A. $a-c$　　B. $(a-c)/2$　　C. $(a-c)/3$　　D. $(a-c)/4$

21. 双寡头市场的需求函数为 $Q=a-P$，每个厂商的边际成本恒为 c，$a>c$，无固定成本，领导者的产量为 q_1，追随者的产量为 q_2，斯塔克博格均衡产量为（　　）。

A. $a-c$，$(a-c)/2$　　B. $(a-c)/2$，$(a-c)/4$

C. $(a-c)/3$，$(a-c)/4$　　D. $(a-c)/4$，$(a-c)/2$

22. 双寡头市场的需求函数为 $Q=a-P$，每个厂商的边际成本恒为 c，$a>c$，无固定成本，伯特兰竞争时均衡产量为（　　）。

A. $a-c$，$(a-c)/2$　　B. $(a-c)/2$，$(a-c)/2$

C. $(a-c)/3$，$(a-c)/2$　　D. $(a-c)/2$，$(a-c)/4$

23. 双寡头市场的需求函数为 $Q=a-P$，每个厂商的边际成本恒为 c，$a>c$，无固定成本，厂商若按完全竞争市场决策，则均衡产量为（　　）。

A. $a-c$，$(a-c)/2$　　B. $(a-c)/2$，$(a-c)/2$

C. $(a-c)/3$，$(a-c)/2$　　D. $(a-c)/2$，$(a-c)/4$

24. 双寡头供应同质产品，领导者先定价为 P_1，则追随者定价 P_2为（　　）。

A. $P_2<P_1$　　B. $P_2>P_1$　　C. $P_2=P_1$　　D. 以上都不对

二、判断题

1. 斯威齐模型解释为什么寡头市场的均衡价格存在价格刚性现象。（　　）
2. 寡头厂商必须考虑自己的行为对其他厂商的影响和反应。（　　）
3. 在古诺模型中，寡头之间同时决策产量。（　　）
4. 古诺模型的均衡数量处在完全竞争和完全垄断之间。（　　）
5. 古诺模型的均衡价格处在完全竞争和完全垄断之间。（　　）

6. 寡头厂商不存在供给曲线。（ ）

7. 斯威齐模型假设寡头之间对价格变化是“跟涨不跟落”。（ ）

8. 寡头之间合谋结成卡特尔的决策犹如垄断厂商。（ ）

9. 卡特尔天然具有不稳定性。（ ）

10. 一个行业，寡头市场的产量小于完全竞争市场、大于垄断市场的产量。（ ）

11. 在价格领导模型中，小企业接受领导者制定的价格。（ ）

12. 斯威齐模型告诉我们，即使成本发生变化，在一定范围内，也不会引起均衡价格发生变化。（ ）

13. 在价格领导模型中，领导者的定价决策不需要考虑小企业的行为。（ ）

14. 在价格领导模型中，价格追随者的行为类似于完全竞争厂商，是价格接受者。（ ）

15. 卡特尔的决策基于行业的边际收益等于卡特尔的边际成本，形成全行业的产量和价格。（ ）

16. 卡特尔组织根据行业的边际收益等于各厂商的边际成本来瓜分产量。（ ）

17. 卡特尔成员在其他成员遵守协议的产量水平时，自己增加产量往往可以增加自己的利润。（ ）

18. 双寡头通过勾结在一起可以共同获得与一个垄断者同样多的利润。（ ）

19. 伯特兰模型可以实现市场最有效的产量，因为 $P=MC$。（ ）

20. 价格领导模型中，领导者的需求曲线等于市场需求曲线减追随者的供给曲线。（ ）

21. 寡头厂商供给同质产品，若面对的市场相同，成本函数也相同，且同时决策，则寡头厂商处于同等的地位，他们的决策变量也相同。（ ）

22. 若其他条件相同，先行动的寡头厂商具有一定的优势，即先动优势。（ ）

23. 寡头市场中，厂商对其他厂商的各种决策均存在最优反应，形成反应曲线。（ ）

24. 卡特尔组织中，成员厂商 $P>MC$，因而有增加产量的动力，导致卡特尔组织的不稳定。（ ）

25. 在先后决策中，领导者知道追随者的最优反应，再决定自己的最优决策。（ ）

三、简答题

1. 请用寡头市场的理论解释价格刚性现象。

2. 什么是卡特尔？为什么卡特尔组织具有不稳定性？

3. 在价格领导模型中，其他厂商跟着领导厂商定价，为什么？

4. 双寡头市场的两个厂商都没有固定成本，边际成本 $MC_1=0$，$MC_2=0.4$，市场需求函数为 $P=1-Q_1-Q_2$。

（1）两个厂商进行产量竞争，每个厂商决策时不知道另一个厂商的产量决策，求解均衡时两个厂商的产量分别是多少？

（2）若厂商 2 先决策产量水平，厂商 1 知道厂商 2 的产量后，再确定自己的产量，求解均衡时两个厂商的产量分别是多少？

5. 寡头市场中，厂商之间的互动（相互影响）至关重要，为什么？

四、计算题

1. 某市场有两个厂商，市场需求函数是 $P=100-0.5\ (Q_1+Q_2)$，Q_1和 Q_2分别是厂商 1 和厂商 2 的产量，它们的成本函数分别是 $C_1=5Q_1$，$C_2=0.5{Q_2}^2$。试求：

（1）两个厂商结成卡特尔时的产量各是多少？价格是多少？利润各是多少？

（2）两个厂商同时进行产量决策，均衡产量、价格和利润各为多少？

（3）若厂商 1 是领导者，厂商 2 是追随者，求斯塔克博格均衡解。

2. 两个寡头厂商供应同质产品，生产成本均为零，市场对产品的需求函数为 $Q=240-10P$，厂商决策时不知道对方的产量。试求：

（1）均衡时各厂商的产量和价格是多少？

（2）如果再有一个相同的厂商进入，每个厂商的产量、价格分别是多少？

3. 两个寡头厂商面对的市场需求函数和成本函数分别为 $P=80-0.4\ (Q_1+Q_2)$，$C_1=4Q_1$，$C_2=0.4Q_2^2$，求竞争均衡、古诺均衡、串谋均衡下各厂商的产量和利润以及价格。

4. 两个寡头厂商遵循古诺模型，它们的成本函数分别为 $TC_1=0.1Q_1^2+20Q_1+100\ 000$，$TC_2=0.4Q_2^2+32Q_2+20\ 000$，这两个厂商生产一种同质产品，其市场需求函数为 $Q=4\ 000-10P$，$Q=Q_1+Q_2$。求解：

（1）古诺均衡时的产量、价格和总利润。

（2）若两个厂商结成卡特尔，求解总产量、价格以及两个厂商的产量分别是多少？总利润是多少？

5. 两个寡头厂商，它们的成本函数分别为 $TC_1=0.1Q_1^2+20Q_1+100\ 000$，$TC_2=0.4Q_2^2+32Q_2+20\ 000$，这两个厂商生产一种同质产品，其市场需求函数为 $Q=4\ 000-10P$，$Q=Q_1+Q_2$。厂商 1 是领导者，先决策产量，厂商 2 是追随者，知道领导者的产量后决策其产量。求斯塔克博格解。

6. 某行业由一个大厂商和五个小厂商组成，小厂商有相同的成本函数，大厂商的成本函数为 $C_L=0.001Q_L^2+3Q_L$，小厂商的成本函数为 $C_S=0.01Q_S^2+3Q_S$，产品的市场需求曲线为 $Q=5\ 250-250P$。求解价格领导模型的大小厂商的产量、价格、利润。

7. 假定某商品的需求函数为 $Q=100-P$，两个厂商生产这个产品，每家厂商的成本函数都为 $C_i=50+Q_i^2(i=1,\ 2)$。求解：

（1）两个厂商遵循古诺模型，则均衡产量、价格和利润分别是多少？

（2）若两个厂商结成卡特尔，则每个厂商的产量、价格以及总利润分别是多少？

（3）这个卡特尔稳定吗？假设另一个厂商遵守卡特尔协议产量不变，这个厂商最优化的产量是多少？

8. 假设有 N 个寡头厂商，每个厂商的单位生产成本为 c，市场需求函数为 $P=a-Q$，Q 是总产量，$a>c$，厂商进行古诺竞争。求古诺均衡产量和价格如何随着 N 的变化而变化。

9. 双寡头市场的需求函数为 $Q=a-P$，每个厂商的边际成本恒为 c，$a>c$，无固定成本。试比较完全竞争均衡、古诺均衡、串谋均衡时的市场产量、价格和利润。

10. 假设两个寡头厂商生产同类有差异产品，它们的边际成本分别是每单位 30 元和 10 元，厂商 1 面临的需求函数是 $Q_1=100-2P_1+P_2$，厂商 2 面临的需求函数是 $Q_2=100-2P_2+P_1$，Q_1 和 Q_2 分别是厂商 1 和厂商 2 的产量，P_1 和 P_2 分别是厂商 1 和厂商 2 的价格，两个厂商同时决策价格。求解伯特兰（Bertrand）均衡。

11. 某公司面对以下两段需求曲线：

$$\begin{cases} P=25-0.25Q & 0\leqslant Q<20 \\ P=35-0.75Q & Q\geqslant 20 \end{cases}$$

公司总成本函数为 $TC=200+5Q+0.25Q^2$，求：

（1）公司所属行业的市场结构类型。

（2）公司的最优产量和价格为多少？

（3）如果成本函数改为 $TC=20+8Q+0.25Q^2$，最优产量和价格分别为多少？

12. 某垄断厂商生产的边际成本恒为 5，无固定成本。该厂商面临的市场需求函数为 $Q(P)=53-P$，请计算：

（1）该厂商利润最大化的价格、产量以及垄断带来的净福利损失。

（2）现假设第 2 个厂商加入这个市场，且具有该厂商相同的成本函数，两个厂商进行古诺竞争，求古诺均衡解及市场价格。

（3）现假设第 2 个厂商加入这个市场，且具有该厂商相同的成本函数。该厂商为领导者，先决策产量 Q_1，第 2 个厂商进入后为追随者。产量为 Q_2，求斯塔克博格均衡解及市场价格。

（4）现假设第 2 个厂商加入这个市场，且具有该厂商相同的成本函数，两个厂商进行伯特兰竞争（Bertrand），求两个厂商的产量和市场价格。

（5）现假设第 2 个厂商加入这个市场，且具有该厂商相同的成本函数，假设两厂商合谋，求合谋时两个厂商的产量和市场价格。

（6）现假设第 2 个厂商加入这个市场，且具有该厂商相同的成本函数，如果是完全竞争市场，求竞争均衡时的市场产量和价格。

13. 两个寡头生产同质产品，边际成本恒为 0，没有固定成本，市场需求函数为 $P=1\,200-Q$。试求：

（1）古诺均衡解和市场价格。

（2）卡特尔合谋解和市场价格。

（3）若一个厂商遵守上述卡特尔协议，求另一个厂商的最优解和市场价格。

（4）判断卡特尔协议是否稳定。

14. 两个寡头厂商的行为遵循古诺模型，它们都生产一种同质产品，其市场需求函数为 $Q=900-10P$。试求：

（1）若两厂商的生产成本都为零，均衡时厂商的产量和价格分别为多少？

（2）若两厂商的成本函数分别为 $TC_1=4Q_1$，$TC_2=2Q_2$，则均衡时两厂商的产量和价格各为多少？

15. 双寡头市场的需求函数为 $Q=a-P$，每个厂商的边际成本恒为 c，$a>c$，无固定成本，厂商 1 先决策产量 q_1，厂商 2 知晓厂商 1 的产量后再决策产量 q_2，求斯塔克博格均衡解。

第四节　博弈论和策略行为

一、单项选择题

1. 描述博弈的三个基本要素是（　　）。
   A. 参与人、策略、支付　　B. 参与人、信息、支付
   C. 参与人、行动、支付　　D. 参与人、时间、支付
2. 博弈论用（　　）描述完全信息静态博弈。
   A. 支付矩阵　　B. 博弈树　　C. 图形　　D. 表格
3. 博弈论研究（　　）。
   A. 理性选择　　B. 策略互动与决策
   C. 纳什均衡　　D. 囚徒困境
4. 在一个博弈中，参与人支付（　　）。
   A. 取决于自己的策略　　B. 取决于自己的策略，也取决于他人的策略
   C. 取决于他人的策略　　D. 取决于政府的策略
5. 占优策略均衡是（　　）。
   A. 相对优势策略组合　　B. 绝对优势策略组合
   C. 剔除劣策略组合　　D. 以上都不对
6. 纳什均衡是（　　）。
   A. 相对优势策略组合　　B. 绝对优势策略组合
   C. 剔除劣策略组合　　D. 以上都不对
7. 寻找博弈的均衡，基于（　　）假设。
   A. 博弈参与人是理性的　　B. 完全信息
   C. 完全竞争　　D. 趋向均衡
8. 囚徒困境是指（　　）。
   A. 囚徒博弈没有均衡　　B. 囚徒博弈的均衡不稳定
   C. 个体理性不符合集体理性　　D. 囚徒博弈总是达不成合作
9. 图 1-5-4 中关于两家公司是否做广告的博弈，（　　）。

	B：做广告	不做广告
A：做广告	10，5	15，0
不做广告	6，8	10，2

图 1-5-4

A.（做广告，做广告）是占优策略均衡

B.（做广告，做广告）是纳什均衡

C. 以上都对　　D. 以上都不对

10. 图 1-5-5 中关于两家公司是否做广告的博弈，（　　）。

	B：做广告	不做广告
A：做广告	5，5	0，10
不做广告	10，0	8，8

图 1-5-5

A.（做广告，做广告）是占优策略均衡

B.（不做广告，不做广告）是纳什均衡

C. 以上都对　　D. 以上都不对

11. 图 1-5-6 中关于两家公司是否做广告的博弈，（　　）。

	B：做广告	不做广告
A：做广告	10，5	8，4
不做广告	6，1	10，2

图 1-5-6

A.（做广告，做广告）是纳什均衡

B.（不做广告，不做广告）是纳什均衡

C. 以上都对　　D. 以上都不对

12. 在博弈中实现纳什均衡意味着（　　）。

A. 参与人的行动是对称的　　B. 参与人不想改变现在的策略

C. 参与人的支付是一样的　　D. 参与人的策略是一样的

13. 在囚徒困境中，（　　）。

A. 双方合作，从而实现了最好的结果

B. 双方按各自的理性决策，导致对集体不利的局面

C. 双方不合作，是想让对方不利

D. 不存在纳什均衡

14.（　　）不是所有博弈的共同内容。

A. 规则　　B. 合作　　C. 支付　　D. 策略

15.（　　）属于动态博弈。

A. 古诺模型　　B. 卡特尔模型

C. 斯塔克博格模型　　D. 伯特兰德模型（Bertrand）

16. 完全信息静态博弈用支付矩阵的形式表述，这叫（　　）或（　　）。

A. 标准式，扩展式　　B. 标准式，策略式

C. 扩展式，策略式　　D. 标准式，扩展式

17. 完全信息动态博弈用博弈树的形式表述，这叫（　　）。

A. 标准式　　B. 策略式　　C. 扩展式　　D. 以上都不对

18. 玩一次剪刀、石头、布的博弈，可以用一个（　　）的支付矩阵来表示。

A. 3 行 3 列　　B. 9 行 9 列　　C. 2 行 3 列　　D. 3 行 2 列

19. 完全信息静态博弈的 3 人博弈，至少需要（　　）个支付矩阵来表示。

A. 1　　B. 2　　C. 3　　D. 4

20. 如图 1-5-7 所示博弈中，收益 $U_{甲}$（上，右）是（　　）。

	乙：左	右
甲：上	a，b	c，d
下	e，f	g，h

图 1-5-7

A. a　　B. c　　C. e　　D. d

21. 如图 1-5-8 所示博弈中，纳什均衡是（　　）。

		女生：足球赛	芭蕾舞
男生	足球赛	2，1	0，0
	芭蕾舞	-1，-1	1，2

图 1-5-8

A.（足球赛，足球赛）　　B.（芭蕾舞，芭蕾舞）

C.（足球赛，足球赛）和（芭蕾舞，芭蕾舞）

D.（足球赛，芭蕾舞）和（芭蕾舞，足球赛）

二、判断题

1. 占优策略均衡一定是纳什均衡。（　　）
2. 纳什均衡一定是占优策略均衡。（　　）
3. 纳什均衡可能有多个。（　　）
4. 纳什均衡是相对优势策略组合。（　　）
5. 囚徒困境是指不存在纳什均衡。（　　）
6. 一项协议要得到双方的自觉遵守，一定是纳什均衡。（　　）
7. 卡特尔协议的产量协定，一定是纳什均衡。（　　）
8. 参与人的支付是指参与人在博弈中获得的收益。（　　）
9. 零和博弈是指参与人的支付相加恰好等于零的博弈。（　　）
10. 博弈论研究博弈主体在策略环境下如何进行策略决策。（　　）
11. 微观经济学通过博弈论研究寡头，是因为寡头市场中，厂商进入策略性环境，围绕产量和价格决策进行策略对抗。（　　）

12. 根据博弈参与人实施策略上的先后情况，可以区分了静态博弈（或同时博弈）和动态博弈（或序贯博弈）。（　）

13. 同时博弈指的是博弈参与人在同一时刻实施策略。（　）

14. 同时博弈是指博弈参与人在行使策略时并不知道其他人的决策。（　）

15. 博弈均衡是指博弈各方最终选取的策略组合。（　）

16. 在博弈均衡上，无论哪个参与人都不会单独改变其策略。（　）

17. 不管其他参与人选择什么策略，若参与人的某个策略比其他策略更好，则该策略是这个参与人的占优策略（或绝对优势策略）。（　）

18. 某个策略组合中的策略是每个参与人的绝对优势策略，则该策略组合构成博弈的占优策略均衡。（　）

19. 在其他参与人选定策略的条件下，某参与人的最优策略，叫相对优势策略（或条件优势策略）。（　）

20. 在其他参与人选定策略的条件下，某参与人的相对优势策略可能有多个（出现支付相等的情形）。（　）

21. 用下划线表示相对优势策略，若某策略组合下，两个参与人的支付都打上了下划线，则该策略组合构成一个纳什均衡。（　）

22. 若个体的最优选择并非集体的最优选择，即个体理性不符合集体理性，这一类型的博弈被称为囚徒困境。（　）

23. 个体打破卡特尔协议产量，是因为个体不理性。（　）

24. 个体打破卡特尔协议产量，是因为卡特尔协议产量不是纳什均衡。（　）

25. 策略性环境是指每一个人进行的决策对其他人会产生影响，因而他的决策应该考虑到其他人对其决策的反应。（　）

26. 纳什均衡存在时，对于参与人集体来说它可能是最优的，也可能不是最优的。

（　）

27. “三个和尚没水喝”，他们进入了一个囚徒困境博弈。（　）

28. 斗鸡博弈（见图 1-5-9）的纳什均衡是双方都要斗。（　）

		B鸡	
		斗	不斗
A鸡	斗	−2，−2	−1，−1
	不斗	−1，1	0，0

图 1-5-9

29. 破釜沉舟博弈中，破釜沉舟一方选择了进攻的策略，对方的最优策略是撤退。

（　）

30. 鹬蚌相争，渔翁得利，鹬蚌陷入了囚徒困境。（　）

31. 即使时间上存在先后博弈，只要后行动者行动时不知道先行动者的策略，仍可视为静态博弈。（　）

32. 在理性共识假设下，每个博弈参与人的决策目标是使自己的利益最大化。

（　）

33. 理性共识是指我是理性的，你是理性的，我知道你是理性的，你知道我是理性的。我知道你知道我是理性的，你知道我知道你是理性的。 ( )

34. 如图 1-5-10 所示的“智猪博弈”的经济含义是强势的一方积极行动，而弱势的一方“搭便车”。 ( )

		小猪：按钮	小猪：等待
大猪	按钮	5，1	4，4
	等待	9，-1	0，0

图 1-5-10

35. 如图 1-5-11 所示囚徒困境博弈，存在一个纯策略纳什均衡，不存在混合策略纳什均衡。 ( )

		B：坦白	B：抵赖
A	坦白	-3，-3	0，-6
	抵赖	-6，0	-1，-1

图 1-5-11

36. 如图 1-5-12 所示博弈中，没有纯策略纳什均衡，存在一个混合策略纳什均衡。 ( )

		B：L	B：R
A	U	1，2	0，4
	D	0，5	3，2

图 1-5-12

三、简答题

1. 囚徒困境博弈如图 1-5-13 所示。请找出博弈的纳什均衡，说明为什么叫囚徒困境。

	B：坦白	抗拒
A：坦白	-5，-5	-1，-7
抗拒	-7，-1	-2，-2

图 1-5-13

2. 寻找博弈的纳什均衡（见图 1-5-14），是否存在纳什均衡的多重性？在多重性纳什均衡情况下，如何选择最为合理的策略组合。

	B：合作	不合作
A：合作	7，8	1，4
不合作	4，1	2，3

图 1-5-14

3. 以下是智猪博弈，猪圈里有一头大猪、一头小猪。猪圈的一头有猪食槽，另一头安装着控制猪食供应的按钮，按一下按钮会有 10 单位的猪食进槽，猪食总共只有 10 单位，但是谁按按钮就会首先付出 2 单位的成本。若大猪先到槽边，大小猪吃到食物的收益比是 9∶1；若大小猪同时到槽边，大小猪吃到食物的收益比是 7∶3；若小猪先到槽边，大小猪吃到食物的收益比是 6∶4。

（1）请写出博弈的支付矩阵。

（2）寻找博弈的纳什均衡。

（3）智猪们有没有陷入囚徒困境？

4. 一个油田有价值 1 200 万元的石油，两家公司获得开采权，每家公司面临是打一口井还是打两口井的决策，每打一口井的成本是 100 万元，每口井的采油能力相同。

（1）写出博弈的支付矩阵。

（2）找出纳什均衡。

（3）两家公司是不是陷入囚徒困境？

5. 给定博弈的支付矩阵如图 1-5-15 所示。

	B：上	下
A：上	2，1	0，0
下	0，0	1，2

图 1-5-15

（1）有没有占优策略均衡。

（2）找出该博弈的纯策略纳什均衡。

（3）计算混合策略纳什均衡。

6. 卡特尔博弈如图 1-5-16 所示。

	B：合谋	违约
A：合谋	1 800，1 800	1 500，2 000
违约	2 000，1 500	1 600，1 600

图 1-5-16

（1）有没有占优策略均衡？找出占优策略均衡。

（2）有没有纳什均衡？找出纳什均衡。

（3）双方合谋的卡特尔协议是否稳定？为什么？

（4）双方是否陷入囚徒困境。

7. 给定博弈的支付矩阵如图 1-5-17 所示。

	乙：左	右
甲：上	a，b	c，d
下	e，f	g，h

图 1-5-17

（1）如果（上，左）是占优策略均衡，那么 a，b，g，f 分别要满足什么条件？

（2）如果（上，左）是纳什均衡，那么 a，b，g，f 分别要满足什么条件？

8. 公共品投资博弈如图 1-5-18 所示，请找出纳什均衡，判断是否陷入囚徒困境。

	B：投资	搭便车
A：投资	12，12	−2，15
搭便车	15，−2	0，0

图 1-5-18

9. 同宿舍两个人，收入均为 500 元，都认为有电视的价值是 300 元，买电视成本是 400 元，都认同买，则各承担一半费用；一方认同买，则独自承担费用（见图 1-5-19）。请寻找纳什均衡，判断是不是囚徒困境。

	B：买	不买
A：买	600，600	400，800
不买	800，400	500，500

图 1-5-19

10. 在田忌赛马的故事中，齐王和田忌各有三匹马（上马、中马、下马），齐王每个等级的马都比田忌的相同等级的马厉害，但田忌的上马比齐王的中马要好，田忌的中马比齐王的下马要好。比赛三场，每匹马只能出场一次，请写出这个博弈的标准式，田忌有没有赢的可能性？

11. 动态博弈如图 1-5-20 所示，请写出甲的策略集。

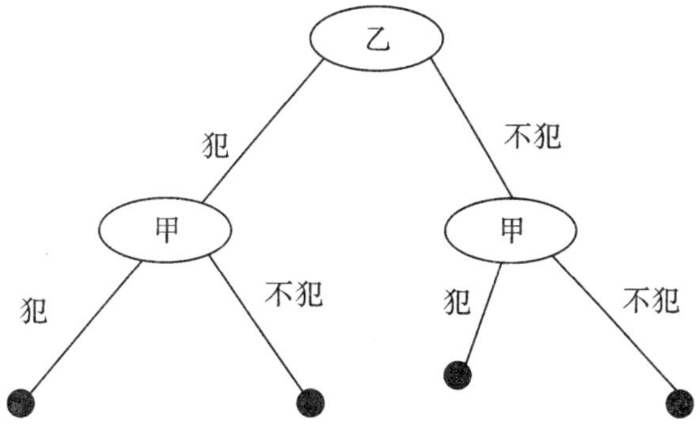

图 1-5-20

12. A 国与 B 国在某战略产业的生产博弈如图 1-5-21 所示。

（1）求解纯策略纳什均衡。

（2）若 B 国政府实施策略性贸易政策，对该产品的生产补贴 5，求解此时的纳什均衡。

	B：生产	不生产
A：生产	−2，−2	8，0
生产	0，8	0，0

图 1-5-21

13. 求解如图 1-5-22 所示博弈的纳什均衡。

A \ B	L	R
U	1，2	0，4
D	0，5	3，2

图 1-5-22

14. 什么叫逆向归纳法。

四、计算题

1. 市场需求曲线为 $P(Q)=a-Q$，有三个寡头厂商产量分别是 q_1，q_2，q_3，$Q=q_1+q_2+q_3$，每个厂商的边际成本都为 C，没有固定成本。企业按照以下顺序进行产出决策：企业 1 选择 q_1；企业 2 和企业 3 观察到 q_1，同时决策产量 q_2 和 q_3。求解此博弈的均衡。

2. 市场需求曲线为 $P(Q)=a-Q$，有三个寡头厂商产量分别是 q_1，q_2，q_3，$Q=q_1+q_2+q_3$，每个厂商的边际成本都为 C，没有固定成本。企业按照以下顺序进行产出决策：企业 1 和企业 2 同时决策产量 q_1 和 q_2；企业 3 观察到 q_1 和 q_2 后，决策产量 q_3。求解此博弈的均衡。

3. 两个寡头生产同质产品，边际成本恒为 0，也没有固定成本，市场需求函数为 $P=1\ 500-Q$。

（1）求古诺均衡解和市场价格。

（2）求卡特尔合谋解和市场价格。

（3）若一个厂商遵守上述卡特尔协议，求另一个厂商的最优解和市场价格。

（4）请写出卡特尔博弈的支付矩阵，找出纳什均衡，判断是否陷入囚徒困境，判断卡特尔协议是否稳定。

4. 考虑一个家庭博弈，哥哥首先选择对他妹妹的关心程度 $x\in[0,1]$，从而决定了他的收入 $1-x^2$ 和他妹妹的收入 x。观察到哥哥的行为 x 后，父母选择留给哥哥的零花钱 $y\in[0,1]$ 和妹妹的零花钱 $1-y$。哥哥只在乎自己的效用 $\ln(1-x^2+y)$，但是父母在乎两个孩子的效用之和 $\ln(1-x^2+y)+\ln(x+1-y)$。

（1）父母看到哥哥的行为 x 之后，他们会如何分配零花钱 $y(x)$。

（2）求该问题的子博弈精炼纳什均衡。

（3）如果父母可以完全控制哥哥的行为，他们会选择什么样的 x 和 y？

（4）如果问题改为父母先分配零花钱 y，哥哥再决定对妹妹的关心程度 x，求该问题的子博弈精炼纳什均衡。

5. 考虑 A、B 两个同学就打扫寝室卫生的问题进行博弈：如果两人一起分摊打扫工作，那么他们的收益各为 20，付出的体力成本各为 8；如果有一方打扫，另一方偷懒不打扫，那么打扫的同学收益为 20，付出体力成本为 30，没有打扫的同学收益为 20，付出的体力成本为 0；如果两人都不打扫，那么他们的收益都为 0，成本都为 0。

（1）请写出该博弈的支付矩阵。

（2）请找出该博弈的占优策略均衡、纳什均衡。

（3）博弈是否陷入囚徒困境？

（4）如果两位同学签订了一份“共同打扫卫生协议”，该协议是否稳定？为什么？

6. 张三和李四进行剪刀、石头、布的游戏，如果胜者使用的是剪刀，他赢输家 3 元；如果胜者使用的是石头，他赢输家 2 元；如果胜者使用的是布，他赢输家 1 元。

（1）写出该博弈的标准式。

（2）计算该博弈的纳什均衡。

7. 开发博弈如图 1-5-23 所示，请求解子博弈精炼纳什均衡。

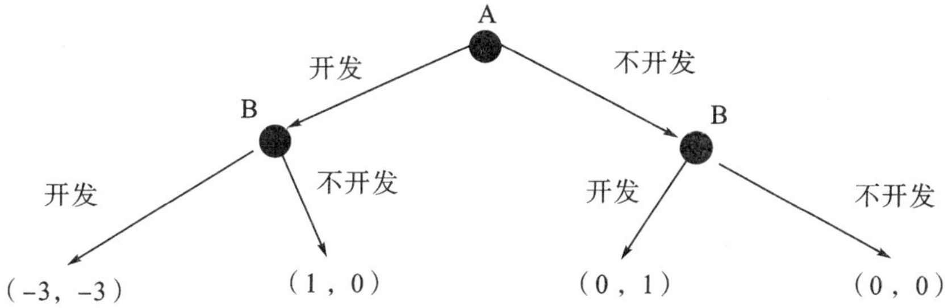

图 1-5-23

8. 赡养博弈如图 1-5-24 所示，请求解子博弈精炼纳什均衡。

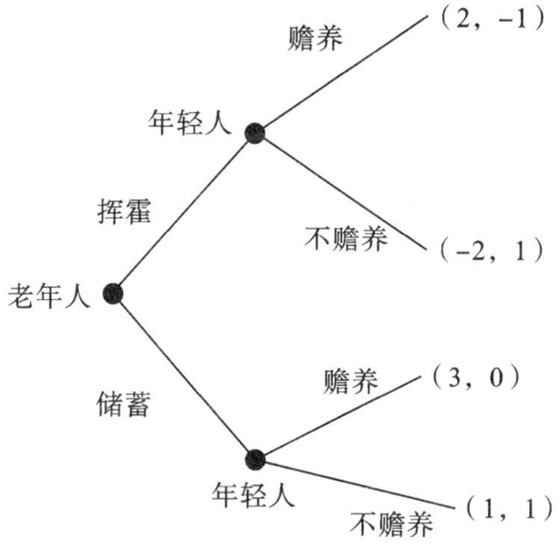

图 1-5-24

第六章
生产要素市场和收入分配

一、思考题

1. 试说明生产要素理论在微观经济学以及整个西方经济学中的地位。
2. 试述生产者的要素使用原则和消费者的要素供给原则。
3. 利润最大化产量和利润最大化的要素使用量有什么关系？
4. 在什么情况下要素供给曲线会向后弯曲或垂直？为什么？
5. 在什么情况下要素的需求曲线和供给曲线不存在？为什么？
6. 谈谈你对资本市场均衡的看法。
7. 试用马克思主义经济学的观点对西方经济学的分配理论进行分析和评价。

二、单项选择题

1. 生产要素的价格决定理论在西方经济学可称为（　　）。
   A. 生产理论　B. 消费理论　C. 价格理论　D. 分配理论
2. 下列选项中，属于生产要素的是（　　）。
   A. 资本和劳动　B. 土地和原材料
   C. 企业家和管理者　D. 以上都是
3. 如果厂商处于完全竞争市场中，并且生产要素中唯有 L 是可变要素，则该厂商对要素 L 的需求曲线可由（　　）给出。
   A. MP_L曲线　B. MFC_L的曲线　C. VMP_L曲线　D. 以上均不正确
4. 在完全竞争市场上，生产要素的边际收益取决于（　　）。
   A. 该要素的边际生产力　B. 该要素的平均收益
   C. 该要素的平均产量　D. 该要素的边际成本
5. （　　）变动不会引起劳动的需求曲线移动。
   A. 工资率　B. 企业产品价格
   C. 增加雇佣的劳动量　D. 劳动的边际产量发生变化

6. 一般而言，完全竞争市场与不完全竞争市场的生产要素需求曲线相比（　　）。

A. 前者与后者重合　　B. 前者比后者陡峭

C. 前者比后者平坦　　D. 无法确定

7. 如果厂商处于不完全竞争市场中，并且生产要素中唯有 L 是可变要素，则该厂商对要素 L 的需求曲线可由（　　）推出。

A. MRP_L曲线　　B. MFC_L的曲线　　C. VMP_L曲线　　D. 以上均不正确

8. 某种生产要素的市场（行业）需求曲线，与单个厂商对该种生产要素的需求曲线相比较（　　）。

A. 前者与后者重合　　B. 前者比后者陡峭

C. 前者比后者平坦　　D. 无法确定

9. 生产要素的需求曲线之所以向右下方倾斜，是因为（　　）。

A. 要素的边际收益产品递减　　B. 要素生产的产品的边际效用递减

C. 要素参加生产的规模报酬递减　　D. 以上都不正确

10. 在实现了利润最大化的均衡时，下列选项中，不正确的是（　　）。

A. 边际收益等于边际产量　　B. 边际收益等于边际成本

C. 要素使用的边际收益等于要素的边际成本

D. 要素的边际收益产品等于要素的边际成本

11. 随着工资水平的提高，（　　）。

A. 劳动的供给量会一直增加　　B. 劳动的供给量会一直减少

C. 劳动的供给量先增加，但工资提高到一定水平后，劳动的供给量不仅不会增加，反而会减少

D. 劳动的供给量增加到一定程度后就既不会增加也不会减少了

12. 随着工资率的不断提高，如果具备（　　）条件，劳动供给曲线就向后弯曲。

A. 收入效应、替代效应是同方向的　　B. 工资率高于保留工资

C. 替代效应大于收入效应　　D. 收入效应大于替代效应

13. 某工人在工资率每小时 2 元时挣 80 元，每小时 3 元时挣 105 元，由此可以判定（　　）。

A. 收入效应起主要作用　　B. 替代效应起主要作用

C. 收入效应和替代效应均未发生作用　　D. 以上都不对

14. 一般工资水平（市场均衡工资率）在完全竞争条件下（　　）。

A. 由劳动需求曲线决定　　B. 由劳动供给曲线决定

C. 由劳动需求曲线和劳动供给曲线共同决定

D. 以上都不对

15. 其他条件不变时，某一时期科技进步很快，人们越来越倾向于资本密集型生产方式，这将导致（　　）。

A. 劳动的供给曲线向右移动　　B. 劳动的需求曲线向右移动

C. 劳动的供给曲线向左移动　　D. 劳动的需求曲线向左移动

16. 在完全竞争市场上，就一种用途的土地而言，地租率主要取决于（　　）。

A. 土地的供给曲线　　B. 土地的需求曲线

C. 地主的定价　　D. 以上都不对

17. 使用生产要素组合 10 单位 A、30 单位 B、20 单位 C，产量是 100；如果生产要素组合变成 10 单位 A、31 单位 B、20 单位 C，产量是 102。由此可见，(　　)。

A. 要素 A 的边际产量是 2　　B. 要素 B 的边际产量是 2

C. 要素 C 的边际产量是 2　　D. 以上都不对

18. 完全竞争的要素市场，各种生产要素的价格、产品的价格、边际收益都等于 4 单位，此时厂商得到了最大化利润，则各种生产要素的边际产量为（　　）。

A. 2　　B. 1　　C. 4　　D. 8

19. 产品市场和要素市场均为完全竞争的企业内，工人的工资率是 10，边际产量是 5，则产品的价格是（　　）。

A. 2　　B. 0.5　　C. 1　　D. 5

20. 要素使用的边际收益产品 *MRP* 可以表达为（　　）。

A. $MR \times MP$　　B. $MR \times P$　　C. $MP \times P$　　D. $MR \times AP$

21. 既要提高工资，又要避免增加失业，(　　) 比较容易实现。

A. 劳动的需求富有弹性　　B. 劳动的供给富有弹性

C. 劳动的需求缺乏弹性　　D. 劳动的供给缺乏弹性

22. 关于 *MP* 曲线与 *VMP* 曲线，(　　)。

A. *VMP* 曲线在 *MP* 曲线的上方　　B. *VMP* 曲线在 *MP* 曲线的下方

C. *VMP* 曲线与 *MP* 曲线重合　　D. 以上都有可能

23. 在西方经济学中，关于生产要素市场，下列选项中，错误的是（　　）。

A. 要素需求一般是生产者的行为　　B. 要素供给一般是消费者的行为

C. 生产要素市场由生产要素的需求曲线和供给曲线构成

D. 要素供给只是消费者的行为

24. 某完全竞争厂商雇佣一个劳动日的价格是 10 单位，其生产情况如表 1-6-1 所示。当产品价格为 5 单位，该厂商应雇佣（　　）劳动日。

表 1-6-1

劳动日	3	4	5	6	7	8
产出数量	6	11	15	18	20	21

A. 4　　B. 6　　C. 7　　D. 8

25. 假设某厂商生产函数为 $Q=10K^{0.5}L^{0.5}$，已知 $K=100$，$L=400$，则实际工资（劳动的边际产出）等于（　　）。

A. 2　　B. 2.5　　C. 5　　D. 4.5

26. 完全竞争厂商的生产函数为 $Q=-L^3+20L^2+72L$，产品价格是 75 元，实现最大利润时的雇佣人数为 12 人，则劳动的工资应该是（　　）元。

A. 9 000　　B. 8 000　　C. 12 000　　D. 24 000

27. 消费者消费其他商品和闲暇，效用函数是 $U(C,L)$，下列选项中，错误的是（　　）。

A. 随着消费的闲暇增多，闲暇的边际效用增加

B. 随着消费的其他商品增多，其他商品的边际效用递减

C. 随着消费的闲暇增多，闲暇对其他消费的边际替代率递减
D. 闲暇与其他消费的边际效用之比应该等于他们的价格之比

28. 提高工资会使个人的劳动时间（　　）。

A. 增加　B. 减少　C. 不变　D. 以上都有可能

29. 某工人在工资率为每小时 2 元的时候每周挣 60 元，每小时 4 元的时候每周挣 100 元，由此可以判断（　　）。

A. 收入效应和替代效应相等　B. 替代效应起主要作用
C. 收入效应起主要作用　D. 没有收入效应和替代效应

30. 下列选项中，正确的是（　　）。

A. 工资上涨的替代效应使劳动时间增多，收入效应使劳动时间增多
B. 工资上涨的替代效应使劳动时间增多，收入效应使劳动时间减少
C. 工资上涨的替代效应使劳动时间减少，收入效应使劳动时间增多
D. 工资上涨的替代效应使劳动时间减少，收入效应使劳动时间减少

31. 随着工资率上涨，在（　　）条件下，劳动供给曲线向后背弯。

A. 收入效应和替代效应同向　B. 收入效应和替代效应反向
C. 替代效应大于收入效应　D. 收入效应大于替代效应

32. 正常利润是（　　）。

A. 经济利润的一部分　B. 经济成本的一部分
C. 会计利润的一部分　D. 总利润的一部分

33. 土地的供给曲线是（　　）。

A. 向右上方倾斜　B. 向右下方倾斜
C. 垂直于数量轴的直线　D. 水平于数量轴的直线

34. 如果生产要素的供给完全缺乏弹性，（　　）。

A. 均衡价格是固定不变的　B. 均衡价格由需求曲线决定
C. 均衡价格由供给曲线决定　D. 均衡价格不存在

35. 利率上升时，储蓄者的储蓄会（　　）。

A. 增加　B. 减少　C. 不变　D. 以上都有可能

36. 在（　　）情况下，利率上升时，储蓄者的储蓄会增加。

A. 替代效应大于收入效应　B. 收入效应大于替代效应
C. 替代效应等于收入效应　D. 以上都不对

37. 在（　　）情况下，利率上升时，储蓄者的储蓄会减少。

A. 替代效应大于收入效应　B. 收入效应大于替代效应
C. 替代效应等于收入效应　D. 以上都不对

38. 买方垄断、卖方完全竞争的厂商，其劳动的使用原则是（　　）。

A. $VMP=MFC$　B. $MRP=MFC$　C. $VMP=W$　D. $MRP=W$

39. 买方完全竞争、卖方垄断的厂商，其劳动的使用原则是（　　）。

A. $VMP=MFC$　B. $MRP=MFC$　C. $VMP=W$　D. $MRP=W$

40. 买方完全竞争、卖方完全竞争的厂商，其劳动的使用原则是（　　）。

A. $VMP=MFC$　B. $MRP=MFC$　C. $VMP=W$　D. $MRP=W$

41. 买方垄断、卖方垄断的厂商，其劳动的使用原则是（　　）。

A. $VMP=MFC$　B. $MRP=MFC$　C. $VMP=W$　D. $MRP=W$

42. 假定在完全竞争的要素市场上生产要素价格、产品价格和产品边际收益都等于4元，此时厂商得到了最大利润，则生产要素的边际产量为（　　）。

A. 2　　B. 1　　C. 4　　D. 无法确定

43. 已知生产要素的组合是15L、20K和40W，产量是150，如果生产要素的组合变成15L、20K和41W，产量增加到155。由此可见，（　　）。

A. 要素L的边际产量等于5　　B. 要素K的边际产量等于5

C. 要素W的边际产量等于5　　D. 以上都不对

44. 假设生产某种商品需要使用A、B、C三种生产要素，当A的投入量连续增加时，它的边际产量（　　）。

A. 在技术条件及B和C投入量不变时先增后降

B. 在技术条件不变，但B和C的数量同比例增加时下降

C. 在任何条件下都下降　　D. A和B

45. 一厂商在完全竞争的劳动市场上购买劳动，但该厂商垄断了市场产品的销售。当产量为60时，该厂商获得了最大利润，该厂商面临的需求曲线函数为$P=200-Q$，工资率为1 200。该厂商雇佣的最后一位工人的边际产量为（　　）。

A. 20单位Q　　B. 15单位Q　　C. 8.57单位Q　　D. 35单位Q

46. 假设一厂商在产品市场上是一垄断者，而在要素市场上是完全竞争者。现在已知需求函数为$P=100-5Y$，生产要素的价格为100，生产要素的边际产量为10，则此时的产品价格为（　　）。

A. 45　　B. 55　　C. 50　　D. 4

47. 工资率的上升导致的替代效应是指（　　）。

A. 工作同样长的时间可以得到更多的收入

B. 工作较短的时间也可以得到同样的收入

C. 工人宁愿工作更长的时间，用收入带来的享受替代闲暇带来的享受

D. 工人宁愿增加闲暇时间，用闲暇替代劳动带来的负效应

48. 如果对闲暇的需求增加，则（　　）

A. 工资率下降，劳动的雇佣量减少　　B. 工资率下降，劳动的雇佣量增加

C. 工资率上升，劳动的雇佣量减少　　D. 工资率上升，劳动的雇佣量增加

49. 假设某厂商生产函数为$Q=10K^{0.5}L^{0.5}$，已知$K=100$，$L=400$，则资本的实际价格（资本的边际产出）等于（　　）。

A. 8　　B. 10　　C. 12　　D. 15

三、判断题

1. 对生产要素的需求是一种派生需求。（　　）

2. 完全竞争厂商增加1单位资本使用引起的总收益的变动，被称为资本的边际产品价值。（　　）

3. 工资率上升引起的替代效应是工作带来的收入消费替代闲暇消费。（　　）

4. 利息率是厂商使用资本的价格，即厂商在生产过程中使用资本品所提供“服务”的价格。（　　）

5. 完全竞争厂商的要素需求曲线水平加总得到市场的要素需求曲线。（　　）

6. 卖方垄断厂商的要素需求曲线水平加总得到市场的要素需求曲线。（　　）

7. 完全竞争厂商的要素需求曲线是 *VMP* 曲线。（　　）

8. 卖方垄断厂商的要素需求曲线是 *MRP* 曲线。（　　）

9. *MRP* 是要素市场上单位要素变动所带来的 *MR*，*MFC* 是要素市场上单位要素变动所带来的 *MC*。（　　）

10. *MRP*＝*MFC* 是使用要素的边际收益等于边际成本。（　　）

11. 根据新古典分配理论，提高边际产量的技术进步，可以提高工人的实际工资。（　　）

12. 要素市场利润最大化的原则是 *VMP*＝*MFC*。（　　）

13. 要素市场利润最大化的原则是 *MRP*＝*MFC*。（　　）

14. 一个竞争性厂商，在其最后雇佣的那个工人创造的产值大于其雇佣工人的平均产值时，它必定没有实现最大的利润。（　　）

15. 即使劳动的边际产量是一个常数，垄断厂商对劳动的需求曲线仍然是向右下方倾斜的。（　　）

16. 一个厂商在产品市场和要素市场都垄断，则对要素支付的价格等于使用要素的 *MRP*。（　　）

17. 完全竞争厂商对要素使用的边际收益是边际产品价值 *VMP*。（　　）

18. 产品市场是不完全竞争，要素市场是完全竞争，厂商对要素使用的边际收益是 *MRP*。（　　）

19. 完全竞争市场的要素需求曲线由单个厂商的要素需求曲线经过行业调整，得到行业调整曲线，再水平相加。（　　）

20. 行业调整曲线比 *VMP* 曲线要陡峭。（　　）

21. 要素供给行为是要素所有者将所有要素在要素供给和保留自用两种用途上进行配置，以获得效用最大化。（　　）

22. 消费者在要素供给时，实现效用最大化的条件是自用资源的边际效用与消费的边际效用的比率必须等于要素的价格。（　　）

23. 当工资上涨时，劳动供给将增加。（　　）

24. 当替代效应大于收入效应时，劳动供给曲线向右上方倾斜。（　　）

25. 当收入效应大于替代效应时，劳动供给曲线开始背弯。（　　）

26. 劳动市场的均衡工资由劳动的市场需求曲线和劳动的市场供给曲线共同决定。（　　）

27. 土地用于自用的数量占比很少，因此西方经济学假定土地全部用于供给。（　　）

28. 地租的大小完全由土地的需求曲线决定。（　　）

29. 当土地的需求足够小时，地租可能消失。（　　）

30. 随着城市对住房的需求不断增加，地租会越来越高。（　　）

31. 随着利率上升，储蓄会增加。（　　）

32. 当替代效应大于收入效应，利率上升，储蓄增加。（　　）

33. 当收入效应大于替代效应，利率上升，储蓄减少。（　　）

34. 短期资本市场的供给曲线是一条垂直的直线。（　　）

35. 当储蓄和资本折旧相等，资本市场的供给等于需求时，资本市场实现长期均衡。（ ）

36. 即使行业共同调整，卖方垄断厂商的要素需求曲线仍然是其边际收益产品曲线。（ ）

37. 完全竞争厂商的要素使用原则是 $VMP=W$。（ ）

38. 卖方垄断、买方完全竞争厂商的要素使用原则是 $MRP=W$。（ ）

39. 卖方垄断、买方垄断厂商 $MRP=MFC$。（ ）

40. 卖方完全竞争，买方垄断厂商的要素使用原则是 $VMP=MRP$。（ ）

41. 卖方完全竞争，买方垄断厂商的要素使用原则是 $VMP=MFC$。（ ）

42. 买方垄断厂商的要素需求曲线不存在。（ ）

43. 所有不完全竞争厂商的要素需求曲线不存在。（ ）

44. 在一个竞争的劳动市场，为了效率，一个公司给员工支付的工资应该与员工的边际生产力成比例。（ ）

45. 在产品市场和要素市场都垄断的厂商在实现利润最大化时，MRP 大于要素价格。（ ）

46. 在竞争的劳动市场，男女工的边际生产力相同，则利润最大化的厂商应该为他们支付相同的工资。（ ）

47. 男女工的边际生产力相同，则利润最大化的厂商应该为他们支付相同的工资。（ ）

48. 在买方垄断时，即使男女工的边际生产力相同，利润最大化的厂商为男女工支付的工资取决于其供给价格弹性。（ ）

49. 土地服务的价格被称为地租，资本服务的价格被称为利息。（ ）

50. 土地地租产生的原因可归结为土地稀少（固定不变）和土地需求增加。（ ）

51. 厂商对生产要素的需求取决于生产要素的边际产量。（ ）

52. 已知某种商品是 A、B、C 三种生产要素结合的产物，当它们同时增加 1 单位时，该种商品的产量增加 3 单位，这表明生产要素的边际产量为 3。（ ）

53. 若某种商品是 A、B、C 三种生产要素的产物，在保持 B 和 C 不变的前提下，增加 1 单位 A 使产量增加 2 单位，那么这 2 单位产量是这 1 单位 A 的边际产量。（ ）

54. 假定一个厂商同时在产品市场和劳动市场上都具有垄断力量，那么其支付的工资率一般等于增加最后一单位劳动给厂商带来的边际收益时，厂商才能获得最大利润。（ ）

55. 若用某种生产要素生产的商品的需求增加了，这种生产要素的需求曲线将向右方移动。（ ）

56. 如果仅考虑劳动的替代效应，劳动供给曲线向右上方倾斜。（ ）

57. 如果既考虑劳动的替代效应，又考虑劳动的收入效应，那么劳动的供给曲线先向右上方倾斜，再向左上方倾斜。（ ）

58. 在一个竞争性的劳动市场上，如果最低工资高于均衡工资，必然引起劳动力供不应求。（ ）

59. 在完全竞争的产品和要素市场中经营的厂商，其总利润率达到最大的条件是 $\frac{MP_a}{P_a}=\frac{MP_b}{P_b}=\frac{1}{P_X}$（设厂商以要素 a、b 生产商品 x）。（ ）

60. 南郭先生滥竽充数，其边际产量为 0，因此工资也应为 0。（ ）

四、简答题

1. 论证背弯的劳动供给曲线。

2. 土地的供给曲线为什么垂直?

3. 论证背弯的储蓄供给曲线。

4. 什么是边际要素成本 MFC? 为什么完全竞争厂商的 $MFC=W$，而买方垄断厂商的 $MFC \geqslant W$?

5. 什么是边际收益产品 MRP? 为什么完全竞争厂商的 MRP 等于 VMP?

6. 画图说明为什么地租会出现为零的情况。

7. 完全竞争市场中劳动的名义报酬和实际报酬取决于什么?

8. 什么是边际生产率分配论?

9. 简述厂商对要素的使用原则。

10. 简述消费者的要素供给原则。

11. “男女工有相同的边际生产力，男女工的工资也一定相同。”你认为这句话对吗?

12. 设只有一种可变投入要素 L 的生产企业，生产函数为 $Q=10L+5L^2-L^3$，产品价格为 30 元，工资率为 60 元。试求最优的劳动投入量。

13. 简述西方经济学的生产要素价格决定理论。

14. 某人意外地接受了一笔财富，他的收入-闲暇预算线如何变化? 工作时间有何变化?

15. 简述完全竞争厂商的要素使用原则。

16. 简述不完全竞争厂商的要素使用原则。

五、计算题

1. 设一厂商使用的可变要素为劳动 L，其生产函数为 $Q=-0.01L^3+L^2+36L$。式中，Q 为每日产量，L 是每日投入的劳动小时数，所有市场（劳动市场及产品市场）都是完全竞争的，单位产品价格是 0.1 元，小时工资为 4.8 元，厂商要求利润最大化。请问厂商每天要雇佣多少小时劳动?

2. 假定某劳动市场的供求曲线分别为 $S_L=100W$，$D_L=6\,000-100W$，则:

（1）均衡工资为多少?

（2）假如政府对工人提供的每单位劳动课以 10 元的税，则新的均衡工资为多少?

（3）实际上对单位劳动征收的 10 元由谁支付?

（4）政府征收到的总税收额为多少?

3. 已知劳动是唯一的可变要素，生产函数为 $Q=A+10L-5L^2$，产品市场是完全竞争的，劳动价格为 W，试求:

（1）厂商对劳动的需求函数。

（2）说明厂商对劳动的需求与工资反方向变化。

（3）说明厂商对劳动的需求与产品价格同方向变化。

4. 某产品和要素市场上的垄断者，其生产函数为 $Q=4L$，产品的需求函数是 $Q=100-P$，工人的劳动供给函数是 $L=0.5W-20$。为了谋求最大利润，该厂商应生产多少产量？L，W，P 各为多少？

5. 假定一垄断厂商仅使用劳动 L 生产产品，产品按竞争市场的固定价格出售，$P=2$，生产函数为 $Q=6L+3L^2-0.02L^3$，劳动的供给函数为 $W=60+3L$，求利润最大化时的 L，Q，W。

6. 假设劳动的市场需求曲线是 $D_L=-10w+150$，劳动的供给曲线是 $S_L=20w$，w 为工资（元/日）。试求：

（1）这一市场劳动与工资的均衡水平是多少？

（2）若政府希望把均衡工资提高到 6 元/日，政府需要补贴多少钱？新的就业水平是多少？劳动供给方得到的补贴是多少？

（3）假如政府实施最低工资法，最低工资是 6 元/日，在这个工资水平下劳动需求是多少？失业人数是多少？

7. 完全竞争厂商（产品市场和要素市场都是）的生产函数为 $Q=48L^{0.5}K^{0.5}$，Q 是年产出，产品价格为 50 元，工人的年工资是 14 400 元，资本的价格是 80 元。在短期，该厂商拥有 3 600 单位的资本。试求：

（1）该厂商的劳动需求曲线。

（2）最优的劳动雇佣量是多少？

（3）年利润是多少？

8. 产品市场的垄断者只使用一种可变投入要素 X 生产产品，该要素的价格是 5，产品需求函数为 $P=85-3Q$，生产函数为 $Q=2\sqrt{X}$。求该垄断者利润最大化时的要素使用数量、产品数量和产品价格。

9. 某垄断者在产品市场和要素市场均垄断，生产函数为 $Q=2L$，产品的需求函数为 $Q=110-P$，工人的供给函数为 $L=0.5W-20$。试求：利润最大化时的 L，Q，W，P。

10. 某消费者将固定的时间分配于劳动和闲暇，闲暇时间为 L，固定时间为 T，工作的工资率为 w，该消费者的效用函数为 $U=LY+aL$，a 是参数，Y 是收入。试求：

（1）该消费者的劳动供给函数。

（2）该劳动供给曲线是否向上倾斜。

11. 某消费者将固定的时间分配于劳动和闲暇，闲暇时间为 L，固定时间 $T=24$ 小时，工作的工资率为 w，该消费者的效用函数为 $U=48L+LY-L^2$，Y 是劳动收入。试求：

（1）该消费者的劳动供给函数。

（2）证明 $w=0$ 时，该消费者完全不劳动。

（3）劳动供给随着 w 的上升而增加。

12. 假定垄断厂商 A 生产 X 数量的产品，边际成本是常数 20，无固定成本，垄断厂商 A 将产品销售给垄断厂商 B，单价为 K，垄断厂商 B 利用生产要素 X 生产最终产品 Y，生产函数为 $Y=X$。假设最终产品的市场需求函数为 $P=100-2Y$。试求：

（1）垄断厂商 A 的定价 K。

（2）最终产品的产量和价格。

（3）各垄断厂商的利润。

13. 某公司生产产品的数量为 $Q=10\ 000\sqrt{L}$，该行业是完全竞争市场。试求：

（1）若每个产品的价格是 0.01 元，在竞争性工资分别是 10 元、5 元、2 元时该公司雇佣的劳动数量，并画出劳动需求曲线。

（2）若公司支付的工资是 10 元，当产品价格分别是 0.1 元、0.05 元、0.02 元时的产品数量分别是多少，并画出产品的供给曲线。

14. 完全竞争厂商以要素 L 和 K 生产 X，试证明：

$$\frac{MP_L}{P_L}=\frac{MP_K}{P_K}=\frac{1}{P_X}=\frac{1}{MC_X}$$

15. 假设劳动的边际产出函数为 $14-0.08L$，产品市场和要素市场都是完全竞争的，试求：

（1）当 $P=1$，劳动的名义工资分别是 4 元、3 元、2 元、1 元时，劳动的需求分别是多少？

（2）劳动需求函数。

（3）当 $P=2$，劳动的名义工资分别是 4 元、3 元、2 元、1 元时，劳动的需求分别是多少？

（4）其他条件不变时，产品价格上升对劳动需求有何影响？

16. 对于柯布-道格拉斯生产函数 $Q=AL^aK^b$，假设规模报酬不变，证明 a 是生产要素 L 的收入在总产值中的份额，b 是生产要素 K 的收入在总产值中的份额。

17. 假定消费者面临跨期选择，第一期工作，第二期退休，消费者工作期的净收入是 12 000 元，退休期的退休金为净收入的 50%，C_1 表示第一期消费，C_2 表示第二期消费，该消费者的跨期效用函数为 $U=C_1C_2$。试求：

（1）假定有金融机构从事存贷业务，利率是 10%，该消费者两期的最优消费分别是多少？第一期储蓄是多少？

（2）若没有金融机构和其他投资渠道，该消费者两期的最优消费分别是多少？第一期储蓄是多少？

18. 已知企业的生产函数为 $Y=5L-L^2$，其中 L 为雇佣工人的数量。试求：

（1）企业劳动投入的合理区域。

（2）若企业生产的产品价格 $P=5$，现行工资率 $P_L=15$，企业应雇佣多少工人？

19. 某完全竞争厂商雇佣一个劳动日的价格为 20 元，其生产情况如表 1-6-2 所示。当产品价格为 5 元时，该厂商应雇佣多少个劳动日？

表 1-6-2

劳动日数	3	4	5	6	7	8
产出数量	6	11	15	18	20	21

第七章
一般均衡和效率

一、思考题

1. 试比较局部均衡分析和一般均衡分析。

2. 应用埃奇沃斯盒式图解释某一点如何表示两个消费者购买的市场产品组合。

3. 在应用埃奇沃斯盒式图的交换分析中，为什么两个消费者的边际替代率在契约曲线的每一点都相等？

4. 在埃奇沃斯盒式图中，为使产品配置处于契约曲线上必须坚持什么条件？为什么竞争均衡处于契约曲线上？

5. 什么是边际转换率？为什么一种产品对另一种产品的边际转换率等于生产两种产品的边际成本的比率？

6. 如果边际转换率不等于消费者的边际替代率，产品在消费者中间的分配为什么会缺乏效率？

7. 为什么一般均衡分析表达了亚当·斯密“看不见的手”原理的基本含义？

8. 试运用马克思主义观点分析一般均衡理论的缺陷。

二、单项选择题

1. 在两个人（甲和乙）、两种商品（X 和 Y）的经济中，达到交换的帕累托最优状态的条件为（　　）。

A. 对甲和乙，$MRT_{XY}=MRS_{XY}$　　　　B. 对甲和乙，$MRS_{XY}=\frac{P_X}{P_Y}$

C. $(MRS_{XY})_{甲}=(MRS_{XY})_{乙}$　　　　D. 以上所有条件

2. 如果有 A 和 B 两个消费者，对于 A 消费者来说，商品 X 对商品 Y 的边际替代率为 5；对于 B 消费者来说，商品 X 对商品 Y 的边际替代率为 3，那么 A 和 B 之间会发生的交换情况是（　　）。

A. A 用 X 和 B 交换 Y　　B. A 用 Y 和 B 交换 X

C. A、B 之间不进行任何交换　　D. 以上都不对

3. 在两种生产要素（L 和 K）、两种商品（X 和 Y）的经济中，达到生产的帕累托最优状态的条件为（　　）。

A. $MRT_{XY}=MRS_{XY}$　　B. $MRTS_{LK}=\frac{P_L}{P_K}$

C. $(MRTS_{LK})_X=(MRTS_{LK})_Y$　　D. $MRTS_{LK}=MRS_{XY}$

4. 生产契约曲线上的点表示（　　）

A. 生产者获得了最大利润　　B. 生产者支出了最小成本

C. 两生产者实现生产要素最优配置　　D. 以上都不对

5. 生产可能性曲线是从（　　）推导而来的。

A. 无差异曲线　　B. 生产契约曲线

C. 消费约束曲线　　D. 社会福利曲线

6. 在两个人（甲和乙）、两种商品（X 和 Y）的经济中，达到生产和交换的帕累托最优状态的条件为（　　）。

A. 甲和乙的 $MRS_{XY}=\frac{P_X}{P_Y}$　　B. $MRS_{XY}=\frac{P_X}{P_Y}$

C. $(MRS_{XY})_{甲}=(MRS_{XY})_{乙}$　　D. $MRT_{XY}=(MRS_{XY})_{甲}=(MRS_{XY})_{乙}$

7. 假定在一个完全竞争的经济中，两种商品 X 和 Y 的价格分别为 5 元和 15 元，那么（　　）。

A. X 的生产产量一定是 Y 的 3 倍

B. 生产 X 的两种生产要素之间的边际技术替代率一定是生产 Y 产品的两种相同生产要素的 1/3

C. X 的边际成本一定是 Y 的 1/3

D. 生产 Y 使用的劳动的边际产量一定是生产 X 的 3 倍

8. 假定对于苹果和香蕉，A 比较喜欢苹果，B 比较喜欢香蕉，现在假定苹果和香蕉的价格对于 A、B 两人来说是相同的。那么，在效用最大化时，（　　）。

A. B 的苹果和香蕉的边际替代率比 A 小　　B. 两人的边际替代率相等

C. B 的苹果和香蕉的边际替代率比 A 大　　D. 以上都有可能

9. 要实现最高的经济效率，得到最大的经济福利，进入帕累托最优状态，必须（　　）。

A. 满足交换的最优条件：对甲和乙，$MRT_{XY}=MRS_{XY}$

B. 满足生产的最优条件：$(MRTS_{LK})_X=(MRTS_{LK})_Y$

C. 满足生产和交换的最优条件：$MRT_{XY}=MRS_{XY}$

D. 同时满足上述条件

10. 对消费者甲来说，商品 X 对商品 Y 的边际替代率是 3，对消费者乙来说，商品 X 对商品 Y 的边际替代率是 2，消费者甲和消费者乙发生交换，商品 X 和商品 Y 交换的比例是（　　）。

A. 1 单位商品 X 与 3 单位商品 Y 交换　B. 1 单位商品 X 与 2 单位商品 Y 交换

C. 商品 X 与商品 Y 的交换比例大于 1/3，小于 1/2

D. 商品 X 与商品 Y 的交换比例大于 1，小于 3

11. 导出（　　）必须做出道德或价值判断。

A. 转换曲线　B. 效用可能性边界

C. 生产契约曲线　D. 社会福利曲线

12. 两个消费者构成一个埃奇沃斯盒式图，A 消费者有 7 单位食品，1 单位布，B 消费者有 3 单位食品，5 单位布，则埃奇沃斯盒子的长和宽分别是（　　）。

A. 10 单位食品，6 单位布　B. 8 单位食品，8 单位布

C. 7 单位食品，5 单位布　D. 以上都不对

13. 要使经济体系处于一般均衡状态，就必须使（　　）。

A. 单个市场达到均衡　B. 要素市场同时达到均衡

C. 产品市场同时达到均衡　D. 产品市场和要素市场同时达到均衡

14. 一般均衡理论认为，每一种产品的市场需求是（　　）。

A. 该商品的价格的函数　B. 该商品的成本的函数

C. 整个价格体系的函数　D. 整个成本体系的函数

15. 下列选项中，属于帕累托最优的是（　　）。

A. 消费者最优化　B. 生产者最优化

C. 不使其他人福利变差，无法使一些人福利变好

D. 不损害他人的福利，使一些人的福利变好

16. 下列选项中，属于帕累托改进的是（　　）。

A. 甲乙的效用组合从（3，4）变成（3，6）

B. 甲乙的效用组合从（3，4）变成（2，6）

C. 甲乙的效用组合从（3，4）变成（4，3）

D. 甲乙的效用组合从（3，4）变成（3，3）

17. 下列选项中，不属于帕累托改进的是（　　）。

A. 甲乙的效用组合从（3，4）变成（3，6）

B. 甲乙的效用组合从（3，4）变成（4，6）

C. 甲乙的效用组合从（3，4）变成（4，4）

D. 甲乙的效用组合从（3，4）变成（2，6）

18. 甲借用乙的资源，甲获得的收益补偿了乙的损失后，还有剩余，这种情况属于（　　）。

A. 帕累托无效　B. 帕累托最优　C. 帕累托改进　D. 以上都不是

19. 如果苹果和香蕉之间的边际转换率是 3 个苹果换 1 根香蕉，1 根香蕉的相对价格是 2 个苹果，那么厂商将（　　）。

A. 生产更多的苹果和更多的香蕉　B. 将资源从香蕉生产向苹果生产转移

C. 将资源从苹果生产向香蕉生产转移　D. 保持目前的生产不变

20. 当市场是有效率的时候（　　）。

A. 所有人都实现了理性　　B. 不再有能通过交易获得的好处

C. 经济不再有稀缺性　　D. 经济实现了成本最小化

21. 竞争市场实现了看不见的手，那么（　　）。

A. 经济运行在效用可能性曲线上　　B. 经济运行在生产可能性曲线上

C. 资源配置是帕累托有效的　　D. 以上都对

22. 福利经济学认为（　　）。

A. 竞争市场均衡是有效率的　　B. 竞争市场均衡是帕累托有效的

C. 帕累托有效配置可以通过一套竞争价格来实现

D. 以上都对

23. 效用可能性曲线派生于（　　）。

A. 无差异曲线　　B. 生产契约曲线

C. 交换契约曲线　　D. 社会福利曲线

24. 两种产品在两个人之间的分配，能被称为帕累托最优的条件为（　　）。

A. 不使某个人受损失就不能使另一个人受益

B. 每个人都处在其消费契约曲线上

C. 每个人都处在他们的效用可能性曲线上

D. 包括以上所有条件

25. 在两个人（甲和乙）、两种商品（X 和 Y）的经济中，达到交换的均衡条件为（　　）。

A. 对甲和乙，$MRT_{XY}=MRS_{XY}$　　B. 对甲和乙，$MRS_{XY}=P_X/P_Y$

C. $(MRS_{XY})_{甲}=(MRS_{XY})_{乙}$　　D. 以上所有条件

26. 在两种商品（X 和 Y）、两种生产要素（L 和 K）的经济中，达到生产的均衡条件为（　　）。

A. $MRTS_{LK}=P_L/P_K$　　B. $MRTS_{LK}=MRS_{XY}$

C. $MRT_{XY}=MRS_{XY}$　　D. $(MRTS_{LK})_X=(MRTS_{LK})_Y$

27. 在两个人（A 和 B）、两种商品（X 和 Y）的经济中，生产和交换的全面均衡发生在（　　）。

A. $MRT_{XY}=P_X/P_Y$　　B. A 与 B 的 $MRS_{XY}=P_X/P_Y$

C. $(MRS_{XY})_A=(MRS_{XY})_B$　　D. $MRT_{XY}=(MRS_{XY})_A=(MRS_{XY})_B$

28. 一个社会要达到最高的经济效率，得到最大的经济福利，进入帕累托最优状态必须（　　）。

A. 满足交换的边际条件：$(MRS_{XY})_A=(MRS_{XY})_B$

B. 满足生产的边际条件：$(MRTS_{LK})_X=(MRTS_{LK})_Y$

C. 满足替代的边际条件：$MRT_{XY}=MRS_{XY}$

D. 同时满足上述三个条件

29. 在导出效用可能性曲线的过程中，我们（　　）做人际效用比较。

A. 总是　　B. 不　　C. 有时　　D. 经常

30. 导出（　　）必须作出道德的或价值的判断。

A. 转换曲线　　B. 消费契约曲线

C. 社会福利曲线　　D. 效用可能性边界

31. 在福利经济学交换效率分析中，若运用埃奇沃斯盒式图模型，两个消费者为甲和乙，甲和乙消费者无差异曲线切点的连线一般被称为（　　）。

A. 生产的契约曲线　　B. 收入-消费曲线

C. 交换的契约曲线　　D. 产品转换曲线

32. 在福利经济学生产效率分析中，若运用埃奇沃斯盒式图模型，两个生产者为甲和乙，甲和乙生产者的等产量曲线切点的连线一般被称为（　　）。

A. 生产的契约曲线　　B. 收入-消费曲线

C. 交换的契约曲线　　D. 产品转换曲线

33. 生产可能性曲线上各点与（　　）上的各点是一一对应的。

A. 生产的契约曲线　　B. 收入-消费曲线

C. 交换的契约曲线　　D. 产品转换曲线

34. 生产可能性曲线的斜率被称为（　　）。

A. 边际转换率　　B. 边际替代率 *MRS*

C. 边际技术替代率　　D. 平均技术替代率

三、判断题

1. 如果两种产品之间的边际转换率，对所有消费这两种产品的消费者，并不等于它们之间的边际替代率，则至少其中一种产品不是有效地生产的。（　　）

2. 当两种商品的边际替代率等于这两种商品的价格比率时，就满足了交换的帕累托最优条件。（　　）

3. 如果资源配置状态存在帕累托改进，则存在一种重新配置资源的途径，使一些人的境况变好而不使其他人的境况变坏。（　　）

4. 为了达到帕累托最优状态，必须使任何使用某两种投入要素的两厂商的该两要素间的边际技术替代率相等，即使这两个厂商生产的产品很不相同。（　　）

5. 从埃奇沃思盒式图中某一初始禀赋开始，如果通过讨价还价达到的自由交易契约是符合帕累托最优状态要求的，那么该交换契约可以位于契约曲线的任何地方。（　　）

6. 不使其他人受损，就不能使另一个人受益，这时的资源配置实现了帕累托最优。（　　）

7. 公平和效率一定是相互矛盾的。（　　）

8. 公平和效率通常情况下不可兼得，存在权衡关系。（　　）

9. 提高效率一定促进公平。（　　）

10. 瓦尔拉斯假定存在“拍卖人”，通过试探过程达到一般均衡。（　　）

11. 局部均衡是单个商品市场的供求均衡。（　　）

12. 一般均衡是整个市场体系中所有商品市场同时实现均衡。（　　）

13. 如果两个消费者对两样商品的边际替代率不同，便存在互惠交换的余地。（　　）

14. 在埃奇沃斯盒式图中，只要两条无差异曲线相交，就存在互惠交换的余地。（　）

15. 在埃奇沃斯盒式图中，只要两条无差异曲线相切，就存在互惠交换的余地。（　）

16. 交换契约曲线上任一点，都是帕累托最优的。（　）

17. 生产可能性曲线上任一点，都是生产满足帕累托最优的。（　）

18. 边际转换率递增是由于边际报酬递减规律。（　）

19. 任何竞争均衡都是帕累托最优。（　）

20. 任何帕累托最优都可以由一组竞争价格来实现。（　）

21. 一种产品对另一种产品的边际转换率等于生产两种产品的边际成本的比率。（　）

22. 将社会资源平均分配是帕累托有效的。（　）

23. 契约曲线是所有可能契约的轨迹。（　）

24. 在一种资源配置状态下，任何重新配置都会损害至少一个消费者的效用水平，此状态是帕累托最优状态。（　）

25. 为了达到帕累托最优状态，任何使用两种投入要素的两个厂商，即使它们生产的产品不同，都必须确保这两种要素间的边际技术替代率相等。（　）

26. 竞争均衡导致帕累托有效的结果，一定是公平的。（　）

27. 竞争均衡是帕累托有效的，这可以说明亚当·斯密的“看不见的手”原理。（　）

28. 由交换契约曲线推出效用可能性曲线，后者向右下方倾斜。（　）

四、简答题

1. 什么是帕累托最优和帕累托改进？

2. 什么是局部均衡？什么是一般均衡？

3. 只要 $MRS_{XY}^{A} = P_X/P_Y = MRS_{XY}^{B}$，就一定实现竞争市场的均衡，请辨析之。

4. 说明生产和交换同时在竞争市场中实现帕累托最优状态的条件，并画图表示。

5. 什么是交换契约曲线？

6. 什么是生产契约曲线？

7. 怎么得到生产可能性曲线？为什么生产可能性曲线向右下方倾斜？其为何凹向原点？

8. 一个经济体使用 L 和 K 两种资源，生产衣服的 $MRTS_{LK}=4$，而生产食物的 $MRTS_{LK}=3$，判断该社会现有的生产状况是否有效率？为什么？如何改进？

9. 什么是瓦尔拉斯定律？

10. 什么是经济效率和判断经济效率的标准？

11. 简述整个经济达到帕累托最优状态的条件。

12. 什么是福利经济学第一定理？

五、计算题

1. 甲有300单位商品X，乙有200单位商品Y，两人的效用函数都是$U(X,Y)=XY$，推导所有满足帕累托最优的状态。两人通过交换达到帕累托最优，求出社会的价格体系，并求出交换后的结果。

2. 已知商品X的生产函数为$X=5L^{0.4}K^{0.6}$，而商品Y的生产函数为$Y=4L^{0.5}K^{0.5}$，社会上有$L=100$，$K=200$，只生产商品X和商品Y，则该社会的生产契约曲线是什么？

3. 两个人A、B和两种商品（商品1和商品2）的纯交换经济，A、B的效用函数是$U_A=Q_{A1}^{a}Q_{A2}$，$U_B=Q_{B1}^{b}Q_{B2}$，$Q_{A1}+Q_{B1}=Q_1^0$，$Q_{A2}+Q_{B2}=Q_2^0$。求Q_{A1}和Q_{A2}的交换契约曲线。

4. 假设一个纯交换经济中两个消费者A、B和两种商品（商品1和商品2），消费者的初始禀赋是（W_1，W_2），消费者A的初始禀赋为（1，0），效用函数为U^A（X_1^A，X_2^A）=（X_1^A）^{a}（X_2^A）$^{1-a}$，消费者B的初始禀赋为（0，1），效用函数为U^B（X_1^B，X_2^B）=（X_1^B）^{b}（X_2^B）$^{1-b}$。商品1和商品2的价格分别是P_1和P_2。试求：

（1）竞争均衡（可把商品1的价格标准化为1）。

（2）假设$a=1/2$，$b=1/2$，使市场出清的价格水平和均衡消费量分别是多少？

5. 两个消费者a和b与两种商品X和Y的纯交换经济，$U_a=X_aY_a$，$U_b=2\ln X_b+\ln Y_b$，初始禀赋为a(10，20)，b(20，10)。求交换契约曲线方程和完全竞争均衡配置（令X的价格为P，Y的价格为1）。

6. 消费者A和消费者B在集市上进行以物易物的交易。已知消费者A带来了12个苹果（用x表示），消费者B带来了12个香蕉（用y表示）。已知消费者A的效用函数是$U_A(x_A,y_A)=x_A^{2/3}y_A^{1/3}$，消费者B的效用函数是$U_B(x_B,y_B)=x_B^{2/3}y_B^{1/3}$。

（1）当市场价格为（p_x,p_y）时，求消费者A和消费者B的需求函数。

（2）请给出合理的价格向量使得市场出清。

（3）请简述帕累托有效的定义，并给出该交换经济所有帕累托有效的结果。

7. 消费者A和消费者B消费两种商品X和Y。消费者A的效用函数为U_A（X,Y）=$X^{1/2}Y$，初始拥有$X=16$，$Y=16$；消费者B的效用函数为U_B（X，Y）=XY^2，初始拥有$X=4$，$Y=144$。

（1）在两人的初始状态下，两件商品X和Y之间的边际替代率分别是多少？

（2）如果消费者A和消费者B能够自由交换，他们会交换吗？他们又会如何交换？

（3）请找出竞争性均衡的价格。

8. 鲁宾逊靠捕鱼为生，他的生产函数为$F=\sqrt{L}$，其中F是鱼的数量，L是工作时间。鲁滨逊一天有10小时用于工作或游泳。他的效用函数为$U(F,S)=F\times S$，其中S是游泳时间。

（1）请计算鲁滨逊的最佳捕鱼量是多少？工作多少小时？

（2）鲁滨逊如果成立一个克鲁索公司来生产鱼，雇佣自己的劳动，再从该公司买鱼（鱼市场假设为竞争市场）。请问均衡价格是多少？此价格下鱼的产量、消费量、工作雇佣量和供给量各为多少？

第八章

市场失灵和微观经济政策

一、思考题

1. 比较垄断和竞争两种市场类型的经济效率，分析垄断的低效率。
2. 分析寻租的经济作用。
3. 比较没有监管和有监管的自然垄断企业的产量与价格的决定。
4. 说明私人物品和公共物品的区别，并分析如何决定公共物品的最优数量。
5. 分析正外部性和负外部性对经济的影响。
6. 分析道德风险和逆向选择对市场活动的影响。
7. 分析西方微观经济政策对社会主义市场经济的借鉴意义。
8. 以马克思主义观点说明为什么西方经济学的收入分配政策不能从根本上解决西方国家的贫富两极分化的问题。
9. 以马克思主义观点说明为什么资本主义不能从根本上解决可持续发展问题。

二、单项选择题

1. 市场失灵是指（　　）。
   A. 在私人部门和公共部门之间资源配置不均
   B. 不能产生任何有用成果的市场过程
   C. 以市场为基础的对资源的低效率配置
   D. 收入分配不平等
2. 说垄断造成低效率的资源配置是因为产品价格（　　）边际成本。
   A. 大于　　B. 小于
   C. 等于　　D. 以上情况都存在

3. 政府对自然垄断的行为一般采取（　　）的态度。

A. 限制　　B. 管制　　C. 不管　　D. 扶持

4. 被称为外部性的市场失灵发生在（　　）。

A. 某种行为的私人成本（收益）不能反映该行为的社会成本（收益）时

B. 经济主体追求自利时　　C. 经济主体具有不完全信息时

D. 当市场不能完全出清时

5. 某一经济活动存在正外部性是指该活动的（　　）。

A. 私人利益大于社会利益　　B. 私人成本大于社会成本

C. 私人利益小于社会利益　　D. 私人成本小于社会成本

6. 当人们无偿地享有了他人活动带来的收益时，存在（　　）。

A. 公共产品　　B. 正外部性　　C. 交易成本　　D. 负外部性

7. 某一经济活动存在负外部性是指该活动的（　　）。

A. 私人成本大于社会成本　　B. 私人成本小于社会成本

C. 私人利益大于社会利益　　D. 私人利益小于社会利益

8. 吸烟行为会产生（　　）。

A. 生产的正外部性　　B. 消费的正外部性

C. 生产的负外部性　　D. 消费的负外部性

9. 某项生产活动存在负外部性时，其产量（　　）帕累托最优产量。

A. 大于　　B. 小于

C. 等于　　D. 以上情况都有可能

10. 从社会角度来看，效率要求（　　）之间相等。

A. 社会边际收益和社会边际成本　　B. 社会边际收益和私人边际收益

C. 社会边际成本和私人边际收益　　D. 社会边际成本和私人边际成本

11. 如果上游工厂污染了下游居民的饮水，按照科斯定理（　　），问题即可通过协商妥善解决。

A. 不管财产权是否明确，只要交易成本为零

B. 只要财产权明确，交易成本为零

C. 只要财产权明确，不管交易成本有多大

D. 不论财产权是否明确，交易成本是否为零

12. 科斯定理面临的局限性是（　　）。

A. 交易成本常常很高　　B. 产权不明晰

C. 牵涉主体众多，协商困难　　D. 以上都是

13. 解决负外部性可以采取的方法有（　　）。

A. 征税　　B. 界定产权、协商

C. 外部性内在化　　D. 以上都是

14. 如果一个市场上，一种商品相对社会最优产量来说处于供给不足状态，这说明存在（　　）。

A. 正外部性　　B. 信息不完全　　C. 负外部性　　D. 逆向选择

15. 市场不能提供纯粹的公共物品是因为（　　）。

A. 公共物品不具有排他性　　B. 公共物品不具有竞争性

C. 消费者都想“免费乘车”　　D. 以上情况都是

16. 公共物品的市场需求曲线是消费者个人需求曲线的（　　）。

A. 水平相加　　B. 垂直相加　　C. 算术平均数　　D. 加权平均数

17. 一项公共物品是否值得生产，在经济学看来，主要看（　　）。

A. 效益　　B. 政府的意志

C. 公众的意见　　D. 成本和效益的对比

18. 在双方信息不对称的情况下，差的商品总是将好的商品驱逐出市场，这种情况被称为（　　）。

A. 逆向选择　　B. 搭便车问题　　C. 自然选择　　D. 道德风险

19. 交易双方信息不对称，比方说买方不清楚卖方一些情况，是由于（　　）。

A. 卖方故意要隐瞒自己的一些信息　　B. 买方认识能力有限

C. 完全掌握情况所费成本太高　　D. 以上情况都有可能

20. 如果某种产品的生产正在造成污染，而社会边际成本大于私人边际成本，适当的税收政策是征税，征税额等于（　　）。

A. 治理污染设备的成本　　B. 私人边际成本

C. 社会边际成本和私人边际成本之差　　D. 社会边际成本

21. 下列选项中，（　　）属于寻租行为。

A. 公司凭借自己所有的财产收取租金

B. 公司投入资源去劝说政府阻止新公司进入它的行业

C. 主管部门收取牌照租金　　D. 商业地产所有者向承租人收取租金

22. 下列选项中，存在搭便车问题的物品是（　　）。

A. 收费的高速公路　　B. 收学费的学校

C. 路灯　　D. 私人经营的商店

23. 既不具有竞争性又不具有排他性的物品是（　　）。

A. 公共物品　　B. 私人物品　　C. 替代品　　D. 奢侈品

24. 搭便车的问题是指（　　）。

A. 公交运输总是存在大量亏损现象

B. 当人们能够免费享用公共物品时，他们通常并不愿意作出相应的支付

C. 存在外部性时，市场无法有效配置资源

D. 增加一个消费者享受公共物品时的边际成本为零

25. 下列选项中，不属于典型的逆向选择现象的是（　　）。

A. 劣币驱逐良币　　B. 贪官驱逐清官

C. 购买自行车保险后疏于锁车　　D. 体弱多病者更倾向于参加医疗保险

26. 导致市场失灵的因素有（　　）。

A. 垄断　　B. 外部性　　C. 公共物品　　D. 以上都是

27. 属于负外部性的是（　　）。

A. 吸烟有害健康　　B. 吸烟有害他人健康

C. 小麦减产导致农民收入下降　　D. 下雨导致小麦减产

28. 工厂排放的废气对社会产生（　　）。

A. 生产的正外部性　　B. 生产的负外部性

C. 消费的正外部性　　D. 消费的负外部性

29. “苹果花对于蜜蜂，蜜蜂对于苹果花”是（　　）。

A. 正外部性　　B. 负外部性

C. 前者是正外部性，后者是负外部性　　D. 前者是负外部性，后者是正外部性

30. 干洗店会产生废水污染，因此干洗行业的均衡价格（　　）。

A. 和产量高于社会最优水平

B. 低于社会最优水平，产量高于社会最优水平

C. 高于社会最优水平，产量低于社会最优水平

D. 以上都不对

31. 某生产活动存在正外部性时，其产量（　　）帕累托最优产量。

A. 大于　　B. 小于

C. 等于　　D. 以上都有可能

32. 次品市场上商品价格上升将导致销售商品的平均质量（　　）。

A. 提高　　B. 降低　　C. 不变　　D. 无法确定

33. 一个旧手表市场具有不对称信息，好手表所占比例为 q，卖方对好手表、坏手表的估价分别是 100 元、50 元，买方对好手表、坏手表的估价分别是 120 元、60 元。如果旧手表的市场价格是 90 元，那么（　　）。

A. 好手表和坏手表都将成交　　B. 好手表和坏手表都不发生交易

C. 只有好手表被卖出　　D. 只有坏手表被卖出

34. 出售照相机的二手市场具有不对称信息，好照相机的比例为 q，卖方对好照相机、差照相机的估价分别是 100 元、50 元，买方对好照相机、差照相机的估价分别是 120 元、60 元。下列选项中，正确的是（　　）。

A. 当市场价格 $P=90$ 元时，差照相机能被出售，好照相机不能被出售

B. 当优质照相机的比例为 1/3，在均衡状态下，市场价格为［50，60］，好照相机不能被出售

C. 当好照相机的比例为 1/2，好照相机和差照相机都能被出售

D. 上述说法都不对

35. 次品市场上商品价格下降导致销售数量减少的现象，可以被称为（　　）。

A. 道德风险　　B. 逆向选择　　C. 公共物品　　D. 搭便车

36. 研究发现，向保险公司购买了医疗保险的人购买保险后住院的可能性高于没购买保险的人，上述事实说明了（　　）的存在。

A. 囚徒困境　　B. 逆向选择　　C. 道德风险　　D. 公共悲剧

37.（　　）市场不容易出现逆向选择。

A. 就业　　B. 保险　　C. 信贷　　D. 沃尔玛超市

38. 就业市场采取固定工资制，容易导致（　　）问题。

A. 逆向选择　　B. 道德风险　　C. 外部性　　D. 公共悲剧

39. 下列选项中，不属于道德风险的是（　　）。

A. 盗窃多发地区，人们积极投保财产险　　B. 购买财产火险的人，不注重防火

C. 外派的经理人员，没有努力工作　　D. 购买医疗保险的人，小病大看

40. 健康不好的人倾向购买人身保险，参加车辆保险的人不认真保管车子，这两种现象分别属于（　　）。

A. 道德风险、道德风险　　B. 逆向选择、逆向选择

C. 道德风险、逆向选择　　D. 逆向选择、道德风险

41. 既具有排他性，也具有竞争性的物品是（　　）。

A. 公共物品　　B. 公共资源

C. 私人物品　　D. 俱乐部物品

42. 不具有排他性，但具有竞争性的物品是（　　）。

A. 公共物品　　B. 公共资源

C. 私人物品　　D. 俱乐部物品

43. 消费的非竞争性是指（　　）。

A. 只有一个消费者　　B. 多增加一个消费者的边际效用为零

C. 多增加一个消费者的边际成本为零　　D. 不支付价格也能获得消费

44. 消费的非排他性是指（　　）。

A. 只有支付价格才能消费　　B. 不支付价格也能获得消费

C. 多增加一个消费者的外部成本为零　　D. 只有一个消费者

45. 收费的有线电视具有（　　）。

A. 排他性和竞争性　　B. 排他性和非竞争性

C. 非排他性和竞争性　　D. 非排他性和非竞争性

46. 增加一单位公共物品的消费，边际成本是（　　），排除他人使用的成本是（　　）。

A. 零，无穷大　　B. 零，零

C. 无穷大，无穷大　　D. 无穷大，零

47. 公共物品供应的最优均衡条件是（　　）。

A. 每个消费者的边际替代率相等

B. 消费者的边际支付意愿之和等于提供该公共物品的边际成本

C. 每个消费者的边际支付意愿等于提供该公共物品的边际成本

D. 每个消费者的私人成本之和等于提供该公共物品的边际成本

48. 可用（　　）来描述一个养蜂王与其邻近的经营果园的农场主之间的影响。

A. 负外部性　　B. 正外部性

C. 逆向选择　　D. 以上都不是

49. 关于科斯定理，正确的表述是（　　）。

A. 科斯定理阐述的是产权和外部性的关系

B. 科斯定理假设没有政府的干预

C. 科斯定理一般在涉及的交易主体数目较少时才较为有效

D. 以上都正确

50. 公共产品的主要定价方法是（　　）。

A. 由市场供求决定　　B. 由垄断组织通过竞争决定

C. 用成本-效益分析法进行评估　　D. 由购买者决定

51. 有关社会成本的正确论述是（　　）。

A. 它不包括私人成本　　B. 它包括私人成本

C. 它与私人成本没有关系　　D. 以上都不对

52. 不完全竞争市场中出现低效率的资源配置是因为产品的价格（　　）边际成本。

A. 大于　　B. 小于

C. 等于　　D. 可能不等于

53. 某项生产活动存在负外部性，其产量（　　）帕累托最优产量。

A. 大于　　B. 小于

C. 等于　　D. 以上都可能

54. 发生搭便车问题主要是因为公共物品的（　　）。

A. 竞争性　　B. 非竞争性　　C. 排他性　　D. 非排他性

55. 草地的过度放牧，以致沙漠化严重，除了其非排他性之外，还因为草地的（　　）。

A. 竞争性　　B. 非竞争性　　C. 排他性　　D. 非排他性

56. 公海里的鱼具有（　　）。

A. 非竞争性　　B. 排他性和非竞争性

C. 竞争性和非排他性　　D. 非排他性

57. 某一经济活动存在正外部性是指该活动的（　　）。

A. 私人成本大于社会成本　　B. 私人成本小于社会成本

C. 私人利益大于社会利益　　D. 私人利益小于社会利益

58. 某一企业经济活动存在生产正外部性是指企业的产量一般会（　　）社会最优产量。

A. 高于　　B. 低于　　C. 等于　　D. 等于或低于

59. 不拥挤的不收费道路是（　　）。

A. 公共资源　　B. 公共物品　　C. 私人物品　　D. 以上都不对

60. 购买保险后，投保人的安全防范意识往往减弱，这是因为（　　）。

A. 负外部性　　B. 道德风险　　C. 逆向选择　　D. 垄断

61. 逆向选择产生的原因是（　　）。

A. 事前的信息不对称，有人隐藏信息　　B. 事后的信息不对称，有人隐藏信息

C. 事前的信息不对称，有人隐藏行动　　D. 事后的信息不对称，有人隐藏行动

62. 道德风险产生的原因是（　　）。
A. 事前的信息不对称，有人隐藏信息　B. 事后的信息不对称，有人隐藏信息
C. 事前的信息不对称，有人隐藏行动　D. 事后的信息不对称，有人隐藏行动

63. 市场供给公共物品失效，是因为（　　）。
A. 公地悲剧问题　B. 搭便车问题
C. 垄断问题　D. 负外部性问题

64. 准公共物品（　　）。
A. 有一定排他性，非竞争性　B. 非排他性，非竞争性
C. 有排他性，有竞争性　D. 非排他性，有竞争性

三、判断题

1. 当存在负外部性时，私人成本高于社会成本。（　　）
2. 在正外部性情况下，私人活动水平常常要高于社会最优水平。（　　）
3. 负外部性情况下，私人活动水平常常超过社会最优水平。（　　）
4. 任何人都要支付相同数量的费用，才可以消费公共产品。（　　）
5. 垄断出现低效率的资源配置是因为产品价格高于边际成本。（　　）
6. 由于垄断造成低效率，因此任何垄断都是要不得的。（　　）
7. 公共物品一般由政府提供。（　　）
8. 政府对垄断行为的政策主要是反垄断和管制垄断行为。（　　）
9. 政府对竞争性行业的垄断行为一般是限制的态度。（　　）
10. 既然污染会带来负外部性，应该把污染降低到零。（　　）
11. 寻租行为是一种非生产性行为，不利于经济绩效。（　　）
12. 垄断厂商的产量小于竞争产量。（　　）
13. 经济主体依据私人成本和私人收益进行决策。（　　）
14. 治理负外部性的传统方法是庇古税。（　　）
15. 治理正外部性的传统方法是庇古补贴。（　　）
16. 外部性只能通过政府干预才能得到解决。（　　）
17. 如果产权是明确的，就不会有外部性问题。（　　）
18. 逆向选择是由事前的信息不对称引起的。（　　）
19. 道德风险是由事后的信息不对称引起的。（　　）
20. 公共物品的消费者存在搭便车的问题。（　　）
21. 对自然垄断厂商管制其价格 $P=AC$，不存在无谓损失。（　　）
22. 对自然垄断厂商管制其价格 $P=MC$，不存在无谓损失，但厂商面临亏损，政府面临补贴。（　　）
23. 私人物品的市场需求曲线是私人需求曲线的水平加总。（　　）
24. 在私人物品市场，每个消费者面临相同的价格。（　　）
25. 在公共物品市场，每个消费者面临相同的数量。（　　）
26. 负外部性会产生无谓损失。（　　）
27. 正外部性增进了社会的福利。（　　）

28. 公共品投资常常陷入囚徒困境。（ ）
29. 公共品的市场需求曲线难以准确得到。（ ）
30. 因为垄断的低效率，政府对自然垄断行业一般是持打击态度的。（ ）
31. 对自然垄断行业一般采取管制态度。（ ）
32. 市场失灵指的是市场没有达到可能达到的最佳结果。（ ）
33. 完全竞争市场一般比垄断更能保证生产资源的有效利用。（ ）
34. 公共产品的一个显著特点是排他性。（ ）
35. 从社会的角度看，私人成本和社会成本的差异是导致市场失灵的原因之一。（ ）
36. 由于有寻租活动，垄断者可以确保在长期中获得经济利润。（ ）
37. 在不完全竞争市场，消费者为增加额外一单位产量所支付的价格一般超过生产该单位产量所引起的边际成本。（ ）
38. 一般认为，在不完全竞争市场，当价格大于边际成本时，就是低效率的资源配置状态，存在着帕累托改进。（ ）
39. 按照信息不完全假设，保险公司利润随保险价格上升而上升。（ ）
40. 公共物品的市场需求曲线是由消费者个人需求曲线垂直加总得到的。（ ）

四、简答题

1. 什么是市场失灵？
2. 垄断为什么导致低效率？请画图表示。
3. 什么是负外部性？为什么负外部性导致低效率？请画图表示。
4. 什么是正外部性？为什么正外部性导致低效率？请画图表示。
5. 什么是公共物品？公共物品为什么出现市场失灵？
6. 什么是搭便车问题？为什么会产生搭便车问题？
7. 解决外部性问题的方法有哪些？
8. 什么是科斯定理？
9. 什么叫寻租？寻租的代价有哪些？
10. 画图表示私人物品和公共物品的最优数量。
11. 什么是公地的悲剧？如何治理公地的悲剧？
12. 什么是逆向选择？解决逆向选择的措施有哪些？
13. 什么是道德风险？解决道德风险的措施有哪些？
14. 简述产权明晰在解决外部性问题中的重要性。
15. 什么是公共资源？公共资源容易导致什么问题？

五、计算题

1. 垄断厂商面临的市场需求函数为 $Q=1\,000-10P$，成本函数为 $C=40Q$。试求：
（1）垄断厂商利润最大化时的产量、价格和利润。
（2）垄断造成的无谓损失。
（3）使无谓损失为零的管制价格。

2. 某企业的生产边际成本 $MC=3Q$，其污染对社会产生的边际成本是 $2Q$，市场对其产品的需求函数是 $P=420-Q$。试求：

（1）如果该企业是垄断者，其利润最大化的产量、价格和利润。

（2）考虑到污染成本，社会最优的产量应该是多少？

（3）政府应该征收多少庇古税，使厂商的产量与社会最优产量一致。

3. 垄断厂商面临的需求函数是 $P=600-2Q$，成本函数是 $C=3Q^2-400Q+40\ 000$。试求：

（1）垄断厂商利润最大化的产量、价格。

（2）由于污染，垄断厂商的社会成本函数是 $C_S=4.25Q^2-400Q+40\ 000$，社会最优的产量和价格分别是多少？

（3）政府应对每单位产品征收多少税收，使企业产量等于社会最优产量。

4. 苹果园附近是养蜂场，A 表示苹果产量，H 表示蜂蜜产量，苹果园的成本函数是 $C_A=A^2/100-H$，养蜂场的成本函数是 $C_H=H^2/100$。已知苹果的价格是 3 元，蜂蜜的价格是 2 元，试求：

（1）如果苹果园和养蜂场独立经营，其产量各为多少？

（2）如果苹果园和养蜂场合并经营，其产量各为多少？

5. 假定有一企业，从私人角度看，每多生产 1 单位产品可多得 12 元；从社会角度看，每多生产 1 单位产品还再可多得 4 元。产品的成本函数是 $C=Q^2-40Q$，为达到帕累托最优，政府应每单位补贴多少？使产量增加多少？

6. 假定厂商 A 生产产品 X，成本函数是 $C_A=2X^2$，厂商 B 生产产品 Y，成本函数是 $C_B=Y^2+2XY$，厂商 A 给厂商 B 造成负外部性，厂商 B 的生产成本受到厂商 A 的产量的影响，产品 X 和产品 Y 的价格分别是 80 和 60。试求：

（1）假定厂商不对外部性问题进行交涉，两厂商的产量和利润各为多少？

（2）假定两厂商合并，两厂商的产量和利润各为多少？

7. 假设村里决定修路，修路的成本函数为 $C(X)=X^2/2$，每个村民的边际支付意愿为 $P(X)=1-X$，X 是修路的长度。试求：

（1）如果村民是 1 000 人，那么该村应修建多长的道路？

（2）若修路的成本是 500，有多少村民时才能修这条路？

8. 由三个人组成的社会，每个人对公共物品的需求函数分别是 $P_A=100-6q$，$P_B=200-4q$，$P_C=400-10q$，该公共物品的边际成本是 20 元，则该公共物品的最优数量是多少？

9. 假设石油行业是完全竞争的，所有厂商从同一油田产油，石油的价格是 10 元，每个油井每年的运营成本是 1 000 元，油田每年的产量是 $Q=500N-N^2$，N 为油井的数量，每个油井的产量是 $q=500-N$。试求：

（1）竞争均衡的产量和均衡的油井数。

（2）若政府将油田国有化，计算油井数和总产出。

（3）若政府通过发放采油执照来使采油量达到最优，应发放多少张执照？每张执照的年费用是多少？

10. 农民面临是否灌溉的问题，如果灌溉或天下雨的话，作物带来的利润是 1 000 元，若缺水，作物的利润只有 500 元。灌溉的成本是 100 元，农民认为天下雨的概率是 80%。农民追求最优化，他会灌溉吗？

11. 假定一个社会由 A 和 B 两个人组成，A 对某物品的需求曲线是 $Q_A=100-P$，B 对此物品的需求曲线是 $Q_B=200-P$。试求：

（1）如果此物品是公共物品，每一单位产品的边际成本是 120 元，求社会最优产出是多少？

（2）如果此物品是私人物品，会有多少单位产出？

（3）若由政府来供给这一公共物品，总支出为多少？A、B 应各缴纳多少税？

12. 假定一个社会有 A、B、C 三个厂商，A 厂商每生产一单位产品使 B 厂商增加 7 元收益，使 C 厂商增加 3 元成本，A 厂商的边际成本 $MC=4Q_A$，A 厂商产品的市场价格是 16。试求：

（1）在竞争性市场，A 厂商的产出应是多少？

（2）社会最优的产出应是多少？

13. 一种产品有两类生产者在生产，优质产品生产者生产的产品每件值 14 元，劣质产品生产者生产的产品每件值 8 元，消费者不能区分优劣产品。如果消费者买到优质产品的概率是 P，买到劣质产品的概率是 $1-P$，两类生产者生产单位产品的生产成本都是 11.5 元，所有生产者是竞争性的。

（1）假定市场上只有优质产品生产者，均衡价格是多少？

（2）假定市场上只有劣质产品生产者，均衡价格是多少？

（3）假定市场上存在同样多的两类生产者，均衡价格是多少？

14. 假定两企业间存在外部性，企业 1 对企业 2 产生负外部性，成本函数分别是 $C_1=X^2$，$C_2=X^2+Y^2$，X 和 Y 分别是两个企业的产量，其产品价格分别是 40 和 30。

（1）若两企业不进行外部性问题交涉，两企业的产量和利润各为多少？

（2）社会最优的两个企业产量分别是多少？

（3）政府对企业 1 课税，单位产量的税率是 t，实现社会最优的税率是多少？

参考答案部分

导论参考答案

一、思考题

1. 如何界定西方经济学？试述西方经济学的研究对象和研究方法。

解答：西方经济学是20世纪30年代以来流行于西方国家并成为这些国家经济政策理论基础的主流经济学。西方经济学包括两大部分：微观经济学和宏观经济学。

微观经济学研究个体经济单位的经济行为，即个体在市场机制调节下进行理性选择，旨在研究市场可以实现资源的有效配置。

宏观经济学研究总体经济活动，旨在研究经济增长、经济波动、通货膨胀、汇率变化等总量经济活动的原因和应对政策。

西方经济学的基本研究方法是基于“经济人”假设，个体做理性决策，市场形成均衡。经济模型、边际分析、均衡分析是西方经济学的基本研究方法。

2. 西方经济学是如何产生、发展和演变的？

解答：西方经济学的发展演变，大体经历了重商主义（15世纪至17世纪中叶）、古典经济学（17世纪中叶至19世纪中后期）、新古典经济学（19世纪后期至20世纪初）、当代西方经济学（20世纪30年代至今）。重商主义主要研究贸易（流通过程），政策层面鼓励出口，限制进口，以积累国民财富。古典经济学主要研究生产过程，提出劳动创造价值的观点，生产要素也参与生产过程。新古典经济学以马歇尔的《经济学原理》为标志，以边际分析为核心，包括边际效用理论和边际生产力分配论，形成需求曲线和供给曲线，由此形成均衡价格。现代西方经济学以萨缪尔森为代表，建立新古典综合派理论体系，将马歇尔的微观经济学和凯恩斯的宏观经济学综合在一起，前者强调市场机制调节，后者强调政府调节，实现总供给和总需求的平衡。

3. 为什么了解与研究西方经济学？如何了解与研究西方经济学？

解答：学习西方经济学可以了解市场机制配置资源的有效性和市场失灵，政府调节可以解决市场失灵、促进经济稳定和持续增长，有效的市场和有为的政府可以保持经济发展的动能。

通过《西方经济学》教材的学习，以马克思主义基本原理为指导，结合中国特色社会主义实践，可以了解西方经济学的基本方法、基本观点。

研究西方经济学要以马克思主义的立场和方法为基础，吸收西方经济学的合理要素，对中国特色社会主义市场经济形成有益的参考。

二、单项选择题

1. D	2. B	3. B	4. A	5. D	6. A	7. B	8. D	9. D	10. D
11. C	12. D	13. A	14. D	15. D	16. C	17. D	18. D	19. D	20. D
21. D	22. B	23. D	24. A	25. B	26. A	27. A	28. A	29. D	30. A
31. D	32. D	33. D	34. A	35. A	36. D	37. C	38. B	39. B	

三、判断题

1. T	2. T	3. F	4. T	5. F	6. T	7. T	8. T	9. T	10. T
11. T	12. F	13. T	14. T	15. T	16. F	17. T	18. T	19. T	20. T

四、简答题

1. 为什么说经济学是关于选择的科学？

解答：资源是稀缺的，人们面临权衡选择，需要决定选择什么以及怎样选择。

2. 市场是配置资源的好方法，为什么还存在政府？

解答：市场并非总是有效地运行，有时候，市场会失灵，政府的参与可以克服市场失灵，更有效地实现资源的配置

3. 石油价格上升，石油的需求量一定会降低吗？

解答：在其他条件不变时，石油价格与石油需求量成反向变化，价格上升，需求量降低，价格下降，需求量上升。若不假定其他条件不变，就得不出这一规律。

4. 什么是稀缺性？

解答：相对于人的需求和无限欲望，资源都是稀缺的。

5. 什么是完全理性假设？

解答：假设经济主体在经济活动中具有完全信息和理性计算能力，以实现利益最大化。

6. 什么是“经济人”假设？

解答：人是自利的，且追求利益最大化的。

7. 自愿贸易总是使卖方的状况变得更好，但不一定使买方的状况变好。你是否赞同这一观点。

解答：自愿贸易一定要使买卖双方的状况都变得更好，否则，若有变差的一方，他就不会同意达成交易。

8. 什么是经济学意义上的均衡？

解答：经济学意义上的均衡是指经济系统中经济变量相对静止的状态。一般来说，实现了最优化时，经济变量达到均衡，不再有改变的动机，除非有外力推动静态状态改

变，外力会推动均衡点发生变化。

9. 什么是经济学意义上的最优化？

解答：经济学意义上的最优化是指经济主体追求经济理性的过程。“经济人”假设经济主体追求利益最大化，在数学上表现为求目标函数的最大值。

10. 如何理解“在其他条件不变时”这句话在经济学分析中的作用？

解答：经济学分析一个经济变量对另一个经济变量的影响时，要假设其他条件不变，否则分不清楚到底是谁的影响。例如，$Y(X_1,X_2,X_3)$，X_1，X_2，X_3都影响Y，要分析X_1的变化对Y的变化的影响，须假设X_2和X_3保持不变，否则Y的变化可能来自X_1的变化、X_2的变化和X_3的变化。假设X_2和X_3保持不变后，Y的变化只可能来自X_1的变化。“在其他条件不变时”这句话在数学上的表现就是求偏导。

第一章
需求、供给和均衡价格
参考答案

一、思考题

1. 你对早餐牛奶的需求是如何决定的？列出决定牛奶需求的各因素，并运用这些因素讨论需求量与需求变动之间的联系和区别。

解答：对早餐牛奶的需求决定于早餐牛奶的价格、对早餐牛奶的偏好、收入水平、其他相关商品的价格、预期、政府的政策等。早餐牛奶的价格变动导致其需求量的变动。早餐牛奶的价格以外的因素变动导致其需求的变动。

2. 什么是供给规律？它有没有特例？谈谈你对经济学中经济规律的看法。

解答：供给规律是指在其他条件不变的情况下，某种商品的价格越高，生产者对该商品的供给量越大；反之，商品的价格越低，供给量就越小。存在特例的供给曲线，如水平的供给曲线，供给的价格固定，供给数量为任意值；垂直的供给曲线，供给的数量固定，价格为任意值。经济规律是指经济现象与经济现象之间的一般规律，经济规律要基于一定的假设条件，条件变了，规律就可能被打破。

3. 均衡价格是如何决定的？以此为例说明均衡的静态分析和比较静态分析之间的联系与区别。

解答：当需求量等于供给量时，达到市场均衡，形成均衡价格。当其他条件不变时，某需求曲线与某供给曲线的交点决定了均衡价格和均衡数量，这是静态分析。当其他条件变化时，需求曲线或供给曲线发生变化，形成新的均衡点，这是比较静态分析。

4. “需求曲线越陡，价格弹性就越小；需求曲线越平缓，价格弹性就越高。”这句话对吗？

解答：不对，需求价格弹性不但取决于需求曲线的斜率（dq/dp），还取决于坐标（p/q），不能由单方面决定需求价格弹性的大小。

5. 某国政府准备在每辆汽车销售时征收 1 000 美元的税，请问向购买者和销售者征税的后果是否相同？请画图加以说明。

解答：对购买者征税和对销售者征税的后果相同，都相当于在均衡点左边打上一个税收楔子，使均衡数量减少，使买方支付的价格上升，使卖方得到的价格降低（见图2-1-1）。

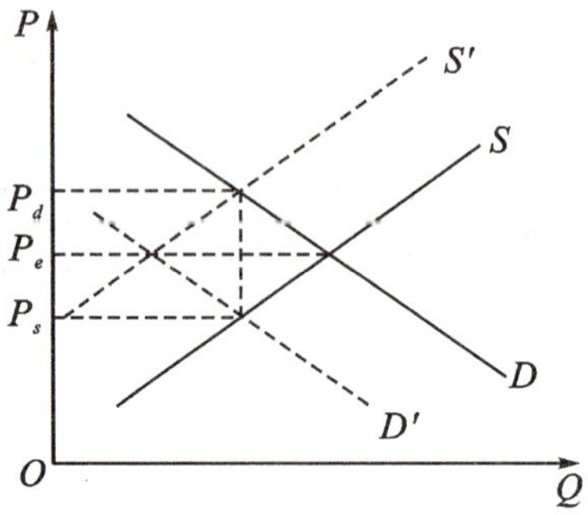

图 2-1-1

6. 试用马克思主义观点对供求均衡理论进行分析评论。

解答：西方经济学认为，商品价格由供求均衡决定。马克思主义经济学认为，商品的价值服从劳动价值论，即蕴含在商品中的无差别的一般人类劳动。商品价值的货币表现就是价格。在供求关系的影响下，价格围绕价值上下波动。西方经济学的均衡价格论没有对商品的价值与价格进行合理区分，人们看不到商品价值的本质。

二、单项选择题

1. C	2. B	3. B	4. B	5. B	6. D	7. D	8. D	9. C	10. A
11. A	12. B	13. A	14. B	15. A	16. A	17. B	18. B	19. B	20. C
21. A	22. B	23. B	24. B	25. C	26. A	27. D	28. A	29. A	30. B
31. C	32. D	33. C	34. B	35. B	36. A	37. C	38. C	39. B	40. A
41. C	42. B	43. D	44. A	45. A	46. A	47. B	48. C	49. B	50. D
51. A	52. C	53. D	54. A	55. A	56. B	57. B	58. B	59. B	60. A
61. A	62. C	63. A	64. B	65. B	66. A	67. B	68. B	69. B	70. D
71. C	72. B	73. B	74. C	75. C	76. A	77. A	78. D	79. A	80. C
81. C	82. A	83. A	84. D	85. B	86. B	87. D	88. D	89. D	90. C
91. C	92. B	93. C	94. C	95. A	96. C	97. C	98. B	99. D	100. B
101. A	102. D	103. D	104. B	105. B	106. A	107. A	108. A	109. B	110. B
111. B	112. B	113. A	114. B	115. B	116. D	117. A	118. D	119. D	120. C
121. C	122. B	123. B	124. A	125. A					

三、判断题

1. F	2. F	3. F	4. F	5. F	6. F	7. T	8. F	9. T	10. F
11. T	12. T	13. T	14. T	15. T	16. T	17. F	18. T	19. T	20. T
21. F	22. F	23. T	24. T	25. T	26. T	27. T	28. F	29. T	30. F
31. T	32. F	33. T							

四、简答题

1. 影响需求价格弹性大小的因素有哪些？

解答：影响需求价格弹性大小的因素包括商品的重要程度、商品的可替代程度、市场范围的定义、调整时间的长短、商品在消费支出中占的比重、商品用途的广泛性等。

2. 价格会影响商品的需求量，影响商品需求的因素有哪些？

解答：影响商品需求的因素包括消费者的偏好、消费者的收入水平、其他相关商品的价格、消费者预期、买者的数量、政府的政策等。

3. 价格会影响商品的供给量，影响商品供给的因素有哪些？

解答：影响商品供给的因素包括生产者的目标、生产技术水平、生产成本、生产者可以生产的其他相关商品的价格、生产者对未来的预期、卖者的数量、政府政策因素等。

4. 影响供给价格弹性的因素有哪些？

解答：影响供给价格弹性的因素包括生产者调整供给量的时间、生产者使用的生产技术、现有生产能力的利用程度等。

5. 请用供求机制解释过去 10 年某国的房地产价格上涨迅速。

解答：过去 10 年某国房地产需求增加很多，而房地产供给增加不如需求增加的多，使均衡价格上升很大（见图 2-1-2）。

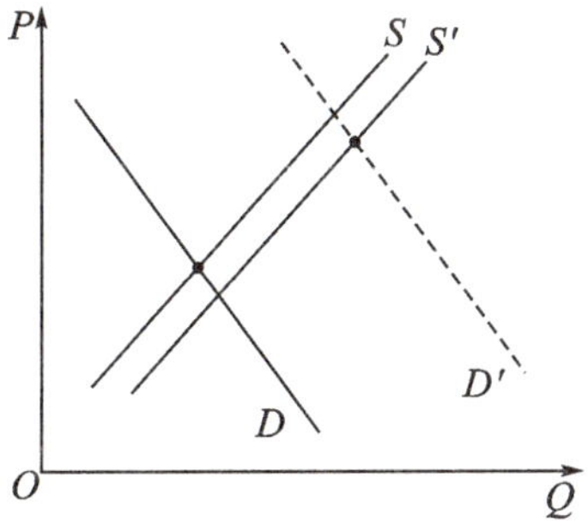

图 2-1-2

6. 请用供求机制解释在节假日旅游景点的服务价格上涨，而商场的货物却可以打折销售。

解答：旅游景点的服务设施供给是固定的，完全缺乏弹性，节假日需求增加时，供给不变，导致价格上涨。商场的货物供给是富有弹性的，在节假日需求增加，但可以增加供给，均衡点可能降低，即可以打折（见图 2-1-3）。

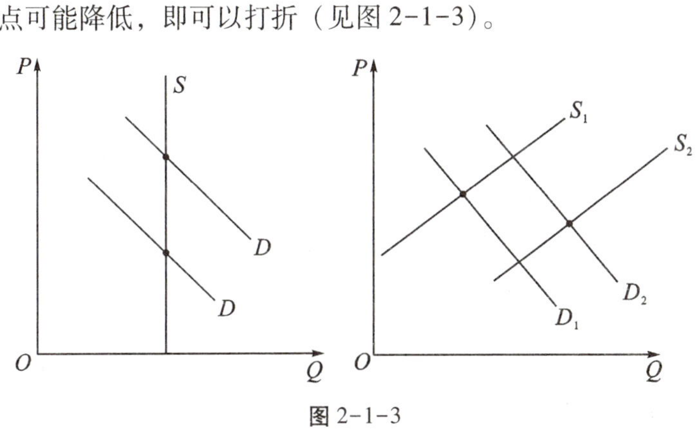

图 2-1-3

7. 自然灾难发生后，应急物资价格飞涨，请用市场机制解释这一现象。在政府不干预的情况下，市场能否自动缓解灾后应急物资价格飞涨的问题。

解答：自然灾难发生后，应急物资需求增加，供给短期不变，均衡价格上升。没有政府的参与，市场也可以解决灾难之后的物资短缺问题，因为应急物资价格上升会吸引商家从外地调入这些物资，使供给增加，同时价格也会回落。

8. 夏天人们对西瓜需求大，冬天人们对西瓜需求少，夏天的西瓜价格反而比冬天的西瓜价格便宜。请用经济学原理解释之。

解答：商品价格是由供求双方共同决定的。夏天人们对西瓜的需求大，但供给也大，因此价格不高。冬天人们对西瓜的需求少，但供给也少，因此价格可能比夏天还高些（见图 2-1-4）。

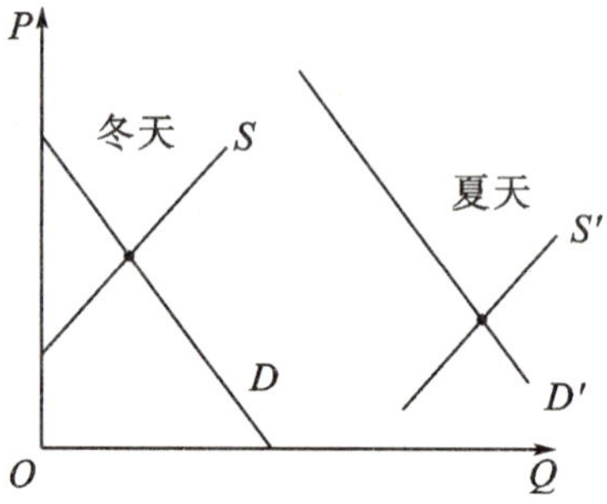

图 2-1-4

9. 若纯净水是完全竞争行业，政府决定对每单位销售征税 0.5 元，厂商认为这个税收将全部由生产者承担，因此反对这个征税政策。请辨析厂商的反对态度。

解答：厂商的反对有道理，销售税将由买卖双方共同分担。但纯净水是完全竞争行业，厂商面临的需求曲线是完全价格弹性，当政府征收销售税时，消费者不承担税收，销售税全部由生产者承担。

10. 请论证收益与弹性的关系。

解答：$R=pq$

$$R=pq(p) \qquad |\varepsilon|>1,\ \frac{\mathrm{d}R}{\mathrm{d}p}<0$$

$$\frac{\mathrm{d}R}{\mathrm{d}p}=\frac{\mathrm{d}(pq)}{\mathrm{d}p}=q+p\frac{\mathrm{d}q}{\mathrm{d}p} \qquad |\varepsilon|<1,\ \frac{\mathrm{d}R}{\mathrm{d}p}>0$$

$$=q\left(1+\frac{p}{q}\cdot\frac{\mathrm{d}q}{\mathrm{d}p}\right)=q(1+\varepsilon) \qquad |\varepsilon|=1,\ \frac{\mathrm{d}R}{\mathrm{d}p}=0$$

$$=q(1-|\varepsilon|)$$

11. 某国政府采取休耕政策保护农民的利益，请解释这一政策的经济学合理性。

解答：休耕政策可以使农产品产量下降，有利于农产品价格上升，农产品的需求价格弹性缺乏弹性，农产品价格上升时，收益会增加，这可以保护农民的利益。

12. 为什么对消费者进行禁毒宣传可以减少毒品有关的犯罪？请用供求机制加以解释。

解答：禁毒宣传可以减少毒品需求，使均衡数量和均衡价格都减少，购买毒品的花费减少，从而减少毒品有关的犯罪。

13. 证明对商品市场征收销售税会造成无谓损失。

解答：税收会减少市场均衡数量，从而减少这部分产量所对应的剩余，即 C 和 E 部分（见图 2-1-5 和表 2-1-1）。

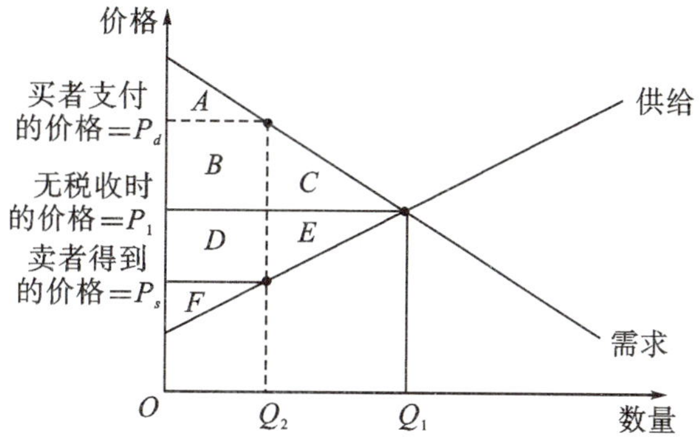

图 2-1-5

表 2-1-1

项目	没有税收时	有税收时	变动
消费者剩余	$A+B+C$	A	$-(B+C)$
生产者剩余	$D+E+F$	F	$-(D+E)$
政府税收收入	无	$B+D$	$+(B+D)$
总剩余	$A+B+C+D+E+F$	$A+B+D+F$	$-(C+E)$

14. 请用图形证明进口配额给进口国带来的福利变化。

解答：有进口配额后，市场供给为“国内供给+进口配额供给”，均衡价格为 p_1，无进口配额时的价格就是世界价格 p_2（见图 2-1-6）。进口配额给进口国带来的福利变化见表 2-1-2。

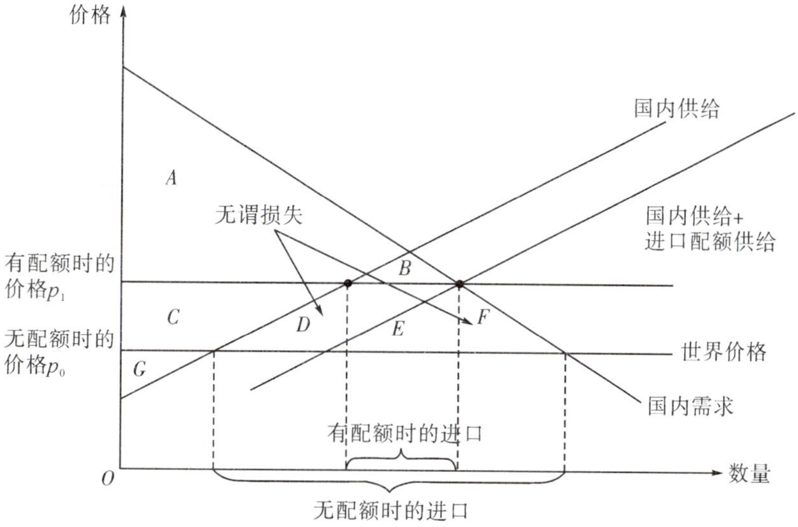

图 2-1-6

表 2-1-2

项目	无进口配额	进口配额	变动
消费者剩余	$A+B+C+D+E+F$	$A+B$	$-(C+D+E+F)$
生产者剩余	G	$C+G$	C
配额许可证持有者剩余	0	E	E
总剩余	$A+B+C+D+E+F+G$	$A+B+C+E+G$	$-(D+F)$

15. 请用图形证明对商品市场进行补贴带来的福利变化。

解答：对商品市场进行补贴带来的福利变化如图 2-1-7 和表 2-1-3 所示。

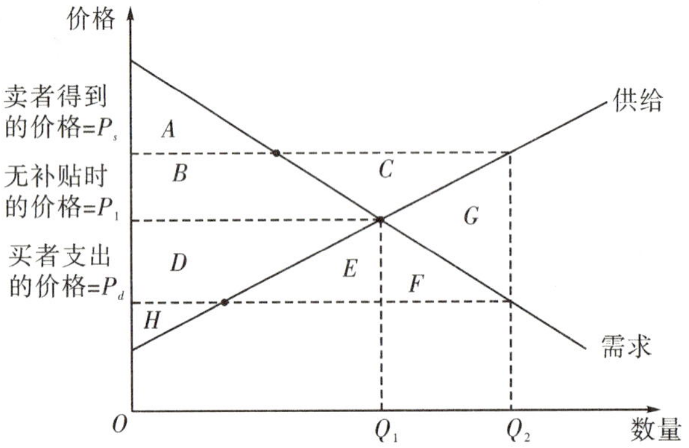

图 2-1-7

表 2-1-3

项目	没有补贴时	有补贴时	变动
消费者剩余	$A+B$	$A+B+D+E+F$	$D+E+F$
生产者剩余	$D+H$	$B+C+D+H$	$B+C$
政府收入	0	$-(B+C+D+E+F+G)$	$-(B+C+D+E+F+G)$
总剩余	$A+B+D+H$	$A+B+D+H-G$	$-G$

16. 请用图形证明支持价格造成无谓损失。

解答：支持价格使均衡数量超出市场均衡数量，使总剩余下降 $D-P_S(Q_2-Q_1)$（见图 2-1-8 和表 2-1-4）。

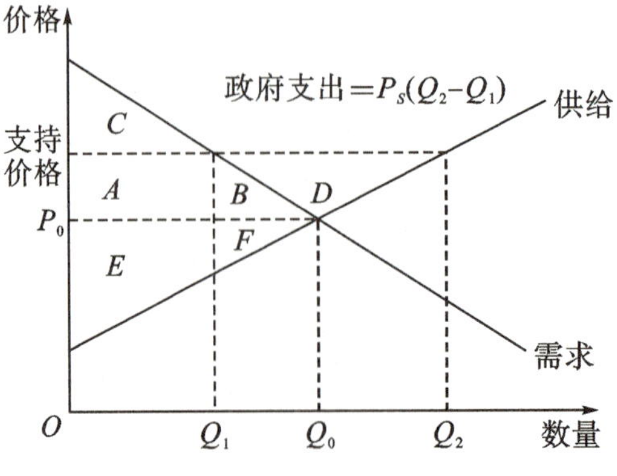

图 2-1-8

表 2-1-4

项目	支持价格前	支持价格后	变动
消费者剩余	$A+B+C$	C	$-(A+B)$
生产者剩余	$E+F$	$A+B+D+E+F$	$A+B+D$
总剩余	$A+B+C+E+F$	$A+B+C+D+E+F$-政府支出	$D-P_S(Q_2-Q_1)$

17. 请用图形说明出口给出口国带来的福利变化。

解答：出口给出口国带来的福利变化如图 2-1-9 和表 2-1-5 所示。

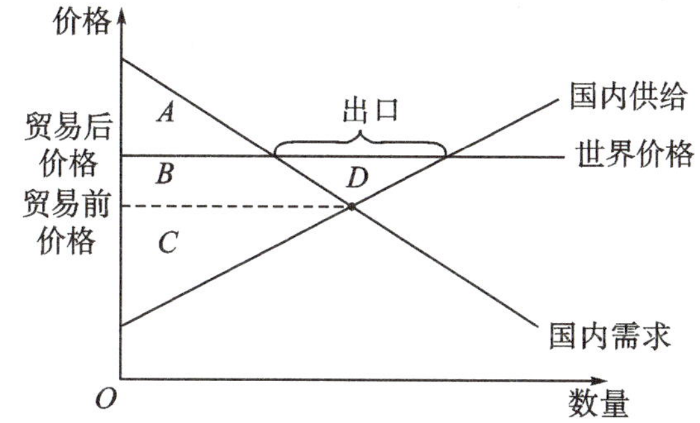

图 2-1-9

表 2-1-5

项目	贸易前	贸易后	变动
消费者剩余	$A+B$	A	$-B$
生产者剩余	C	$B+C+D$	$B+D$
总剩余	$A+B+C$	$A+B+C+D$	D

18. 请用图形说明进口给进口国带来的福利变化。

解答：进口给进口国带来的福利变化如图 2-1-10 和表 2-1-6 所示。

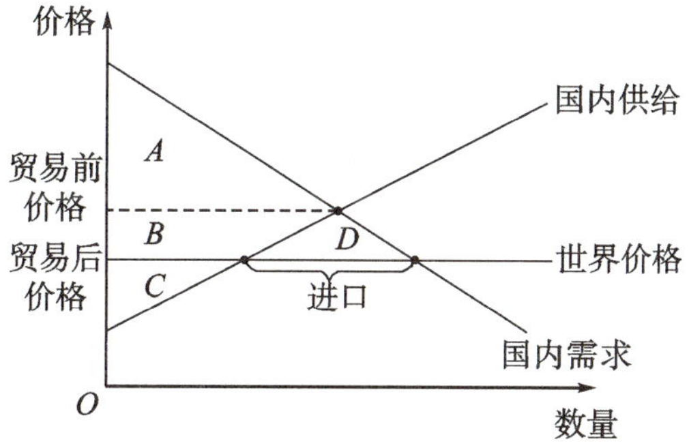

图 2-1-10

表 2-1-6

项目	贸易前	贸易后	变动
消费者剩余	A	$A+B+D$	$B+D$
生产者剩余	$B+C$	C	$-B$
总剩余	$A+B+C$	$A+B+C+D$	D

19. 请用图形说明进口关税给进口国带来的福利变化。

解答：进口关税给进口国带来的福利变化如图 2-1-11 和表 2-1-7 所示。

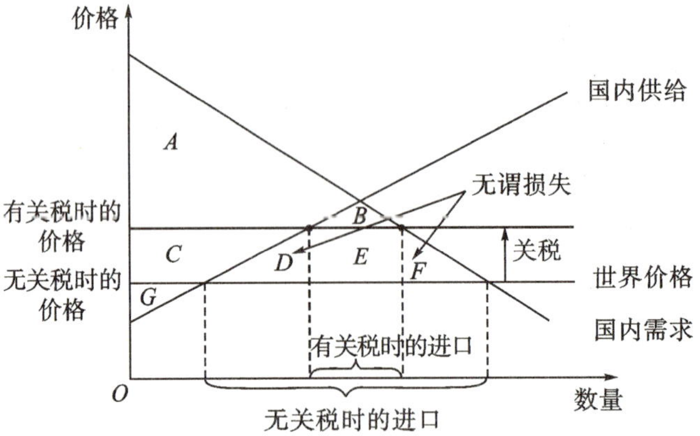

图 2-1-11

表 2-1-7

项目	关税前	关税后	变动
消费者剩余	$A+B+C+D+E+F$	$A+B$	$-(C+D+E+F)$
生产者剩余	G	$C+G$	C
政府收入	无	E	E
总剩余	$A+B+C+D+E+F+G$	$A+B+C+E+G$	$-(D+F)$

20. 有三条线性需求曲线，如图 2-1-12 所示。请比较 a，b，c 三点的需求价格弹性的大小，请比较 a，d，e 三点的需求价格弹性的大小。

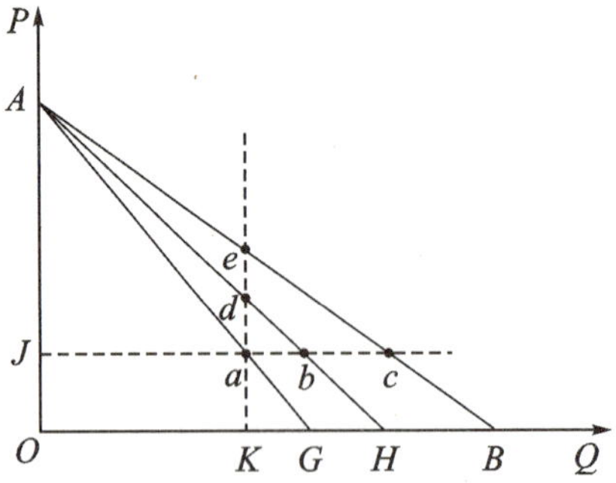

图 2-1-12

解答：先看 a，b，c 三个点，

$$E_a=\frac{KG}{OK}=\frac{aG}{Aa}=\frac{JO}{JA}$$

$$E_b=\frac{bH}{Ab}=\frac{JO}{JA}$$

$$E_c=\frac{cB}{Ac}=\frac{JO}{JA}$$

因此，$E_a=E_b=E_c$。

再看 a，d，e 三个点。

$$E_a=\frac{KG}{OK},\ E_d=\frac{KH}{OK},\ E_e=\frac{KB}{OK}$$

因此，$E_a<E_d<E_e$。

21. 辨析需求曲线一定向右下方倾斜。

解答：需求曲线表达价格与需求量之间的关系，在其他情况不变时，对于普通物品，需求曲线向右下方倾斜。但对于吉芬物品，需求曲线向右上方倾斜。也可能存在水平或垂直的需求曲线。

22. 辨析供给曲线一定向右上方倾斜。

解答：在其他情况不变时，一般情况下，商品的供给曲线向右上方倾斜，但也可能存在水平的、垂直的、向下倾斜的供给曲线。

23. 请解释“谷贱伤农”。

解答：谷物丰收，产量增加，使价格下降，谷物的需求价格弹性缺乏弹性，价格下降时，收益也下降，因此造成“谷贱伤农”的结果。

24. 节假日高速公路免费造成高速公路拥堵，为什么？

解答：高速公路供给是固定的，完全缺乏弹性，节假日需求增加，将价格管制为零，会造成短缺，即供给小于需求，造成高速公路拥堵（见图 2-1-13）。

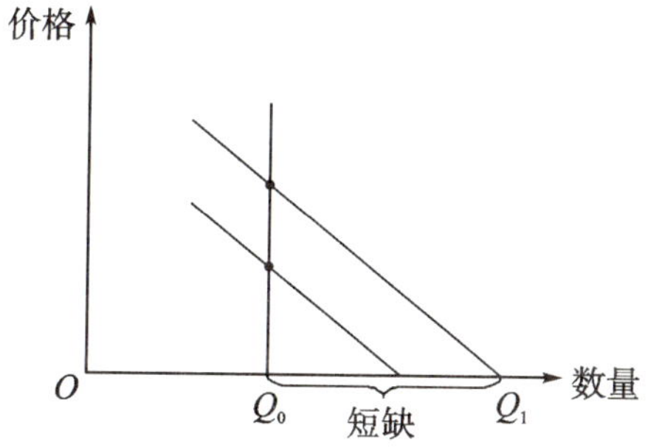

图 2-1-13

25. 什么是支持价格？举例说明。

解答：支持价格是指政府为了支持某一产品的生产，对该产品维持一个高于均衡价格的价格，既然高于均衡价格，市场会出现供给大于需求的情况，往往需要政府购买过剩的供给。政府以保护价收购粮食是支持价格的一个典型例子。

26. $\ln Q=a+b\ln P$，求 Q 对 P 的弹性。

解答：

$$\frac{\mathrm{d}\ln Q}{\mathrm{d}\ln P}=b,\ \frac{\mathrm{d}Q/Q}{\mathrm{d}P/P}=b$$

因此，Q 对 P 的弹性等于 b。

27. 假定某消费者对某种商品的消费数量 Q 与其收入 M 之间符合函数关系：$M=100Q^2$。求 $M=6\ 400$ 时的需求收入弹性。

解答：

$$M=100Q^2,\ Q=\sqrt{\frac{M}{100}},\ \frac{\mathrm{d}Q}{\mathrm{d}M}=\frac{1}{10}\cdot\frac{1}{2}M^{-\frac{1}{2}}$$

$$\varepsilon_{QM}=\frac{dQ}{dM}\cdot\frac{M}{Q}=\frac{1}{10}\cdot\frac{1}{2}M^{-\frac{1}{2}}\cdot\frac{M}{\frac{1}{10}M^{\frac{1}{2}}}=\frac{1}{2}$$

28. 某商品需求价格弹性为1.6，现在的销售价格为4，该商品价格下降多少，销售量增加10%？

解答：

$$\varepsilon_{QP}=-\frac{\frac{\Delta Q}{Q}}{\frac{\Delta P}{P}}=-\frac{10\%}{\frac{\Delta P}{P}}=1.6,\quad \frac{\Delta P}{P}=-\frac{10\%}{1.6}$$

$$\Delta P=-\frac{10\%}{1.6}\times4=-0.25,\quad P=4-0.25=3.75$$

29. 某商品的市场需求曲线的需求价格弹性一定大于个人需求曲线的需求价格弹性。请辨析之。

解答：不一定，市场需求曲线的需求价格弹性可能大于，也可能小于，甚至等于个人需求曲线的需求价格弹性。令市场需求量为 Q，个人需求量为 q_i，则市场需求曲线的需求价格弹性为

$$\begin{aligned}\varepsilon_{QP}&=\frac{\Delta Q/Q}{\Delta P/P}=\frac{\Delta Q}{\Delta P}\cdot\frac{P}{Q}=\frac{\Delta(\sum q_i)}{\Delta P}\cdot\frac{P}{\sum q_i}\\&=\sum\left(\frac{\Delta q_i}{\Delta P}\cdot\frac{P}{\sum q_i}\right)\\&=\sum\left(\frac{\Delta q_i}{\Delta P}\cdot\frac{P}{q_i}\cdot\frac{q_i}{\sum q_i}\right)\\&=\sum\left(\varepsilon_i\cdot\frac{P}{\sum q_i}\right)\end{aligned}$$

=个人需求价格弹性的加权平均

举一个例子，假设存在三个消费者的商品市场：

甲：$q_1=1$，$q_1(P)=3-P$，$P=2$，$\varepsilon_1=\frac{\Delta q_1}{\Delta P}\cdot\frac{P}{q_1}=-1\cdot\frac{2}{1}=-2$

乙：$q_2=2$，$q_2(P)=4-P$，$P=2$，$\varepsilon_2=\frac{\Delta q_2}{\Delta P}\cdot\frac{P}{q_2}=-1\cdot\frac{2}{2}=-1$

丙：$q_3=3$，$q_3(P)=6-1.5P$，$P=2$，$\varepsilon_3=\frac{\Delta q_3}{\Delta P}\cdot\frac{P}{q_3}=-1.5\cdot\frac{2}{3}=-1$

三个消费者的需求量水平加总，则 $Q=q_1+q_2+q_3=3-P+4-P+6-1.5P=13-3.5P$。

又由于 $P=2$，故 $Q=6=q_1+q_2+q_3$，$\varepsilon_{QP}=\frac{\Delta Q/Q}{\Delta P/P}=-3.5\cdot\frac{2}{6}=-\frac{7}{6}$。

$$\varepsilon_{QP}=\varepsilon_1\cdot\frac{q_1}{Q}+\varepsilon_2\cdot\frac{q_2}{Q}+\varepsilon_3\cdot\frac{q_3}{Q}=(-2)\cdot\frac{1}{6}+(-1)\cdot\frac{2}{6}+(-1)\cdot\frac{3}{6}=-\frac{7}{6}$$

30. 某产品市场需求曲线的需求价格弹性是完全无弹性，供给曲线的供给价格弹性有一定的弹性，当对供给方销售单位产品征税 t，请分析税收的分担情况。

解答：税收全部由需求方承担，供给方不承担税收。征税前的均衡价格是 P^*，对供给方销售单位产品征税 t，使供给曲线向上平移 t。在新的均衡点，需求方支付的价格是 P_D，供给方收到 P_D后，还要支付税收 t，实际上供给方得到的价格为 P^*。和征税前相比，供给方承担的税收是 $P^*-P^*=0$，需求方承担的税收是 P_D-P^*，也就是 t，即全部税收由完全无弹性的需求方承担，见图 2-1-14。

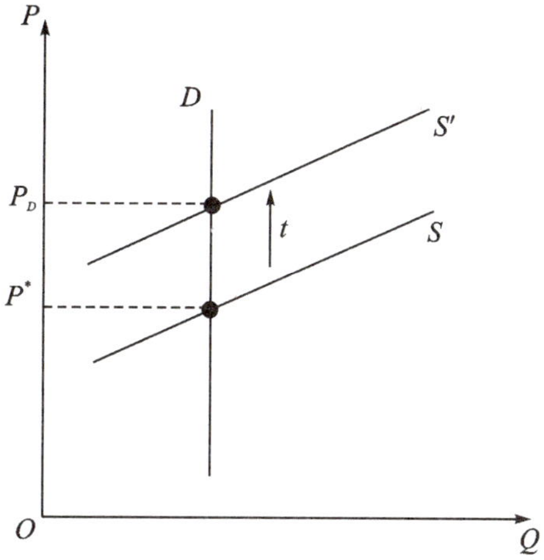

图 2-1-14

31. 某产品市场需求曲线的需求价格弹性是完全弹性，供给曲线的供给价格弹性有一定的弹性。当对供给方销售单位产品征税 t，请分析税收的分担情况。

解答：税收全部由供给方承担，需求方不承担税收。征税前，均衡价格是 P^*。对供给方销售单位产品征税 t，使供给曲线向上平移 t。在新的均衡点，需求方支付的价格为 P^*，供给方得到 P^*后，还要支付税收 t，实际上供给方得到的价格是 P_S。和征税前相比，需求方承担的税收是 $P^*-P^*=0$，供给方承担的税收是 P^*-P_S，也就是 t，即全部税收由供给方承担，见图 2-1-15。

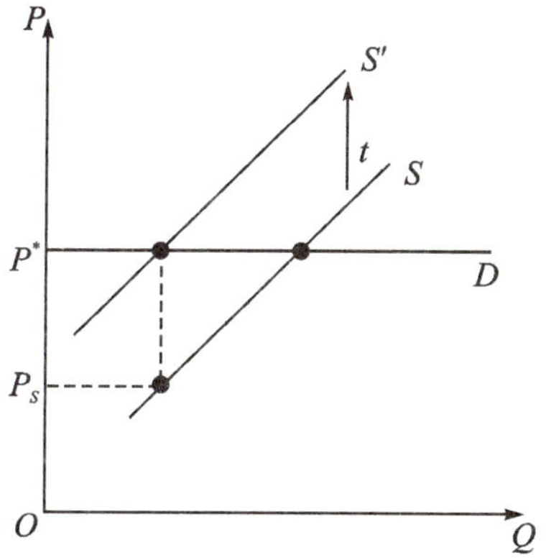

图 2-1-15

32. 某产品市场需求曲线的需求价格弹性有一定的弹性，供给曲线的供给价格弹性是完全无弹性，对需求方购买单位商品征税 t，请分析税收的分担情况。

解答：税收全部由供给方承担，需求方不承担税收。征税前，均衡价格是 P^*，对需求方购买单位商品征税 t，使需求曲线向下平移 t。在新的均衡点，需求方支付 P_S给供给方，需求方还要支付 t 给政府，实际支付的价格为 P^*。比较征税前后，需求方承担的税收是 $P^*-P^*=0$，供给方承担的税收是 P^*-P_S，也就是 t，即全部税收由供给方承担，见图 2-1-16。

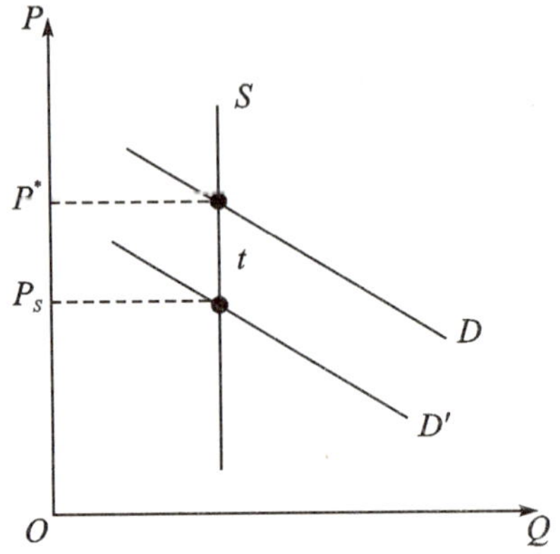

图 2-1-16

33. 某产品市场需求曲线的需求价格弹性有一定的弹性，供给曲线的供给价格弹性是完全弹性。当对需求方购买单位商品征税 t，请分析税收的分担情况。

解答：税收全部由需求方承担，供给方不承担税收。征税前，均衡价格是 P^*，对需求方购买单位商品征税 t，使需求曲线向下平移 t。在新的均衡点，需求方支付 P^* 给供给方，需求方还要支付税收 t，实际上需求方支付的价格是 P_D。比较征税前后，需求方承担的税收是 $P_D-P^*=t$，供给方承担的税收是 $P^*-P^*=0$，即全部税收由需求方承担，见图 2-1-17。

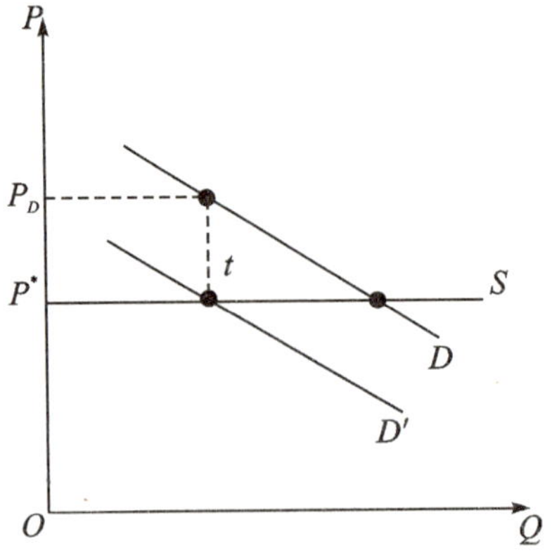

图 2-1-17

34. 某产品市场需求曲线的需求价格弹性是完全弹性，供给曲线的供给价格弹性是完全无弹性。当对供给方销售单位商品征税 t，请分析税收的分担情况。

解答：税收全部由供给方承担，需求方不承担税收。征税前，均衡价格是 P^*，对供给方销售单位商品征税 t，使供给曲线向左平移 t。在新的均衡点，需求方支付 P^* 给供给方，供给方还要支付税收 t 给政府，实际上供给方得到的价格是 P_S。比较征税前后，需求方承担的税收是 $P^*-P^*=0$，供给方承担的税收是 $P^*-P_S=t$，即全部税收由供给方承担，见图 2-1-18。

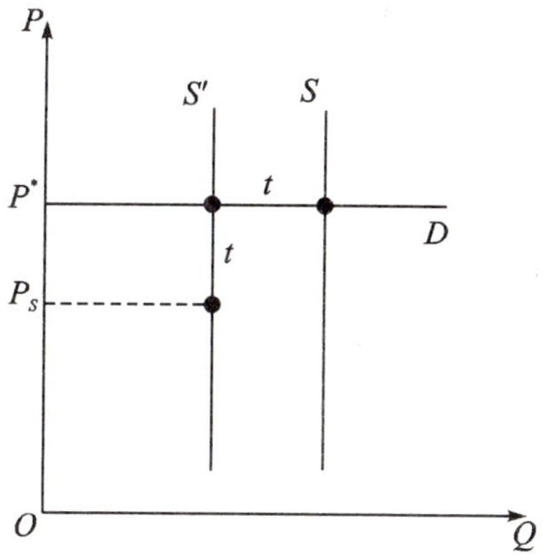

图 2-1-18

35. 某产品市场需求曲线的需求价格弹性是完全无弹性，供给曲线的供给价格弹性是完全弹性。当对需求方购买单位商品征税 t，请分析税收的分担情况。

解答：税收全部由需求方承担，供给方不承担税收。征税前，均衡价格是 P^*，对需求方购买单位商品征税 t，使需求曲线向左平移 t。在新的均衡点，需求方支付 P^* 给供给方，需求方还要支付税收 t 给政府，实际上需求方支付的价格是 P_D。比较征税前后，需求方承担的税收是 $P_D-P^*=t$，供给方承担的税收是 $P^*-P^*=0$，即全部税收由需求方承担，见图 2-1-19。

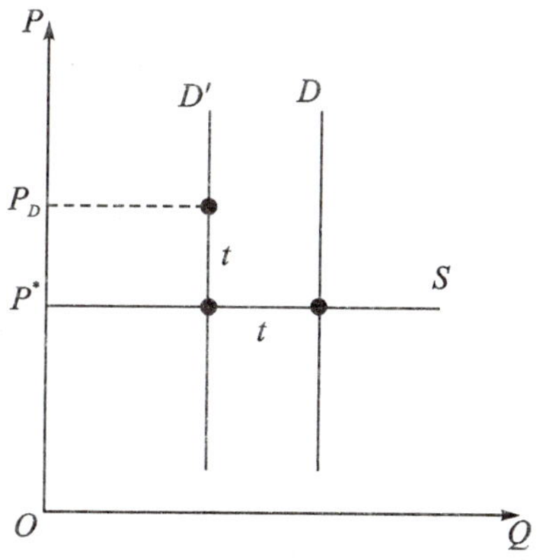

图 2-1-19

36. 对香烟销售（卖方）加征税收，在其他条件不变时，对烟民吸烟量有何影响？

解答：对香烟销售加征税收，价格会上涨，在其他条件不变时，烟民对香烟的需求量会减少。

37. 微观经济学如何论证市场机制的有效性？

解答：在市场均衡时，社会总剩余实现最大化。支付意愿最大的消费者获得商品，生产成本最低的生产者生产这些商品。

38. 在黄牛票市场，一个愿买，一个愿卖，自愿以某个价格达成交易，但为什么一般反对黄牛票市场的存在？

解答：黄牛票市场上的商品一般是非常稀缺的资源，有人高价购买黄牛票，可能存在不公平现象，稀缺资源更多落到有钱人手里，而需要这些资源的其他人失去以正常价格获得这些资源的机会。

五、计算题

1. 消费品 X 的需求函数为 $P=100-\sqrt{Q}$，计算当 $P=30$ 时的需求价格弹性。要想提高收益，此时应该采取涨价还是降价的措施。

解答：$P=100-\sqrt{Q}$，$Q=(100-P)^2$

$P=30$ 时，$\varepsilon_{QP}=\frac{6}{7}<1$

缺乏弹性，要提高收益，应采取涨价措施。

2. 销售商品的收益函数为 $R=100Q-2Q^2$，计算当边际收益等于 20 时的需求价格弹性。

解答：$R=100Q-2Q^2$，$MR=100-4Q$

由 $MR=20$，得 $Q=20$。

由 $R=100\times20-2\times20^2=1\ 200=P\cdot Q$，得 $P=60$。

$$P=\frac{R}{Q}=100-2Q$$

当 $MR=20$ 时，$\varepsilon_{QP}=\left|\frac{\mathrm{d}Q}{\mathrm{d}P}\right|\cdot\frac{P}{Q}=\frac{1}{2}\times\frac{60}{20}=1.5$

3. 假设某商品需求函数为 $Q=\frac{M}{2P}$，P 为价格，M 为收入，试计算需求价格弹性和需求收入弹性。

解答：$\varepsilon_{QP}=\left|\frac{\mathrm{d}Q}{\mathrm{d}P}\right|\cdot\frac{P}{Q}=\frac{1}{2}\cdot\frac{M}{P^2}\cdot\frac{2P^2}{M}=1$，$\varepsilon_{QM}=\frac{\mathrm{d}Q}{\mathrm{d}M}\cdot\frac{M}{Q}=\frac{1}{2P}\cdot\frac{M}{\frac{M}{2P}}=1$

4. 某商品价格从 3 元上升为 5 元，均衡消费量减少 10%，涨价后的均衡消费量是 18 单位，试求需求的价格弧弹性。

解答：涨价前均衡消费量为$\frac{18}{1-10\%}=20$。

$$\varepsilon=-\frac{\Delta Q}{\Delta P}\cdot\frac{\frac{P_1+P_2}{2}}{\frac{Q_1+Q_2}{2}}=\frac{2}{2}\times\frac{8}{38}=\frac{4}{19}$$

5. 消费者对某商品的需求函数为 $Q=100-2P$，在什么价格水平上，需求价格弹性为 1？

解答：$Q=100-2P$

$$\varepsilon_{QP}=\left|\frac{\mathrm{d}Q}{\mathrm{d}P}\right|\cdot\frac{P}{Q}=2\times\frac{P}{100-2P}$$

令$\frac{2P}{100-2P}=1$，得 $P=25$

6. 某市场的需求函数为 $Q=400-P$，供给函数为 $Q=P+100$。

（1）求市场均衡价格、均衡数量以及均衡点的需求价格弹性。

（2）现在对每单位商品交易征收 10 元的税收，求税后的均衡价格、均衡数量以及税收分担情况。

（3）现在对每单位商品交易征收 10 元的税收，求税后的消费者剩余、生产者剩余、政府的税收收入以及征税造成的无谓损失。

解答：（1）$Q^D=Q^S \to 400-P=P+100$，可得 $P^*=150$，$Q^*=250$

$$\varepsilon_{QP}=-\frac{dQ}{dP}\cdot\frac{P}{Q}=\frac{150}{250}=\frac{3}{5}$$

（2）$Q^D=Q^S \to 400-P^D=P^S+100$

征税时：

$P^D=P^S+10$ 且 $400-P^D=P^S+100$

$P^S=145$，$P^D=155$，$Q^*=245$

$P^D-P^*=5$

$P^*-P^S=5$

每单位商品征收 10 元的税收，生产者和消费者各自分担一半。

（3）税后的消费者剩余 $CS'=\frac{1}{2}\times(400-155)\times 245=30\ 012.5$

税后的生产者剩余 $PS'=\frac{1}{2}\times(100+245)\times 145=25\ 012.5$

政府的税收收入 $T=245\times 10=2\ 450$

无谓损失 $=\frac{1}{2}\times 10\times 5=25$

7. 某产品的需求函数为 $Q=50-2P$，供给函数为 $Q=-25+3P$。

（1）求均衡价格和均衡数量。

（2）求均衡点的需求价格弹性、供给价格弹性。

（3）求达到市场均衡时的消费者剩余、生产者剩余、总剩余。

（4）政府对每单位产品销售征收 5 元的销售税，求单位税收中买方和卖方分别承担多少税收、税收带来的税收收入、税收造成的无谓损失。

解答：（1）$50-2P=-25+3P \to P^*=15$，$Q^*=20$

（2）由 $Q=50-2P$，需求价格弹性：$\varepsilon_{QP}=-\frac{dQ}{dP}\cdot\frac{P}{Q}=1.5$

由 $Q=-25+3P$，供给价格弹性：$\varepsilon_{QP}=\frac{dQ}{dP}\cdot\frac{P}{Q}=2.25$

（3）$CS=\int_0^{20}\left(25-\frac{Q}{2}\right)dQ-15\times 20=100$

$$PS=\frac{1}{2}\times\left(15-\frac{25}{3}\right)\times 20=\frac{200}{3}$$

$TS=100+\frac{200}{3}=\frac{500}{3}$

（4）征收销售税后：$P^D=P^S+5$

代入 $50-2P^D=-25+3P^S \to P^S=13$，$P^D=18$，$Q^*=14$

未征税的情况如第 9 题，$P=15$，$Q=20$

买方承担的税收为 $18-15=3$

卖方承担的税收为 $15-13=2$

税收收入为 $T=14\times5=70$

税收造成的无谓损失为$\frac{1}{2}\times5\times(20-14)=15$

8. 某种农作物的需求函数为 $Q=6-0.5P$，供给函数为 $Q=3+P$。为支持该农作物的稳定生产，政府决定对该农产品实施从量补贴，每千克补贴 0.5 元。

（1）实施补贴后，粮食的均衡价格和均衡产量分别是多少？

（2）每千克 0.5 元的补贴在生产者和消费者之间如何分配。

（3）补贴造成生产者剩余、消费者剩余、政府支出以及社会总剩余分别变化多少？

解答：

补贴前：$6-0.5P=3+P \to P^E=2$，$Q^E=5$

补贴后：$P^S=P^D+0.5$

$6-0.5P^D=3+P^S$

$6-0.5P^D=3.5+P^D \to P^D=\frac{5}{3}$，$P^S=\frac{13}{6}$，$Q=\frac{31}{6}$

生产者获得$\frac{1}{6}$元的补贴，消费者获得$\frac{1}{3}$元的补贴。

$\Delta CS=\frac{1}{2}\times\left(2-\frac{5}{3}\right)\times\left(5+\frac{31}{6}\right)=\frac{61}{36}$

$\Delta PS=\frac{1}{2}\times\left(\frac{13}{6}-2\right)\times\left(5+\frac{13}{6}\right)=\frac{61}{72}$

政府支出$\frac{1}{2}\times\frac{31}{6}=\frac{31}{12}$

$\Delta TS=\frac{61}{36}+\frac{61}{72}-\frac{31}{12}=-\frac{1}{24}$

9. 某商品市场有 10 000 个同质消费者，每个消费者的需求函数为 $D=12-2P$；同时，有 1 000 个同质生产者，每个生产者的供给函数为 $S=20P$。

（1）写出市场需求函数和市场供给函数。

（2）求均衡价格和均衡数量。

（3）假设每个消费者的收入增加，个人需求曲线右移 2 单位，求收入变化后的市场均衡价格和均衡数量。

（4）假设每个生产者的技术水平提高，使个人的供给曲线右移 40 单位，求技术变化后的市场均衡价格和均衡数量。

解答：（1）市场需求曲线：$Q^D=120\ 000-20\ 000P$

市场供给曲线：$Q^S=20\ 000P$

（2）由 $Q^S=Q^D$，$120\ 000-20\ 000P=20\ 000P \to P^*=3$，$Q^*=60\ 000$

（3）每个消费者的需求量 $D'=12-2P+2$

$Q^D=10\ 000\times(12-2P+2)=140\ 000-20\ 000P$

$Q^S=20\ 000P$，$Q^D=Q^S \to P^*=3.5$，$Q^*=70\ 000$

（4）$Q^D=120\ 000-20\ 000P$

每个生产者供给 $S'=20P+40$

$Q^S=40\ 000+20\ 000P$，$Q^D=Q^S \to P^*=2$，$Q^*=80\ 000$

10. 某商品的需求价格弹性是0.5，价格为3.2元时，销售量是1 000千克，若价格下降10%，销售量是多少？该商品降价后，总收益如何变化？

解答：$\varepsilon_{QP}=\frac{1}{2}$

价格下降10%，销量增加5%，即 $Q=1\ 050$

$\Delta TR=3.2\times(1-10\%)\times 1\ 050-3.2\times 1\ 000=-176$

11. 假设某商品的国内市场需求曲线是 $Q_D=100-2P_D$，国内供给曲线是 $Q_S=3P_S$。若开放国际贸易，世界价格等于15。

（1）计算国内市场的均衡价格和均衡数量。

（2）若开放国际贸易，该国对该商品是进口还是出口，是多少？

（3）若开放国际贸易，计算该国社会福利的变化。

解答：$\begin{cases}Q_D=100-2P_D\\ Q_S=3Q_S\end{cases} \to \begin{cases}P^*=20\\ Q^*=60\end{cases}$

$P^*=20>$世界价格，需进口。

当 $P=15$，$Q_S=45$，$Q_D=70$，需进口 $70-45=25$。

社会福利的变化为$\frac{1}{2}\times 25\times(20-15)=62.5$。

12. 假设某商品的国内市场需求曲线是 $Q_D=100-2P_D$，国内供给曲线是 $Q_S=3P_S$。若开放国际贸易，世界价格等于15。现采取进口关税制度，对进口每单位征收3元的进口关税。

（1）请计算没有进口关税时，该国对该商品的国际贸易情况。

（2）请计算在进口关税制度下，该国对该商品的国际贸易情况。

（3）请计算进口关税制度对该国社会福利的影响。

解答：不征收关税时如第20题。

征收关税时 $Q_S=3\times(15+3)=54$，$Q_D=100-2\times(15+3)=64$

需进口10单位。

福利损失$=\frac{1}{2}\times 3\times(54-45)+\frac{1}{2}\times 3\times(70-64)=22.5$

13. 一个小国生产且消费软糖，国内的需求函数为 $Q_D=8-P$，国内的供给函数为 $Q_S=P$，世界价格是每袋 1 美元，P 是每袋软糖的价格，Q 是软糖的袋数。

（1）计算不允许国际贸易时的国内均衡价格、均衡数量以及消费者剩余、生产者剩余和社会总剩余。

（2）若开放国际贸易，计算该国软糖的国际贸易情况以及社会总剩余的变化。

（3）若对进口软糖征收每袋 1 美元的关税，计算国际贸易情况以及社会总剩余的变化。

解答：（1）$Q_D=Q_S \rightarrow \begin{cases} P^*=4 \\ Q^*=4 \end{cases}$

$CS=\frac{1}{2}\times4\times(8-4)=8$

$PS=\frac{1}{2}\times4\times4=8$，$TS=CS+PS=16$

（2）开放国际贸易，$P^W=1\rightarrow Q_D=7$，$Q_S=1$，需进口 6 袋软糖，$\Delta TS=9$，较贸易前增加 9。

（3）征收关税，$P^W=2\rightarrow Q_D=6$，$Q_S=2$，需进口 4 袋软糖，$\Delta TS=-1$，较不征收关税减少 1。

14. 某商品的需求表如表 2-1-8 所示。

表 2-1-8

价格/元	1	2	3	4	5
需求量	400	300	200	100	0

（1）求出价格 2 元和 4 元之间的需求价格弧弹性。

（2）若需求函数是 $Q=500-100P$，求 $P=2$ 元时的需求价格点弹性。

解答：（1）根据需求的价格弧弹性定义，可得

$$e_d=-\frac{\Delta Q}{\Delta P}\cdot\frac{P_1+P_2}{Q_1+Q_2}=-\frac{100-300}{4-2}\times\frac{2+4}{300+100}=\frac{200}{2}\times\frac{6}{400}=\frac{3}{2}$$

（2）由需求价格点弹性定义，可得 $e_d=-\frac{dQ}{dP}\cdot\frac{P}{Q}=-(-100)\times\frac{2}{300}=\frac{2}{3}$

15. 某商品的供给表如表 2-1-9 所示。

表 2-1-9

价格/元	2	3	4	5	6
供给量	2	4	6	8	10

（1）求出价格 3 元和 5 元之间的供给价格弧弹性。

（2）若供给函数是 $Q=-2+2P$，求 $P=3$ 元时的供给价格点弹性。

解答：（1）由供给的价格弧弹性的定义，得 $e_s=\frac{\Delta Q}{\Delta P}\cdot\frac{P_1+P_2}{Q_1+Q_2}=\frac{4}{2}\times\frac{8}{12}=\frac{4}{3}$

（2）由供给的价格点弹性的定义，得 $e_s=\frac{dQ}{dP}\cdot\frac{P}{Q}=2\times\frac{3}{4}=\frac{3}{2}$

16. 若需求函数为 $Q=MP^{-N}$，M 表示收入，P 表示商品价格，$N>0$ 是常数，求需求价格点弹性和需求收入点弹性。

解答：$e_d=-\frac{\mathrm{d}Q}{\mathrm{d}P}\cdot\frac{P}{Q}=-M\cdot(-N)\cdot P^{-N-1}\cdot\frac{P}{MP^{-N}}=N$

$e_M=\frac{\mathrm{d}Q}{\mathrm{d}M}\cdot\frac{M}{Q}=P^{-N}\cdot\frac{M}{MP^{-N}}=1$

17. 假设某商品的50%由75名消费者购买，他们每个人的需求价格弹性为2；另外50%由25名消费者购买，他们每个人的需求价格弹性为3。试问这100名消费者合计的需求价格弹性为多少？（假设整个市场价格为 P，100名消费者购买的商品总量为 Q。）

解答：根据已知：$e_{di}=-\frac{\mathrm{d}Q_i}{\mathrm{d}P}\cdot\frac{P}{Q_i}=2$，$-\frac{\mathrm{d}Q_i}{\mathrm{d}P}=\frac{2Q_i}{P}$，其中 $i=1,2,3,\cdots,75$，$\sum_{i=1}^{75}Q_i=\frac{1}{2}Q$。

$e_{dj}=-\frac{\mathrm{d}Q_j}{\mathrm{d}P}\cdot\frac{P}{Q_j}=3$，$-\frac{\mathrm{d}Q_j}{\mathrm{d}P}=\frac{3Q_j}{P}$，其中 $j=1,2,3,\cdots,25$，$\sum_{j=1}^{25}Q_j=\frac{1}{2}Q$。

则100名消费者合计的需求价格弹性为

$$e_d=-\frac{\mathrm{d}Q}{\mathrm{d}P}\cdot\frac{P}{Q}=-\frac{\mathrm{d}\left(\sum_{i=1}^{75}Q_i+\sum_{j=1}^{25}Q_j\right)}{\mathrm{d}P}\cdot\frac{P}{Q}=-\left(\sum_{i=1}^{75}\frac{\mathrm{d}Q_i}{\mathrm{d}P}+\sum_{j=1}^{25}\frac{\mathrm{d}Q_j}{\mathrm{d}P}\right)\cdot\frac{P}{Q}$$

$$=\left(\sum_{i=1}^{75}\frac{2Q_i}{P}+\sum_{j=1}^{25}\frac{3Q_j}{P}\right)\cdot\frac{P}{Q}=\left(\frac{2}{P}\sum_{i=1}^{75}Q_i+\frac{3}{P}\sum_{j=1}^{25}Q_j\right)\cdot\frac{P}{Q}$$

$$=\left(\frac{2}{P}\cdot\frac{Q}{2}+\frac{3}{P}\cdot\frac{Q}{2}\right)\cdot\frac{P}{Q}=2.5$$

18. 若需求价格弹性为1.3，需求收入弹性为2.2，求：

（1）在其他条件不变的情况下，商品价格下降2%对需求数量有何影响。

（2）在其他条件不变的情况下，消费者收入提高5%对需求数量的影响。

解答：（1）$e_d=-\frac{\Delta Q/Q}{\Delta P/P}=1.3$，故 $\frac{\Delta Q}{Q}=-e_d\cdot\frac{\Delta P}{P}=1.3\times2\%=2.6\%$，需求量增加2.6%。

（2）$e_M=\frac{\Delta Q/Q}{\Delta Y/Y}$，故 $\frac{\Delta Q}{Q}=e_M\cdot\frac{\Delta Y}{Y}=2.2\times5\%=11\%$，需求量增加11%。

19. 厂商A和B生产有差异的产品，A厂商的需求曲线是 $P_A=200-Q_A$，B厂商的需求曲线是 $P_B=300-0.5Q_B$。目前，两个厂商的销售量分别是 $Q_A=50$，$Q_B=100$，求：

（1）此时两个厂商的需求价格弹性。

（2）若B厂商降价，B厂商的需求量增加为160，A厂商的需求量减少为40，求A厂商的需求交叉价格弹性。

（3）B厂商为了增加销售收入，应该降价还是增加价格？

解答：（1）$P_A=200-Q_A$，故 $Q_A=200-P_A$，当 $Q_A=50$ 时，$P_A=150$。

$P_B=300-0.5Q_B$，故 $Q_B=600-2P_B$，当 $Q_B=100$ 时，$P_B=250$。

因此，$e_{dA}=-\frac{\mathrm{d}Q_A}{\mathrm{d}P_A}\cdot\frac{P_A}{Q_A}=-(-1)\times\frac{150}{50}=3$

$$e_{dB}=-\frac{dQ_B}{dP_B}\cdot\frac{P_B}{Q_B}=-(-2)\times\frac{250}{100}=5$$

（2）当 $Q'_B=160$ 时，$P'_B=220$，则 A 厂商的需求交叉价格弹性为

$$e_{AB}=\frac{\Delta Q_A}{\Delta P_B}\cdot\frac{P_B}{Q_A}=\frac{40-50}{220-250}\times\frac{250}{50}=\frac{-10}{-30}\times\frac{50}{1}=\frac{5}{3}$$

（3）因为 B 厂商的需求的价格弹性为 5，属于需求富有弹性的商品，所以应该降价。

20. 某汽车的需求价格弹性为-1.2，需求收入弹性为 3。假设价格提高 8%，收入增加 10%，2018 年该汽车销量是 800 万辆，估计 2019 年该汽车的销量。

解答：由$\frac{\Delta P}{P}=8\%$，$\frac{\Delta Y}{Y}=10\%$，$Q=800$，得

$$Q'=\left(\frac{\Delta Q}{Q}+1\right)\cdot Q=\left(e_d\cdot\frac{\Delta P}{P}+e_Y\cdot\frac{\Delta Y}{Y}+1\right)\cdot Q$$

$=(-1.2\times8\%+3\times10\%+1)\times800$

$=963.2$（万辆）

21. 市场需求曲线为 $Q=15-P$，供给曲线为 $Q=2P$，求市场均衡数量和均衡价格。若政府实施价格管制，将市场价格限定在 $P=3$，市场是过剩还是短缺，过剩或短缺的数量是多少？

解答：市场均衡时要满足 $15-P=2P$

解得 $P=5$，$Q=10$

均衡价格为 5，均衡数量为 10。

当市场价格限定为 3 时，价格管制对市场有约束作用。

当 $P=3$ 时，需求量是 $15-P=12$，供给量是 $2P=6$，供给量小于需求量，造成市场短缺。

短缺的数量是 $12-6=6$。

22. 市场需求曲线为 $Q=15-P$，供给曲线为 $Q=2P$，若政府实施数量管制，将市场数量限定在 $Q=8$，且按供给成本定价。请问市场是过剩还是短缺，过剩或短缺的数量是多少？

解答：市场均衡时要满足 $15-P=2P$。

解得 $P=5$，$Q=10$

均衡价格为 5，均衡数量为 10。

当市场数量限定为 8 时，$P=Q/2=4$。

市场需求量为 $Q=15-P=11$。

市场供给量为 8，小于市场需求量，市场短缺，短缺数量为 $11-8=3$。

23. 某农产品市场的需求曲线为 $P=40-2q$，供给曲线为 $P=10+q$。

（1）求该市场的均衡数量和均衡价格。

（2）若政府对该农产品市场采取支持价格政策，将支持价格设定在 $P=24$，则市场需求量为多少？市场供给量为多少？政府必须收购多少？

（3）求支持价格政策对该市场造成的社会福利的影响。

解答：（1）均衡时，由 $P_S=P_D$，得 $Q=10$，$P=20$。

（2）当支持价格为 24 时（见图 2-1-20），将 $P=24$ 分别代入需求曲线和供给曲

线，求得供给量 $Q_S=14$，需求量 $Q_D=8$，政府收购 $=14-8=6$。

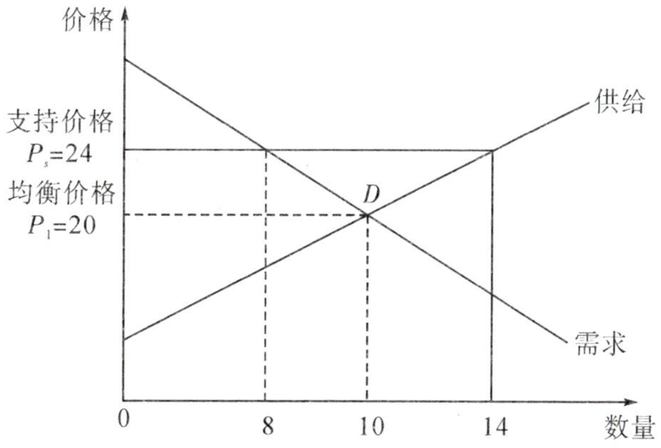

图 2-1-20

（3）无谓损失 $=D-24$（14-8）= 12-144 = -132

24. 某国内商品市场的需求曲线为 $Q_d=8-P$，供给曲线为 $Q_s=P$，世界价格为 1。

（1）若是开放的国际贸易，该国对这种商品的进口量为多少？

（2）若政府颁发 4 单位的进口配额许可，在这种制度下该国对这种商品的进口量为多少？进口配额许可证持有者可获得多少收入？

（3）求进口配额制度和开放的国际贸易相比社会福利的变化。

解答：（1）不开放国际贸易时，由 $Q_d=Q_s$，均衡为 $P_0=Q_0=4$。

开放国际贸易时，将 $P=1$ 分别代入 Q_d 和 Q_s 解得 $Q_d=7$ 和 $Q_s=1$，进口量为 7-1=6。

（2）进口配额为 4，则 $Q_d=Q_s+4$，解得 $P=2$，进口量为 4。

进口配额许可证持有者可获得收入为 4（2-1）= 4。

（3）如图 2-1-21 所示，进口配额与开放的国际贸易相比，无谓损失为 $\frac{1}{2}$（2-1）（2-1）$+\frac{1}{2}$（7-6）（2-1）= 1。

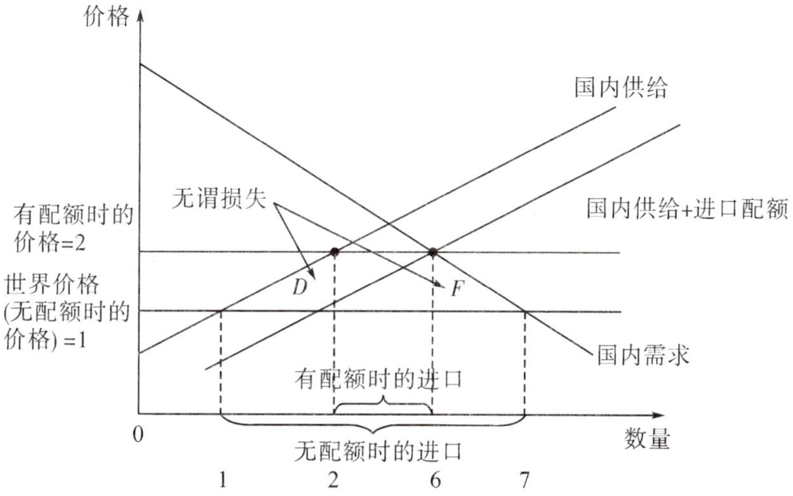

图 2-1-21

25. 已知某商品的市场需求函数为 $Q=10-2P$，求 $P_1=2$ 和 $P_2=4$ 时的消费者剩余分别是多少？该价格上涨使消费者剩余变化多少？

解答：$P_1=2$ 时，消费者剩余 $=\frac{(5-2)\times 6}{2}=9$，即图 2-1-22 中 $A+B+C$ 的面积。

$P_2=4$ 时，消费者剩余 $=\frac{(5-4)\times 2}{2}=1$，即图 2-1-22 中 A 的面积。

价格从 2 上涨到 4，使消费者剩余下降 8，即 $B+C$ 的面积。

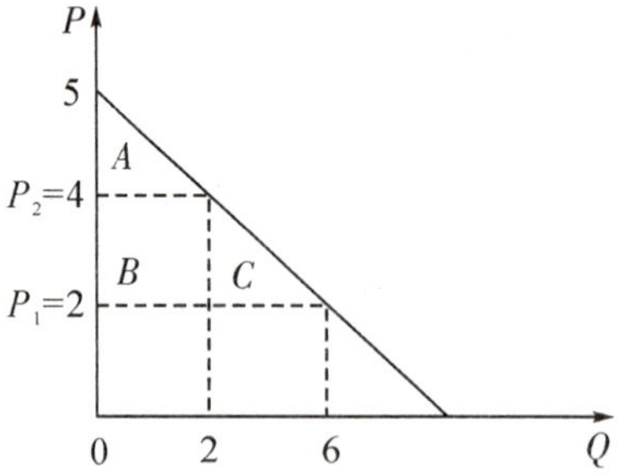

图 2-1-22

26. 假设某商品市场只有 A、B 两个消费者，他们的需求函数分别是 $Q_A=20-4P$ 和 $Q_B=30-5P$，求市场需求函数。

解答：

$Q=Q_A+Q_B=20-4P+30-5P=50-9P$，当 $0\leqslant P\leqslant 5$

$Q=30-5P$，当 $5<P\leqslant 6$

$Q=0$，当 $P>6$

第二章

消费者选择参考答案

一、思考题

1. 简要说明总效用和边际效用之间的关系。

解答：总效用是消费者消费一定数量的商品获得的效用总量，边际效用是增加一单位商品消费获得的效用增量，后者是基于前者的边际效应，即取导数。

2. 无差异曲线具有哪些特点？试解释其经济意义。

解答：

一般形状的无差异曲线有四个特点：向右下方倾斜，这表明在无差异情况下，要增加一种商品的消费，必须减少其他商品的消费；离原点越远的无差异曲线代表的效用水平越高，这表明消费者偏好于多多益善；无差异曲线不相交，这表明偏好满足传递性，并且消费者偏好于多多益善；凸向原点，这表明消费者偏向于更加均匀地消费多种商品。

3. 什么是商品的边际替代率？它为什么会出现递减？

解答：在效用满足程度保持不变的条件下，消费者增加一单位一种商品的消费可以代替的另一种商品的数量，$MRS_{12}=\frac{\mathrm{d}Q_2}{\mathrm{d}Q_1}$，边际替代率可推导为边际效用之比，即 $MRS_{12}=\frac{MU_1}{MU_2}$，边际效用递减规律是边际替代率递减的原因。

4. 什么是消费者均衡？效用的基数和序数假设得出的均衡条件有什么联系与区别？

解答：消费者均衡是指消费者在预算约束下，追求消费者最优时选择的商品数量组合。基数效用论得出消费者均衡时是基于边际分析，求解效用最大化，均衡条件要满足等边际原则，即$\frac{MU_1}{P_1}=\frac{MU_2}{P_2}$；序数效用论得出消费者均衡时是基于无差异曲线分析，预算约束能达到的最高无差异曲线，在均衡点，预算线的斜率与无差异曲线的斜率相等，也可以推出上述等边际原则，即$\frac{MU_1}{P_1}=\frac{MU_2}{P_2}$。

5. 正常品的需求曲线为什么向右下方倾斜？

解答：正常品的需求曲线向右下方倾斜，这是替代效应和收入效应共同作用的结果。对于正常品，当价格下降时，替代效应为正，即需求量增加；收入效应也为正，因为价格下降，使实际收入增加，会增加正常物品的消费，总效应一定为正，即价格下降使正常物品的需求量增加。

6. 何为吉芬商品？其需求曲线形状如何？试利用替代效应和收入效应加以说明。

解答：吉芬商品是指需求量与价格同向变化的商品，价格上升，需求量增加，价格下降，需求量减少。吉芬商品的需求曲线向右上方倾斜。吉芬商品是低档品，并且收入效应大于替代效应，当吉芬商品价格下降时，替代效应使其需求量增加，收入效应使其需求量减少，但收入效应大于替代效应，总效应是需求量减少。

7. 以保险市场为例，说明消费者在不确定条件下是如何进行选择的。

解答：消费者在不确定条件下，追求期望效用最大化，通过购买保险分散风险，对可能发生的损失全额购买保险。若保险公司的利润为零，保费率应该等于事故发生的概率。

8. 试运用马克思主义的观点对效用价值论进行分析评论。

解答：西方经济学认为，商品的价值由其效用决定，根据$\frac{MU}{P}=\lambda$，$P=\frac{MU}{\lambda}$，即边际效用价值论。商品价值的主观效用价值论强调人们主观判断对商品价值的决定作用，看不到价值的形成过程，不能科学地解释价值的内涵和源泉。马克思主义的劳动价值论认为，商品的价值可以归结为一般人类劳动，从而阐明了价值的源泉。

二、单项选择题

1. B	2. B	3. A	4. C	5. B	6. B	7. C	8. B	9. C	10. D
11. A	12. A	13. A	14. A	15. B	16. A	17. B	18. C	19. D	20. B
21. C	22. B	23. A	24. B	25. C	26. D	27. C	28. B	29. C	30. C
31. B	32. C	33. C	34. A	35. A	36. D	37. C	38. D	39. B	40. B
41. C	42. A	43. C	44. A	45. C	46. C	47. B	48. C	49. B	50. B
51. A	52. C	53. A	54. A	55. A	56. B	57. A	58. C	59. B	60. A
61. B	62. D	63. B	64. B	65. A	66. A	67. B	68. C	69. C	70. A
71. B	72. D	73. C	74. C	75. A	76. D	77. C	78. C	79. C	80. D
81. B	82. D	83. D	84. B						

三、判断题

1. T	2. T	3. T	4. T	5. F	6. T	7. T	8. T	9. T	10. F
11. T	12. T	13. T	14. T	15. T	16. F	17. T	18. F	19. T	20. T
21. T	22. T	23. F	24. T	25. T	26. T	27. T	28. T	29. F	30. T
31. T	32. T	33. F	34. T	35. T	36. F	37. T	38. T	39. T	40. T
41. T	42. T	43. T	44. T	45. T	46. T	47. T	48. T	49. T	50. F

51. T 52. F 53. T 54. T 55. T 56. T 57. T 58. T 59. T 60. T
61. T 62. F 63. T 64. F 65. F 66. T 67. T 68. T 69. T 70. T
71. F 72. T

四、简答题

1. 已知效用函数为 $U(X, Y)=\ln(X^{0.5}+Y)$，X 在横轴，Y 在纵轴，求 X 对 Y 的边际替代率。

解答：$MRS_{XY}=\frac{dY}{dX}=-\frac{MU_X}{MU_Y}$

$MU_X=\frac{0.5X^{-0.5}}{X^{0.5}+Y}$

$MU_Y=\frac{1}{X^{0.5}+Y}$

$MRS_{XY}=-\frac{MU_X}{MU_Y}=-0.5X^{-0.5}$

2. 假如效用函数为 $U=q^{0.5}+2M$，q 是消费的商品数量，M 是货币。
(1) 求解需求曲线。
(2) 求 $P=0.05$，$q=25$ 时的消费者剩余。

解答：$U=q^{0.5}+2M$

$MU=\frac{\partial U}{\partial q}=0.5q^{-0.5}$

$\frac{\partial U}{\partial M}=\lambda=2$

$\frac{MU}{P}=\lambda\Rightarrow\frac{0.5q^{-0.5}}{P}=2\Rightarrow q=\frac{1}{16P^2}$（这是需求曲线）

$P=\frac{1}{4\sqrt{q}}$，$CS=\int_0^{25}\frac{1}{4\sqrt{q}}dq-0.05\times25=1.25$

消费者剩余如图 2-2-1 所示。

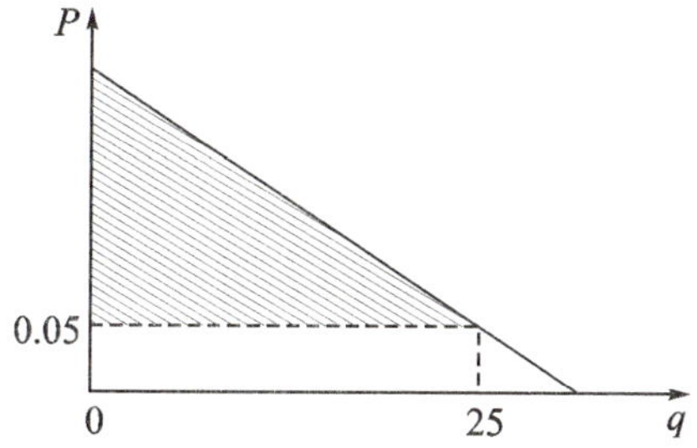

图 2-2-1

3. 用基数效用论的消费者均衡条件解释“水与钻石之谜”，钻石总效用很小，但很昂贵，水的总效用很大，但很便宜。

解答：$\frac{MU}{P}=\lambda$，$P=\frac{MU}{\lambda}$，价格取决于边际效用。一般地，水的边际效用很小，因而

价格低，钻石的边际效用很大，因而价格高。

4. 什么是边际替代率递减规律？为什么？

解答：沿着同一条无差异曲线，随着一种商品的消费数量增加，消费者增加一单位这种商品的消费必须放弃的另一种商品的消费数量是递减的。边际效用递减是边际替代率递减的根本原因。

5. 若甲用全部收入能够买 4 单位 X 和 6 单位 Y，或者 12 单位 X 和 2 单位 Y。

（1）求预算线方程。

（2）商品 X 与 Y 的价格之比是多少？

解答：（1）$\Delta X=12-4=8$，$\Delta Y=2-6=-4$。

因此，预算线的斜率为$\dfrac{\Delta Y}{\Delta X}=\dfrac{-4}{8}=-\dfrac{1}{2}$。

由点和斜率可得预算线方程为

$X+2Y=16$

（2）由预算线方程可知，X 与 Y 的价格之比为$\dfrac{1}{2}$。

6. 免费发放给消费者一定数量的实物（如食物且不能转卖为等额现金）与发给消费者等额价值的现金，哪种方法给消费者带来更高的效用？

解答：现金比实物给消费者带来更高的效用。在等值的现金和实物情况下，发实物时，该实物可能并非消费者所需，因而没有实现效用最大化；发现金时，消费者可以选择效用最大化的点（见图 2-2-2）。

7. 某消费者原来每月煤气开支为 50 元，现在煤气价格上涨 100%，其他商品价格不变，政府给予消费者 50 元作为价格补贴。试问该消费者的处境是改善了还是恶化了？为什么？

解答：$P_1X_1+P_2X_2=M$，(X_1^*, X_2^*) 是均衡点，$P_1X_1^*=50$

$2P_1X_1+P_2X_2=M+50=M+P_1X_1^*$，这条预算线经过 (X_1^*, X_2^*)

因为 $2P_1X_1^*+P_2X_2^*=M+50=M+P_1X_1^*$，该消费者境况改善。

在新的预算线上，消费者不会选 AC 段，因为福利将变差。

若选 C 点左边的点 B，福利将变好。理由是显示偏好原理（见图 2-2-3）。

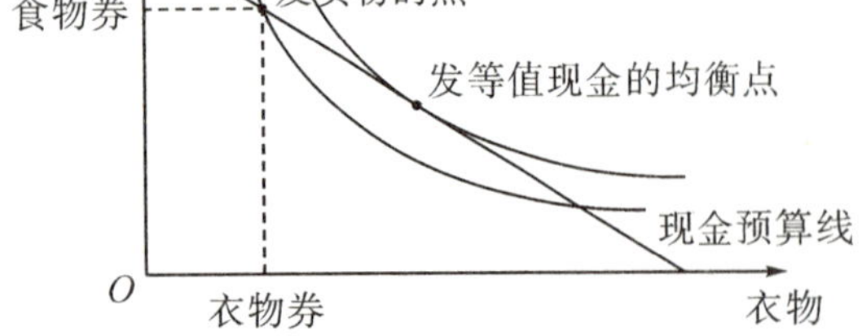

图 2-2-2

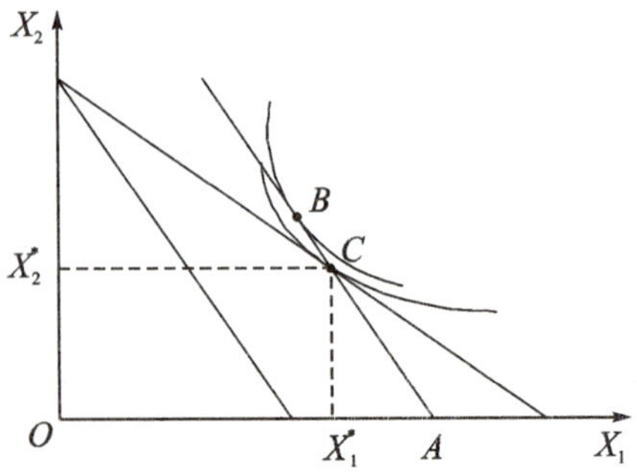

图 2-2-3

8. 某人的效用函数为 $U=4\sqrt{X}+Y$，原来的消费组合是（9,8），现在 X 的消费从 9 降为 4，求消费多少 Y 时，在同一条无差异曲线上。

解答：$U=4\sqrt{9}+8=20=4\sqrt{4}+Y \Rightarrow Y=12$

9. 良好形状的无差异曲线有哪些特征？

解答：有无数条无差异曲线，越高的无差异曲线效用越高，不能相交，凸向原点，向右下方倾斜。

10. 作图说明正常物品价格下降时的替代效应、收入效应、总效应。

解答：如图 2-2-4 所示。

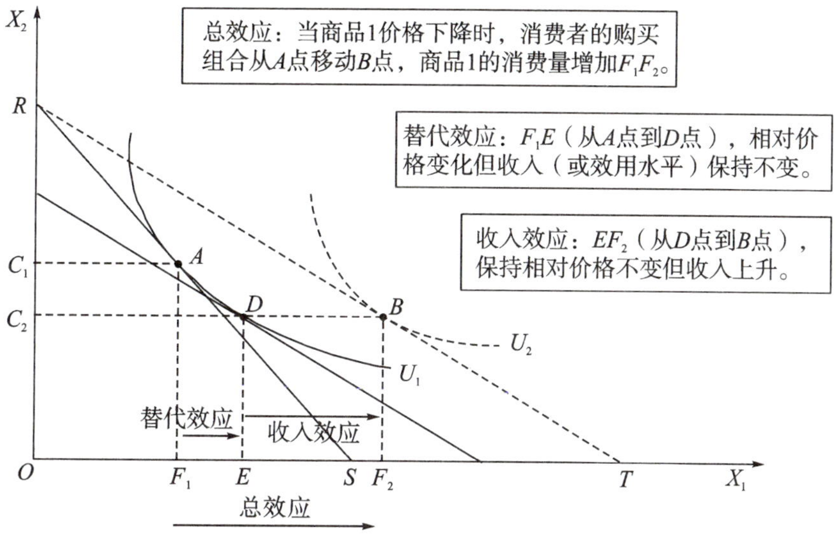

图 2-2-4

11. 作图说明正常物品价格上升时的替代效应、收入效应、总效应。

解答：如图 2-2-5 所示。

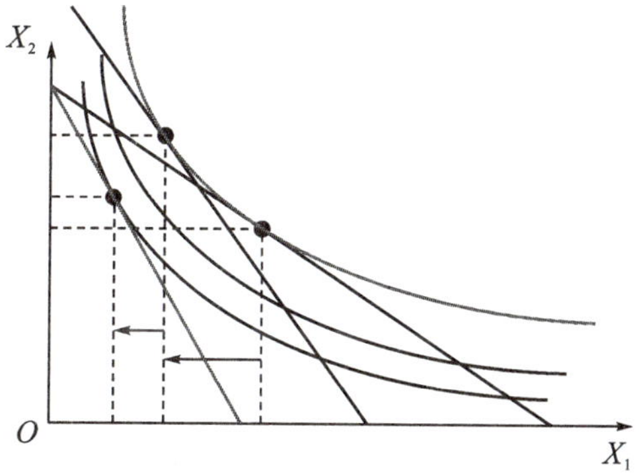

图 2-2-5

12. 作图说明吉芬物品价格下降时的替代效应、收入效应、总效应。

解答：如图 2-2-6 所示。

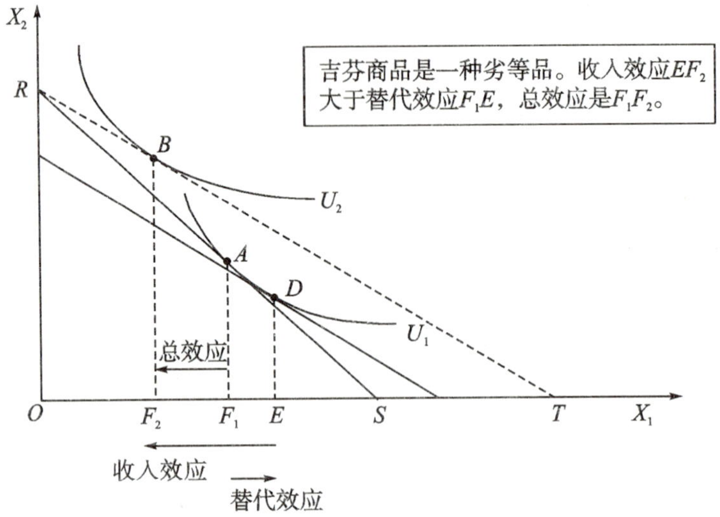

图 2-2-6

13. 请从价格-消费扩展线推导出需求曲线。

解答：如图 2-2-7 所示。

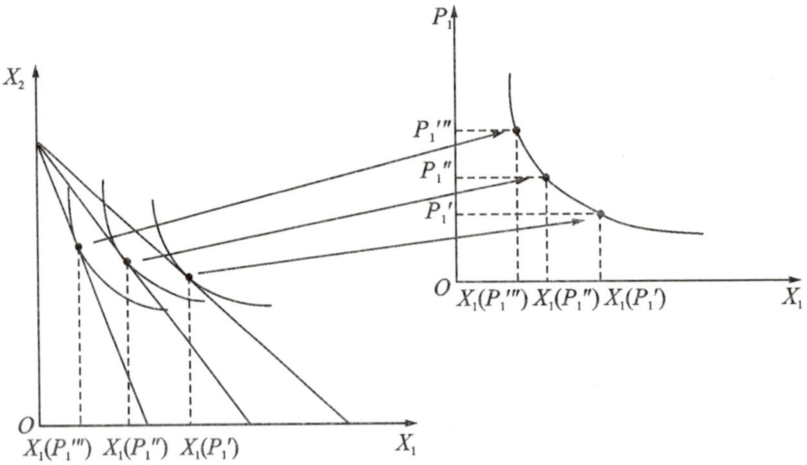

图 2-2-7

14. 根据基数效用论推导出需求曲线，说明边际效用递减规律是需求定律成立的前提。

解答：$\frac{MU}{P}=\lambda$，λ 是常量，X 增加，MU 减少，P 也应减少，因此 X 与 P 呈反向变化。

15. 消费者的效用函数是 $U=X^rY$，$r>0$，X，Y 的价格分别是 P_X, P_Y。证明收入-消费扩展线是一条直线。

解答：$U=X^rY$

均衡时，$\frac{MU_X}{P_X}=\frac{MU_Y}{P_Y}$

$\frac{rX^{r-1}Y}{P_X}=\frac{X^r}{P_Y}$

$\frac{Y}{X}=\frac{P_X}{rP_Y}$，后者是常数。

$Y=\frac{P_X}{rP_Y}\cdot X$，是过原点的直线。

16. 什么是消费者剩余？均衡价格下降对消费者剩余有何影响？

解答：消费者剩余是指消费者在购买一定数量的某种商品时愿意支付的最高价格和实际支付的价格之间的差额。均衡价格下降会使消费者剩余增加。

17. 已知一件衬衫的价格是 80 元，一份快餐的价格是 20 元，消费者关于这两种商品的均衡点上，一份快餐对一件衬衫的边际替代率 MRS 是多少？

解答：用 X 表示快餐的份数，用 Y 表示衬衫的件数，MRS_{XY}表示在维持效用水平不变的前提下，消费者增加一份快餐消费时所需放弃的衬衫的消费数量。效用最大化时，边际替代率等于价格之比，$MRS_{XY}=-\frac{\Delta Y}{\Delta X}=\frac{P_X}{P_Y}=\frac{20}{80}=\frac{1}{4}$。该消费者关于一份快餐对一件衬衫的边际替代率 MRS 为 0.25。

18. 工资上涨时，劳动供给会增加，请辨析之。

解答：这不一定。工资上涨，会产生替代效应，人们用更多的劳动替代闲暇。工资上涨也会产生收入效应，使闲暇增多，劳动减少。若替代效应大于收入效应，人们会更多地劳动；若替代效应小于收入效应，人们会更少地劳动。

19. 工厂的产品一般存在优等品和次等品，请用消费者行为理论解释卖到远方的应该是优等品，在本地销售的应该是次等品（这可以解释“好东西卖给国外”）。

解答：优等品的价格要高于次等品，$P_{优}>P_{次}$，运费是按重量计算的，优等品和次等品的重量是一致的。若在本地销售，预算线的斜率为$-P_{优}/P_{次}$；若在外地销售，预算线的斜率为$-(P_{优}+F)/(P_{次}+F)$，F 是单位运费。假设消费者偏好一致，如图 2-2-8 所示，在远方销售时，消费者均衡为 A 点，选择较多优等品，较少次等品；在本地销售时，消费者均衡为 B 点，选择较多次等品，较少优等品。优等品相对价格下降，预算线更为平缓，以替代效应为主，收入效应很小。

20. 把员工从成都外派到北京，北京的住房价格更高，但其他方面价格与成都一样，公司支付该员工的收入确保其购买力不变。请问该员工的境况是变好了还是变差了？他会如何调整其最优消费。

解答：该员工的境况将变好。如图 2-2-9 所示，在成都的均衡点为 A 点，外派北京后，要使该员工保持原来的购买力，必须增加其收入，新的预算线是 AB，消费者不会选择 A 点右边的点，如 C 点，根据显示偏好原理，C 点差于 A 点；消费者会选择 A 点左边的点，如 B 点，当选择 B 点时，消费者可以选到 A 点而不选它，说明 B 点比 A 点要好。

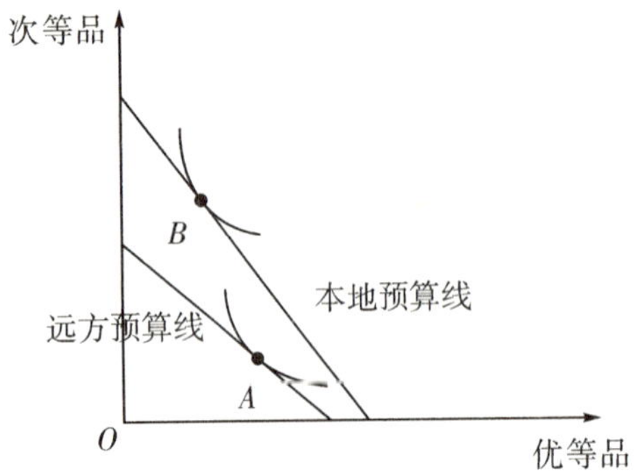

图 2-2-8

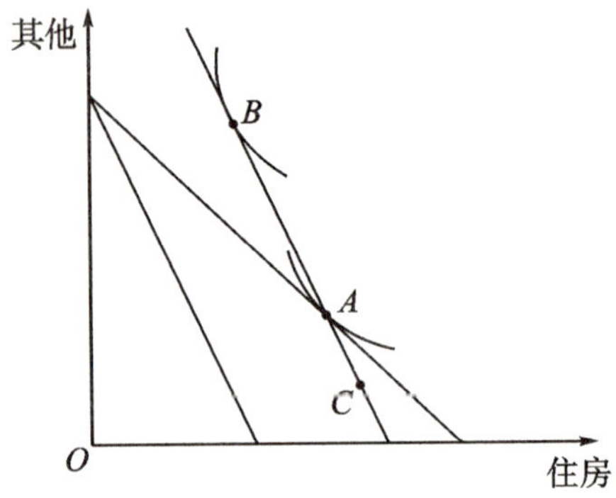

图 2-2-9

21. 政府为了促进生育率实施托儿补贴政策，政府补贴相同的金额，你是更偏爱从量补贴还是总量补贴？

解答：消费者更偏爱总量补贴。不补贴时，预算线为 $P_1X_1+P_2X_2=M$；从量补贴时，预算线为（P_1-S）$X_1+P_2X_2=M$。从量补贴时会有一个消费者均衡点 A，即（X_1^*，X_2^*），这时政府的补贴额为 SX_1^*，假设政府实施总量补贴 SX_1^*，预算线为 $P_1X_1+P_2X_2=M+SX_1^*$，该预算线正好经过从量补贴时的均衡点。如图 2-2-10 所示，在总量补贴的预算线上，消费者不会选择 A 点右边的点，如 C 点，根据显示偏好原理，C 点差于 A 点，消费者会选择 A 点左边的点，如 B 点，当选择 B 时，消费者可以选到 A 点而不选它，说明 B 点比 A 点要好。

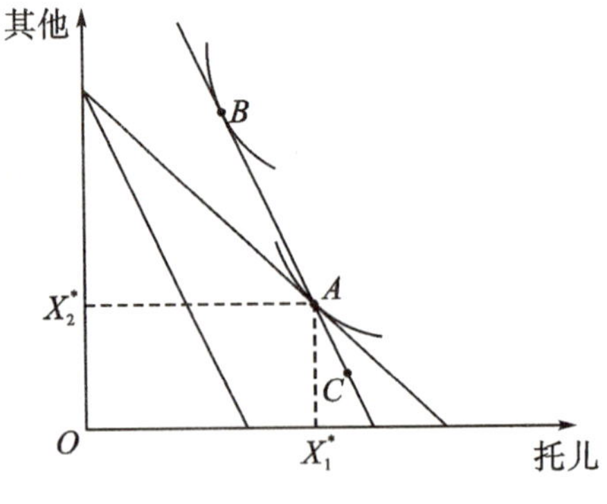

图 2-2-10

22. 消费者的预算收入为 20 元，X_1的价格为 1 元，X_2的价格为 2 元，该消费者的效用函数为 U（X_1，X_2）$=3X_1+X_2$。请求解消费者均衡，并画图。

解答：这是完全替代效用函数，边际替代率为-3。

预算线的斜率为-1/2。

是角点解，$X_1=20/1=20$，$X_2=0$。

参见图 2-2-11。

23. 消费者的预算收入为 20 元，X_1的价格为 8 元，X_2的价格为 2 元，该消费者的效用函数为 U（X_1，X_2）$=3X_1+X_2$。请求解消费者均衡，并画图。

解答：这是完全替代效用函数，边际替代率为-3。

预算线的斜率为-4。

是角点解，$X_1=0$，$X_2=20/2=10$。

参见图 2-2-12。

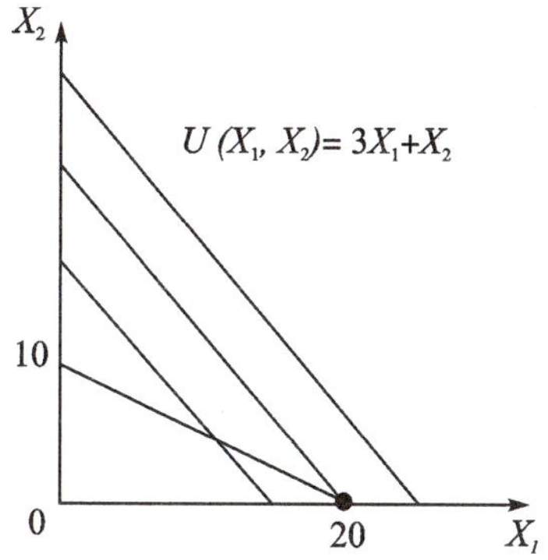

图 2-2-11

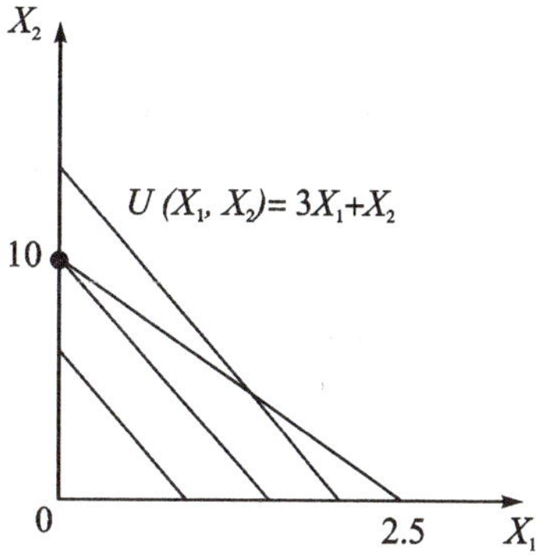

图 2-2-12

24. 消费者的预算收入为 200 元，左脚鞋 X_1 的价格为 50 元，右脚鞋 X_2 的价格为 50 元，该消费者的效用函数为 $U(X_1,X_2)=\min(X_1,X_2)$。请求解消费者均衡，并画图。

解答：这是完全互补效用函数，消费者最优化时，$X_1=X_2$

预算线方程是 $50X_1+50X_2=200$

$X_1=X_2=200/100=2$

参见图 2-2-13。

25. 消费者的预算收入为 21 元，一杯咖啡 X_1 的价格为 5 元，一个糖包 X_2 的价格为 1 元，该消费者喜欢一杯咖啡加两个糖包，因为这样味道可口。请求解消费者均衡，并画图。

解答：这是完全互补效用函数，该消费者效用函数为 $U(X_1,X_2)=\min(2X_1,X_2)$

消费者最优化时，$2X_1=X_2$。

预算线方程是 $5X_1+X_2=21$

$X_1=3$，$X_2=6$

参见图 2-2-14。

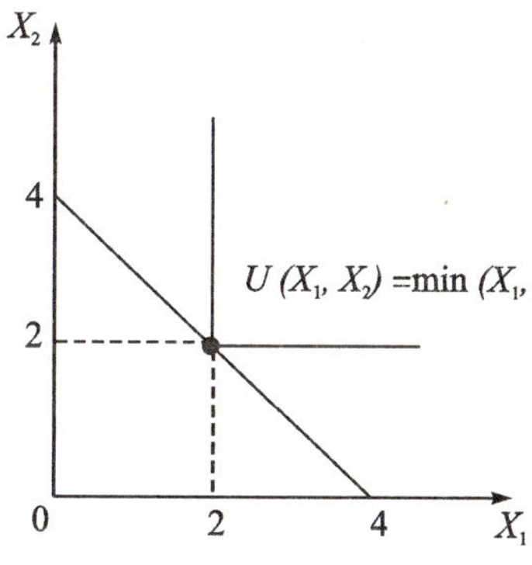

图 2-2-13

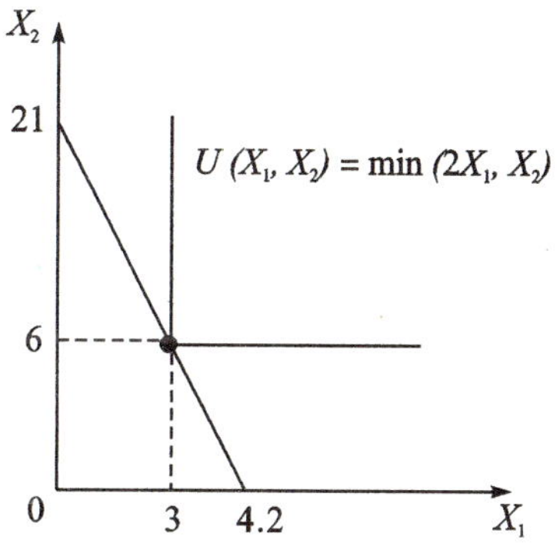

图 2-2-14

26. 某消费者的效用函数为 $U(x_1, x_2)=x_1x_2$，p_1 为 3 元，p_2 为 6 元，该消费者的预算收入为 120 元。

（1）求该消费者最优化时对两种商品的消费量。

（2）若对每单位 x_1 的消费征收从量税 1 元，求这时的消费者均衡。

（3）若对该消费者发放 60 元的代金券，求这时的消费者均衡。

（4）若对每单位 x_1 的消费征收从量税 1 元，同时对该消费者发放 60 元的代金券，求这时的消费者均衡。

解答：（1）效用最大化时有 $\frac{MU_1}{MU_2}=\frac{p_1}{p_2}=\frac{x_2}{x_1}$，预算约束为 $p_1x_1+p_2x_2=120$，代入效用最大化解得 $x_1=20$，$x_2=10$。

（2）征收 1 元从量税，$p_1'=3+1=4$，解得 $x_1'=15$，$x_2'=10$。

（3）发放 60 元代金券相当于收入变为 180，解得 $x_1''=30$，$x_2''=15$。

（4）预算线变为 $4x_1+6x_2=120+60$，解得 $x_1'=45/2$，$x_2'=15$。

27. 某消费者的效用函数为 $U(x_1,\ x_2)=x_1x_2$，p_1 为 5 元，p_2 为 10 元，该消费者的预算收入为 240 元。

（1）若对 x_2 的消费征收 20%的从价税，求这时的消费者均衡。

（2）若对该消费者征收 140 元的总量税，求这时的消费者均衡。

解答：（1）征收 20%的从价税，$p_2'=(1+20\%)\times 10=12$，解得 $x_1'=24$，$x_2'=10$。

（2）征收 140 元的总量税，相当于收入变为 100 元，解得 $x_1''=10$，$x_2''=5$。

28. 某消费者的效用函数为 $U=xy+x$，当 $P_x=3$，$P_y=2$ 时，对该消费者来说，x 是正常品（何种）还是低档品。

解答：设收入为 M，预算约束为 $3x+2y=M$。

效用极大化条件为 $\frac{(y+1)}{x}=\frac{3}{2}$。

得 $x=\frac{(M+2)}{6}$。

需求收入弹性为 $\frac{\partial x}{x}\div\frac{\partial M}{M}=\frac{M}{M+2}$。

由于 $0<\frac{M}{M+2}<1$，因此 x 是正常品且为必需品。

29. 某消费者只消费 X 与 Y 两种商品，X 对 Y 的边际替代率恒为 Y/X。如果他的收入为 260，X 的单价为 2 元，Y 的单价为 3 元。求其效用最大时的消费量。

解答：$\frac{MU_X}{MU_Y}=\frac{P_X}{P_Y}=\frac{2}{3}=\frac{Y}{X}$

$2X+3Y=260$

解得 $X=65$，$Y=\frac{130}{3}$。

30. 假定 X 与 Y 两种商品有线性无差异曲线，其斜率是 $\frac{1}{2}$，即 $MRS_{XY}=\frac{1}{2}$

（1）当 $P_X=1$，$P_Y=1$，且 $M=1\ 000$ 时，消费者均衡是什么？

（2）当 $P_X=1$，$P_Y=2$ 时，消费者均衡是什么？

解答：（1）由于 $MRS_{XY}=\frac{1}{2}$，$\frac{P_X}{P_Y}=1$，因此 $MRS_{XY}<\frac{P_X}{P_Y}$。

消费者均衡时最优商品组合为 $x=0$，$y=\frac{M}{P_Y}=1\ 000$。

（2）由于$\frac{P_X}{P_Y}=\frac{1}{2}$，因此 $MRS_{XY}=\frac{P_X}{P_Y}$，预算线上各点都是均衡点。

31. 假设需求曲线由 $Q=10-P$ 得出，消费 6 单位商品的总效用和消费者剩余各是多少？如果价格由 4 变动到 6，消费者剩余的变化是多少？

解答：

消费 6 单位商品的总效用 $=\int_0^6(10-q)\mathrm{d}q=(10q-\frac{q^2}{2})\Big|_0^6=60-18=42$

消费 6 单位商品的消费者剩余 $=\int_0^6(10-q)\mathrm{d}q-4\times6=(10q-\frac{q^2}{2})\Big|_0^6-24$

$=(60-18)-24=18$

$\Delta CS=\int_4^6(10-p)\mathrm{d}p=(10p-\frac{p^2}{2})\Big|_4^6=42-32=10$

32. 如何理解微观经济学假设货币的边际效用是常数。

解答：货币是价值尺度，用货币来衡量其他商品的价值，要求货币本身的价值是稳定的。就像用尺子量其他物品的长度，尺子的刻度应该是稳定的和标准的。

33. 餐厅里，某消费者对肉圆子的评价如表 2-2-1 所示。

表 2-2-1

对第 1 个肉圆子的支付意愿	10 元
对第 2 个肉圆子的支付意愿	6 元
对第 3 个肉圆子的支付意愿	4 元
对第 4 个肉圆子的支付意愿	1 元

请画出该消费者对肉圆子的需求曲线。当肉圆子的价格是每个 5 元时，请标出该消费者的消费者剩余。

解答：该消费者对肉圆子的需求曲线如图 2-2-15 所示。

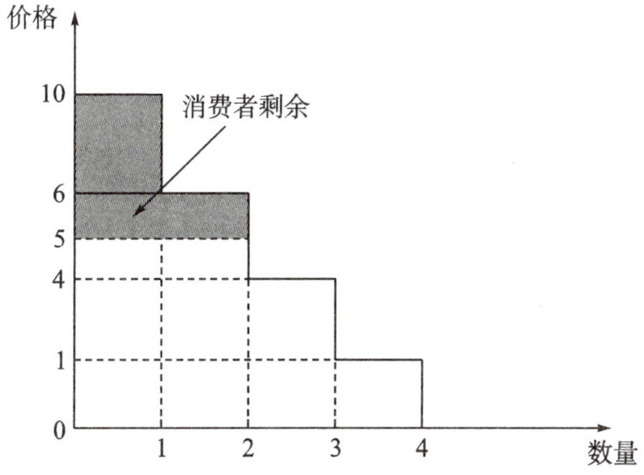

图 2-2-15

34. 什么是罗伊恒等式?

解答：马歇尔需求函数可以由间接效用函数推导出来。

$$x(p_x,p_y,I)=-\frac{\dfrac{\partial V(p_x,p_y,I)}{\partial p_x}}{\dfrac{\partial V(p_x,p_y,I)}{\partial I}}$$

$$y(p_x,p_y,I)=-\frac{\dfrac{\partial V(p_x,p_y,I)}{\partial p_y}}{\dfrac{\partial V(p_x,p_y,I)}{\partial I}}$$

35. 什么是谢泼德引理?

解答：补偿性（希克斯）需求函数可以由支出函数对该商品的价格求偏导得到。

$$x^c(p_x,p_y,U)=\frac{\partial E(p_x,p_y,U)}{\partial p_x}$$

$$y^c(p_x,p_y,U)=\frac{\partial E(p_x,p_y,U)}{\partial p_y}$$

36. 什么叫显示偏好原理?

解答：消费者是理性的，若选择了 A 点（x_1，x_2）的消费，购买 A 点的预算足以买到 B 点（y_1,y_2），但没有选择 B 点，即 $p_1x_1+p_2x_2\geqslant p_1y_1+p_2y_2$，则 A 点直接显示偏好于 B 点（见图 2-2-16）。

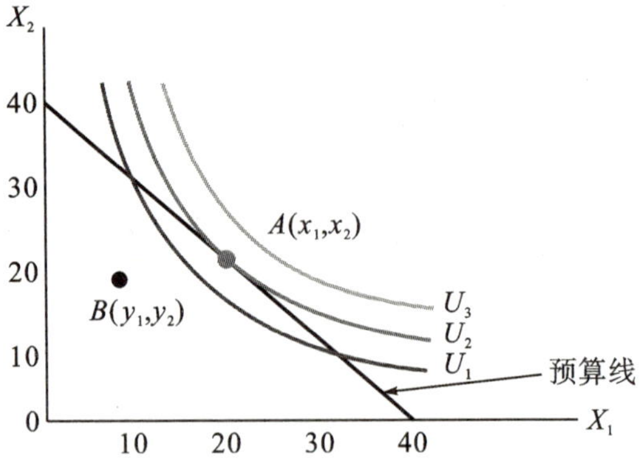

图 2-2-16

37. 对于消费者来说，与其被征一个从量税，不如被征一个等额的所得税或总量税，为什么?

解答：该消费者的初始预算约束线为 $p_1x_1+p_2x_2=m$，有一个最优选择点 A。

对 x_1 征收从量税后，预算约束线变为 $(p_1+t)x_1+p_2x_2=m$，有一个最优选择点 B，即（x_1^*，x_2^*），有 $(p_1+t)\ x_1^*+p_2x_2^*=m$，税赋量 $=tx_1^*$

若征收等量的所得税或总量税，预算约束线为 $p_1x_1+p_2x_2=m-tx_1^*$

可以发现，所得税时的预算约束线也经过（x_1^*，x_2^*）

如图 2-2-17 所示，被征所得税时的最优点 C，要好于被征从量税时的最优点 B，原因是显示偏好原理。消费者选 C 点的时候，预算约束可以选到 B 点，因此 C 点要好于 B 点。当消费者在 C 点这条预算线上选择时，绝对不会选 B 点左边的点，因为这些点比 B 点差（从量税时的最优点是 B 点，显示偏好于 B 点左边的点），只会选 B 点右边的点，而且要更好。

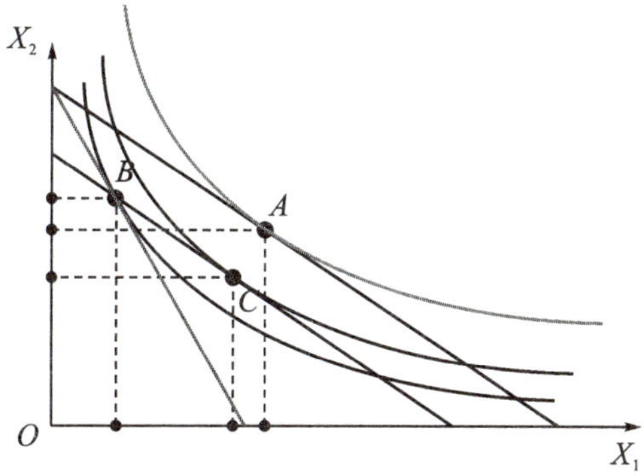

图 2-2-17

38. 对消费者征一个从量税，同时把等额税额退给这位消费者，请问这位消费者在该操作下状况是变好还是变差？

解答：初始预算线为 $p_1x_1+p_2x_2=m$，存在一个均衡点 A。

如果对 x_1 征从量税且退税，预算线变成 $(p_1+t)x_1+p_2x_2=m+tx_1$

这时有一个最优消费束 $B(x_1^*, x_2^*)$

$(p_1+t)x_1^*+p_2x_2^*=m+tx_1^*$

可得到 $p_1x_1^*+p_2x_2^*=m$，即征税且退税时的最优消费束 (x_1^*, x_2^*) 在初始的预算线上。

如图 2-2-18 所示，初始均衡点是 A，征税且退税的均衡点是 B，和 A 点相比，B 点在更低的无差异曲线上，因此征税且退税的操作让消费者状况变差。根据显示偏好原理，A 点和 B 点在同一条预算线上，消费者在初始预算线上选择 A 点，他可以选择到 B 点而不选 B 点，选 A 点，说明 A 点比 B 点好。

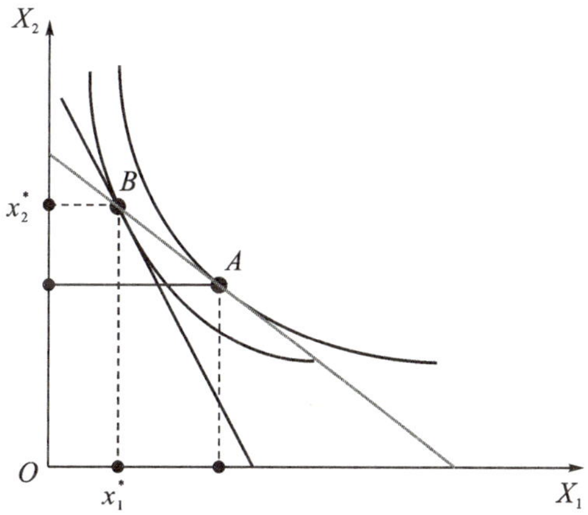

图 2-2-18

39. 消费者的效用函数为 $U=X_1+2X_2$，$p_1=3$，$p_2=2$。该消费者获得效用12，求支出最小化时的均衡及最小支出。

解答：$MU_1/P_1<MU_2/P_2$

全买2，$12=2X_2$，$X_2=6$，$X_1=0$

最小支出=12

40. 消费者的效用函数为 $U=\min(X_1,\ 2X_2)$，$p_1=3$，$p_2=2$。该消费者获得效用12，求支出最小化时的均衡及最小支出。

解答：$X_1=2X_2$

$12=X_1=2X_2$

$X_1=12$，$X_2=6$

最小支出为 $3\times12+2\times6=48$

41. 消费者的效用函数为 $U=X_1X_2^{\ 2}$，$p_1=4$，$p_2=2$，该消费者获得效用432，求支出最小化时的均衡及最小支出。

解答：$MU_1/P_1=MU_2/P_2$，$X_2=4X_1$

$432=X_1X_2^{\ 2}$

解得 $X_1=3$，$X_2=12$

最小支出为 $3\times4+2\times12=36$

42. 在其他条件不变时，秋天苹果大量上市，苹果价格下降，消费者为什么消费更多的苹果？

解答：这是因为替代效应和收入效应的影响。苹果价格下降，消费者用相对更便宜的苹果替代其他水果满足对水果的需求，此为替代效应。苹果价格下降时，消费者的实际收入会提高，可以更多地购买苹果这样的正常物品，此为收入效应。

43. 在其他条件不变时，利率上升，储蓄者是否更多地储蓄？

解答：不一定。利率上升会产生两种效应：一种是替代效应。利率上升表明现期消费变贵了，人们用未来的消费替代现期消费，使现期消费减少，现期储蓄增加。另一种是收入效应。利率上升使储蓄者的收入增加，会增加现期消费，使现期储蓄减少。储蓄者是否更多地储蓄取决于替代效应和收入效应谁大谁小。若替代效应大于收入效应，消费者更多地储蓄；若替代效应小于收入效应，消费者更少地储蓄。

五、计算题

1. 某消费者的效用函数为 $U=x_1x_2$，两种商品的价格分别是 p_1 和 p_2，该消费者的预算收入为 m，求效用最大化。

（1）写出该消费者行为的理论模型。

（2）求该消费者的马歇尔需求函数。

（3）求该消费者的间接效用函数。

解答：（1）$\begin{cases}\max U=x_1x_2\\ \text{s.t. } p_1x_1+p_1x_1=m\end{cases}$

（2）解得 $x_1=\dfrac{m}{2p_1}$，$x_2=\dfrac{m}{2p_2}$。

（3）代入效用函数得间接效用函数 $v(p_1, p_2, m) = \frac{m^2}{4p_1p_2}$。

2. 消费者消费商品 X_1 和商品 X_2 的效用函数为 $U(X_1, X_2) = X_1^2X_2^3$。已知预算收入为 120 元，P_1 为 2 元，P_2 为 3 元，求解两种商品的最优消费量。

解答：$\max\ X_1^2X_2^3$

s.t. $2X_1+3X_2=120$

$$\begin{cases}\frac{MU_1}{P_1}=\frac{MU_2}{P_2}\text{或}-\frac{MU_1}{MU_2}=-\frac{P_1}{P_2}\\2X_1+3X_2=120\end{cases}$$

解得 $X_1^*=\frac{2}{2+3}\cdot\frac{120}{2}=24$，$X_2^*=\frac{3}{2+3}\cdot\frac{120}{3}=24$

3. 假设消费者的效用函数为 $U(X_1, X_2) = X_1^2X_2$，X_1 是食品消费量，X_2 是其他商品的消费量。假设食品的价格为 P_1，其他商品的价格为 P_2，消费者的预算收入是 M，求最优食品需求量。食品对该消费者来说是低档物品吗？是吉芬物品吗？

解答：$\max\ U=X_1^2X_2$

s.t. $P_1X_1+P_2X_2=M$

$$X_1=\frac{2M}{3P_1}$$

$\frac{\partial X_1}{\partial M}=\frac{2}{3P_1}>0$，是正常物品

$\frac{\partial X_1}{\partial P_1}=-\frac{2M}{3P_1^2}<0$，是普通物品，不是吉芬物品

4. 某消费者的效用函数为 $U(X_1, X_2) = \frac{\ln X_1+2\ln X_2}{3}$，商品 1 和商品 2 的价格分别是 P_1 和 P_2，消费者的预算收入为 M。

（1）求消费者对商品 1 和商品 2 的需求函数。

（2）判断商品 1 和商品 2 是正常品还是低档品，是普通物品还是吉芬物品，是互补品还是替代品。

（3）假设 $P_1=P_2=1$，画出每种商品的恩格尔曲线。

解答：效用函数可以单调变为 $U(X_1, X_2) = X_1X_2^2$

$\max\ X_1X_2^2$

s.t. $P_1X_1+P_2X_2=M$

解得 $X_1=\frac{M}{3P_1}$，$X_2=\frac{2M}{3P_2}$

$\frac{\partial X_1}{\partial M}=\frac{1}{3P_1}>0$，$\frac{\partial X_2}{\partial M}=\frac{2}{3P_2}>0$

X_1，X_2 都是正常物品。

$\frac{\partial X_1}{\partial P_1}=-\frac{M}{3}\cdot\frac{1}{P_1^2}<0$，$\frac{\partial X_2}{\partial P_2}=-\frac{2M}{3}\cdot\frac{1}{P_2^2}<0$

X_1，X_2 都是普通物品。

$\frac{\partial X_1}{\partial P_2}=0$，$\frac{\partial X_2}{\partial P_1}=0$

X_1，X_2 是独立品，互不影响。

当 $P_1=P_2=1$ 时，$X_1=\frac{M}{3}$，$X_2=\frac{2M}{3}$（恩格尔曲线如图 2-2-19 所示）

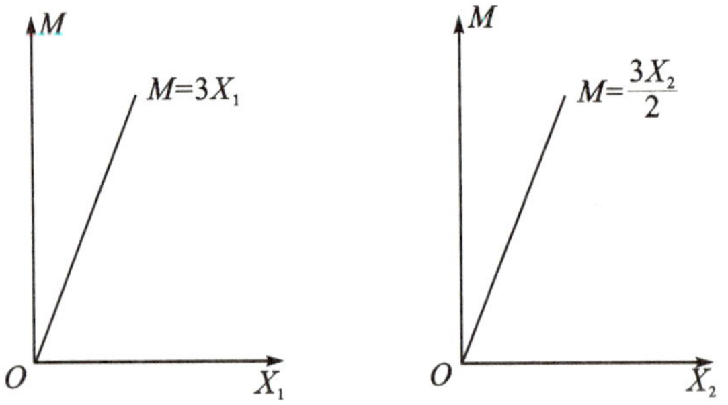

图 2-2-19

5. 某消费者的效用函数为 $U(X,Y)=a\ln X+b\ln Y$，预算收入为 M，两种商品的价格分别是 P_X 和 P_Y。

（1）求解两种商品的需求函数。

（2）$P_X=1$，$P_Y=2$，$M=120$ 时，求边际替代率，并求此时两种商品的需求价格弹性与需求收入弹性。

解答：效用函数可以单调变换为 $U(X,Y)=X^aY^b$

$\max X^aY^b$

s.t. $P_X\cdot X+P_Y\cdot Y=M$

解得 $X=\frac{a}{a+b}\cdot\frac{M}{P_X}$，$Y=\frac{b}{a+b}\cdot\frac{M}{P_Y}$

$MRS_{XY}=\frac{\mathrm{d}Y}{\mathrm{d}X}=-\frac{MU_X}{MU_Y}=-\frac{aY}{bX}=-\frac{P_X}{P_Y}=-\frac{1}{2}$

$\varepsilon_{XP_X}=\frac{\mathrm{d}X}{\mathrm{d}P_X}\cdot\frac{P_X}{X}=-1$，$X$ 的需求价格弹性是-1。

$\varepsilon_{XM}=\frac{\mathrm{d}X}{\mathrm{d}M}\cdot\frac{M}{X}=1$，$X$ 的需求收入弹性是 1。

同理，Y 的需求价格弹性是-1，Y 的需求收入弹性是 1。

6. 某消费者的效用函数是 $U(X_1,X_2)=cX_1+X_2$，两种商品的价格分别是 P_1 和 P_2，预算收入是 M，求解消费者均衡。

解答：$U(X_1, X_2)=cX_1+X_2$

边际替代率$\frac{\mathrm{d}X_2}{\mathrm{d}X_1}=-c$，是完全替代效用函数。

如果$\frac{P_1}{P_2}>c$，则均衡点在 X_2 轴。

$X_1=0$，$X_2=\dfrac{M}{P_2}$

如果$\dfrac{P_1}{P_2}<c$，则均衡点在 X_1 轴。

$X_1=\dfrac{M}{P_1}$，$X_2=0$

如果$\dfrac{P_1}{P_2}=c$，则预算线上的所有点都是均衡点。

$P_1X_1+P_2X_2=M$，$X_1\in\left[0,\dfrac{M}{P_1}\right]$，$X_2\in\left[0,\dfrac{M}{P_2}\right]$

7. 甲消费者的效用函数是 $U(X_1,X_2)=(X_1+2)(X_2+6)$，$X_1$ 是蛋糕块数，X_2 是牛奶杯数。请问：

（1）甲消费者原有 4 块蛋糕、6 杯牛奶，现在甲消费者是否愿意用 3 块蛋糕和乙消费者交换 9 杯牛奶?

（2）若边际替代率 $MRS_{12}=2$，甲消费者是否愿意用 3 杯牛奶和乙消费者交换 1 块蛋糕?

解答：初始的消费组合为（4，6），若交换，消费组合变为（1，15）

U（4，6）=6×12=72

U（1，15）=3×21=63，效用变差，不愿意交换。

$MRS_{12}=\left|\dfrac{dX_2}{dX_1}\right|=2$，1 块蛋糕可替代 2 杯牛奶，甲消费者不愿意用 3 杯牛奶和乙消费者交换 1 块蛋糕。

8. 某人将全部预算收入用于购买商品 X 和商品 Y，两种商品的边际效用如表 2-2-2 所示。商品 X 的价格是 20 元，商品 Y 的价格是 30 元，预算收入是 210 元。该消费者的最优消费是什么？此时获得的最大效用是多少。

表 2-2-2

消费品单位数	1	2	3	4	5	6	7	8
MU_X	25	23	20	16	10	6	4	2
MU_Y	50	45	40	35	30	25	20	15

解答：$MRS_{XY}=\dfrac{MU_X}{MU_Y}=\dfrac{P_X}{P_Y}=\dfrac{2}{3}$

3 单位 X，5 单位 Y 时，$\dfrac{MU_X}{MU_Y}=\dfrac{2}{3}$

3×20+5×30=210 元

最优消费是 3 单位 X，5 单位 Y。

总效用=（25+23+20）+（50+45+40+35+30）=268

9. 某消费者的预算收入为120元，全部花费于X和Y两种商品，他的效用函数为$U(X,Y)=XY$，商品X的价格是2元，商品Y的价格是3元。

（1）求解消费者均衡，他获得的总效用是多少？

（2）货币的边际效用是多少？

（3）如商品X的价格提高44%，商品Y的价格不变，要保持原来的效用水平，其收入要增加多少？

解答：（1）$\max XY$

s.t. $2X+3Y=120$

解得 $X=30$，$Y=20$

$U(X,Y)=XY=30\times20=600$

（2）$\lambda=\frac{MU_X}{P_X}=\frac{Y}{P_X}=\frac{20}{2}=10$

（3）$U_A=U_B$，即 $600=\frac{1}{2}\times\frac{M'}{2\times144\%}\times\frac{1}{2}\times\frac{M'}{3}$

解得 $M'=144$，$M'-M=144-120=24$（元）

10. 某消费者的预算收入为120元，全部花费于X和Y两种商品，他的效用函数为$U(X,Y)=X+Y$，X商品的价格是2元，Y商品的价格是3元。求解消费者均衡，他获得的总效用是多少？

解答：

这是完全替代效用函数：

$MRS_{XY}=-1$，$-\frac{P_X}{P_Y}=-\frac{2}{3}$

均衡在X轴上，是角点解。

$X=\frac{120}{2}=60$，$Y=0$

$U(X,Y)=X+Y=60$

11. 消费者的效用函数是$U(X,Y)=X^{0.4}Y^{0.6}$，$P_X=2$，$P_Y=3$，求获得效用9时的最小支出是多少？

解答：$\min 2X+3Y$

s.t. $X^{0.4}Y^{0.6}=9$

解得$\frac{MU_X}{P_X}=\frac{MU_Y}{P_Y}$

$X=Y=9$

$E=2\times9+3\times9=45$（元）

12. 某消费者消费X和Y两种商品，无差异曲线的斜率的绝对值恒为$\frac{Y}{X}$，Y是商品Y的数量，X是商品X的数量。

（1）证明 X 的需求不取决于 Y 的价格。

（2）证明 X 的需求价格弹性的绝对值为 1。

（3）求出 X 的恩格尔曲线，求解 X 的需求收入弹性。

解答：（1）$MRS_{XY}=\frac{dY}{dX}=\frac{Y}{X}=\frac{MU_X}{MU_Y}=\frac{P_X}{P_Y}$

$P_X \cdot X=P_Y \cdot Y$

$P_X \cdot X+P_Y \cdot Y=M$

$2P_X \cdot X=M \Rightarrow X=\frac{M}{2P_X}$，$X$ 的需求不取决于 P_Y

（2）$\varepsilon_{XP_X}=\frac{dX}{dP_X} \cdot \frac{P_X}{X}=-\frac{M}{2} \cdot \frac{1}{P_X^2} \cdot P_X \cdot \frac{2P_X}{M}=-1$

$|\varepsilon_{XP_X}|=1$

（3）$\varepsilon_{XM}=\frac{dX}{dM} \cdot \frac{M}{X}=\frac{1}{2P_X} \cdot \frac{M}{\frac{M}{2P_X}}=1$

$X=\frac{M}{2P_X} \Rightarrow M=2P_X \cdot X$

恩格尔曲线如图 2-2-20 所示。

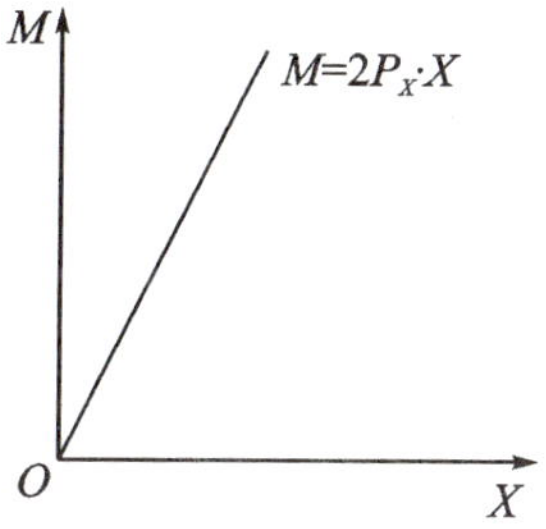

图 2-2-20

13. 某消费者的效用函数是 $U(X,Y)=XY$，$P_X=1$，$P_Y=2$，$M=40$，现在 P_Y 下降为 1。

（1）求 Y 的替代效应、收入效应、总效应。

（2）求 X 的替代效应、收入效应、总效应。

请用斯勒茨基分解。

解答：（1）$\max U(X, Y)=XY$

s.t. $X+2Y=40$

解得 $Y=\frac{1}{2}\times\frac{40}{2}=10$

$\Delta M=Y \cdot \Delta P_Y=10\times(1-2)=-10$，$M'=40-10=30$

$Y'=\frac{1}{2}\times\frac{30}{1}=15$

$Y''=\frac{1}{2}\times\frac{40}{1}=20$

Y 的总效应 $=20-10=10$

替代效应 $=15-10=5$

收入效应 $=20-15=5$

（2）Y 的价格变化对 X 的影响：

$X=\frac{1}{2}\times\frac{40}{1}=20$

$X'=\frac{1}{2}\times\frac{30}{1}=15$

$X''=\frac{1}{2}\times\frac{40}{1}=20$

X 的总效应 $=0$

替代效应 $=-5$

收入效应 $=5$

14. 某个学生的月收入是 1 000 元，他对面包的需求函数是 $X(P,M)=\frac{20}{P}+\frac{1\,000}{M}$，面包的价格 $P=4$ 元。当面包的价格从 4 元上升到 5 元，为使该学生仍买得起原来的面包消费量，他的收入应增加多少？

解答：$X(P,M)=\frac{20}{P}+\frac{1\,000}{M}=\frac{20}{4}+\frac{1\,000}{1\,000}=6$

$\Delta M=X\cdot\Delta P=6\times(5-4)=6$

收入应增加 6 元。

15. 某人的效用函数为 $U(X,Y)=XY$，预算收入为 100 元，商品 Y 的价格是 10 元。当商品 X 的价格由 2 元变为 8 元时，求保持其效用不变所需的最小收入。

解答：$\max XY$

s.t. $2X+10Y=100$

$X=\frac{1}{2}\times\frac{100}{2}=25$，$Y=\frac{1}{2}\times\frac{100}{10}=5$

$U_A=U_B$

$25\times5=\frac{1}{2}\times\frac{M'}{8}\times\frac{1}{2}\times\frac{M'}{10}\Rightarrow M'=200$

16. 一个人具有效用函数 $U(W)=W^{\frac{1}{2}}$，他的财富初始值为 4 元。现在他拥有一张奖券，这张奖券有 0.5 的概率值 12 元，有 0.5 的概率值 0 元。若要他出让该彩票，他索取的最低价会是多少？

解答：$E(U)=0.5\times\sqrt{4+12}+0.5\times\sqrt{4+0}=3$

$U(4+X)=3\Rightarrow X=5$

17. 一个人具有效用函数 $U(W)=W^{\frac{1}{2}}$，他的财富初始值为 10 000 元。他有 5%的可能性损失 3 600 元，求他愿意支付的最大保险费是多少？

解答：$U(10\,000-R)=0.95U(10\,000)+0.05U(6\,400)$

$\sqrt{10\,000-R}=0.95\times100+0.05\times80$

$R=199$ 元，这是愿意支付的最大保险费。

18. 完全竞争市场上只有两个消费者：消费者 1 的需求函数是 $Q_1=100-2P$（$P\leqslant50$），$Q_1=0$（$P>50$）；消费者 2 的需求函数是 $Q_2=160-3P$（$P\leqslant40$），$Q_2=0$（$P>40$）。求市场需求函数。

解答：$P>50$ 时，$Q=Q_1+Q_2=0$

$40<P\leqslant50$ 时，$Q=Q_1+Q_2=100-2P+0=100-2P$

$P\leqslant40$ 时，$Q=Q_1+Q_2=100-2P+(160-3P)=260-5P$

19. 假设消费者的均衡如图 2-2-21 所示。其中，横轴和纵轴分别表示商品 1 和商品 2 的数量，线段 AB 为消费的预算线，曲线 U 为消费者的无差异曲线，E 点为效用最大化的均衡点。已知商品 1 的价格 $P_1=2$ 元。

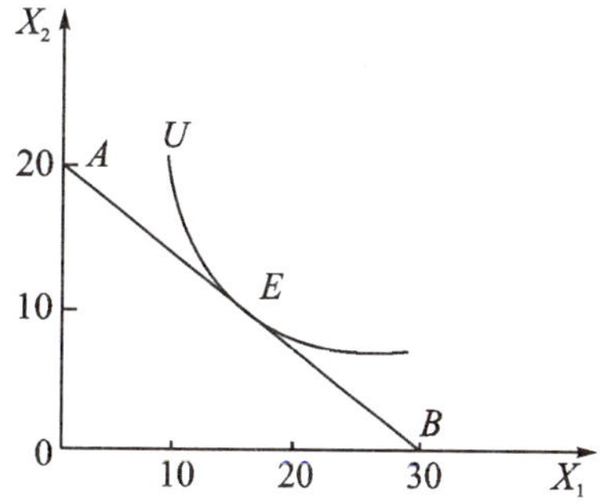

图 2-2-21

（1）求消费者的预算收入。

（2）求商品 2 的价格 P_2。

（3）写出预算线方程。

（4）求预算线的斜率。

（5）求 E 点的 MRS_{12} 的值。

解答：（1）横轴截距表示消费者的收入全部购买商品 1 的数量为 30 单位，已知 $P_1=2$ 元，所以消费者的收入 $M=2\times30=60$ 元。

（2）纵轴截距表示消费者的收入全部购买商品 2 的数量为 20 单位，由（1）已知收入 $M=60$ 元，所以商品 2 的价格 $P_2=\frac{M}{20}=\frac{60}{20}=3$ 元。

（3）由于预算线方程的一般形式为 $P_1X_1+P_2X_2=M$，所以本题预算线方程写为 $2X_1+3X_2=60$。

（4）将（3）中的预算线方程进一步整理为 $X_2=-\frac{2}{3}X_1+20$。预算线的斜率为$-\frac{2}{3}$。

（5）在消费者效用最大化的均衡点 E 上，有 $MRS_{12}=-\frac{\Delta X_2}{\Delta X_1}=\frac{P_1}{P_2}$，因此 $MRS_{12}=\frac{P_1}{P_2}=\frac{2}{3}$。

20. 请画出以下各位消费者对两种商品（咖啡和热茶）的无差异曲线，同时请对（2）和（3）分别写出消费者 B 和消费者 C 的效用函数。

（1）消费者 A 喜欢喝咖啡，但对喝热茶无所谓，他总是喜欢喝更多杯的咖啡，而从不在意有多少杯热茶。

（2）消费者 B 喜欢一杯咖啡和一杯热茶一起喝，他从来不喜欢单独喝咖啡或单独喝热茶。

（3）消费者 C 认为，在任何情况下，1 杯咖啡和 2 杯热茶是无差异的。

（4）消费者 D 喜欢喝热茶，但厌恶喝咖啡。

解答：（1）对于消费者 A，热茶是中性商品，热茶的消费数量不会影响消费者 A 的效用水平。消费者 A 的无差异曲线见图 2-2-22（a），箭头表示效用水平增加的方向（下同）。

（2）对消费者 B，咖啡和热茶是完全互补品，其效用函数是 $U=\min(X_1,X_2)$。消费者 B 的无差异曲线见图 2-2-22（b）。

（3）对消费者 C，咖啡和热茶是完全替代品，其效用函数是 $U=2X_1+X_2$。消费者 C 的无差异曲线见图 2-2-22（c）。

（4）对消费者 D，咖啡是厌恶品。消费者 D 的无差异曲线见图 2-2-22（d）。

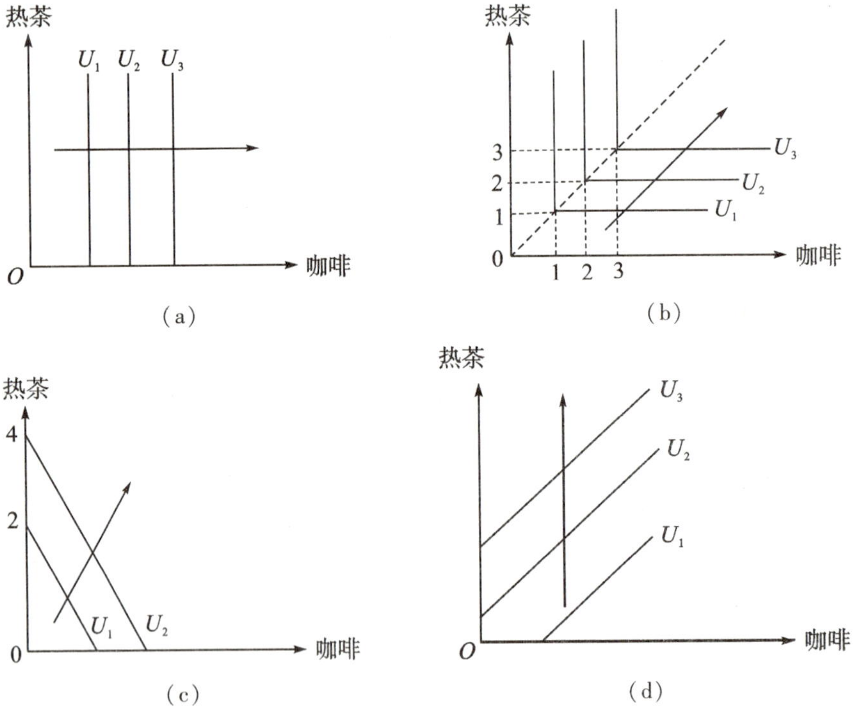

图 2-2-22

21. 某消费者的效用函数为 $U=x_1x_2$，两种商品的价格分别是 p_1 和 p_2，该消费者获得 u 单位的效用，令支出最小化。

（1）写出该消费者行为的理论模型。

（2）求消费者均衡时的最优消费量。

（3）求该消费者的支出函数。

解答：（1）$\begin{cases}\min E=p_1x_1+p_1x_1\\ \text{s.t. } u=x_1x_2\end{cases}$

（2）解得 $x_1=\sqrt{\frac{p_2u}{p_1}}$，$x_2=\sqrt{\frac{p_1u}{p_2}}$。

（3）代入支出函数，得支出函数为 $E(p_1, p_2, u)=2\sqrt{p_1p_2u}$。

22. 假设某商品市场上只有 A、B 两个消费者，他们的需求函数分别为 $Q_A^d=20-4P$ 和 $Q_B^d=30-5P$。

（1）列出这两个消费者的需求表和市场需求表。

（2）根据（1），画出这两个消费者的需求曲线和市场需求曲线。

解答：

（1）两个消费者及市场的需求表如表 2-2-3 所示。

表 2-2-3

P	A 的需求量 Q_A^d	B 的需求量 Q_B^d	市场需求量 $Q_A^d+Q_B^d$
0	20	30	50
1	16	25	41
2	12	20	32
3	8	15	23
4	4	10	14
5	0	5	5
6		0	0

（2）由（1）中的需求表，消费者 A 和消费者 B 各自的需求曲线以及市场的需求曲线如图 2-2-23 所示。

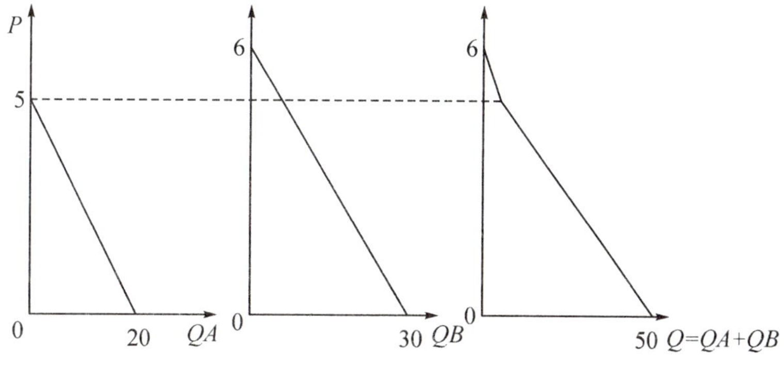

图 2-2-23

23. 设某消费者的效用函数为柯布-道格拉斯类型的，即 $U(X,Y)=X^{\alpha}Y^{\beta}$，商品 X 和商品 Y 的价格分别为 P_X 和 P_Y，消费者的收入为 M，α 和 β 为常数，并且 $\alpha+\beta=1$。

（1）求该消费者关于商品 X 和商品 Y 的需求函数。

（2）证明当商品 X 和商品 Y 的价格以及消费者的收入同时变动一个比例时，消费者对两商品的需求关系维持不变。

（3）证明消费者效用函数中的参数 α 和 β 分别为商品 X 和商品 Y 的消费支出占消费者预算收入的份额。

解答：（1）由消费者的效用函数 $U(X,Y)=X^{\alpha}Y^{\beta}$，解得 $\begin{cases} MU_X=\dfrac{\partial U}{\partial X}=\alpha X^{\alpha-1}Y^{\beta} \\ MU_Y=\dfrac{\partial U}{\partial Y}=\beta X^{\alpha}Y^{\beta-1} \end{cases}$

消费者的预算约束方程为 $P_X \cdot X+P_Y \cdot Y=M$

根据消费者效用最大化的均衡条件 $\begin{cases} \dfrac{MU_X}{P_X}=\dfrac{MU_Y}{P_Y} \\ P_X \cdot X+P_Y \cdot Y=M \end{cases}$，代入已知条件，解方程组得：

$X=\dfrac{\alpha M}{P_X}$，$Y=\dfrac{\beta M}{P_Y}$，分别为消费者关于商品 X 和商品 Y 的需求函数。

（2）商品 X 和商品 Y 的价格以及消费者的收入同时变动一个比例，相当于消费者的预算线变为 $\lambda P_X \cdot X+\lambda P_Y \cdot Y=\lambda M$，其中 λ 为一个非零常数，效用函数和预算线都没有发生变化，故消费者对两商品的需求关系维持不变。

（3）由消费者的需求函数可得：$\alpha=\dfrac{P_X \cdot X}{M}$，$\beta=\dfrac{P_Y \cdot Y}{M}$，式中参数 α 为商品 X 的消费支出占消费者预算收入的份额，参数 β 为商品 Y 的消费支出占消费者预算收入的份额。

24. 假定肉肠和面包卷是完全互补品。人们通常以一根肉肠和一个面包卷为比例做一个热狗，并且已知一根肉肠的价格等于一个面包卷的价格。

（1）求肉肠的需求价格弹性。

（2）求面包卷对肉肠的交叉价格弹性。

（3）如果肉肠的价格是面包卷价格的两倍，那么肉肠的需求价格弹性和面包卷对肉肠的交叉价格弹性各是多少？

解答：（1）令肉肠的需求量为 X，面包卷的需求量为 Y，相应的价格为 P_X，P_Y，效用最大化问题可以写为

$\max\ U(X,Y)=\min(X,Y)$

s.t. $P_X \cdot X+P_Y \cdot Y=M$

由 $P_X=P_Y$

解上述方程有 $X=Y=\dfrac{M}{P_X+P_Y}$

（1）$e_{dX}=-\dfrac{dX}{dP_X} \cdot \dfrac{P_X}{X}=\dfrac{M}{(P_X+P_Y)^2} \cdot \dfrac{P_X}{\dfrac{M}{P_X+P_Y}}=\dfrac{P_X}{P_X+P_Y}=\dfrac{1}{2}$

（2）面包对肉肠的交叉价格弹性为

$e_{YX}=\dfrac{dY}{dP_X} \cdot \dfrac{P_X}{Y}=-\dfrac{M}{(P_X+P_Y)^2} \cdot \dfrac{P_X}{\dfrac{M}{P_X+P_Y}}=-\dfrac{P_X}{P_X+P_Y}=-\dfrac{1}{2}$

（3）当肉肠价格是面包卷价格的两倍，有

$P_X=2P_Y$，$e_{dX}=\dfrac{P_X}{P_X+P_Y}=\dfrac{2}{3}$，$e_{YX}=-\dfrac{2}{3}$

25. 已知某消费者的效用函数为 $U(X_1, X_2) = X_1X_2$，两商品的价格分别为 $P_1=4$，$P_2=2$，消费者的预算收入 $M=80$。现在假定商品 1 的价格下降为 $P_1=2$。求总效应、替代效应、收入效应（请用希克斯分解）。

解答：(1) 如图 2-2-24 所示，先考虑均衡点 a。根据效用最大化的均衡条件

$$\begin{cases}\dfrac{MU_1}{P_1}=\dfrac{MU_2}{P_2}\\ P_1\cdot X_1+P_2\cdot X_2=M\end{cases}$$

解得 $X_1=10$，$X_2=20$

最优效用水平为 $U_1=X_1X_2=10\times20=200$

再考虑均衡点 b。当商品 1 的价格下降为 $P_1=2$ 时，根据效用最大化的均衡条件

得 $$\begin{cases}\dfrac{X_1}{2}=\dfrac{X_2}{2}\\ 2X_1+2X_2=80\end{cases}$$

解得 $X_1=X_2=20$

从 a 点到 b 点商品 1 的数量变化为 $\Delta X_1=20-10=10$，这就是 P_1 变化引起商品 1 消费量变化的总效应。

(2) 为了分析替代效应，作一条平行于预算线 AB' 且相切于初始无差异曲线的补偿预算线 FG，切点为 c 点。

在均衡点 c，总效用保持不变，X_1，X_2 满足 $$\begin{cases}\dfrac{MU_1}{P_1}=\dfrac{MU_2}{P_2}\\ TU=X_1X_2=200\end{cases}$$

解得 $X_1=X_2=10\sqrt{2}$

替代效应 $=10\sqrt{2}-10$

(3) 收入效应 $=20-10\sqrt{2}$

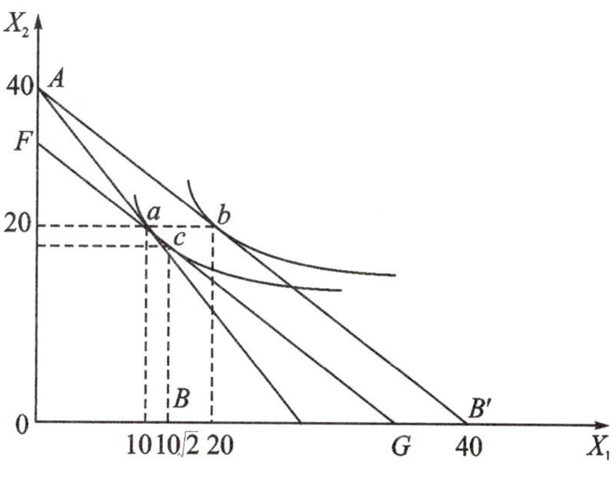

图 2-2-24

26. 某消费者是一个风险规避者，他面临是否参与一场赌博的选择：如果他参与这场赌博，他将有 5%的概率获得 10 000 元，有 95%的概率获得 10 元；如果他不参与这

场赌博，他将拥有 509.5 元。那么，他会参与这场赌博吗？为什么？

解答：该风险规避的消费者不会参与这场赌博。因为如果该消费者不参与这场赌博，那么，在无风险条件下，他可拥有一笔确定的货币财富 509.5 元，其数额刚好等于风险条件下的财富量的期望值 $10\ 000 \times 5\% + 10 \times 95\% = 509.5$（元）。由于他是一个风险规避者，无风险条件下的一笔确定收入 509.5 元的效用水平，大于风险条件下这场赌博所带来的期望效用。

27. 消费者赵某的预算收入为 270 元，他在商品 X 和 Y 的无差异曲线上斜率为 $\frac{dY}{dX}=-\frac{20}{Y}$ 的点上实现均衡。已知商品 X 和 Y 的价格分别为 $P_X=2$ 元，$P_Y=5$ 元，那么此时赵某将消费多少商品 X 和 Y？

解答：根据预算线方程和序数效用论均衡条件得联立方程：

$$\begin{cases} 2X+5Y=270 \\ MRS_{XY}=\dfrac{dY}{dX}=-\dfrac{20}{Y}=-\dfrac{P_X}{P_Y}=-\dfrac{2}{5} \end{cases}$$

解得 $X=10$，$Y=50$

28. 若甲的效用函数为 $U(X,Y)=XY$，试问：

（1）$X=40$，$Y=5$ 时，甲得到的效用是多少？过点（40,5）的无差异曲线是什么？

（2）若甲给乙 25 单位 X 的话，乙愿意给甲 15 单位 Y。若进行这个交换，甲得到的满足比原来的组合高吗？

（3）乙用 15 单位 Y 同甲换取 X，为使甲的满足与（40,5）组合相同，乙最多只能得到多少单位 X？

解答：（1）当 $X=40$，$Y=5$ 时，$U(X,Y)=XY=40\times5=200$。过点（40,5）的无差异曲线为 $XY=200$。

（2）甲的商品组合为（40,5），现进行交换，他得到 15 单位 Y，失去 25 单位 X，商品组合变为（15,20），这时他的效用可由效用函数算得：$U(X,Y)=XY=15\times20=300$。

原来商品组合（40,5）的效用是 200，现在交换后的商品组合（15,20）的效用是 300。甲的满足提高了 100。

（3）在无差异曲线 $XY=200$ 上，与商品组合（40,5）相比，甲多消费 15 单位 Y，他要放弃多少单位 X。

由 $XY=X(5+15)=200$，因此 $X=10$。

甲要放弃 $40-10=30$ 单位 X。因此，乙最多只能得到 30 单位 X。

29. 考虑某消费者购买商品 A 的替代效应与收入效应。假定该消费者关于商品 A 的需求函数为 $Q=0.02M-2P$，预算收入 $M=6\ 500$，商品 A 的价格 $P=20$。如果目前商品 A 的价格上升为 $P=40$。求：商品 A 的价格变化的总效应是多少？其中，替代效应与收入效应分别为多少？

解答：（1）当 $M=6\ 500$，$P=20$ 时，$Q=0.02\times6\ 500-2\times20=90$

当 $P'=40$ 时，$Q'=0.02\times6\ 500-2\times40=50$

因此，商品 A 的价格变化的总效应是 $50-90=-40$ 单位。

（2）价格上升为40后，为使消费者能够购买与价格变化前相同数量的商品，需要的收入为$M'=6\ 500+90\times(40-20)=8\ 300$。

当$M'=8\ 300$，$P'=40$时，商品A的购买数量为$Q=0.02\times8\ 300-2\times40=86$，即替代效应为$86-90=-4$。收入效应为$50-86=-36$。

30. 某消费者具有效用函数$U(X,Y)=X^{\frac{1}{2}}Y^{\frac{1}{2}}$，X和Y的价格均为4元，该消费者的预算收入为144元。试问：

（1）为使消费者的效用最大化，消费者对X和Y的购买量应该各为多少单位？

（2）这时消费者的总效用是多少？

（3）若X的价格上升为9元，消费者对X和Y的购买量应该各为多少单位？此时X的价格上升导致的总效应是多少？即X的价格上升使X的购买量发生多少变化？

（4）其他条件不变时，求X的价格上升为9元带来的X的替代效应（维持当初的效用水平不变）和收入效应。

解答：（1）$MU_X=\frac{1}{2}X^{-\frac{1}{2}}Y^{\frac{1}{2}}$，$MU_Y=\frac{1}{2}X^{\frac{1}{2}}Y^{-\frac{1}{2}}$

根据题意得：

$$\begin{cases}4X+4Y=144\\ \dfrac{\frac{1}{2}X^{-\frac{1}{2}}Y^{\frac{1}{2}}}{4}=\dfrac{\frac{1}{2}X^{\frac{1}{2}}Y^{-\frac{1}{2}}}{4}\end{cases}$$

解方程组得：$X=Y=18$

（2）总效用$U(X,Y)=X^{\frac{1}{2}}Y^{\frac{1}{2}}=18$

（3）若X的价格上升为9元，预算线方程变为$9X+4Y=144$。

根据题意得：

$$\begin{cases}9X+4Y=144\\ \dfrac{\frac{1}{2}X^{-\frac{1}{2}}Y^{\frac{1}{2}}}{9}=\dfrac{\frac{1}{2}X^{\frac{1}{2}}Y^{-\frac{1}{2}}}{4}\end{cases}$$

解方程组得：$X=8$，$Y=18$

总效应为$\Delta X=8-18=-10$

（4）维持当初的效用水平不变。

$$\begin{cases}X^{\frac{1}{2}}Y^{\frac{1}{2}}=18\\ \dfrac{\frac{1}{2}X^{-\frac{1}{2}}Y^{\frac{1}{2}}}{9}=\dfrac{\frac{1}{2}X^{\frac{1}{2}}Y^{-\frac{1}{2}}}{4}\end{cases}$$

解方程组得：$X=12$，$Y=27$。

替代效应$=12-18=-6$，收入效应$=8-12=-4$

31. 近年来，保险业在我国得到迅速发展，假定有一户居民拥有财富10万元，包括一辆价值2万元的摩托车，该户居民摩托车被盗的可能性为25%。假定该户居民的效

用函数为 $U(W)=\ln W$，其中 W 表示财富价值。

（1）计算该户居民的期望效用值。

（2）如何根据效用函数判断该户居民是规避风险还是爱好风险？

（3）如果居民支付一定数额的保险费则可以在摩托车被盗时从保险公司得到与摩托车价值相等的赔偿，试计算该户居民最多愿意支付多少元保险费。

（4）在该保险费中“公平”的保险费（该户居民的期望损失）是多少？保险公司扣除“公平”的保险费后的纯收入是多少？

解答：（1）该户居民的期望效用 $=75\%\times\ln 100\ 000+25\%\times\ln 80\ 000=11.46$。

（2）普拉特指标 $=-\dfrac{U''(W)}{U'(W)}=\dfrac{1}{W}>0$，故该户居民是风险规避者。

（3）缴纳保险费 t 后，居民的财富确定为 $100\ 000-t$；不缴纳保险费，居民的期望效用为 11.46。故 $\ln(100\ 000-t)=11.46$，求得 $t=5\ 434$ 元，居民最多愿意支付 5 434 元。

（4）公平的保险费为 $20\ 000\times25\%=5\ 000$ 元。

故保险公司扣除“公平”的保险费后的纯收入是 $5\ 434-5\ 000=434$ 元。

32. 消费者消费商品 X_1 和商品 X_2 的效用函数为 $U(X_1,X_2)=10(X_1^2+2X_1X_2+X_2^2)-50$，已知预算收入为 12，$P_1=2$，$P_2=4$，求解消费者均衡。

解答：$U(X_1,X_2)=10(X_1^2+2X_1X_2+X_2^2)-50$

可单调变换为 $U(X_1,X_2)=X_1+X_2$

这是完全替代效用函数，边际替代率为 -1。

$P_1=2$，$P_2=4$，预算线斜率为 $-\dfrac{1}{2}$。

是角点解，均衡点在 X_1 轴上。

$X_1^*=\dfrac{M}{P_1}=\dfrac{12}{2}=6$，$X_2^*=0$

33. 小李在时期 1 的收入是 1 000 元，在时期 2 的收入是 1 200 元。他跨期的效用函数是 $U(C_1,C_2)=C_1^{0.8}C_2^{0.2}$，利率 $r=25\%$。

（1）计算小李两个时期的最优消费。

（2）如果政府征收利息收入税 20%，小李两个时期的最优消费有何变化。

解答：（1）$\max\ C_1^{0.8}C_2^{0.2}$

s.t. $(1+r)C_1+C_2=1\ 000(1+r)+1\ 200$

解得 $C_1=0.8\times\dfrac{1\ 000(1+r)+1\ 200}{1+r}=800+\dfrac{960}{1+r}=1\ 568$（元）

$C_2=0.2\times\dfrac{1\ 000(1+r)+1\ 200}{1}=200(1+r)+240=490$（元）

（2）征收 20% 的利息税，则预算线为

$C_2=Y_2+Y_1-C_1+r(Y_1-C_1)\times(1-20\%)$，即 $C_2=2\ 400-1.2C_1$

由 $U=C_1^{0.8}C_2^{0.2}$

$1.2C_1+C_2=2\ 400$

解得 $C_1=1\ 600$，$C_2=480$

C_1 增加 32 元，C_2 减少 10 元。

34. 消费者面临跨期选择，第一期的收入是 100，第二期的收入是 180，市场利率为 r，效用函数是 $U(C_1,C_2)=C_1^{0.4}C_2^{0.6}$。

（1）求两期的最优消费。

（2）当利率 r 为何值时，该消费者在第一期将储蓄、贷款或既不储蓄也不贷款。

（3）利率 r 变化对第一期和第二期的消费有何影响。

解答：$\max\ C_1^{0.4}C_2^{0.6}$

s.t. $(1+r)C_1+C_2=100(1+r)+180$

解得 $C_1=0.4\times\dfrac{100(1+r)+180}{1+r}=40+\dfrac{72}{1+r}$

$C_2=0.6[100(1+r)+180]=168+60r$

$C_1>M_1$ 时，将贷款，$40+\dfrac{72}{1+r}>100\Rightarrow r<0.2$

$C_1=M_1$ 时，不储蓄也不贷款，$40+\dfrac{72}{1+r}=100\Rightarrow r=0.2$

$C_1<M_1$ 时，将储蓄，$40+\dfrac{72}{1+r}<100\Rightarrow r>0.2$

$\dfrac{\partial C_1}{\partial r}=-\dfrac{72}{(1+r)^2}<0$，利率上升时，$C_1$ 将减少

$\dfrac{\partial C_2}{\partial r}=60>0$，利率上升时，$C_2$ 将增加

35. 假设老大的贝努利效用函数为 $U(w)=\ln w$，他有一张彩票，如果中奖，则得到 A 元，不中奖，则得到 0 元。假定中奖的概率为 p，不中奖的概率为 $1-p$。老大的初始财富为 w_0。

（1）如果老二想购买老大的这张彩票，至少需要出多少钱？

（2）如果老大可以按 1 元钱一张的价格购买这种彩票，且 $p\times A>1$，求老大的最佳购买量（假设购买的这些彩票要么都中奖、要么都不中奖）。

解答：（1）令至少需要出 x 元。

$\mathrm{Ln}(w_0+x)=p\ln(w_0+A)+(1-p)\ln(w_0)$

解得 $x=(w_0+A)^p w_0{}^{1-p}-w_0$

（2）设最佳购买量为 t，老大的最优化问题为

$\max\ p\ln(w_0+tA-t)+(1-p)\ln(w_0-t)$

解得 $t=\dfrac{(pA-1)w_0}{A-1}$

36. 消费者只消费 x_1，x_2 两种商品，价格分别是 p_1，p_2，在两种商品上的总支出记为 y，效用水平记为 u。假设消费者对于第 1 种商品的马歇尔需求和希克斯需求函数分别为 $x_1(p,y)=\dfrac{y}{p_1+2p_2}$，$h_1(p,u)=\dfrac{u}{2}$，求解：

（1）第 2 种商品的马歇尔需求函数。

（2）p_1，p_2均为 1 时，最多能实现 40 单位效用，消费者在这两种商品上的总支出是多少？

（3）假设消费者的总支出和初始价格如上，x_1的价格上升为 2，采用希克斯分解方法计算替代效应和收入效应对于 x_1需求量的影响。

解答：（1）将x_1的马歇尔需求函数代入约束条件

$p_1x_1+p_2x_2=y$

解得$x_2(p, y)=\dfrac{2y}{p_1+2p_2}$

（2）假设消费者的总支出是 y，实现了效用 40。那么，给定收入 y 的效用最大化的解和给定效用水平 $u=40$ 的支出最小化的解是相等的，即有

$\dfrac{40}{2}=\dfrac{y}{3}$

解得 $y=60$

（3）因为：

$x_1(p, y)=\dfrac{60}{3}=20$

$x_1(p', y)=\dfrac{60}{4}=15$

$h_1(p', u)=\dfrac{40}{2}=20$

所以：

$\Delta x_1^{替代}=h_1(p', u)-x_1(p, y)=0$

$\Delta x_1^{收入}=x_1(p', y)-h_1(p', u)=-5$

37. 某消费者对财富的效用为 $U(w)=\sqrt{w}$，该消费者的初始财富为 40 000 元，如果发生火灾，则损失 10 000 元。发生火灾的概率为 1%。火灾保险的保费率为投保金额的 1%。

（1）该消费者应该为多少金额的财富投保？

（2）投保后，两种状态下的财富各是多少？

解答：设投保 K 元，若发生火灾，财富为 30 000+0.99K；若不发生火灾，财富为 40 000−0.01K。由$\max\limits_{K}U=0.99\sqrt{40\,000-0.01K}+0.01\sqrt{30\,000+0.99K}$，解得 $K=10\,000$（元）

在火灾发生的情况下，财富为 39 900 元。

在火灾不发生的情况下，财富为 39 900 元。

38. 小张为购买第一件装饰品愿付 10 元，第二件愿付 9 元，直到第 10 件愿付 1 元，第 11 件就不愿付钱了。

（1）假如每件装饰品的价格为 3 元，小张将买多少件装饰品？小张的消费者剩余是多少？

（2）若装饰品的价格涨到每件 5 元，小张将买多少件装饰品？小张的消费者剩余是多少？

（3）消费者剩余和商品价格有何关系。

解答：（1）价格为 3 元时，小张将购买 8 件装饰品。

小张购买第 1 件装饰品的消费者剩余为 10-3=7 元；同理，购买第二件装饰品的消费者剩余为 6 元……购买第 8 件消费者剩余为 0。因此，总的消费者剩余为 7+6+5+4+3+2+1+0=28 元。

（2）价格为 5 元时，小张将购买 6 件装饰品。

消费者剩余=(10-5)+(9-5)+(8-5)+(7-5)+(6-5)+(5-5)=15（元）

（3）消费者剩余=愿意支付的价格-实际支付的价格。当价格上升时，消费者剩余减少。

39. 某人的效用函数 $u=x^2y^3$ 依存于不劳动的闲暇日数 x 与对商品 y 的消费量。已知购买商品 y 的支出全部来源于劳动日数 L 所得的工资。假设日工资为 50 元，商品 y 的价格为 25 元，那么要获得效用最大化，该人每年应安排多少个劳动日？

解答：该消费者的预算约束为 $25y=50L$，即 $y=2L=2(365-x)$。

在此约束下求 $u=x^2y^3$ 的最大值，拉格朗日函数为 $x^2y^3-\lambda(y+2x-730)$。

解得 $x=146$，$y=438$

$L=365-146=219$（天）

40. 某消费者将固定时间分配于劳动和闲暇，闲暇时间为 H，劳动时间为 L，固定时间 $T=24$，每小时工资水平为 W。该消费者的效用函数为 $U=36H+HY-H^2$，其中 Y 是劳动收入。

（1）求该消费者的劳动供给函数 $L(W)$。

（2）若劳动力市场的需求曲线为 $L=12-W$，求劳动力的均衡价格和均衡数量。

解答：（1）效用函数 $U=36H+HY-H^2$

$$MRS_{HY}=\frac{MU_H}{MU_Y}=\frac{P_H}{P_Y}=\frac{36+Y-2H}{H}$$

消费者的预算约束是 $WH+Y=24W$，斜率为 $\frac{P_H}{P_Y}=W$。

代入 $MRS_{HY}=W$，得 $L(W)=\frac{6W}{W+1}+6$，其中 $L=24-H$。

（2）$L(W)=12-W$，结合上述供给函数，解得 $W=2$，$L=10$。

41. 某消费者的效用函数是 $u(x)=ax^2+bx$。如果该消费者是风险厌恶的：

（1）系数 a 和 b 应该满足什么关系？

（2）如果消费者的财富有 50%的可能是 y，还有 50%的可能是 $m-y$，其中 $y\in[0,m]$，那么 y 为何值时消费者的效用最大？

解答：

（1）因为 $u'(x)=2ax+b, u''(x)=2a$，所以根据题干有：

$u'(x)=2ax+b>0$

$$r(x)=-\frac{u''(x)}{u'(x)}=-\frac{2a}{2ax+b}>0$$

因此，$a<0$ 且 $b-2ax$。

（2）$Eu=\frac{1}{2}[ay^2+a(m-y)^2+bm]$

由$\frac{dEu}{dy}=\frac{1}{2}(4ay-2am)=0$，解得 $y=\frac{m}{2}$。

42. 某消费者的贝努利效用函数为 $u=\sqrt{w}$，假设他拥有初始财富 100 元，他面临火灾的概率为 0.5，不发生火灾的概率也为 0.5。一旦发生火灾，他将损失 36 元。他可以购买一份保险，投保金额由他自己选择（设为 $x\geqslant 0$），但保费率由保险公司给出，每 1 元投保金额交 0.5 元保费。

（1）求该消费者的绝对风险规避系数，并判断其风险态度。

（2）求确定性等值和风险升水。

（3）令 c_g 表示在好状态下消费者的财富（消费）水平，c_b 表示在坏状态下消费者的财富（消费）水平。求消费者的预算约束，即能够消费的（c_g，c_b）的最大组合。

（4）投保人想最大化其期望效用，他该如何选择投保金额 x。

解答：

（1）$R_a(w)=-\frac{u''(w)}{u'(w)}=\frac{1}{2w}>0$，风险厌恶

（2）由 $\sqrt{CE}=0.5\times\sqrt{100}+0.5\times\sqrt{64}=9$

解得 $CE=81$，$P=0.5\times 100+0.5\times 64-81=1$。

（3）在好的状态下，消费者的财富（消费）为 $c_g=100-0.5x$；在坏的状态下，消费者的财富（消费）为 $c_b=64+0.5x$。因此，有：

$c_b=164-c_g$ $\quad(c_g\leqslant 100)$

或者 $c_b+c_g=164$ $\quad(c_g\leqslant 100)$

（4）消费者的优化问题为：

$\max\limits_{x} Eu(L)=0.5\times u(100-0.5x)+0.5\times u(64+0.5x)$

对这个模型求 x 的导数得到一阶条件为：

$\frac{u'(100-0.5x)}{u'(64+0.5x)}=1$

解得 $x^*=36$

43. 消费者效用函数为 $u=x_1x_2$，当价格为（2，2），初始禀赋为（16，8），消费者的最优选择是什么？该消费者的购买和销售行为是什么？

解答：

$\max u=x_1x_2$

$2x_1+2x_2=2\times 16+2\times 8$

$x_1=12$，$x_2=12$

该消费者卖 4 单位商品 1，买 4 单位商品 2。

44. 某消费者消费 X 和 Y 两种商品，其效用函数为 $U=X^2Y^3$，假设该消费者的禀赋

是 $w_x=50$，$w_y=0$，求当 x 商品的价格由 2 变为 1 时导致 X 需求量的变化，并做斯勒茨基分解。

解答：

$X_1=2\times100/5\times2=20$

$m'=100+20\times(1-2)=80$

$X'_1=2\times80/5\times1=32$

$X''_1=2\times100/5\times1=40$

$m''=100+50\times(1-2)=50$

X 需求量的变化为 0，即总效应为 0，替代效应 $=32-20=12$

普通收入效应 $=40-32=8$

禀赋收入效应 $=20-40=-20$

45. 消费者的效用函数为 $U=\min(X_1, X_2)$，$p_1=2$，$p_2=3$，预算收入 $m=60$，当 p_1 下降为 1，请做斯勒茨基分解。

解答：

因为互补，$X_1=X_2$

由预算线 $2X_1+3X_2=60$，得 $X_1=X_2=12$

当 P_1 下降为 1，$m'=60+12\times(1-2)=48$

由预算线 $X_1+3X_2=48$，得 $X_1=X_2=12$

替代效应为 0

由预算线 $X_1+3X_2=60$，得 $X_1=X_2=15$

收入效应为 $15-12=3$

总效应为 3

46. 消费者的效用函数为 $U=X_1+X_2$，$p_1=4$，$p_2=2$，预算收入 $m=100$。

（1）当 p_1 下降为 3，请做斯勒茨基分解。

（2）当 p_1 下降为 1，请做斯勒茨基分解。

解答：（1）当 $p_1=4$，$p_2=2$ 时，角点解 $X_1=0$，$X_2=100/2=50$

当 $p_1=3$，$p_2=2$ 时，角点解 $X_1=0$，$X_2=100/2=50$

既无替代效应，也无收入效应，前后均衡点是固定点。

（2）当 $p_1=1$，$p_2=2$ 时，角点解 $X_1=100$，$X_2=0$

X_1 的总效应为 50，替代效应为 50，没有收入效应。

47. 消费者的效用函数为 $U=X_1+X_2$，$p_1=4$，$p_2=5$，预算收入 $m=100$，当 p_1 下降为 2，请做斯勒茨基分解。

解答：

当 $p_1=4$，$p_2=5$ 时，角点解 $X_1=100/4=25$，$X_2=0$

当 $p_1=2$，$p_2=5$ 时，角点解 $X_1=100/2=50$，$X_2=0$

X_1 的总效应为 50，替代效应为 0，收入效应为 50。

48. 已知消费者的间接效用函数为 $V(p, y) = 5y/(5p_1+p_2)$，$p_1=1$，$p_2=2$，$y=84$。

（1）求马歇尔需求函数 x_1，x_2，最优消费组合和效用水平。

（2）如果 p_1上升为 2，按照希克斯分解，计算替代效应和收入效应。

（3）商品 1 是正常物品、一般低档品还是吉芬物品？

解答：

（1）根据罗伊恒等式，有：

$$x_1(p,y)=\frac{-\partial v(p,y)/\partial p_1}{\partial v(p,y)/\partial y}=\frac{5y}{5p_1+p_2}$$

$$x_2(p,y)=\frac{-\partial v(p,y)/\partial p_2}{\partial v(p,y)/\partial y}=\frac{y}{5p_1+p_2}$$

进而得到 $x_1^*=60$，$x_2^*=12$，$u^*=60$

（2）价格变化后的消费组合为 $x_1^*=35$，$x_2^*=7$；如果价格变化后，要达到原来的效用水平，则需要的最少支出为 $y=122$，对应的最优消费组合为 $x_1^*=60$，$x_2^*=12$。因此，有：

$$\Delta x^{替代}=(0,0),\Delta x^{收入}=(-25,-5)$$

（3）因为商品 1 的收入效应为负，所以是正常品。

第三章
企业的生产和成本参考答案

第一节　生产者行为理论

一、思考题

1. 企业的经营目标有哪些？如何认识利润最大化是企业的基本目标？

解答：企业的经营目标主要有利润最大化、销售收益最大化、规模增长最大化等。一般认为，企业最重要的目标是利润，利润最大化目标是企业的基本目标。因为从长期来看，不以利润最大化为导向的企业，很可能在竞争中被淘汰。

2. 什么是边际报酬递减规律？这一规律适用的条件有哪些？

解答：边际报酬递减规律是指在技术水平和不变要素保持不变的条件下，一种可变要素投入不断增加，其边际产量先增加，后减少。这一规律适用的条件主要有二：一是技术水平不变，若技术进步，边际产量可能递增；二是不变要素保持不变，若不变要素增多，边际产量可能递增。

3. 生产要素的合理投入区是如何决定的？

解答：在短期，可变要素的合理投入区处于第 II 阶段，即从 AP 最高点到 MP 为零的区间；在长期，生产要素的合理投入区是等产量曲线向右下方倾斜的区域。

4. 边际技术替代率递减规律与边际报酬递减规律之间的联系如何？

解答：边际技术替代率是指在产出水平保持不变的条件下，增加一单位一种要素的投入量可以代替的另外一种生产要素的投入量。在技术不变时，随着一种生产要素数量增加，每增加一单位该要素能够替代的另一种要素的数量递减，$MRTS_{LK}=\frac{MP_L}{MP_K}$，由边际报酬递减规律，可以推出边际技术替代率递减。边际报酬递减是边际技术替代率递减的原因。

5. 为什么说理性的企业会按照最优组合来安排生产要素投入？

解答：厂商是理性的，在一定的约束下追求利润最大化。成本既定时，追求产量最大化；产量既定时，追求成本最小化。生产要素的最优组合满足$\frac{MP_L}{w}=\frac{MP_K}{r}$。

6. 举例说明什么是机会成本。区分机会成本与会计成本的意义何在？

解答：机会成本是指某资源用于一种特定用途而不得不放弃在其他机会可能获得的最高收入。经济成本应该从机会成本的角度来衡量。机会成本分为显性成本和隐性成本。显性成本是企业购买生产要素花费的实际支出，这是会计成本。隐性成本是企业使用自有生产要素的机会成本。例如，企业使用自己拥有的办公大楼，不计入会计成本，但如果将大楼出租，可以获得租金收入，这些租金收入是作为隐性成本的机会成本。

7. 产量曲线与成本曲线之间有何内在联系？

解答：产量曲线和成本曲线是一一对应的倒数关系。$MC=\frac{w}{MP_L}$，边际成本与边际产量是倒数关系，边际成本的最低点对应边际产量的最高点。$AVC=\frac{w}{AP_L}$，平均可变成本与平均产量是倒数关系，平均可变成本的最低点对应平均产量的最高点。

8. 什么是生产的技术属性和社会属性？试用马克思主义的观点对西方经济学的生产和成本理论做出评析。

解答：企业在一定的技术条件下完成从生产要素到产出的投入产出过程，生产具有技术属性，反映人与自然的相互关系。生产的社会属性是指生产过程包含的人与人之间的社会关系，如生产资料归谁所有、谁雇佣谁、生产成果归谁所有等。

西方经济学的生产和成本主要是技术属性，生产要素通过生产函数（反映技术）转化为产品，生产要素参与产品价值的分配，忽视了生产的社会属性。资本主义生产过程中，生产资料归资本家所有，资本家雇佣劳动力，劳动力创造了超过劳动力价值的价值，即剩余价值，剩余价值被资本家无偿占有。追求高额剩余价值是资本主义生产的目的，支配着资本主义生产的全过程。西方经济学的生产和分配过程，掩盖了资本家剥削作为无产者的劳动者的本质。

二、单项选择题

1. D	2. B	3. B	4. D	5. C	6. A	7. A	8. D	9. A	10. B
11. D	12. B	13. B	14. B	15. B	16. B	17. C	18. D	19. B	20. D
21. A	22. B	23. B	24. A	25. C	26. C	27. A	28. D	29. A	30. B
31. D	32. D	33. A	34. D	35. B	36. B	37. C	38. A	39. D	40. B
41. D	42. C	43. D	44. C	45. B	46. A	47. A	48. A	49. B	50. C
51. A	52. A	53. B	54. D	55. D	56. A	57. B	58. D	59. C	60. B
61. B	62. B	63. A	64. C	65. A					

三、判断题

1. T	2. F	3. T	4. T	5. F	6. T	7. F	8. F	9. T	10. F
11. T	12. T	13. F	14. T	15. T	16. T	17. T	18. T	19. T	20. T
21. T	22. T	23. T	24. T	25. F	26. T	27. T	28. T	29. F	30. T
31. T	32. T	33. T	34. F	35. T	36. T	37. T	38. F	39. T	40. T
41. F	42. T	43. T	44. T	45. F	46. T	47. T	48. T		

四、简答题

1. 假设某厂商的短期生产函数为 $Q=35L+8L^2-L^3$，如果企业使用的生产要素数量为 $L=6$，其是否处于短期生产的合理区间？

解答：$Q=35L+8L^2-L^3$

$AP=35+8L-L^2$

要使 AP 最大，需满足 $8-2L=0\Rightarrow L=4$

$MP=35+16L-3L^2$

要使 $MP=0$，需满足 $L=7$ 或 $L=-\frac{5}{3}$（舍去）

因此，$L=6$ 处于合理生产区间。

2. 已知柯布-道格拉斯生产函数 $Q=AL^aK^b$，请讨论该生产函数的规模报酬情况。

解答：$Q=AL^aK^b$

$A(\lambda L)^a(\lambda K)^b=A\cdot\lambda^{a+b}L^aK^b$

若 $a+b>1$，则 $A(\lambda L)^a(\lambda K)^b>\lambda AL^aK^b$，规模报酬递增；

若 $a+b=1$，则 $A(\lambda L)^a(\lambda K)^b=\lambda AL^aK^b$，规模报酬不变；

若 $a+b<1$，则 $A(\lambda L)^a(\lambda K)^b<\lambda AL^aK^b$，规模报酬递减。

3. 假设生产函数 $Q=\min(5L,2K)$，请作出 $Q=50$ 时的等产量曲线，推导该生产函数的边际技术替代率，分析该函数的规模报酬情况。

解答：$5L=2K=50$，$\frac{K}{L}=\frac{5}{2}$，$L=10$，$K=25$

边际技术替代率 $\frac{dK}{dL}$ 在等产量曲线的水平段为 0，在等产量曲线的垂直段为 ∞，在等产量曲线的顶点没有定义。

$\min(5\lambda L, 2\lambda K)=\lambda\min(5L, 2K)$

该函数是规模报酬不变。

$Q=50$ 时的等产量曲线如图 2-3-1 所示。

4. 画图说明厂商在既定成本条件下如何实现产量最大化。

解答：如图 2-3-2 所示。

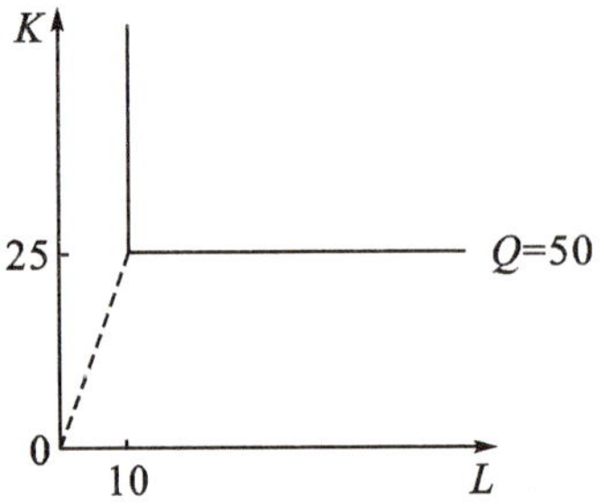

图 2-3-1

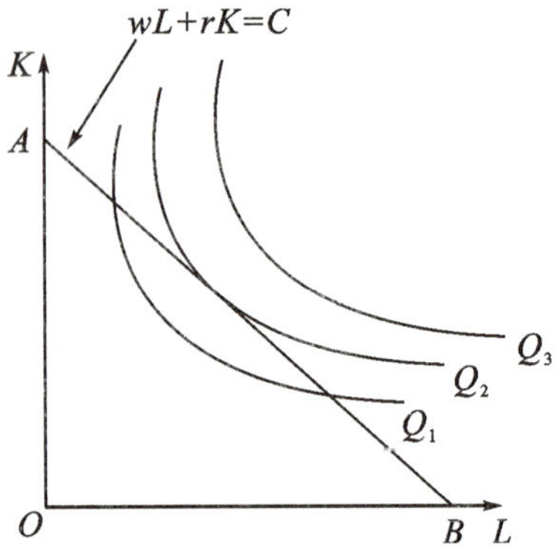

图 2-3-2

5. 画图说明一个国家（意味着要素价格相同）不同行业之间（意味着技术水平不同）资本密集程度（资本-劳动比）存在差异。

解答：如图 2-3-3 所示。

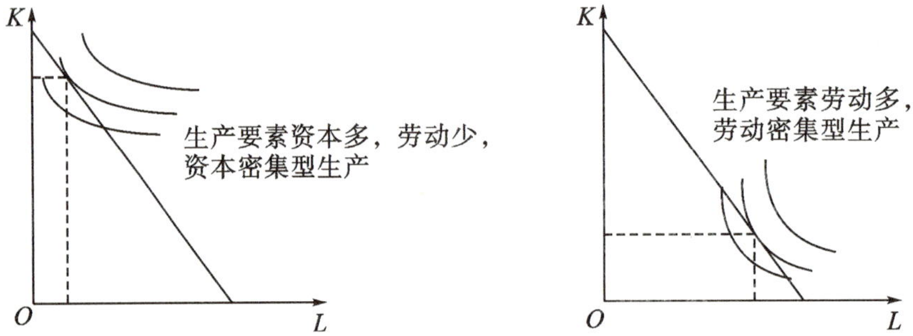

图 2-3-3

6. 画图说明不同国家（意味着要素价格不同）的同样行业（意味着技术水平相同）之间存在资本密集程度上的差异。

解答：如图 2-3-4 所示，劳动力丰富的国家劳动价格相对较低，等成本线是实线 C_1，劳动力稀缺的国家劳动价格相对较高，等成本线是虚线 C_2。选择成本最小化的要素使用，劳动力要素价格较低的国家选择 A 点，偏向于劳动密集型生产。劳动力价格较高的国家选择 B 点，偏向于资本密集型生产。

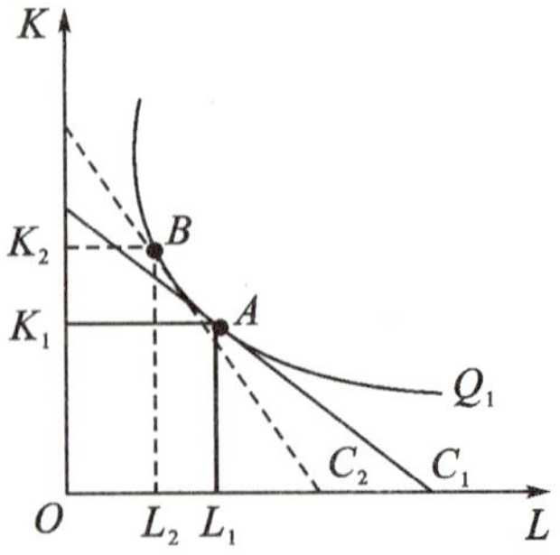

图 2-3-4

7. 已知柯布-道格拉斯生产函数 $Q=AL^aK^b$，请说明 a，b 分别是劳动和资本的产出弹性。

解答：$Q=AL^aK^b$

$\ln Q=\ln A+a\ln L+b\ln K$

$$a=\frac{\partial \ln Q}{\partial \ln L}=\frac{\frac{dQ}{Q}}{\frac{dL}{L}}=\frac{dQ}{dL}\cdot\frac{L}{Q}$$

$$b=\frac{\partial \ln Q}{\partial \ln K}=\frac{\frac{dQ}{Q}}{\frac{dK}{K}}=\frac{dQ}{dK}\cdot\frac{K}{Q}$$

8. 什么是边际报酬递减规律？为什么出现这样的规律？

解答：当技术条件以及其他要素投入保持不变时，随着一种投入要素的增加，它的边际产量是递减的（准确地讲是先增加后减少）。因为可变要素与不变要素之间存在最佳比例，在达到最佳比例之前，可变要素增加，会提高其边际产量；在达到最佳比例时，可变要素的边际产量达到最大；在超过最佳比例之后，随着可变要素增加，其边际产量会递减。

9. 什么是边际技术替代率递减规律？为什么出现这样的规律？

解答：在技术不变且维持产量不变时，当一种生产要素的投入量不断增加时，每一单位的这种生产要素所能替代的另一种生产要素的数量是递减的。边际技术替代率递减规律的原因是边际报酬递减规律。

10. 某生产函数可以用表 2-3-1 说明。

表 2-3-1

项目	$1L$	$2L$	$3L$
$1K$	50	70	80
$2K$	70	100	120
$3K$	80	120	150

请判断规模报酬情况。边际报酬递减规律是否起作用？

解答：规模报酬不变。因为（$1L$，$1K$）产量为 50，（$2L$，$2K$）产量为 100，（$3L$，$3K$）产量为 150。

边际报酬递减规律起作用。当资本固定，如 $1K$，随着劳动增加，边际产量分别是 20 和 10。

11. 某生产函数可以用表 2-3-2 说明，有四种方法都可以生产出 200 单位的产品。

表 2-3-2

项目	资本（单位）	劳动（单位）
方法 A	6	200

表2-3-2(续)

项目	资本（单位）	劳动（单位）
方法 B	10	250
方法 C	10	150
方法 D	40	50

可以断定哪种生产没有效率？方法 D 只需要 90 单位的生产要素，总单位数最小，是最有效率的生产，请辨析这一观点。怎么比较这四种生产方法的效率？

解答：可以断定，方法 B 没有效率。因为生产同样的产量，消耗的每种要素都更多。

不能说方法 D 是最有效率的生产，因为资本和劳动的价格不知道，无法比较各种生产方法的成本是否最小。

在已知各种要素价格的情况下，根据生产既定产量的成本最小化选择最有效率的生产。

12. 已知生产函数为 $Q=L^{0.5}K^{0.5}$，证明：生产符合规模报酬不变；生产符合边际报酬递减规律。

解答：$Q=L^{0.5}K^{0.5}$

$(\lambda L)^{0.5}\ (\lambda K)^{0.5}=\lambda L^{0.5}K^{0.5}$

所以，符合规模报酬不变。

$MP_L=0.5K^{0.5}L^{-0.5}$

$\frac{\mathrm{d}MP_L}{\mathrm{d}L}=-0.25K^{0.5}L^{-1.5}<0$，边际产量递减。

同理，资本的边际产量递减。

13. 用等产量曲线表达规模报酬的三种情形。

解答：如图 2-3-5 所示。

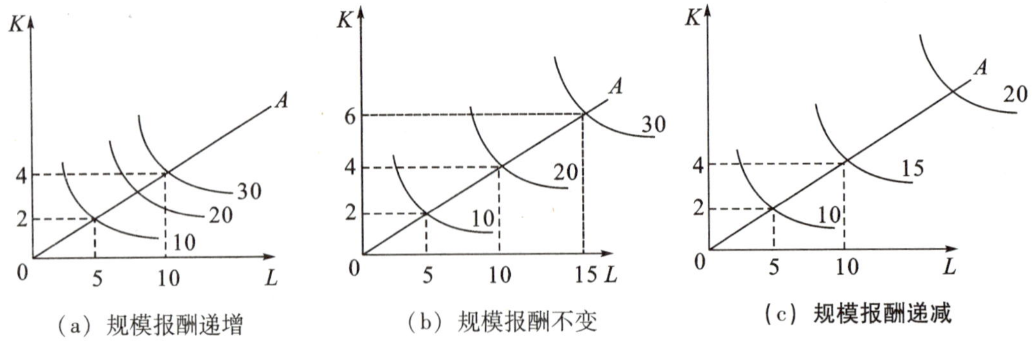

图 2-3-5

14. 企业主考虑是否要多雇佣一名工人，在劳动的平均产量和劳动的边际产量方面，他更关心哪一个变量？

解答：他更关心劳动的边际产量。边际工人的边际产量越高，越有利于提高平均产量。当边际产量大于平均产量时，平均产量上升，反之则下降。

15. 随着劳动力的价格不断上涨，一些企业不断增加资本运用，用机器代替工人。请用图形说明这一现象。

解答：如果劳动价格升高，等成本线的斜率$-\frac{w}{r}$随之变化，该曲线就会变得更加陡峭。根据成本最小化，新的要素组合 B 代替组合 A 来生产产量 Q_1。新的要素组合反映了用资本替代劳动（见图 2-3-6）。

16. 画图表明短期生产的三阶段，说明为什么合理的生产要落在第二阶段。

解答：如图 2-3-7 所示，第二阶段始于 AP 最高点，终于边际产量为 0 点。在平均产量达到最优之前，厂商都会扩大产量，因为 $MP>AP$。直到 MP 为零，总产量实现最大，不会再扩大生产。

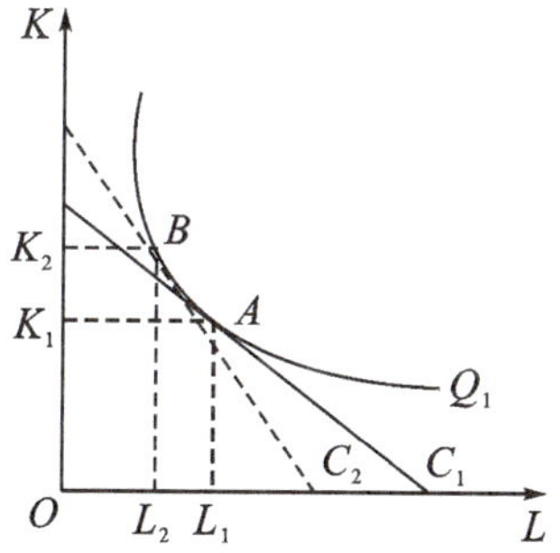

图 2-3-6

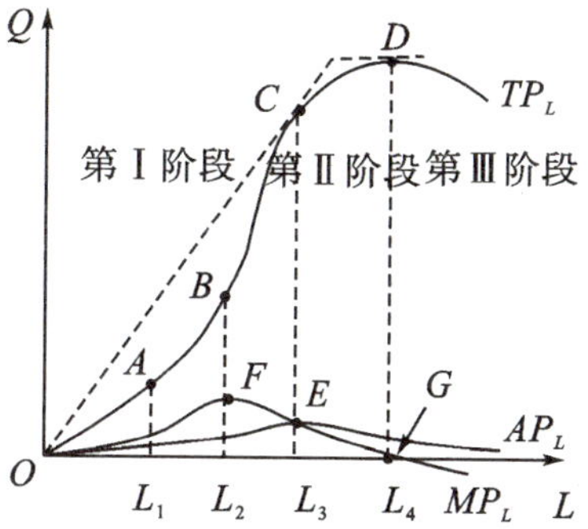

图 2-3-7

17. 证明平均产量 AP_L 和边际产量 MP_L 之间的关系。

解答：当 $MP_L>AP_L$ 时，AP_L 会递增；当 $MP_L<AP_L$ 时，AP_L 会递减。

$AP_L=\frac{Q}{L}$，若$\frac{dAP_L}{dL}=\frac{L\cdot MP_L-Q}{L^2}>0$，则 AP_L 上升，即 $L\cdot MP_L-Q>0$，$MP_L>\frac{Q}{L}=AP_L$；

若 $L\cdot MP_L-Q<0$，即 $MP_L<AP_L$，则 AP_L 下降。

18. 企业的生产函数为 $Q=f(X_1,X_2,X_3,\cdots,X_n)$，证明：如果把规模报酬递增的企业一分为二，那么这两个企业产出之和小于原来的产出。

解答：$Q=f(X_1,X_2,X_3,\cdots,X_n)$，企业一分为二，$Q_1=f\left(\frac{X_1}{2},\ \frac{X_2}{2},\ \cdots,\ \frac{X_n}{2}\right)$

规模报酬递增：

$$2Q_1=2f\left(\frac{X_1}{2},\ \frac{X_2}{2},\ \cdots,\ \frac{X_n}{2}\right)<2\times\frac{1}{2}f(X_1,X_2,\cdots,X_n)$$

即 $2Q_1<Q$

19. 什么是等产量曲线？请描述一般形状的等产量曲线的特征。

解答：等产量曲线是在技术水平不变的条件下，由生产相同产量所需的生产要素的不同数量组合描绘的一条曲线。一般形状的等产量曲线有下列特征：等产量曲线有无数条，离原点越远的等产量曲线表示产量越高，任意两条等产量曲线不能相交，等产量曲线向右下方倾斜，等产量曲线凸向原点。

20. 已知柯布−道格拉斯生产函数 $Q=L^aK^b$，请写出劳动的边际产量 MP_L、资本的边际产量 MP_K 和边际技术替代率 $MTRS_{LK}$。

解答：$MP_L=\frac{\mathrm{d}Q}{\mathrm{d}L}=aL^{a-1}K^b$

$MP_K=\frac{\mathrm{d}Q}{\mathrm{d}K}=bL^aK^{b-1}$

$MRTS_{LK}=-\frac{\mathrm{d}K}{\mathrm{d}L}=\frac{MP_L}{MP_K}=-\frac{\partial Q/\partial L}{\partial Q/\partial K}=-\frac{aL^{a-1}K^b}{bL^aK^{b-1}}=-\frac{aK}{bL}$

21. 什么叫生产扩展线？如何得到生产扩展线方程？

解答：生产扩展线是指在其他条件不变时，随着成本投入（或产出）不断增加，所有最优生产要素组合的曲线，即均衡点的连线。要得到生产扩展线，须满足等边际原则，即$\frac{MP_L}{w}=\frac{MP_K}{r}$。

22. 什么叫要素需求曲线？如何得到要素需求曲线？

解答：要素需求是生产者的行为。要素需求曲线是指在其他条件不变时，厂商在要素的不同价格下对要素的需求量。根据厂商利润最大化，由 $P\times MP_L=w$，$P\times MP_K=r$，可以得到 $L(P,w,r)$，$K(P,w,r)$ 为要素需求函数。

23. 若生产函数 $Q=KL^2$，劳动 L 和资本 K 的价格分别是 2 和 1，求生产扩展线方程。

解答：$\frac{MP_L}{w}=\frac{MP_K}{r}$，则 $K=L$ 是生产扩展线方程。

24. 已知生产函数为 $Q=\min(3L,K)$，求生产扩展线方程。

解答：$K=3L$ 是生产扩展线方程。

五、计算题

1. 已知厂商的生产函数为 $Q=L^{\frac{2}{3}}K^{\frac{1}{3}}$，劳动的价格 $w=2$，资本的价格 $r=1$，求：当成本 $C=3\ 000$ 时，企业实现最大产量时的 L，K 和 Q 的均衡值。

解答：$\max\ L^{\frac{2}{3}}K^{\frac{1}{3}}$

s.t. $2L+K=3\ 000$

$MP_L=\frac{2}{3}K^{\frac{1}{3}}L^{-\frac{1}{3}}$，$MP_K=\frac{1}{3}K^{-\frac{2}{3}}L^{\frac{2}{3}}$，$\frac{MP_L}{MP_K}=\frac{w}{r}$，$\frac{K}{L}=1$

解得 $L=K=1\ 000$，$Q=L^{\frac{2}{3}}K^{\frac{1}{3}}=L=K=1\ 000$

2. 企业生产函数为 $Q=L+K$，成本支出 $C=20$，L 的价格 $w=2$，K 的价格 $r=1$，求该企业最优化的资源配置情况及产出。

解答：属于完全替代技术，是角点解。

$MPL/w=1/2<MPK/r=1/1=1$，故 $L=0$，$K=20/1=20$，$Q=20$

3. 企业生产函数为 $Q=\min(2L,K)$，成本支出 $C=20$，L 的价格 $w=2$，K 的价格 $r=1$，求该企业最优化的资源配置情况及产出。

解答：属于固定比例技术，$2L=K$

$C=2L+1K$，$20=4L$

$L=5$，$K=10$，$Q=10$

4. 已知生产函数为 $Q=KL-0.5L^2-0.32K^2$，在短期，$K=10$，计算总产量最大时的最优雇佣劳动量。

解答：$Q=KL-0.5L^2-0.32K^2$

$MP_L=K-L$，短期 $K=10$，使 $MP_L=10-L=0$，则 $L=10$ 时总产量最大。

5. 已知生产函数为 $Q=2L^{0.6}K^{0.2}$，求：

（1）该生产函数的规模报酬情况。

（2）如果 L 和 K 按边际产量取得报酬，当 L 和 K 取得报酬后，尚有多少剩余价值？

解答：$Q=f(L,K)=2L^{0.6}K^{0.2}$

$f(\lambda L,\lambda K)=2(\lambda L)^{0.6}(\lambda K)^{0.2}=2\lambda^{0.8}L^{0.6}K^{0.2}=\lambda^{0.8}Q<\lambda Q$

该生产函数是齐次函数，次数为 0.8 且为规模报酬递减。

剩余价值 $=Q-L\cdot MP_L-K\cdot MP_K=0.4L^{0.6}K^{0.2}=0.2Q$

6. 假设一竞争性厂商的生产函数为 $Q=\sqrt{2L+4K}$，产品价格为 4，劳动价格为 2，资本价格为 3，求利润最大化的要素投入和产量。

解答：$Q^2=2L+4K$

该生产函数为完全替代函数，边际技术替代率 $\frac{dK}{dL}=-\frac{1}{2}$

$w=2$，$r=3$，等成本线斜率为 $-\frac{w}{r}=-\frac{2}{3}$，均衡解是角点解且 $L=0$

$\pi=4\sqrt{4K}-3K$，$\frac{d\pi}{dK}=8\times\frac{1}{2}\times\frac{1}{\sqrt{K}}-3=0\Rightarrow K=\frac{16}{9}$

$Q=\sqrt{2L+4K}=\sqrt{4\times\frac{16}{9}}=\frac{8}{3}$，$\pi=4\times\sqrt{4\times\frac{16}{9}}-3\times\frac{16}{9}=\frac{16}{3}$

7. 假设一竞争性厂商的生产函数为 $Q=L^{\frac{1}{2}}K^{\frac{1}{4}}$，产品价格为 4，劳动价格为 w，资本价格为 r，如果 $w=2$，$r=1$。

（1）写出劳动要素和资本要素的需求函数。

（2）计算该厂商将生产多少产量，利润是多少？

解答：$\pi=4L^{\frac{1}{2}}K^{\frac{1}{4}}-wL-rK$

$\frac{\partial\pi}{\partial L}=4\times\frac{1}{2}L^{-\frac{1}{2}}K^{\frac{1}{4}}-w=0$，$\frac{\partial\pi}{\partial K}=4\times\frac{1}{4}L^{\frac{1}{2}}K^{-\frac{3}{4}}-r=0$

$\frac{4\times\frac{1}{2}L^{-\frac{1}{2}}K^{\frac{1}{4}}}{4\times\frac{1}{4}L^{\frac{1}{2}}K^{-\frac{3}{4}}}=\frac{w}{r}$，$L=\frac{2rK}{w}$，代入 $4\times\frac{1}{4}L^{\frac{1}{2}}K^{-\frac{3}{4}}=r$

得 $K=\frac{4}{r^2w^2}$，$L=\frac{2rK}{w}=\frac{8}{rw^3}$

当 $w=2$，$r=1$ 时，$L=1$，$K=1$。

代入生产函数得 $Q=1$，可计算利润 $=1$。

8. 已知生产函数为 $Q=-L^3+24L^2+240L$，计算该厂商在生产的第一阶段、第二阶段、第三阶段上的 L 的数值。

解答：$Q=-L^3+24L^2+240L$

$\max AP_L=-L^2+24L+240 \Rightarrow -2L+24=0 \Rightarrow L=12$

使 $MP_L=-3L^2+48L+240=0$，$L=20$ 或 $L=-4$（舍去）

第一阶段 $L<12$，第二阶段 $12 \leqslant L \leqslant 20$，第三阶段 $L>20$

9. 已知生产函数为 $Q=f(L,K)=2KL-0.5L^2-0.5K^2$，假定厂商目前处于短期生产且 $K=10$。

（1）写出在短期生产中该厂商关于劳动的总产量 TP_L 函数、劳动的平均产量 AP_L 函数和劳动的边际产量 MP_L 函数。

（2）分别计算当总产量 TP_L、劳动平均产量 AP_L 和劳动边际产量 MP_L 各自达到最大值时厂商劳动的投入量。

（3）什么时候 $AP_L=MP_L$？它们的值又是多少？

解答：（1）把 $K=10$ 代入生产函数得短期关于劳动的总产量函数为

$TP_L=f(L,K)=2\times10L-0.5L^2-0.5\times10^2=20L-0.5L^2-50$

劳动的平均产量函数为 $AP_L=\dfrac{TP_L}{L}=\dfrac{20L-0.5L^2-50}{L}=20-0.5L-\dfrac{50}{L}$

劳动的边际产量函数为 $MP_L=(TP_L)'=(20L-0.5L^2-50)'=20-L$

（2）当 $MP_L=0$，即 $20-L=0$，$L=20$ 时，TP_L 达到最大值。

当 $AP_L=MP_L$，即 $20-0.5L-\dfrac{50}{L}=20-L$，$L=10$ 时，AP_L 达到最大值。

$(MP_L)'=(20-L)'=-1$，说明 MP_L 始终处于递减阶段，所以 $L=0$ 时 MP_L 最大。

（3）$AP_L=MP_L \Rightarrow L=10$，把 $L=10$ 代入 AP_L 和 MP_L 函数得

$AP_L=20-0.5L-\dfrac{50}{L}=20-5-5=10$，$MP_L=20-L=20-10=10$，即 $L=10$ 时，AP_L 达到最大值，此时 $AP_L=MP_L=10$。

第二节　成本理论

一、单项选择题

1. B	2. C	3. B	4. C	5. B	6. C	7. D	8. D	9. B	10. C
11. C	12. A	13. A	14. A	15. C	16. B	17. D	18. A	19. A	20. A
21. A	22. A	23. B	24. C	25. A	26. A	27. B	28. C	29. D	30. C

31. D　32. D　33. B　34. A　35. C　36. D　37. B　38. D　39. A　40. A
41. C　42. D　43. B　44. A　45. B　46. B　47. C　48. A　49. A　50. C
51. C　52. C　53. C　54. C　55. D

二、判断题

1. F　2. F　3. T　4. T　5. T　6. T　7. T　8. T　9. T　10. T
11. T　12. T　13. F　14. T　15. T　16. F　17. T　18. T　19. T　20. T
21. T　22. T　23. T　24. F　25. T　26. T　27. T　28. T　29. T　30. F
31. T　32. F　33. F　34. T　35. T　36. F　37. T　38. T　39. T　40. T
41. F　42. T　43. T　44. T　45. T　46. T

三、简答题

1. 请推导边际成本与边际产量的关系、平均可变成本与平均产量的关系。

解答：$STC(Q)=wL(Q)+r\bar{K}$

$$MC=w\cdot\frac{dL}{dQ}=\frac{w}{MP_L}$$

$$AVC=\frac{wL(Q)}{Q}=\frac{w}{AP_L}$$

边际成本与边际产量成倒数关系、平均可变成本和平均产量成倒数关系。

2. 为什么边际成本曲线呈U形？

解答：边际成本和边际产量是倒数关系，$MC=\frac{w}{MP_L}$，边际产量递减规律给出边际产量是倒U形，因此边际成本呈U形。

3. 什么是规模经济？为什么会产生规模经济？

解答：随着产量增加，平均成本下降的阶段，生产具有规模经济。原因是规模扩大有利于专业分工，规模扩大有利于利用已有技术，机器设备通常具有不可分割性。随着规模扩大，企业便于开展多级生产，可以更为充分地开发和利用副产品。规模扩大有利于职能部门的共享，分担营销和研发支出。规模扩大可以从生产要素购买、产品销售、融资中获得优势。

4. 什么是规模不经济？为什么会产生规模不经济？

解答：随着产量增加，平均成本上升的阶段，生产具有规模不经济。原因是生产规模扩大，生产组织越来越大且复杂，信息传递准确性下降，费用增加，管理协调的成本增加。专业化分工过细，导致生产中，员工工作单调、机械、麻木。规模扩大后，局部的事件影响范围扩大，造成的损失也扩大。

5. 短期平均成本 *SAC* 曲线和长期平均成本 *LAC* 曲线都呈U形，其原因相同吗？

解答：短期成本曲线 *SAC* 呈U形，原因是边际产量递减，边际产量呈倒U形，*SMC* 呈U形，*SAC* 也呈U形。*LAC* 曲线呈U形，是因为规模经济效应，随着生产的规模扩大，生产从具有规模经济到规模不经济转变，LAC 曲线先递减后递增。

6. 已知某企业短期总成本函数是 $STC(Q)=0.04Q^3-0.8Q^2+10Q+5$，求最小的平均可变成本。

解答：$TVC(Q)=0.04Q^3-0.8Q^2+10Q$，$AVC(Q)=0.04Q^2-0.8Q+10$，

$\frac{dAVC}{dQ}=0.08Q-0.8=0 \Rightarrow Q=10$，$\min AVC=0.04\times10^2-0.8\times10+10=6$

7. 已知某企业短期总成本函数是 $STC(Q)=Q^3-5Q^2+15Q+66$，求最小的边际成本。

解答：$STC(Q)=Q^3-5Q^2+15Q+66$，$MC=3Q^2-10Q+15$，$\frac{dMC}{dQ}=6Q-10=0 \Rightarrow Q=\frac{5}{3}$，

$\min MC=3\times\frac{25}{9}-10\times\frac{5}{3}+15=\frac{20}{3}$

8. 某厂商的生产函数为 $Q=\frac{1}{2}L^{\frac{1}{3}}K^{\frac{2}{3}}$，短期资本的使用量为 $K=50$，$P_K=10$，$P_L=5$，求总成本函数、平均成本函数、边际成本函数。

解答：$Q=0.5L^{\frac{1}{3}}\cdot50^{\frac{2}{3}} \Rightarrow L=\frac{8}{50^2}Q^3$

$$STC=P_L\cdot L+P_K\cdot\bar{K}=5\times\frac{8}{50^2}Q^3+10\times50=\frac{2}{125}Q^3+500$$

$$MC=\frac{6}{125}Q^2,\ AC=\frac{2}{125}Q^2+\frac{500}{Q}$$

9. 证明可以用成本-产出弹性来考察规模经济（$E=\frac{MC}{AC}$）。

解答：$\varepsilon_{CY}=\dfrac{\frac{dC}{C}}{\frac{dY}{Y}}=\frac{dC}{dY}\cdot\frac{Y}{C}=\dfrac{\frac{dC}{dY}}{\frac{C}{Y}}=\frac{MC}{AC}$

若 $\varepsilon_{CY}>1$，则 $MC>AC$，AC 递增，是规模不经济。

若 $\varepsilon_{CY}<1$，则 $MC<AC$，AC 递减，是规模经济。

10. 经济学家关于成本、利润的概念与会计师有何不同。

解答：经济学家考虑的成本既包含显性成本，也包含隐性成本，利润等于收益减去显性成本和隐性成本。会计师只考虑显性成本，利润等于收益减显性成本。经济学家核算的利润比会计师核算的要小。

11. 假定某企业将生产一件售价为 10 美元的产品，生产该产品的固定成本为 5 000 美元，该产品每件可变成本为 5 美元。试问该产品生产多少时正好无盈亏？

解答：$\pi=R-C=10Q-5Q-5\,000=0 \Rightarrow Q=1\,000$

12. 什么是等成本线？决定等成本线的斜率的因素是什么？

解答：厂商投入一定的成本，购买生产要素的所有组合的连线 $C=wL+rK$，L 和 K 是购买的生产要素，w 和 r 分别是 L 与 K 的价格，$-\frac{w}{r}$决定等成本线的斜率。

13. 什么是条件要素需求函数？

解答：生产既定产量 $Q=f(L,K)$，求解成本最小化，$\min wL+rK$，可得 $K(w,r,Q)$，$L(w,r,Q)$，这就是条件要素需求函数。要素需求量是基于生产 Q 这个产量条件的。

14. 假定某企业的短期成本函数是 $TC=Q^3-5Q^2+15Q+66$。

（1）指出该短期成本函数中的可变成本部分和不变成本部分。

（2）写出下列相应的函数：$TVC(Q)$、$AC(Q)$、$AVC(Q)$、$AFC(Q)$ 和 $MC(Q)$。

解答：（1）已知 $TC=Q^3-5Q^2+15Q+66$，可变成本部分为 $TVC=Q^3-5Q^2+15Q$，不变成本部分为 $TFC=66$。

（2）平均成本函数为 $AC=\frac{TC}{Q}=Q^2-5Q+15+\frac{66}{Q}$

平均可变成本函数为 $AVC=\frac{TVC}{Q}=Q^2-5Q+15$

平均不变成本函数为 $AFC=\frac{TFC}{Q}=\frac{66}{Q}$

边际成本函数为 $MC=TC'=TVC'=3Q^2-10Q+15$

15. 假定某厂商的边际成本函数 $MC=3Q^2-30Q+100$，生产 10 单位产品时的总成本为 1 000，求：

（1）固定成本值。

（2）总成本函数、总可变成本函数以及平均成本函数、平均可变成本函数。

解答：

（1）根据边际成本函数，对其进行积分得可变成本函数，加上固定成本，可得总成本函数：

$TC=Q^3-15Q^2+100Q+TFC$

又知当 $Q=10$ 时，$TC=1\ 000$，代入上式可求得 $TFC=500$

（2）总成本函数为 $TC=Q^3-15Q^2+100Q+500$

总可变成本函数为 $TVC=Q^3-15Q^2+100Q$

平均成本函数为 $AC=\frac{TC}{Q}=Q^2-15Q+100+\frac{500}{Q}$

平均可变成本函数为 $AVC=\frac{TVC}{Q}=Q^2-15Q+100$

16. 某企业使用劳动 L 和资本 K 进行生产，长期生产函数 $Q=20L+65K-0.5L^2-0.5K^2$，总成本 $TC=2\ 200$ 元，要素价格 $w=20$ 元，$r=50$ 元，求：

（1）最佳 L 和 K 的投入量。

（2）企业的最大产量。

解答：（1）$MP_L=\frac{\partial Q}{\partial L}=20-L$，$MP_K=\frac{\partial Q}{\partial K}=65-K$，由生产要素的最优组合方程 $\frac{MP_L}{MP_K}=\frac{w}{r}$，可得 $2K-5L=30$ ①，由生产预算约束可得 $TC=wL+rK=20L+50K=2\ 200$ ②，联立①②可得 $L=10$，$K=40$。

（2）将 $L=10$ 和 $K=40$ 代入长期生产函数 $Q=20L+65K-0.5L^2-0.5K^2$，可得 $Q=1\ 950$。

17. 若生产函数为 $Q=\frac{KL}{K+L}$，P_L、P_K 为劳动 L 和资本 K 的价格，求生产扩展线方程。

解答：$MP_L=\frac{\partial Q}{\partial L}=\frac{K^2}{(K+L)^2}$，$MP_K=\frac{\partial Q}{\partial K}=\frac{L^2}{(K+L)^2}$。由生产要素的最优组合方程 $\frac{MP_L}{MP_K}=\frac{P_L}{P_K}$，可得 $\frac{K^2}{L^2}=\frac{P_L}{P_K}$，所以生产扩展线方程为 $K=\left(\frac{P_L}{P_K}\right)^{\frac{1}{2}}L$。

18. 假定一企业的平均成本函数为 $AC=\frac{160}{Q}+5-3Q+2Q^2$，求边际成本函数。

解答：由企业的平均成本函数 $AC=\frac{160}{Q}+5-3Q+2Q^2$，可得总成本函数为 $STC=AC\cdot Q=160+5Q-3Q^2+2Q^3$。

边际成本函数为 $MC=STC'=5-6Q+6Q^2$。

19. 从甲地到乙地，可坐飞机或汽车。飞机票价是 200 美元，飞行 2 小时；汽车票价是 100 美元，需要 12 小时。在下面的两种情况下，相应个人应选择什么交通工具？

（1）A 每小时的时间成本是 50 美元。

（2）B 每小时的时间成本是 5 美元。

解答：（1）A 坐飞机的机会成本为 $200+50\times2=300$ 美元；而坐汽车的机会成本为 $100+50\times12=700$ 美元。

（2）B 坐飞机的机会成本为 $200+5\times2=210$ 美元；坐汽车的机会成本为 $100+5\times12=160$ 美元。

正确的选择应该是机会成本最小的交通工具。因此，A 应选择坐飞机，B 应选择坐汽车。

20. 图 2-3-8（a）是某厂商的 LAC 曲线和 LMC 曲线图，请分别在 Q_1 和 Q_2 的产量上画出代表最优生产规模的 SAC 曲线和 SMC 曲线。

解答：如图 2-3-8（b）所示。

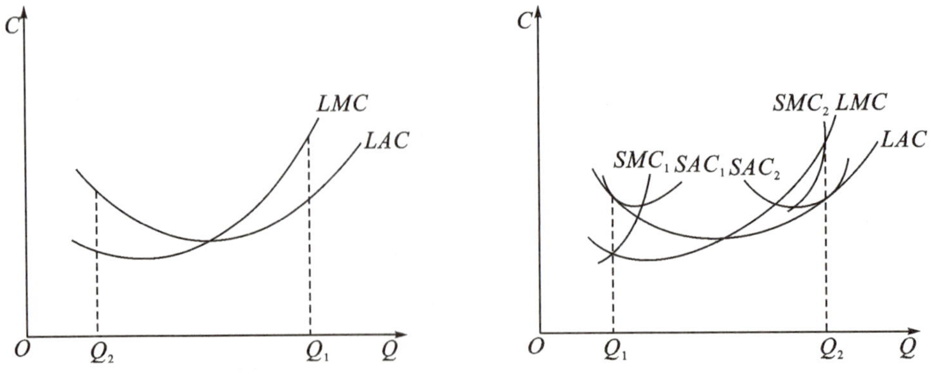

（a）　　（b）

图 2-3-8

21. 厂商短期成本函数如何推导？

解答：由 $Q(L, \bar{K})$，得到 $L(Q)$，短期成本函数 $STC(Q)=wL+r\bar{K}$

22. 厂商长期成本函数如何推导？

解答：由成本最小化模型，生产既定产量 $Q=f(L,K)$，$\min wL+rK$，可得条件要素需求函数 $K(w,r,Q)$，$L(w,r,Q)$，长期成本函数 $C(Q)=rK(w,r,Q)+wL(w,r,Q)$

23. 画图说明厂商在既定产量条件下如何实现成本最小化。

解答：如图 2-3-9 所示。

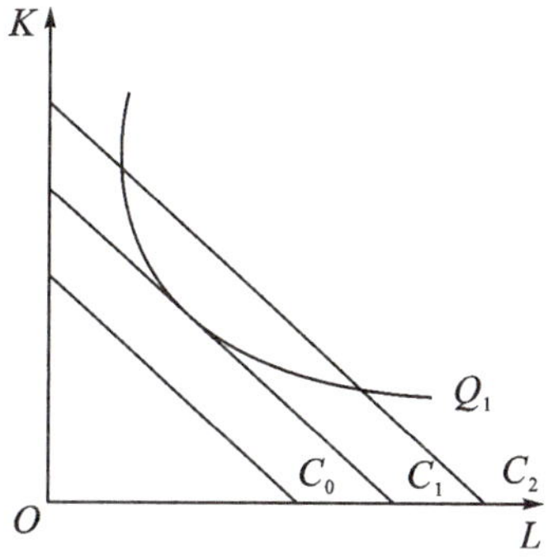

图 2-3-9

24. 假设生产函数为 $Q=LK^2$，$w=5$，$r=20$，求成本最小化时的资本和劳动的组合。

解答：$\frac{K^2}{5}=\frac{2LK}{20}$，得 $L=2K$

25. 什么叫范围经济？

解答：当企业生产两种或以上的产品时，若企业生产两种产品的成本低于两家单独企业各自生产一种产品的成本之和，就产生了范围经济。范围经济反映企业多元化经营的成本特性。

$$S_C=\frac{C(q_1)+C(q_2)-C(q_1, q_2)}{C(q_1, q_2)}$$

$S_C>0$ 表示范围经济，即联合成本低于各自单独成本之和；$S_C<0$ 表示范围不经济。

四、计算题

1. 已知某厂商的生产函数为 $Q=L^{\frac{3}{8}}K^{\frac{5}{8}}$，劳动的价格 $w=3$，资本的价格 $r=5$，求产量 $Q=10$ 时的最低成本支出和使用的 L 与 K 的数量。

解答：$\frac{MP_L}{w}=\frac{MP_K}{r}$

$MP_L=\frac{3}{8}L^{-\frac{5}{8}}K^{\frac{5}{8}}$，$MP_K=\frac{5}{8}L^{\frac{3}{8}}K^{-\frac{3}{8}}$

解得 $L=K$

$10=L^{\frac{3}{8}}K^{\frac{5}{8}}=K=L$

$C=wL+rK=3\times10+5\times10=80$

2. 已知生产函数为 $Q=4\sqrt{LK}$，生产要素的价格分别是 $P_L=w$，$P_K=r$，求：

（1）扩展线方程。

（2）当 $w=1$，$r=4$，$Q=10$ 时，使成本最小的投入组合。

解答：$Q=4\sqrt{LK}$

$MP_K=2L^{\frac{1}{2}}K^{-\frac{1}{2}}$，$MP_L=2L^{-\frac{1}{2}}K^{\frac{1}{2}}$，$\dfrac{MP_L}{w}=\dfrac{MP_K}{r}$

解得 $K=\dfrac{w}{r}L$，这是扩展线方程。

当 $w=1$，$r=4$ 时，$K=\dfrac{L}{4}$

$Q=4\sqrt{LK}=4\sqrt{\dfrac{L}{4}\cdot L}=2L$

$L=\dfrac{1}{2}Q$，$Q=10$，$L=5$，$K=\dfrac{5}{4}$

3. 已知生产函数为 $Q=\min(4L,3K)$，生产要素的价格分别是 P_L 和 P_K，求：

（1）扩展线方程。

（2）当 $P_L=1$，$P_K=4$，$Q=10$ 时，使成本最小的投入组合。

解答：$Q=\min$（$4L,3K$），这是固定比例生产技术。

$3K=4L\Rightarrow K=\dfrac{4L}{3}$，这是扩展线方程。

$Q=3K=4L$，$Q=10$ 时，$L=2.5$，$K=\dfrac{10}{3}$

4. 企业生产函数为 $Q=L+K$，生产产量 $Q=20$，L 的价格 $w=2$，K 的价格 $r=1$，求该企业最优化的资源配置和成本支出。

解答：属于完全替代技术，是角点解。

$MPL/w=1/2<MPK/r=1/1=1$

故 $L=0$，$K=20$

成本 $=1\times20=20$

5. 某公司有两个工厂生产同质产品，总成本函数为 $C=2Q_1^2+Q_2^2-Q_1Q_2$，Q_1 和 Q_2 分别是两个工厂的产量，公司生产 40 单位总产量时，求使成本最小的两个工厂的产量。

解答：$C=2Q_1{}^2+Q_2{}^2-Q_1Q_2$，$MC_1=\dfrac{\partial C}{\partial Q_1}=4Q_1-Q_2=0$，$MC_2=\dfrac{\partial C}{\partial Q_2}=2Q_2-Q_1=0$

由 $MC_1=MC_2$，可得 $4Q_1-Q_2=2Q_2-Q_1\Rightarrow5Q_1=3Q_2$

又由 $Q_1+Q_2=40$，解得 $Q_1=15$，$Q_2=25$

6. 已知某厂商的边际成本函数 $MC=3Q^2-8Q+100$，生产 5 单位产量时的总成本是 595，求总成本函数、平均成本函数、可变成本函数、平均可变成本函数。

解答：$MC=3Q^2-8Q+100$

$TVC=\int_0^5 MC\mathrm{d}Q=Q^3-4Q^2+100Q\Big|_0^5=525$

$TFC=TC-TVC=595-525=70$

$TVC=Q^3-4Q^2+100Q$

$AVC=\dfrac{TVC}{Q}=Q^2-4Q+100$

$STC=Q^3-4Q^2+100Q+70$

$SAC=\dfrac{STC}{Q}=Q^2-4Q+100+\dfrac{70}{Q}$

7. 已知某厂商的边际成本函数 $MC=100+0.02Q$，求产量从 1 000 到 2 000 时成本的变化量。

解答：$MC=100+0.02Q$

$TVC(Q)=\int_0^Q MC\mathrm{d}Q=100Q+0.01Q^2$

$TC=TVC+TFC=\int_0^Q MC\mathrm{d}Q+TFC=100Q+0.01Q^2+TFC$

$\Delta TC=100\times 2\,000+0.01\times 2\,000^2-(100\times 1\,000+0.01\times 1\,000^2)=130\,000$

8. 已知某厂商的总成本函数为 $C=4Q^3-30Q^2+90Q+60$，产量为多少时，生产遵循边际报酬递减?

解答：边际报酬（产量）与边际成本是倒数关系。边际报酬递减对应边际成本递增。

$MC=12Q^2-60Q+90$，当$\dfrac{\mathrm{d}MC}{\mathrm{d}Q}=24Q-60=0$，即 $Q=2.5$ 时，MC 取最小值，这时边际成本开始递增。

9. 已知生产函数为 $Q=L^{\frac{1}{2}}K^{\frac{1}{2}}$，若短期资本 $K=4$，$P_K=25$，$P_L=10$，产品价格为 20，求：

（1）短期的均衡劳动量。

（2）总成本函数、边际成本函数、平均成本函数。

（3）总收益最大时的产量。

解答：（1）$\bar{K}=4$ 代入生产函数 $Q=L^{\frac{1}{2}}K^{\frac{1}{2}}$，得 $Q=2L^{\frac{1}{2}}$，$\pi=20Q-10L-100=20\times 2L^{\frac{1}{2}}-10L-100$，$\dfrac{\mathrm{d}\pi}{\mathrm{d}L}=\dfrac{20}{\sqrt{L}}-10=0\Rightarrow L=4$

（2）由 $Q=2L^{\frac{1}{2}}$，得 $L=\dfrac{1}{4}Q^2$，

$STC=P_L\cdot L+P_K\cdot\bar{K}=10\times\dfrac{1}{4}Q^2+100$

$SMC=5Q$

$SAC=\dfrac{5}{2}Q+\dfrac{100}{Q}$

（3）总收益最大时要满足$\frac{MP_L}{MP_K}=\frac{P_L}{P_K}$，代入得 $K=\frac{2}{5}L$

$K=4$ 时，$L=10$，$Q=L^{\frac{1}{2}}K^{\frac{1}{2}}=2\sqrt{10}$

10. 某厂商的生产函数为 $Q=4L^{\frac{1}{2}}K^{\frac{1}{2}}$。

（1）在短期，K 为固定投入，$K=1$，L 是可变投入，其价格分别是 $P_L=2$，$P_K=1$，求厂商的短期总成本函数和边际成本函数。

（2）在长期，K 和 L 都为可变投入，其价格分别是 $P_L=2$，$P_K=1$，求厂商的长期总成本函数和边际成本函数。

解答：（1）短期时，$\bar{K}=1$，代入生产函数得 $Q=4L^{\frac{1}{2}}$，$L=\frac{1}{16}Q^2$，

$STC=2L+\bar{K}=\frac{1}{8}Q^2+1$，$SMC=\frac{1}{4}Q$

（2）长期时，$LTC=2L+K$，成本最小化需满足$\frac{MP_L}{MP_K}=\frac{P_L}{P_K}$

代入得$\frac{K}{L}=2\Rightarrow K=2L$

代入 $Q=4L^{\frac{1}{2}}K^{\frac{1}{2}}=4\sqrt{2}L\Rightarrow L=\frac{Q}{4\sqrt{2}}$，$LTC=2L+K=4L=\frac{Q}{\sqrt{2}}$，$LMC=\frac{1}{\sqrt{2}}$

11. 某公司考虑建造一个工厂，有下面两个方案：方案 A 的短期成本函数为 $STC_A=80+2Q_A+0.5{Q_A}^2$，方案 B 的短期成本函数为 $STC_B=50+{Q_B}^2$。如果市场需求量仅为 8 单位产品，厂商应选哪个方案？

（1）如果选 A 方案，市场需求量至少为多少？

（2）如果计划产量足够大，则需要同时使用这两个工厂，假设计划产量是 22 单位，厂商应如何配置两个工厂的产量？

解答：（1）成本最小化，生产相同产量成本最小。

$STC_A>STC_B$，$80+2Q+0.5Q^2>50+Q^2$，解得 $0\leqslant Q\leqslant 10$

若 $Q=8$，应选 B 方案。

（2）两个工厂时，$MC_A=MC_B$，$\begin{cases}2+Q_A=2Q_B\\Q_A+Q_B=22\end{cases}$，则 $2+Q_A=2\times(22-Q_A)$，$Q_A=14$，$Q_B=8$

12. 假定某厂商的需求函数 $Q=5\,000-50P$，其中 Q 为产量，P 为价格，厂商平均成本函数 $AC=20+\frac{6\,000}{Q}$。

（1）使厂商利润最大化的产量和价格分别是多少？最大化利润是多少？

（2）如果政府对每单位产品征收 10 元税收，使厂商利润最大化的价格、产量、利润分别是多少？

解答：（1）$TR=PQ=(100-0.02Q)Q$，$TC=AC\cdot Q=6\,000+20Q$

$\pi=TR-TC=100Q-0.02Q^2-6\,000-20Q$

利润最大时：$\frac{d\pi}{dQ}=0 \Rightarrow Q=2\ 000$，$P=100-0.02Q=60$，$\pi=74\ 000$

（2）每单位征税 10 元，$TC=6\ 000+20Q+10Q$，$\pi=TR-TC=100Q-0.02Q^2-30Q-6\ 000$

利润最大时：$\frac{d\pi}{dQ}=0 \Rightarrow Q=1\ 750$，$P=100-0.02Q=65$，$\pi=55\ 250$

13. 假定某厂商只有一种可变要素劳动 L，生产一种产品 Q，固定成本既定，短期生产函数为 $Q=-0.1L^3+6L^2+12L$，求：

（1）劳动的平均产量为最大时雇佣的劳动量。

（2）劳动的边际产量为最大时雇佣的劳动量。

（3）平均可变成本最小时的产量。

（4）假如每人工资为 360 元，产品价格为 30 元，求利润最大时雇佣的劳动人数。

解答：（1）$Q=-0.1L^3+6L^2+12L$，$AP_L=-0.1L^2+6L+12$

劳动的平均产量为最大时：$\frac{dAP_L}{dL}=-0.2L+6=0 \Rightarrow L=30$

（2）$MP_L=-0.3L^2+12L+12$

劳动的边际产量为最大时：$\frac{dMP_L}{dL}=-0.6L+12=0 \Rightarrow L=20$

（3）平均可变成本 $AVC=\frac{w}{AP_L}$，当 $L=30$ 时，AP_L 最大，AVC 最小。

（4）$\pi=PQ-wL=30(-0.1L^3+6L^2+12L)-360L$

$\frac{d\pi}{dL}=-9L^2+360L=0 \Rightarrow L=40$

14. 设生产函数为 $Q=6KL$，试推导出相应的成本函数（资本 K 和劳动 L 的价格既定为 r 和 w）。

解答：$\min C=wL+rK$

$\quad$ s.t. $Q=6KL$

成本最小化时：$\frac{MP_L}{MP_K}=\frac{w}{r} \Rightarrow \frac{6K}{6L}=\frac{w}{r} \Rightarrow K=\frac{w}{r}L$

代入 $Q=6KL=6\times\frac{w}{r}L^2 \Rightarrow L=\sqrt{\frac{rQ}{6w}}$，$K=\frac{w}{r}L=\sqrt{\frac{wQ}{6r}}$

$C=wL+rK=w\sqrt{\frac{rQ}{6w}}+r\sqrt{\frac{wQ}{6r}}=2\sqrt{\frac{wrQ}{6}}$

15. 设某厂商的需求函数为 $Q=6\ 750-50P$，总成本函数为 $TC=12\ 000+0.025Q^2$，求：

（1）利润最大化时的产量和价格。

（2）最大利润。

解答：（1）已知需求函数为 $Q=6\ 750-50P$，可得反需求函数为 $P=\frac{6\ 750-Q}{50}$。

因此，$TR=PQ=\frac{6\ 750-Q}{50}\cdot Q=135Q-\frac{Q^2}{50}$

$MR=TR'=135-\frac{Q}{25}$

$TC=12\ 000+0.025Q^2$

$MC=TC'=0.05Q$

因为利润最大化的条件是 $MR=MC$，即 $135-\frac{Q}{25}=0.05Q$，解得 $Q=1\ 500$

将 $Q=1\ 500$ 代入反需求函数得 $P=135-\frac{Q}{50}=105$

（2）$\pi=TR-TC=105\times1\ 500-12\ 000-0.025\times1\ 500^2=89\ 250$

16. 厂商的生产函数为 $Q=24L^{\frac{1}{2}}K^{\frac{2}{3}}$，生产要素 L 和 K 的价格分别为 $P_L=1$，$P_K=2$，求：

（1）厂商的扩展线方程。

（2）如果资本的数量 $K=27$，厂商的短期成本函数。

解答：（1）根据生产要素最优组合的条件 $\frac{MP_L}{P_L}=\frac{MP_K}{P_K}$，得 $\frac{12L^{-\frac{1}{2}}K^{\frac{2}{3}}}{1}=\frac{16L^{\frac{1}{2}}K^{-\frac{1}{3}}}{2}$

从而得到 $2L=3K$，$K=\frac{2}{3}L$，即为劳动与资本的最优组合。

（2）短期成本函数由下列条件决定：

$$\begin{cases}Q=24L^{\frac{1}{2}}\times27^{\frac{2}{3}}\\C=L+2\times27\end{cases}$$

解得 $C=\left(\frac{Q}{216}\right)^2+54$

17. 已知某厂商的生产函数为 $Q=0.5L^{\frac{1}{3}}K^{\frac{2}{3}}$，当资本投入量 $K=50$ 时资本的总支出为 500，劳动价格 $P_L=5$，求：

（1）劳动的投入函数 $L=L(Q)$。

（2）总成本函数、平均成本函数和边际成本函数。

（3）当产品的价格 $P=100$ 时，厂商获得最大利润的产量和利润各是多少？

解答：（1）资本的价格 $P_K=500\div50=10$。生产均衡条件为 $\frac{MP_K}{P_K}=\frac{MP_L}{P_L}$，

即 $\frac{\frac{1}{3}L^{\frac{1}{3}}K^{-\frac{1}{3}}}{10}=\frac{\frac{1}{6}L^{-\frac{2}{3}}K^{\frac{2}{3}}}{5}$。整理得 $L=K$。代入生产函数，得 $Q=0.5L$。

因此，劳动的投入函数 $L=L(Q)=2Q$。

（2）将 $L=L(Q)=2Q$ 代入成本等式，可得 $C=5L+10K=10Q+20Q=30Q$。

由此得出总成本函数为 $TC=30Q$

平均成本函数为 $AC=\frac{TC}{Q}=30$

边际成本函数为 $MC=TC'(Q)=30$

（3）资本的投入量 $K=50$，生产者均衡时 $L=K=50$，产量 $Q=0.5L=25$。此时总成本 $TC=25\times30=750$，总收益 $TR=PQ=100\times25=2\ 500$，最大利润 $=TR-TC=1\ 750$。

18. 假设生产函数为 $f(X_1, X_2)=\sqrt{X_1}+\sqrt{X_2}$，产品的价格为 P，生产要素的价格分别是 w_1 和 w_2，求：

（1）要素需求函数和产出供给函数。

（2）条件要素需求函数。

解答：（1）$f(X_1, X_2)=\sqrt{X_1}+\sqrt{X_2}$

$MP_1=\frac{1}{2}X_1^{-\frac{1}{2}}$，$MP_2=\frac{1}{2}X_2^{-\frac{1}{2}}$，

$\pi=P\cdot f(X_1, X_2)-w_1X_1-w_2X_2$

$\frac{\partial\pi}{\partial X_1}=P\cdot MP_1-w_1=0$，$P\cdot\frac{1}{2}X_1^{-\frac{1}{2}}=w_1$，$X_1=\left(\frac{P}{2w_1}\right)^2$

$\frac{\partial\pi}{\partial X_2}=P\cdot MP_2-w_2=0$，$P\cdot\frac{1}{2}X_2^{-\frac{1}{2}}=w_2$，$X_2=\left(\frac{P}{2w_2}\right)^2$

代入生产函数：$Y=f(X_1, X_2)=\sqrt{X_1}+\sqrt{X_2}=\frac{P}{2w_1}+\frac{P}{2w_2}=\frac{P}{2}\left(\frac{1}{w_1}+\frac{1}{w_2}\right)$

（2）$\min w_1X_1+w_2X_2$

s. t. $Y=\sqrt{X_1}+\sqrt{X_2}$

$L=w_1X_1+w_2X_2-\lambda\left(\sqrt{X_1}+\sqrt{X_2}-Y\right)$

$\frac{\partial L}{\partial X_1}=0$，$\frac{\partial L}{\partial X_2}=0$，$\frac{\partial L}{\partial\lambda}=0$

解得 $X_1=\left(\frac{w_2Y}{w_1+w_2}\right)^2$，$X_2=\left(\frac{w_1Y}{w_1+w_2}\right)^2$

19. 已知厂商的生产函数为 $Q=L^{\frac{2}{3}}K^{\frac{1}{3}}$，劳动的价格 $w=2$，资本的价格 $r=1$，求：当产量为 800 时，企业实现最小成本时的 L，K 和 C 的均衡值。

解答：$\min 2L+K$

s.t. $L^{\frac{2}{3}}K^{\frac{1}{3}}=800$

$\frac{MP_L}{MP_K}=\frac{w}{r}$，$\frac{K}{L}=1$

解得 $L=K=800$，$C=2L+K=2\ 400$

第四章

完全竞争市场参考答案

一、思考题

1. 企业面临的需求和市场需求有什么区别与联系？

解答：企业面临的需求只是企业自己面对的需求量。市场需求是整个市场对产品的需求量。市场需求曲线一般向右下方倾斜，即需求量与价格成反向变化。在完全竞争市场，企业面临的需求曲线是水平线，因为单个企业是市场价格的接受者，它可以在市场价格上销售任意数量。

2. 划分市场结构的依据有哪些？

解答：划分市场结构的依据主要有厂商数量及产品是否具有差异性。只有一个厂商的市场类型是垄断，有少数几个厂商的市场类型是寡头，有许多厂商的市场类型包括完全竞争市场和垄断竞争市场，完全竞争市场的厂商生产同质产品，垄断竞争市场的厂商生产有差异化的产品。

3. 为什么说完全竞争企业改变产量的行为不会影响市场价格？

解答：完全竞争市场中有许许多多的厂商，每个厂商生产的产量只占市场产量的微小份额，其产品与同一市场中的其他企业的产品毫无区别，单个厂商撼动不了整个市场，完全竞争厂商是市场价格的接受者。

4. 完全竞争企业在进行短期生产决策时，要解决哪几个相互联系的问题？

解答：完全竞争企业在短期决策时，追求利润最大化，要满足边际收益等于边际成本（$MR=MC$），即 $P=MC$，厂商是否获得正的利润，取决于 P 和 AC 谁大谁小，若 $P>AC$，则获得正的利润。厂商亏损时，短期不一定停产，是否停产取决于 P 和 AVC 谁大谁小。当 P 高于 AVC 时，企业继续生产；当 P 低于 AVC 时，企业停产，AVC 的最低点称为停止营业点。

5. 完全竞争企业在利润最大化产量上生产是否会亏损？为什么？

解答：完全竞争企业即使实现了利润最大化，也可能亏损，当利润最大化条件 $P=MC$ 确定的产量上的价格小于平均成本，则厂商亏损。

6. 在短期中，完全竞争企业停产会有多大的损失？为什么？

解答：在短期，完全竞争企业停产，则损失的是固定成本。

7. 为什么说在长期均衡状态中，长期利润最大化与最优的短期利润最大化是一致的？

解答：完全竞争市场实现长期均衡时，企业的进入和退出调整着整个行业的规模，直到该行业中所有的完全竞争企业都处于不盈不亏的状态。此时，企业实现长期均衡，$P=LMR=LMC=LAR=LAC$，企业处于 LAC 的最低点进行生产，厂商获得零利润。这个长期最优规模是由一个短期最优规模来实现的，$P=SMC=SAC$，也处于短期平均成本的最低点，厂商获得利润最大化，并且是零利润，不会再调整其规模。

8. 如何正确认识完全竞争假定和在该假定基础上建立起来的完全竞争理论。

解答：完全竞争市场假定有许许多多厂商生产同质产品，厂商可以自由进入和退出，假设市场主体具有完全信息，这是一种理想化的情况，并非现实的情况。完全竞争市场理论可以近似地模拟充分竞争的情形。基于这一理论，推导出市场的短期供给曲线和长期供给曲线，在微观经济学理论体系中具有重要的地位。

二、单项选择题

1. B	2. C	3. C	4. D	5. B	6. B	7. B	8. C	9. D	10. D
11. C	12. C	13. A	14. B	15. C	16. D	17. C	18. D	19. B	20. D
21. D	22. D	23. A	24. D	25. D	26. B	27. C	28. A	29. A	30. D
31. C	32. B	33. A	34. B	35. B	36. C	37. D	38. A	39. A	40. E
41. A	42. A	43. D	44. A	45. B	46. A	47. C	48. B	49. D	50. D
51. D	52. A	53. D	54. D	55. A	56. A	57. B	58. A	59. B	60. D
61. B	62. B	63. D	64. A	65. A					

三、判断题

1. F	2. T	3. T	4. T	5. T	6. T	7. T	8. F	9. T	10. T
11. F	12. F	13. T	14. T	15. T	16. T	17. T	18. T	19. T	20. T
21. F	22. F	23. T	24. T	25. T	26. T	27. T	28. T	29. T	30. T
31. T	32. F	33. T	34. F	35. T	36. F	37. T	38. F	39. F	40. T
41. T	42. T	43. F	44. T	45. T	46. F	47. T	48. F	49. F	50. F
51. T	52. T	53. F	54. T	55. T	56. F	57. T	58. T	59. T	60. T
61. T	62. T	63. T							

四、简答题

1. 完全竞争市场的条件有哪些？

解答：有许多厂商，生产同质产品，厂商自由进入和退出，具有完全信息。

2. 为什么完全竞争厂商的需求曲线是水平线？

解答：完全竞争厂商是价格接受者。在市场价格上，完全竞争厂商可以销售它想销售的任何数量，它不会也不能改变这一价格水平。

3. 完全竞争市场实现长期均衡时，厂商只获得零利润，为何厂商仍继续经营？

解答：完全竞争市场在实现长期均衡时，厂商只能获得零利润。在零利润时继续经营，是因为所有的生产要素都按照完全竞争市场的价格获得了应有的补偿。

4. 为什么完全竞争厂商不愿为自己的产品打广告？

解答：完全竞争厂商生产的是同质产品，自己打广告，承担了成本，但销量的增加有限，因为消费者可能增加对其他厂商产品的购买。

5. 完全竞争厂商短期均衡时若边际产量等于平均产量，这时是否亏损。如果是亏损，亏损多少？

解答：边际产量等于平均产量，这时实现了平均产量的最大值。平均产量与平均可变成本是倒数关系，平均可变成本取最小值，这时亏损，亏损是固定成本。

6. 说明完全竞争市场实现长期均衡时 $P=\min LAC$，并且此时 $P=LMC=LAC=SMC=SAC$。

解答：完全竞争市场实现长期均衡时，厂商要满足利润最大化，$P=LMC$，并且要满足零利润，厂商既不进入，也不退出，因此 $P=\min LAC$，$P=LMC=LAC$。此时，由一个短期规模的生产来实现且满足 $P=SMC$，同样是零利润，因此 $P=SAC$。可见，此时 $P=LMC=LAC=SMC=SAC$。

7. 说明生产者剩余可以表达为收益 $-Q\times AVC$，Q 是均衡产量。

解答：生产者剩余等于收益减去可变成本。可变成本可以表示为 $AVC\times Q$，因此，$PS=P\times Q-AVC\times Q$。

8. 为什么利润最大化原则 $MC=MR$ 在完全竞争条件下可以表达为 $MC=P$？

解答：在完全竞争条件下，$P=MR=AR$，利润最大化原则是 $MR=MC$，于是可以表达为 $P=MC$。

9. 画图说明完全竞争厂商短期均衡的各种盈亏状态。

解答：如图 2-4-1 所示。

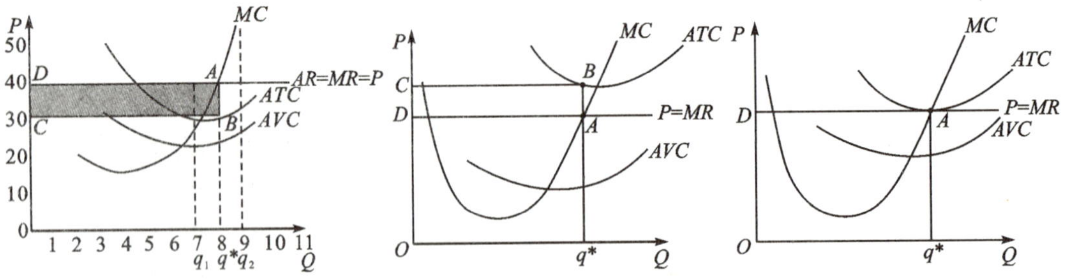

（a）厂商获得正的利润　　（b）厂商亏损　　（c）厂商盈亏相抵

图 2-4-1

10. 画图说明完全竞争厂商的短期供给曲线。

解答：如图 2-4-2 所示。

11. 画图说明完全竞争厂商的长期供给曲线。

解答：完全竞争厂商的长期供给曲线是过 LAC 曲线最低点之上 LMC 曲线的部分。当 $P<LAC$ 时，企业会退出市场；当 $P>LAC$ 时，企业会进入市场（见图 2-4-3）。

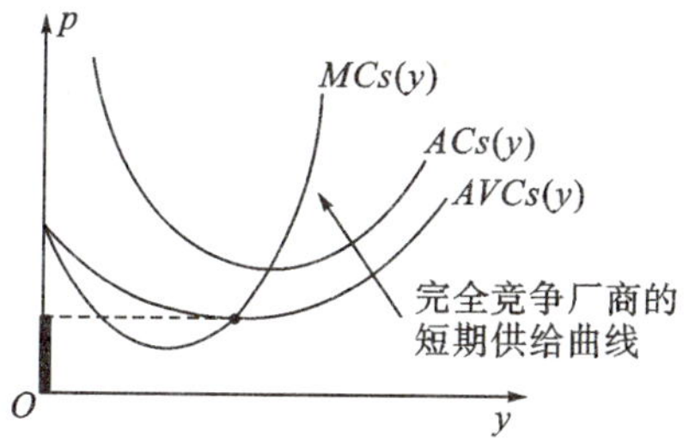

图 2-4-2

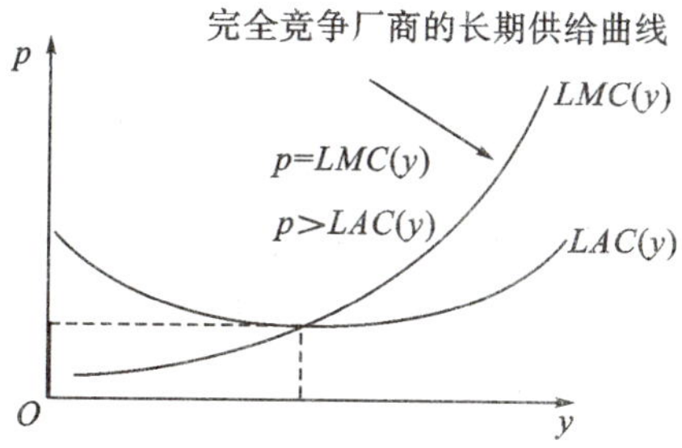

图 2-4-3

12. 画图说明完全竞争市场的长期供给曲线。

解答：如图 2-4-4 所示。

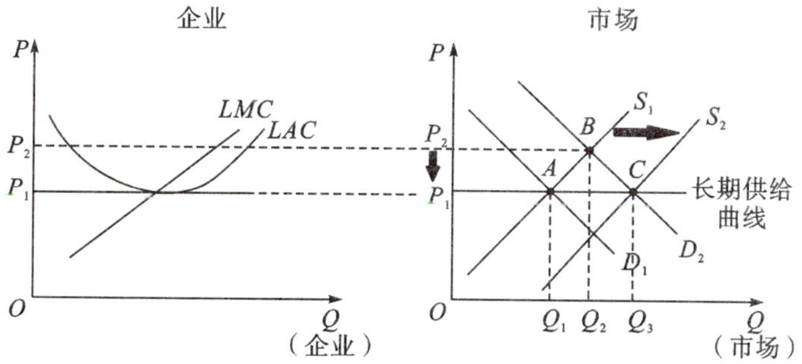

（a）成本不变行业的长期供给曲线

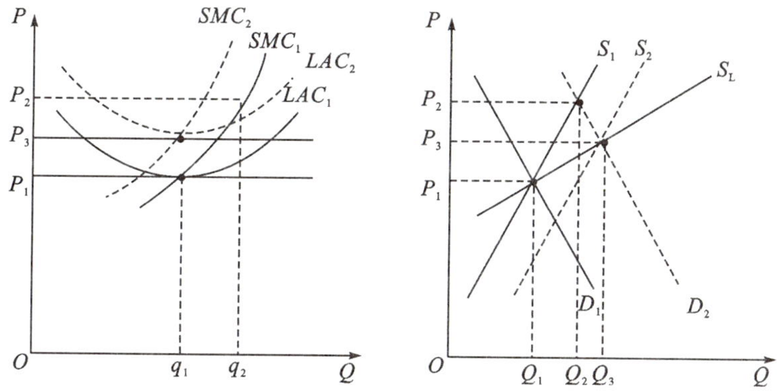

（b）成本递增行业的长期供给曲线

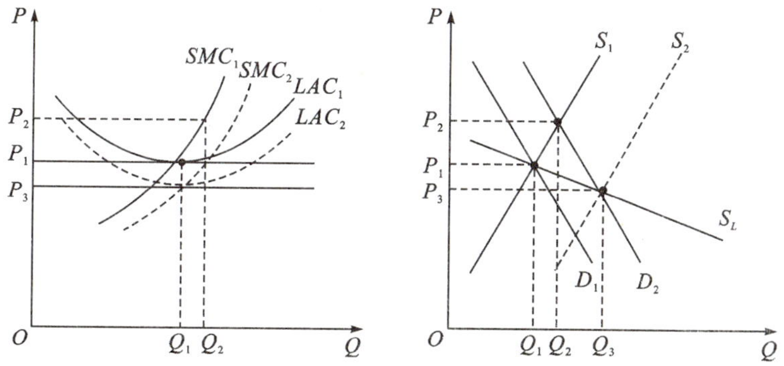

（c）成本递减行业的长期供给曲线

图 2-4-4

13. 完全竞争厂商的短期供给曲线来自边际成本曲线，为什么完全竞争厂商的边际成本曲线呈 U 形，而市场短期供给曲线向上倾斜？

解答：完全竞争厂商的短期供给曲线是沿着边际成本曲线向上高于平均可变成本的部分。市场的短期供给曲线是厂商的短期供给曲线的水平相加，也是向上倾斜。

14. 完全竞争市场的短期供给曲线向右上方倾斜，完全竞争市场的长期供给曲线是什么形状？

解答：对于成本不变行业，完全竞争市场的长期供给曲线是水平线，位于 $P=\min LAC$。成本递增行业的长期供给曲线向上倾斜。成本递减行业的长期供给曲线向下倾斜。

15. 完全竞争的成本不变行业，单个厂商的长期成本函数为 $LTC=Q^3-12Q^2+40Q$，求市场实现长期均衡的价格和厂商产量。

解答：$LTC=Q^3-12Q^2+40Q$

$\min LAC=\dfrac{LTC}{Q}=Q^2-12Q+40$

$\dfrac{\mathrm{d}LAC}{\mathrm{d}Q}=2Q-12=0\Rightarrow Q=6$

$P=\min LAC=36-72+40=4$

16. 假设完全竞争市场的需求函数和供给函数分别是 $Q_D=50\ 000-2\ 000P$，$Q_S=40\ 000+3\ 000P$，求厂商的需求函数。

解答：$Q_D=Q_S$

$50\ 000-2\ 000P=40\ 000+3\ 000P\Rightarrow P=2$

厂商需求函数为 $P(Q)=2$（见图 2-4-5）

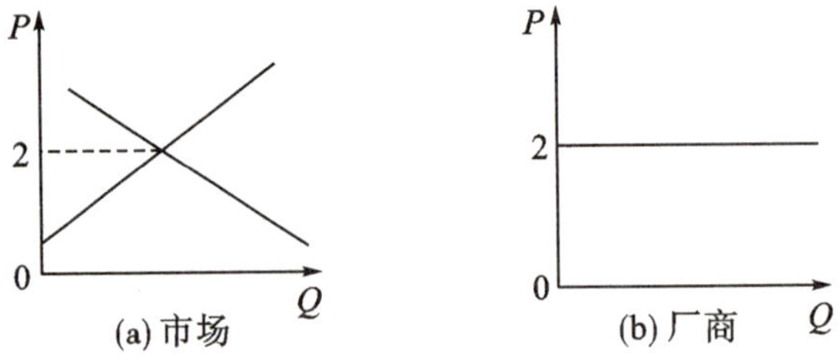

图 2-4-5

17. 假设某完全竞争厂商的平均成本函数为 $AC=\dfrac{10}{Q}+5Q$，产品的价格为 $P=60$，该厂商利润最大时的产量和利润额为多少？

解答：$AC=\dfrac{10}{Q}+5Q\Rightarrow TC=10+5Q^2$

$MC=10Q$，$MR=MC$，$P=MC$

$10Q=60\Rightarrow Q=6$，利润 $=P\cdot Q-AC\cdot Q=60\times6-10-5\times6^2=170$

18. 请区分在完全竞争市场条件下，单个厂商的需求函数、单个消费者的需求函数以及市场的需求函数。

解答：单个厂商的需求函数表示单个厂商面临的在每一价格水平下，市场对其产品的需求量。单个完全竞争厂商的需求曲线是市场均衡价格上的一条水平线，如图 2-4-6

中的 D_F 直线，而市场的均衡价格取决于市场的需求 D_M 与供给 S，单个完全竞争厂商只是该价格的接受者。

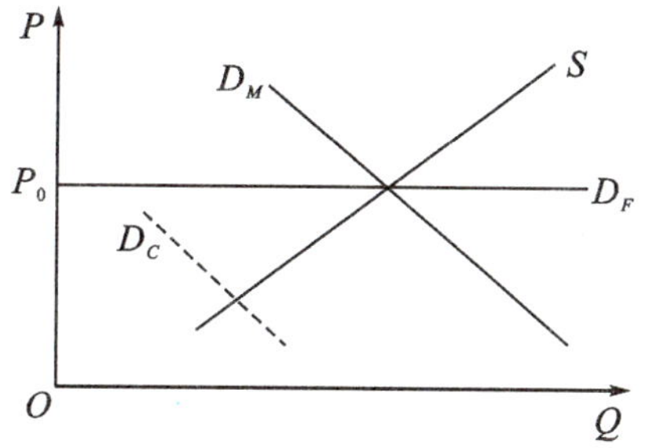

图 2-4-6

单个消费者的需求函数产生于消费者追求效用最大化的行为。利用单个消费者追求效用最大化行为的价格-消费曲线可以推导出单个消费者的需求曲线 D_C，单个消费者的需求曲线一般是向右下方倾斜的。把单个消费者的需求函数水平加总，便可以得到市场的需求函数，市场的需求曲线一般也是向右下方倾斜的。

19. 为什么完全竞争厂商和行业的短期供给曲线都向右上方倾斜？完全竞争行业的长期供给曲线也向右上方倾斜吗？

解答：完全竞争厂商的短期供给曲线是厂商 SMC 曲线大于和等于 AVC 曲线最低点的部分。完全竞争厂商根据利润最大化原则 $P=SMC$，在不同的价格水平选择相应的最优产量，这一系列的价格和最优产量组合的轨迹，构成厂商的短期供给曲线。由于 SMC 曲线大于和等于 AVC 曲线最低点的部分是向右上方倾斜的，因此完全竞争厂商的短期供给曲线向右上方倾斜。完全竞争行业的短期供给曲线由行业内所有厂商的短期供给曲线水平加总得到，行业的短期供给曲线也是向右上方倾斜的。

完全竞争行业的长期供给曲线的形状并不一定是向右上方倾斜的。在长期生产中，完全竞争行业可以区分为成本不变行业、成本递增行业和成本递减行业三种类型，相应的完全竞争行业的长期供给曲线分别为一条水平线、向右下方倾斜、向右上方倾斜。

20. 为什么完全竞争的企业不能收取高于市场价格或低于市场价格的价格？

解答：一个完全竞争行业的企业哪怕只收取比市场价格略高一点的价格，它的产品就会完全卖不出去。因此，它不能收取略高于市场价格的价格。它可以按市场价格销售它想销售的任意产量，因此它没必要收取比市场价格低的价格。

21. 为什么在完全竞争的行业中实现了长期均衡时，经济利润为零？

解答：在一个完全竞争的行业中，存在经济利润就会吸引新企业加入，这就会使行业的供给曲线向右移动，引起市场价格下降和企业利润减少，只要存在经济利润就会存在这种变动趋势。同样，经济亏损的存在使企业退出该行业，这就会使行业的供给曲线向左移动，引起市场价格上升和企业亏损减少。只要存在经济亏损，就会存在这种变动趋势，这种变动趋势直到零利润为止。

22. “虽然很高的固定成本会是厂商亏损的原因，但永远不会是厂商关门的原因。”你同意这种说法吗？

解答：同意。高固定成本使生产成本太高，生产成本太高可能是厂商亏损的原因，如果收益小于总成本则亏损。在短期，不管固定成本有多高，只要销售收益能补偿可变成本，厂商则可以营业，高固定成本不是厂商关门的原因。

23. 厂商利润最大化的原则是什么？为什么？

解答：利润最大化的原则是 $MR=MC$。因为利润 $\pi=TR-TC$，利润取最大值的条件是$\frac{d\pi}{dQ}=0$ 及$\frac{d^2\pi}{dQ^2}<0$，而$\frac{d\pi}{dQ}=\frac{dTR}{dQ}-\frac{dTC}{dQ}=MR-MC$。

令$\frac{d\pi}{dQ}=0$，得 $MR-MC$。厂商要使其利润达到最人化，必须满足 $MR=MC$ 这个条件，并且当 $MR=MC$ 时，利润的二阶导数要小于零。

24. 在完全竞争市场中，厂商的长期成本函数为 $LTC=0.05q^3-q^2+10q$。当市场价格 $P=30$ 时，该厂商的利润最大化产量以及净利润是多少？这个产出点是均衡的吗？

解答：$P=LMC$，$0.15q^2-2q+10=30$，解得 $q=20$

$\pi=TR-LTC=600-(0.05q^3-q^2+10q)=400$

厂商的净利润为 400，在完全竞争市场中，这个产出点是不稳定的，正的利润会吸引新的厂商进入。

25. 某企业处于完全竞争市场中，它的成本函数为 $STC=0.1q^2+8q$，该企业利润最大化的产量为 $q=30$。现在该企业准备再加一条生产线，新生产线的成本函数为 $STC=0.05q^2+10q$，问新生产线的产量是多少？

解答：完全竞争市场中均衡时有 $p=MC=0.2q+8=14(q=30)$。

厂商的产量不影响市场价格，新的生产线均衡产量由 $MC=P=14$ 来决定，即

$0.1q+10=14$，$q=40$。

26. 什么是沉没成本，沉没成本对企业的短期决策有何影响？

解答：沉没成本是已经发生了且无法再收回的成本，企业短期决策不应该考虑沉没成本。

五、计算题

1. 已知某厂商总成本函数为 $TC=0.2Q^2-12Q+200$，总收益函数为 $TR=20Q$，求生产多少件时利润最大？其利润为多少？

解答：$TR=20Q$，$MR=20$

$TC=0.2Q^2-12Q+200$

$MC=0.4Q-12$

由 $MR=MC$，求得 $Q=80$

$\pi=TR-TC=20\times80-0.2\times80^2+12\times80-200=1\ 080$

2. 某完全竞争厂商的短期成本函数是 $STC=0.1Q^3-2Q^2+15Q+10$，求：

（1）市场上产品的价格 $P=55$ 时，厂商的短期均衡产量、利润及生产者剩余。

（2）当市场价格下降为多少时，厂商必须停产。

（3）厂商的短期供给曲线。

解答：（1）$STC=0.1Q^3-2Q^2+15Q+10$

$MC=0.3Q^2-4Q+15$

由 $P=MC$，$55=0.3Q^2-4Q+15\Rightarrow Q=20$

利润 $\pi=PQ-STC(Q)=790$

生产者剩余为 $PQ-TVC(Q)=800$

（2）停止营业点是 AVC 的最低点。

$TVC(Q)=0.1Q^3-2Q^2+15Q$

$$AVC=\frac{TVC}{Q}=0.1Q^2-2Q+15$$

$$\frac{\mathrm{d}AVC}{\mathrm{d}Q}=0.2Q-2=0\Rightarrow Q=10$$

代入得 $AVC=5$

当 P 下降到 5 时，厂商必须停产。

（3）完全竞争厂商的短期供给曲线：$P=MC=0.3Q^2-4Q+15$

$P>\min AVC=5$

$$Q=\begin{cases}\dfrac{4+\sqrt{1.2P-2}}{0.6}, & P\geqslant 5\\ 0, & \text{其他}\end{cases}$$

3. 在某完全竞争的成本不变行业中，单个厂商的长期总成本函数为 $LTC=Q^3-12Q^2+40Q$，求：

（1）市场的价格 $P=100$ 时，厂商实现长期均衡的产量、平均成本和利润。

（2）行业实现长期均衡时的价格和单位厂商的产量。

（3）若市场的需求函数为 $Q=660-15P$，求行业长期均衡时的厂商数量。

解答：（1）$LTC=Q^3-12Q^2+40Q$

$LMC=3Q^2-24Q+40$

$P=LMC$，$100=3Q^2-24Q+40\Rightarrow Q=10$

$\pi=TR-LTC=PQ-Q^3+12Q^2-40Q=800$

$$LAC=\frac{LTC}{Q}=20$$

（2）行业（市场）长期均衡：$P=\min LAC$

$$LAC=\frac{LTC}{Q}=Q^2-12Q+40,\quad \frac{\mathrm{d}LAC}{\mathrm{d}Q}=2Q-12=0\Rightarrow Q=6$$

代入 $P=\min LAC=4$

$Q=660-15P$，$P=4$ 代入得 $Q=600$

（3）$$n=\frac{Q_{\text{市场需求}}}{Q_{\text{单个厂商产量}}}=\frac{600}{6}=100$$

4. 已知某完全竞争市场的需求函数为 $D=6\ 300-400P$，短期市场供给函数为 $SS=3\ 000+150P$，单个典型企业在 LAC 曲线的最低点为 6，产量为 50，每个企业的成本规模不变。

（1）求市场的短期均衡价格和均衡产量。

（2）市场是否处于长期均衡？求行业的厂商数量。

（3）如果市场的需求函数变为 $D'=8\ 000-400P$，短期供给函数变为 $SS'=4\ 700+150P$，求市场的短期均衡价格和均衡产量。此时是否处于长期均衡，并求行业内的厂商数量。

（4）需要新加入多少厂商才能提供行业总产量的增量？

解答：（1）$D=S$

$6\ 300-400P=3\ 000+150P\Rightarrow P=6$，$Q=3\ 900$

（2）$P=\min LAC$，市场处于长期均衡。

$$厂商数量=\frac{3\ 900}{50}=78$$

（3）$D'=S'$

$8\ 000-400P=4\ 700+150P\Rightarrow P=6$，$Q=5\ 600$

$P=\min LAC$，市场处于长期均衡。

$$厂商数量=\frac{5\ 600}{50}=112$$

（4）需要进入 34 家，即 $112-78=34$。

5. 在完全竞争市场上，单个厂商的长期成本函数为 $LTC=Q^3-20Q^2+200Q$，市场的产品价格为 $P=600$，求：

（1）厂商实现长期利润最大化时的产量、平均成本和利润。

（2）该行业是否处于长期均衡，为什么？

（3）该行业处于长期均衡时，每个厂商的产量、平均成本和利润各是多少？

（4）判断（1）中的厂商是处在规模经济阶段还是处在规模不经济阶段？

解答：（1）$P=LMC$，$600=3Q^2-40Q+200\Rightarrow Q=20$

$$LAC=\frac{LTC}{Q}=Q^2-20Q+200，LAC=20^2-20\times20+200=200$$

利润 $\pi=PQ-LTC=600\times20-（20^3-20\times20^2+200\times20）=8\ 000$

（2）此时利润大于 0，没有处于长期均衡。

（3）$P=\min LAC$，$\frac{\mathrm{d}LAC}{\mathrm{d}Q}=2Q-20=0\Rightarrow Q=10$

$P=\min LAC=10^2-20\times10+200=100$

利润为 $(P-LAC)\cdot Q=(100-100)\times10=0$

（4）LAC 的最低点是 $Q=10$，当 $Q=20$ 时，LAC 处于递增阶段，规模不经济。

6. 在一个完全竞争的成本不变行业中，单个厂商的长期成本函数为 $LTC=Q^3-40Q^2+600Q$，该市场的需求函数为 $D=13\ 000-5P$，求：

（1）该行业的长期供给曲线。

（2）该行业实现长期均衡时的厂商数量。

解答：（1）$LAC=Q^2-40Q+600$

$$\frac{dLAC}{dQ}=2Q-40=0 \Rightarrow Q=20$$

$P=\min LAC=20^2-20\times40+600=200$

该行业的长期供给曲线为 $P=200$

（2）$D=13\ 000-5P=13\ 000-5\times200=12\ 000$

厂商数量为 $n=\frac{D}{Q}=\frac{12\ 000}{20}=600$

7. 某完全竞争厂商的短期边际成本 $SMC=0.6Q-10$，总收益函数 $TR=38Q$。已知产量 $Q=20$ 时的总成本 $STC=260$，求该厂商利润最大化时的产量和利润。

解答：$TR=38Q$，$MR=38$

$MR=SMC$，$38=0.6Q-10 \Rightarrow Q=80$

$\pi=TR-STC$，$TR=38\times80=3\ 040$

$$STC_{20}=\int_0^{20}SMC\,dQ+TFC=(0.3Q^2-10Q)\Big|_0^{20}+TFC=260$$

$0.3\times20^2-10\times20+TFC=260 \Rightarrow TFC=340$

$$STC_{80}=\int_0^{80}SMC\,dQ+TFC=(0.3Q^2-10Q)\Big|_0^{80}+340=1\ 460$$

$\pi=TR-STC=38\times80-1\ 460=1\ 580$

8. 某企业成本函数为 $C=Q^2+120$，C 为总成本，Q 为产品 X 的产量。

（1）若产品市场价格 $P=40$，那么 Q 为多少才可以实现利润最大化？

（2）当产品价格达到多少时，该企业利润才为正？

解答：（1）$\pi=PQ-C=40Q-Q^2-120$

$$\frac{d\pi}{dQ}=40-2Q=0$$

$Q=20$

（2）要使企业利润为正，$\pi=PQ-C>0$，$P>AC$。

$MC=2Q$

$$AC=Q+\frac{100}{Q}$$

由 $MC=AC$，可得 $Q=10$ 时 AC 达到最低点。

价格大于 20 时，企业利润才为正。

9. 假设某完全竞争行业有 100 个相同的企业，所有企业的短期成本函数是 $STC=0.1Q^2+Q+10$。

（1）求市场供给函数。

（2）若市场需求函数 $Q_D=4\ 000-400P$，求均衡产量和价格。

（3）如果对每单位产品销售征税 0.9 元，求新的均衡产量和价格。

解答：（1）$STC=0.1Q^2+Q+10$

$P=SMC=0.2Q+1$

$Q=5P-5$

$P \geq \min AVC$

$AVC=0.1Q+1$

AVC 是线性的直线 $\min AVC=1$

厂商的供给函数为 $Q=5P-5$（$P \geq 1$）

市场的供给函数为 $100Q=500P-500$（$P \geq 1$）

即 $Q_S=500P-500$（$P \geq 1$）

（2）$Q_D=4\ 000-400P=Q_S=500P-500 \Rightarrow P=5$，$Q_S=Q_D=2\ 000$

（3）单位产品销售征税 0.9，则 $P_D=P_S+0.9$

$4\ 000-400(P_S+0.9)=500P_S-500 \Rightarrow P_S=4.6$，$P_D=5.5$，$Q_S=Q_D=1\ 800$

10. 某完全竞争厂商的短期成本函数是 $STC=Q^3-6Q^2+30Q+40$，试求：

（1）若产品价格为 66 元，利润最大化时的产量、利润和生产者剩余各是多少？

（2）若市场价格变为 30 元，这时厂商是否发生亏损？若亏损，最小亏损多少？

（3）该厂商在什么情况下停产？

解答：（1）$P=SMC$

$66=3Q^2-12Q+30 \Rightarrow Q=6$

$\pi=TR-STC=66\times6-(6^3-6\times6^2+30\times6+40)=176$

生产者剩余 $=176+40=216$

（2）是否亏损要比较 P 和 $\min AC$。

$P=SMC$

$30=3Q^2-12Q+30 \Rightarrow Q=4$

$AC=\dfrac{STC}{Q}=Q^2-6Q+30+\dfrac{40}{Q}$

当 $Q=4$ 时，$AC=16-24+30+10=32$

$P=30<AC=32$，故亏损。

$\pi=TR-TC=30\times4-32\times4=-8$

亏损 8 单位。

（3）停产点时 $P=\min AVC$

$AVC=Q^2-6Q+30$

$\dfrac{dAVC}{dQ}=2Q-6=0 \Rightarrow Q=3$

$\min AVC=3^2-6\times3+30=21$

$P<21$ 时，厂商停止生产

11. 某完全竞争厂商的短期成本函数 $STC=2Q^3-24Q^2+120Q+400$，试求：

（1）短期厂商继续经营的最低产品价格是多少？

（2）若市场产品价格为 120 元，短期内，厂商将生产多少产品？生产者剩余和利润各为多少？

解答：（1）停止营业点时 $P=\min AVC$

$AVC=\frac{TVC}{Q}=2Q^2-24Q+120$

$\frac{dAVC}{dQ}=4Q-24=0\Rightarrow Q=6$

$\min AVC=2\times6^2-24\times6+120=48$

$P=\min AVC=48$

（2）$P=SMC$，$120=6Q^2-48Q+120\Rightarrow Q=8$

生产者剩余$=120\times8-(2\times8^3-24\times8^2+120\times8)=512$

利润$=512-400=112$

12. 完全竞争行业有许多相同的厂商，代表厂商 LAC 曲线的最低点是 6，产量是 500 单位。当厂商产量为 550 单位时，SAC 是 7 美元。已知市场需求函数与供给函数分别为 $Q_D=80\,000-5\,000P$，$Q_S=35\,000+2\,500P$，试求：

（1）市场均衡价格是多少？判断该行业是否处于长期均衡？

（2）长期均衡时，该行业有多少厂商？

（3）如果市场需求曲线变为 $Q_D=95\,000-5\,000P$，试求行业与厂商的新的短期均衡价格和产量，厂商在新的均衡上，盈亏状况如何？

解答：（1）$Q_D=Q_S$

$80\,000-5\,000P=35\,000+2\,500P\Rightarrow P=6$

$P=\min LAC=6$，处于长期均衡。

（2）$Q_D=80\,000-5\,000P=50\,000$

厂商数量 $n=\frac{Q_D}{500}=100$

（3）$Q_D=Q_S$

$95\,000-5\,000P=35\,000+2\,500P\Rightarrow P=8$

$Q_D=Q_S=55\,000$

$P>SAC$，故盈利。

13. 假设产品 X 由国内成本递增的行业生产，长期总成本函数为 $LTC=0.01q^3-1.6q^2+(70+0.000\,5Q)q$，$Q$ 是行业产量，q 是厂商产量。产品 X 可以按每单位 10 元的价格进口或出口，不计运输成本。国内产品 X 的市场需求函数为 $Q_D=27\,900-1\,500P$，试求：

（1）此时产品 X 的进口或出口是多少？

（2）国内厂商的数目是多少？

解答：（1）国内价格 $P=P_W=10$

国内市场需求为 $Q_D=27\,900-1\,500\times10=12\,900$

单个厂商的均衡产量要满足 $P=\min LAC$

$LAC=\frac{LTC}{q}=0.01q^2-1.6q+(70+0.000\,5Q)$

将 Q 视为外生，$\frac{dLAC}{dq}=0.02q-1.6=0\Rightarrow q=80$，$LAC=6+0.000\,5Q$

$P=\min LAC$

$10=6+0.0005Q \Rightarrow Q=8000$

进口 $=12900-8000=4900$

（2）厂商数量 $n=\frac{Q}{q}=\frac{8000}{80}=100$

14. 完全竞争市场有三家生产相同产品的企业，各企业的成本函数分别如下：$C_1(Q)=2Q^2+20Q+18$，$C_2(Q)=Q^2+25$，$C_3(Q)=3Q^2+5Q+12$。试求：

（1）市场价格满足什么条件时，短期内三家企业的产量都为正。

（2）短期市场供给曲线。

解答：（1）产量为正，$P \geqslant AVC$

$C_1(Q)=2Q^2+20Q+18$，$AVC=2Q+20$，$\min AVC=20$

$C_2(Q)=Q^2+25$，$AVC=Q$，$\min AVC=0$

$C_3(Q)=3Q^2+5Q+12$，$AVC=3Q+5$，$\min AVC=5$

三家厂商都生产，要求 $P \geqslant 20$。

（2）厂商 1：$P=MC$，$P=4Q_1+20 \Rightarrow Q_1=\frac{P}{4}-5$

厂商 2：$P=MC$，$P=2Q_2 \Rightarrow Q_2=\frac{P}{2}$

厂商 3：$P=MC$，$P=6Q_3+5 \Rightarrow Q_3=\frac{P-5}{6}$

市场短期供给曲线等于厂商短期曲线水平相加。

当 $P \in [0, 5)$，只有厂商 2 供给，$Q=\frac{P}{2}$

当 $P \in [5, 20)$，厂商 2 和厂商 3 供给，$Q=Q_2+Q_3=-\frac{5}{6}+\frac{2}{3}P$

当 $P \in [20, +\infty)$，三家厂商都供给，$Q=Q_1+Q_2+Q_3=-\frac{35}{6}+\frac{11}{12}P$

15. 完全竞争成本不变行业的典型厂商的长期成本函数为 $LTC=Q^3-50Q^2+750Q$，该产品的市场需求曲线为 $Q=1500-2P$。试求：

（1）行业的长期供给曲线。

（2）长期均衡时的厂商的数目是多少？

（3）如果对产品征收市场价格 10%的税，长期均衡的厂商的数目是多少？

解答：（1）$LAC=Q^2-50Q+750$，$P=\min LAC$

$\frac{\mathrm{d}LAC}{\mathrm{d}Q}=2Q-50=0 \Rightarrow Q=25$

$P=\min LAC=25^2-50\times25+750=125$

行业长期供给曲线 $P=125$

（2）$Q_d=1\ 500-2P=1\ 500-2\times125=1\ 250$

厂商数量 $n=\dfrac{Q_d}{Q}=\dfrac{1\ 250}{25}=50$

（3）征 10%的税，市场价格 $P=125\times(1+10\%)$

$Q_d=1\ 500-2P=1\ 500-2\times125\times(1+10\%)=1\ 225$

厂商数量 $n=\dfrac{1\ 225}{25}=49$

16. 完全竞争行业，代表厂商的成本函数是 $TC=Q^2+8Q+36$。试求：

（1）厂商的短期供给曲线。

（2）行业的需求曲线为 $P=32-\dfrac{Q}{50}$，行业内有 100 家厂商，计算行业市场的均衡价格和数量。

（3）行业是否处于长期均衡？

解答：（1）$P=MC$，$P=2Q+8\Rightarrow Q=\dfrac{P-8}{2}$

$P\geqslant AVC=Q+8$

因为 $Q\geqslant0$，$P=2Q+8\geqslant AVC=Q+8$ 成立

短期供给曲线为 $Q=\dfrac{P-8}{2}$（$P\geqslant8$）

（2）100 个厂商的供给 $Q_{总}=50P-400$，$Q_d=1\ 600-50P$

$50P-400=1\ 600-50P\Rightarrow P=20$，$Q_{总}=600$

（3）每家厂商的产量 $=600\div100=6$

$AC=\dfrac{36}{Q}+8+Q=\dfrac{36}{6}+8+6=20$

$P=AC$，盈亏相抵，不进入不退出，行业达到长期均衡。

17. 完全竞争市场上代表厂商的长期成本函数是 $LTC=Q^3-4Q^2+8Q$。试求：

（1）该厂商的长期供给曲线。

（2）行业的长期供给函数。

（3）假设行业的需求函数为 $Q_D=2\ 000-100P$，求行业均衡价格、厂商产量和厂商数量。

解答：（1）$P=LMC=3Q^2-8Q+8$

$LAC=Q^2-4Q+8$，当 $2Q-4=0$，即 $Q=2$ 时，LAC 最小为 4

该厂商的长期供给曲线为 $Q=\begin{cases}\dfrac{8+\sqrt{12P-32}}{6}, & P\geqslant4\\ 0, & P<4\end{cases}$

（2）$P=\min LAC=2^2-4\times2+8=4$

行业长期供给曲线为 $P=4$

（3）$Q_D=2\ 000-100P=1\ 600$

厂商数量 $n=\frac{Q_D}{Q}=\frac{1\,600}{2}=800$

18. 完全竞争行业的代表厂商的长期成本函数为 $LTC=Q^3-60Q^2+1\,500Q$。

（1）当价格为 $P=975$ 时，求利润最大化的产量、利润、长期成本。

（2）推导行业长期供给曲线。

（3）厂商是会进入还是会退出？

（4）若市场需求曲线是 $P=9\,600-2Q$，求长期市场中的厂商数量。

解答：（1）$P=LMC$

$975=3Q^2-120Q+1\,500 \Rightarrow Q=35$ 或 $Q=5$（舍去）

$LTC=35^3-60\times35^2+1\,500\times35=21\,875$

利润 $\pi=PQ-LTC=975\times35-21\,875=12\,250$

（2）行业长期供给曲线要满足 $P=\min LAC$

$LAC=Q^2-60Q+1\,500$

$\frac{dLAC}{dQ}=2Q-60=0 \Rightarrow Q=30$

$P=\min LAC=30^2-60\times30+1\,500=600$

（3）此时 $P=975>\min LAC$，有利润，会进入。

（4）$P=9\,600-2Q$，$Q=\frac{9\,600-P}{2}=\frac{9\,600-600}{2}=4\,500$

厂商数量 $n=\frac{4\,500}{30}=150$

19. 已知某完全竞争的成本递增行业的长期供给函数为 $LS=5\,500+300P$，试求：

（1）当市场需求函数为 $D=8\,000-200P$ 时，市场的长期均衡价格和均衡产量。

（2）当市场需求增加，市场需求函数为 $D'=10\,000-200P$ 时，市场长期均衡价格和均衡产量。

（3）比较（1）（2），说明市场需求变动对成本递增行业的长期均衡价格和均衡产量的影响。

解答：（1）该行业长期均衡条件为 $D=LS$，即 $8\,000-200P=5\,500+300P$，解得 $P=5$

把 $P=5$ 代入 $LS=5\,500+300P$ 或 $D=8\,000-200P$，解得 $Q=7\,000$

（2）$D'=LS$ 时，有 $10\,000-200P=5\,500+300P$，解得 $P=9$

把 $P=9$ 代入 $LS=5\,500+300P$ 或 $D'=10\,000-200P$，解得 $Q=8\,200$

（3）市场需求增加使成本递增行业的长期均衡价格提高，均衡产量提高。

20. 如果企业面临的生产函数为 $f(X_1,\ X_2)=[\min(X_1,\ 2X_2)]^{\frac{1}{2}}$，$w_1$ 和 w_2 是投入品 X_1 和投入品 X_2 的价格。试求：

（1）企业的成本函数。

（2）如果两个投入品的价格都是 1，生产 y 单位产品的边际成本是多少？当产品的价格是 P 时，这个企业将会生产多少单位的产品？单位产品的成本是多少？

（3）如果市场是完全竞争的，$P=48$，两个投入品的价格均是 1，这个企业将会生产多少单位的产品？这个企业的经济利润是多少？

（4）企业的边际成本函数和供给函数。

解答：（1）最优生产时，$X_1=2X_2$，有 $Q=X_1^{\frac{1}{2}}=\sqrt{2X_2}$，$X_1=Q^2$，因此 $TC(Q)=Q^2(w_1+0.5w_2)$

（2）两个投入品的价格都是 1，$TC(Q)=1.5Q^2 \Rightarrow MC(Q)=3Q$。当产品的价格是 P 时，在完全竞争的市场条件下，企业根据 $P=MC$ 决定产量。

$$P=3Q \Rightarrow Q=\frac{P}{3},\ AC=\frac{1.5Q\cdot Q}{Q}=1.5Q$$

（3）把 $P=48$ 代入 $Q=\frac{P}{3}$，求得 $Q=16$，$\pi=P\cdot Q-TC=48\times16-1.5\times16^2=384$

（4）$TC(Q)=Q^2(w_1+0.5w_2) \Rightarrow MC(Q)=2Q(w_1+0.5w_2)$。

供给函数为 $P=MC(Q)=2Q(w_1+0.5w_2) \Rightarrow Q=\dfrac{P}{2(w_1+0.5w_2)}$

21. 某行业有三个企业，它们的供给函数分别为 $S_1(P)=P$，$S_2(P)=P-5$ 和 $S_3(P)=2P$。试求：

（1）整个行业的供给曲线。

（2）如果市场需求函数是 $D(P)=15$，求市场均衡价格和市场供给量，每个企业的产出水平各为多少？

解答：（1）如图 2-4-7 所示，当价格小于 5 的时候，企业 2 不会提供供给，因此行业供给曲线为

$$S(P)=\begin{cases} S_1(P)+S_3(P)=P+2P=3P & (0<P\leqslant 5) \\ S_1(P)+S_2(P)+S_3(P)=P+(P-5)+2P=4P-5 & (P>5) \end{cases}$$

OA 段供给曲线可以表示为 $P=\frac{Q_S}{3}$，AB 段供给曲线可以表示为 $P=\frac{Q_S}{4}+\frac{5}{4}$。

（2）由 $S(P)=D(P)=15=3P$，市场均衡价格和市场供给量为 5 和 15，供给量分别为 $S_1(P)=P=5$，$S_2(P)=P-5=0$，$S_3(P)=2P=10$。

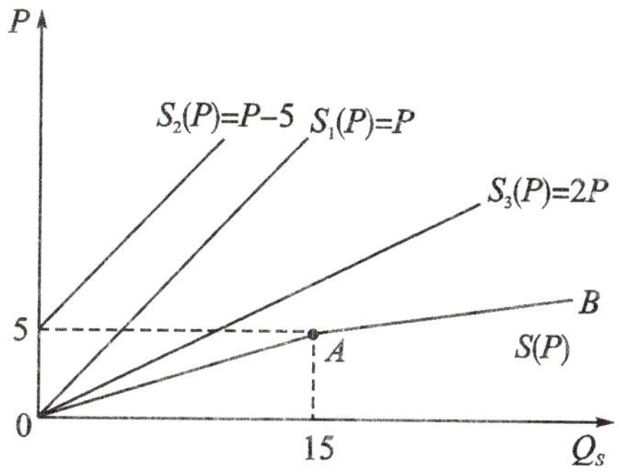

图 2-4-7

22. 某完全竞争行业中有 N 个技术相同的企业，每个企业的长期成本函数为 $C(q)=q^2+1$，$C(0)=0$，市场需求函数为 $Q=52-P$。

（1）求长期均衡价格。

（2）若该行业是成本不变行业，画出行业的长期供给曲线。

（3）求该行业中的厂商个数。

（4）每一个厂商的利润是多少？

解答：$AC(q)=q+1/q \Rightarrow \min AC=2$，此时 $q=1$。

长期均衡时，$p=\min AC=2$。

行业长期供给曲线如图 2-4-8 所示。

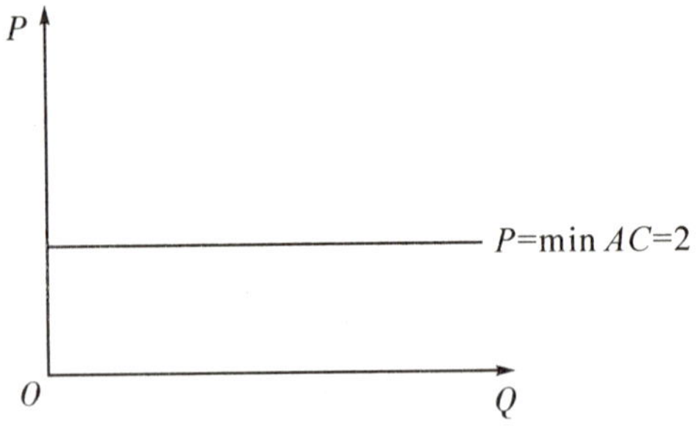

图 2-4-8

厂商数量 $Q=52-P=50$。

在长期均衡时，厂商数量为 50。

每个厂商的利润 $\pi=pq-C(q)=0$。

23. 已知某企业的平均可变成本为 $AVC=X^2-30X+310$，X 为产量。当市场价格为 310 时，该企业的利润为 0，求该企业的固定成本。

解答：因为利润 $\pi=TR-TC=(P-AC)Q$，且当 $P=310$ 时，$\pi=0$，得 $AC=310$。

$AFC=AC-AVC=310-(X^2-30X+310)=-X^2+30X$

$TFC=-X^3+30X^2$

$MC=\mathrm{d}(TVC)/\mathrm{d}X=\mathrm{d}(X^3-30X^2+310X)/\mathrm{d}X=3X^2-60X+310$

根据 $P=MC=AC$，得产量 $X=20$。

$TFC=-X^3+30X^2=4\ 000$

24. 已知长期成本函数 $c(y)=y^2+1$，求该厂商的长期供给曲线。

解答：$P=LMC$，$P\geqslant LAC$

$P=2y$，$y=P/2$

$2y\geqslant(y^2+1)/y$

$y\geqslant1$，$P\geqslant2$

该厂商的长期供给曲线为 $y=\begin{cases}\dfrac{P}{2}, & P\geqslant2\\ 0, & P<2\end{cases}$

第五章
不完全竞争市场参考答案

第一节 垄断

一、思考题

1. 在短期中，垄断企业是否会亏损，为什么？

解答：在短期，垄断企业也可能亏损，在短期均衡点，即 $MR=MC$ 决定的产量上，如果 $P<AC$，则垄断厂商亏损。

2. 试比较垄断企业与完全竞争企业的最终均衡。

解答：在长期均衡，完全竞争企业只能获得零利润，$P=LMC=LAC=SMC=SAC$，此时 $P=MC$。垄断企业的长期均衡可以获得正的利润，$MR=LMC$，$P>LMC$。

3. 谈谈你对自然垄断的看法。

解答：自然垄断因为其成本特征，高固定成本，低边际成本，平均成本不断下降，因此由一家厂商供给整个市场比由两家或两家以上的厂商供给成本更低，更有效率。可见，自然垄断具有经济合理性。但自然垄断也是垄断，会产生无谓损失，政府一般会对自然垄断行业进行规制以降低无谓损失。

4. 为什么垄断竞争企业可以对价格施加一定的影响？

解答：垄断竞争市场上有许多厂商生产具有差异化的产品，因为生产的是差异化的产品，具有一定的垄断性，即市场势力，厂商可以对价格施加一定的影响。

5. 试比较垄断竞争企业与完全竞争企业、垄断企业的联系和区别。

解答：垄断竞争企业既具有一定的垄断性，也具有一定的竞争性，因为有许许多多的厂商供给这个市场，并且厂商可以自由进入和退出。这跟完全竞争厂商一样，具有竞争性，最终厂商只能获得零利润。垄断竞争厂商生产的产品具有差异性。这与垄断企业一样，具有垄断性，需求曲线向右下方倾斜，价格高于边际成本，即 $P>MC$。

6. 为什么同一个垄断竞争企业会面临各种不同的需求曲线？

解答：垄断竞争企业面临向右下方倾斜的需求曲线，但有两种不同的需求曲线：一种需求曲线叫 dd 曲线，是假设垄断竞争厂商改变价格时，其他厂商不会调整其价格，是该垄断竞争厂商的销售量与价格之间的关系。另一种需求曲线叫 DD 曲线，是假设垄断竞争厂商改变价格时，其他厂商也会同步调整其价格，是该垄断竞争厂商的销售量与价格之间的关系。DD 曲线比 dd 曲线更为陡峭。垄断竞争厂商的需求曲线以 dd 曲线为准，原因是有许许多多厂商，垄断竞争厂商在行业中的份额非常小，其行为不会引起其他企业的调整反应。

7. 寡头企业与其他类型企业（如完全竞争、垄断、垄断竞争企业）最主要的区别是什么？

解答：寡头市场有少数几个厂商，垄断市场只有一个厂商，完全竞争市场和垄断竞争市场有许许多多的厂商。垄断厂商在决策时无需考虑其他厂商的反应，市场中只有它一家。完全竞争厂商在市场中过于微小，因为许许多多厂商生产同质产品，其他厂商根本不会对它的决策做出反应。垄断竞争厂商与完全竞争厂商类似，虽然其产品有差异化，但市场有许许多多厂商，垄断竞争厂商在行业中的份额非常小，其行为不会引起其他企业的反应。寡头厂商在决策时，必须考虑其他厂商对其决策的反应，因为市场中只有少数几个厂商。

8. 根据西方经济学，在长期中，之所以存在超额利润或经济利润，是因为存在各种各样的“进入障碍”。这种看法对吗？为什么？

解答：这种看法正确。在长期，如果不存在进入障碍，只要有超额利润，就会吸引其他厂商进入，使供给增加，价格降低，直到超额利润消失。垄断厂商因为进入障碍，在长期可以获得超额利润，完全竞争和垄断竞争厂商没有进入障碍，在长期只能获得零利润。

二、单项选择题

1. D	2. B	3. C	4. A	5. A	6. D	7. B	8. A	9. A	10. B
11. C	12. D	13. B	14. C	15. B	16. B	17. D	18. D	19. D	20. B
21. C	22. B	23. D	24. D	25. B	26. D	27. C	28. A	29. A	30. B
31. C	32. A	33. C	34. A	35. C	36. B	37. B	38. B	39. D	40. C
41. C	42. A	43. A	44. D	45. A	46. C	47. A	48. D	49. B	50. A
51. B	52. C	53. A	54. A	55. D	56. C	57. A	58. B	59. B	60. C
61. C									

三、判断题

1. T	2. F	3. T	4. T	5. F	6. T	7. F	8. T	9. T	10. F
11. T	12. F	13. F	14. F	15. F	16. T	17. F	18. F	19. T	20. T
21. T	22. T	23. T	24. T	25. F	26. T	27. F	28. T	29. T	30. T

31. T　32. T　33. F　34. T　35. T　36. T　37. T　38. T　39. T　40. T
41. T　42. T　43. T　44. T　45. T　46. T　47. T　48. F　49. F　50. F
51. T　52. T　53. T　54. T　55. T　56. T　57. T　58. T　59. F

四、简答题

1. 证明边际收益与需求价格弹性之间的关系。

解答：$R=P(Q)\cdot Q$

$$MR=\frac{dR}{dQ}=P+Q\cdot\frac{dP}{dQ}=P\left(1+\frac{Q}{P}\cdot\frac{dP}{dQ}\right)=P\left(1+\frac{1}{\varepsilon}\right)=P\left(1-\frac{1}{|\varepsilon|}\right)$$

$|\varepsilon|>1$ 时，$MR>0$

$|\varepsilon|=1$ 时，$MR=0$

$|\varepsilon|<1$ 时，$MR<0$

2. 说明垄断厂商的需求曲线与边际收益曲线必然相交于代表价格的纵轴上。

解答：$MR=\frac{dR}{dQ}=P+Q\cdot\frac{dP}{dQ}$

当 $MR=P$ 时，有且仅有 $Q=0$。

3. 辨析垄断厂商在短期和长期都一定获得正的利润。

解答：在短期，垄断厂商可能获得正的利润，也可能亏损或盈亏相抵，取决于垄断定价与平均成本谁大谁小。长期存在的垄断厂商一定获得正的利润。因为长期亏损的垄断厂商会退出市场。

4. 证明垄断厂商不会在需求价格弹性的绝对值小于 1 的地方生产。

解答：$MR=\frac{dR}{dQ}=P\left(1+\frac{Q}{P}\cdot\frac{dP}{dQ}\right)=P\left(1-\frac{1}{|\varepsilon|}\right)$

$MR=MC\geqslant 0$

$$P\left(1-\frac{1}{|\varepsilon|}\right)\geqslant 0$$

$$1-\frac{1}{|\varepsilon|}\geqslant 0$$

$|\varepsilon|\geqslant 1$

5. 有人认为，春运火车票应该提价，淡季火车票应该降价，请用高峰定价原理解释之，并画图说明。

解答：在高峰期，市场需求较高；在淡季，市场需求较低。当 $MR_1=MC$，$MR_2=MC$，分别决定了高峰期和淡季时的均衡点，高峰期的定价为 P_2，淡季时的定价为 P_1，显然，$P_2>P_1$（见图 2-5-1）。

6. 有人认为，垄断厂商只有一家厂商供给这个市场，因此没必要打广告，请辨析。

解答：垄断厂商也有必要打广告，理由是通过广告可以扩大市场需求，只有一个厂商，扩大的市场需求都归这个垄断厂商供给。如果是完全竞争厂商，则没必要打广告。

7. 证明垄断带来效率损失，并画图说明。

解答：当 $MR=MC$ 时，垄断厂商实现最优化，垄断产量是 y^*，垄断定价为

$P(y^*)$，竞争均衡是 $P=MC$，竞争产量是 y^e，也是有效率的产量。垄断使均衡产量小于竞争产量，在减少的这部分产量（y^e-y^*）上，$P>MC$，即支付意愿大于边际成本，本来是有剩余的，因为垄断，这部分剩余被损失掉了（见图 2-5-2）。

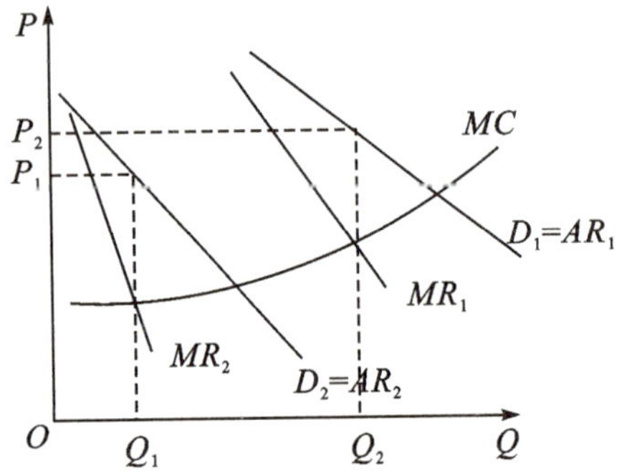

图 2-5-1

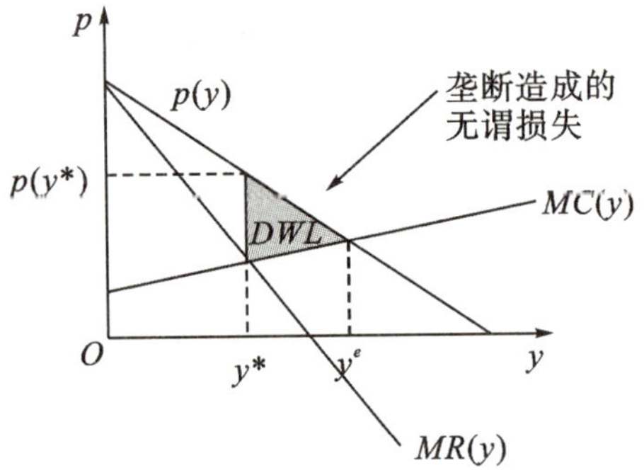

图 2-5-2

8. 对垄断的公共政策有哪些？

解答：反垄断法、管制垄断行为、国有化以及对竞争取得垄断地位的厂商采取适度管制。

9. 同一趟飞机的公务舱票价比经济舱票价要贵，为什么？

解答：这是第三级价格歧视，对需求价格弹性高的消费者定低价，对需求价格弹性低的消费者定高价。公务舱乘客的需求价格弹性低，定高价。经济舱乘客的需求价格弹性高，定低价。通过价格歧视，厂商可以获得更高的利润。

10. 已知垄断厂商面临的需求曲线为 $Q=50-3P$，求：

（1）厂商的边际收益函数。

（2）若 $MC=4$，利润最大化的产量和价格。

解答：（1）$Q=50-3P$

$$P=\frac{50}{3}-\frac{Q}{3}$$

$$MR=\frac{50}{3}-\frac{2Q}{3}$$

（2）$MR=MC$

$$\frac{50-2Q}{3}=4\Rightarrow Q=19,\ P=\frac{31}{3}$$

11. 某垄断厂商面对的需求曲线上某一点的点弹性 $E_d=5$，商品的价格 $P=6$，假定在该点实现了短期均衡，求相应的边际收益 MR 与边际成本 MC 值。

解答：$MR=\frac{\mathrm{d}R}{\mathrm{d}Q}=P\left(1+\frac{Q}{P}\cdot\frac{\mathrm{d}P}{\mathrm{d}Q}\right)=P\left(1-\frac{1}{|\varepsilon|}\right)=6\times\left(1-\frac{1}{5}\right)=\frac{24}{5}$

$$MR=MC=\frac{24}{5}$$

12. 画图描述垄断厂商的短期均衡（盈利、收支相抵、亏损）。

解答：如图 2-5-3 所示。

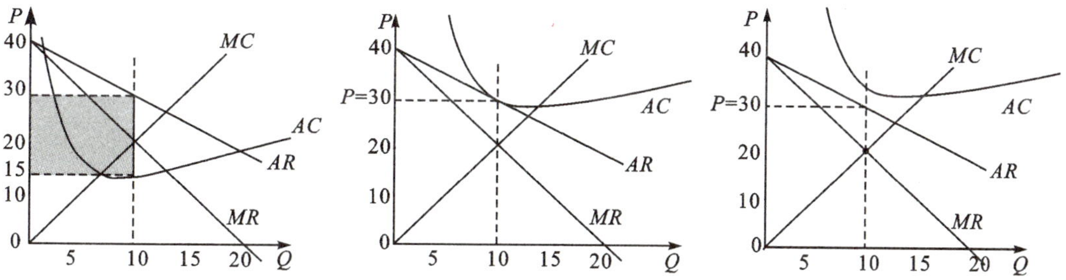

（a）垄断厂商获得正的利润　（b）垄断厂商收支相抵　（c）垄断厂商亏损

图 2-5-3

13. 画图描述垄断厂商的长期均衡。

解答：如图 2-5-4 所示，长期均衡点是 E_L。

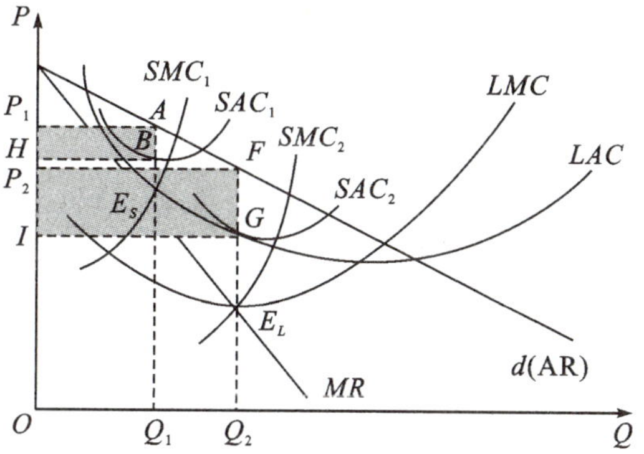

图 2-5-4

14. 垄断厂商的成本函数是 $TC=5Q^2+20Q+10$，产品需求函数是 $Q=140-P$，求该垄断厂商利润最大化时的产量、价格和利润。

解答：$Q=140-P$

$P=140-Q$，$MR=140-2Q$

$TC=5Q^2+20Q+10$

$MC=10Q+20$

$MR=MC$，$140-2Q=10Q+20\Rightarrow Q=10$，$P=130$

利润 $\pi=PQ-TC=590$

15. 一个垄断厂商的产品在两个市场均垄断，在市场 1 的边际收益为 $MR_1=37-Q_1$，在市场 2 的边际收益为 $MR_2=40-2Q_2$。假设厂商的边际成本是 16，求该垄断者在两个市场上如何定价，以实现利润最大化。

解答：$MR_1=MR_2=MC$

$37-Q_1=16\Rightarrow Q_1=21$

$40-2Q_2=16\Rightarrow Q_2=12$

$$P_1=37-\frac{Q_1}{2}=\frac{53}{2}$$

$P_2=40-Q_2=28$

16. 为什么经济学家倾向于对垄断厂商征收定额税，而不是从量税。

解答：征收从量税会使边际成本增加单位税率，使垄断产量减少，垄断价格提高，使无谓损失增加。征收定额税，不会影响垄断厂商的最优决策。

17. 完全垄断厂商开办了两个工厂，各自的边际成本函数分别为 $MC_A=18+3Q_A$，$MC_B=8+4Q_B$。该厂商实现最优化时，在工厂 A 生产了 6 单位产品，工厂 B 应生产多少单位产品？

解答：$MC_A=MC_B=MR$

$18+3Q_A=8+4Q_B$

$Q_A=6$，则 $Q_B=7$

18. 根据图 2-5-5 中线性需求曲线 d 和相应的边际收益曲线 MR，试求：

（1）A 点所对应的 MR 值。

（2）B 点所对应的 MR 值。

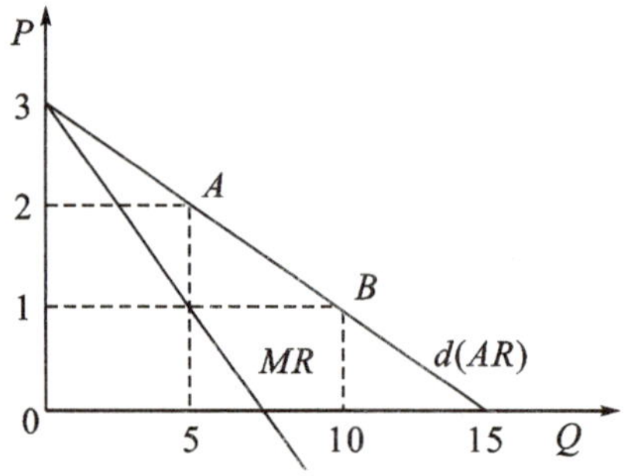

图 2-5-5

解答：线性需求曲线 d 为 $P=-\frac{1}{5}Q+3$，$TR=PQ=-\frac{1}{5}Q^2+3Q$，

因此 $MR=\frac{\mathrm{d}TR}{\mathrm{d}Q}=-\frac{2}{5}Q+3$

A 点（$Q=5$，$P=2$）的 MR 值为 $MR_A(5)=-\frac{2}{5}Q+3=1$

B 点（$Q=10$，$P=1$）的 MR 值为 $MR_B(10)=-\frac{2}{5}Q+3=-1$

本题也可以用 $MR=P\left(1-\frac{1}{|e_d|}\right)$ 求得：

$e_A=2$，$P_A=2$，则 $MR_A=P\left(1-\frac{1}{|e_A|}\right)=2\times\left(1-\frac{1}{2}\right)=1$

$e_B=\frac{1}{2}$，$P_B=1$，则 $MR_B=P\left(1-\frac{1}{|e_B|}\right)=1\times\left(1-\frac{1}{0.5}\right)=-1$

19. 图 2-5-6 是某垄断厂商的长期成本曲线、需求曲线和收益曲线。试在图中标出：

（1）长期均衡点及相应的均衡价格和均衡产量。

（2）长期均衡时代表最优生产规模的 SAC 曲线和 SMC 曲线。

（3）长期均衡时的利润量。

解答：（1）如图 2-5-7 所示，长期均衡点为 E 点，因为在 E 点有 $MR=LMC$。由 E 点出发，均衡价格为 P_0，均衡数量为 Q_0。

（2）长期均衡时代表最优生产规模的 SAC 曲线和 SMC 曲线如图 2-5-7 所示。在 Q_0 的产量上，SAC 曲线和 LAC 曲线相切；SMC 曲线和 LMC 曲线相交，并且同时与 MR 曲线相交。

（3）长期均衡时的利润量由图 2-5-7 中阴影部分的面积表示，即 $\pi=[AR(Q_0)-SAC(Q_0)]\cdot Q_0$，或 $\pi=[P_0-LAC(Q_0)]\cdot Q_0$。

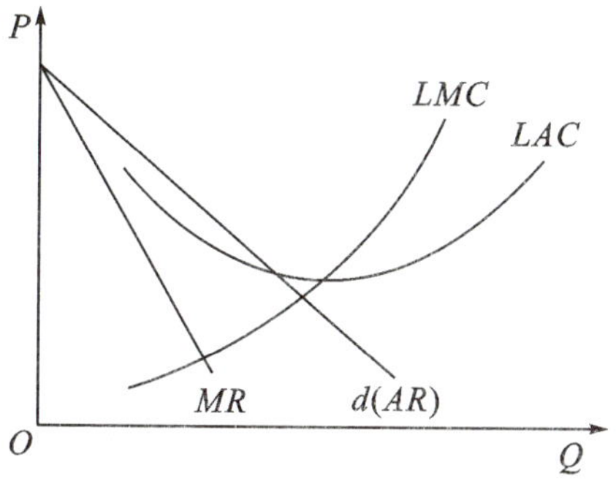

图 2-5-6

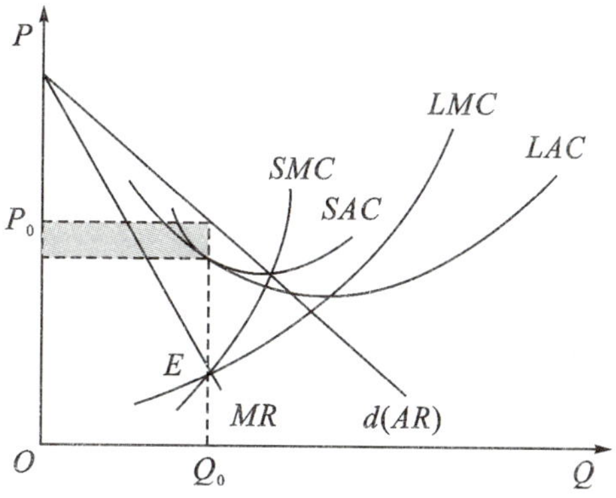

图 2-5-7

20. 已知某垄断厂商的短期成本函数为 $TC=0.6Q^2+3Q+2$，反需求函数为 $P=8-0.4Q$，求：

（1）该厂商实现利润最大化时的产量、价格、收益和利润。

（2）该厂商实现收益最大化时的产量、价格、收益和利润。

（3）比较（1）和（2）的结果。

解答：

（1）根据反需求函数可得 $TR=P\cdot Q=8Q-0.4Q^2$，即 $MR=8-0.8Q$。

根据成本函数可得 $TC=0.6Q^2+3Q+2$，即 $MC=1.2Q+3$。

垄断厂商短期利润最大化的条件为 $MR=MC$，即 $8-0.8Q=1.2Q+3$，得 $Q=2.5$，$P=7$，$TR=17.5$，利润 $\pi=4.25$。

（2）总收益函数 $TR=8Q-0.4Q^2$，$MR=8-0.8Q$，当 $MR=0$，即 $Q=10$ 时，TR 取最大值，$TR=40$。此时，$P=8-0.4Q=4$。把 $Q=10$，$P=4$ 代入利润等式可得

$\pi=TR-TC=40-(60+30+2)=-52$

（3）由（1）和（2）可见，收益最大化并不意味着利润最大化，利润最大化是收益和成本两个变量共同作用的结果。

21. 为什么竞争行业的产量总大于处于单一价格垄断时的产量？

解答：竞争行业的产量水平在行业 MC 曲线与行业需求曲线相交之点，产量为竞争产量，$P=MC$。如图 2-5-8 所示，单一价格垄断者的产量水平在行业 MC 曲线与垄断者 MR 曲线相交之点，$MR=MC$，产量为垄断产量。由于 MR 曲线在需求曲线之下，因此垄断时产量水平低于竞争产量。

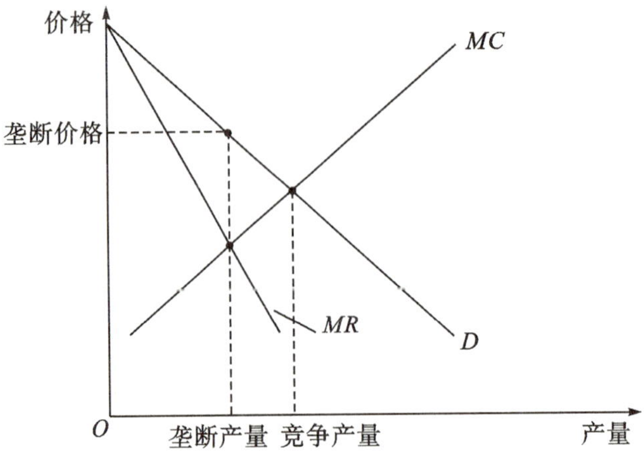

图 2-5-8

22. 垄断厂商一定能保证获得超额利润吗？如果在最优产量处亏损，其在短期内会继续生产吗？在长期内又会怎样？

解答：垄断厂商并不保证一定能获得超额利润。如果均衡时的垄断定价小于平均成本，则出现亏损。如果在最优产量处亏损，短期内是否继续生产，取决于垄断定价与 AVC 谁大谁小。若 $P \geqslant AVC$，则继续生产。若 $P<AVC$，则停产。在长期，若 $P<AC$，则停产。若 $P \geqslant AC$，继续经营。

23. 用图表示垄断厂商长期均衡时最优生产规模的情况，并说明在什么样的条件下，垄断厂商长期生产规模是最优的。

解答：最优生产规模应该位于 LAC 曲线的最低点。垄断厂商长期均衡时 $MR=LMC$。若均衡产量正好位于 LAC 曲线的最低点，则垄断厂商长期均衡是最优生产规模。如图 2-5-9 所示，垄断厂商长期最优生产规模条件为 $MR=LMC=LAC$，同时满足利润最大化条件与理想产量的生产规模。

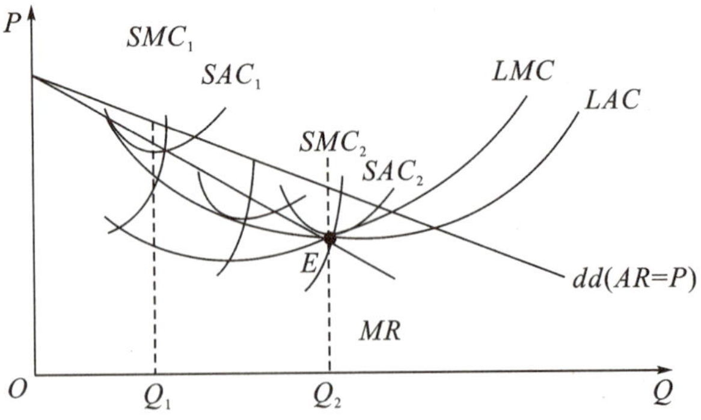

图 2-5-9

24. 某景点的门票采取价格歧视，本地游客的门票定价为 20 元，外地游客的门票定价为 50 元，试用经济理论分析之。

解答：采用价格歧视政策能使该景点获得更多的利润。外地游客的门票支出只占其旅游支出很小比例，其需求价格弹性小，应该定高价；本地游客需求价格弹性大，应该定低价。

25. 简述价格歧视的前提条件及分类。

解答：价格歧视的前提条件一是市场的消费者具有不同的偏好，生产者了解消费者的偏好和需求价格弹性。二是不同的消费者群体或不同的消费市场是相互隔离的，即不能套利。

价格歧视是指以不同的价格销售同一产品。价格歧视可以分为三类：一级价格歧视是指厂商对每一单位产品都按消费者愿意支付的最高价格出售，二级价格歧视是指对不同的消费数量段规定不同的价格，三级价格歧视是指垄断厂商对同一产品在不同的市场上（或对不同的消费群体）收取不同的价格。

26. 简述完全垄断市场的特征及形成垄断的原因。

解答：（1）市场上只有唯一一个厂商生产和销售产品。

（2）该厂商生产和销售的产品没有任何相近的替代品。

（3）其他任何厂商进入该行业极为困难或不可能。

（4）垄断厂商是价格的制定者。

（5）需求曲线就是市场的需求曲线。

原因：技术垄断、资源垄断、政府特许、自然垄断、竞争获胜形成垄断等。

27. 用图示分析政府对自然垄断企业价格管制的方法（边际成本定价法、平均成本定价法以及双重定价法）。

解答：如图 2-5-10 所示，自然垄断厂商的均衡定价是 $P(y^*)$。这是垄断定价，会产生无谓损失。为了提高资源配置效率及社会福利水平，政府应对自然垄断企业进行管制。

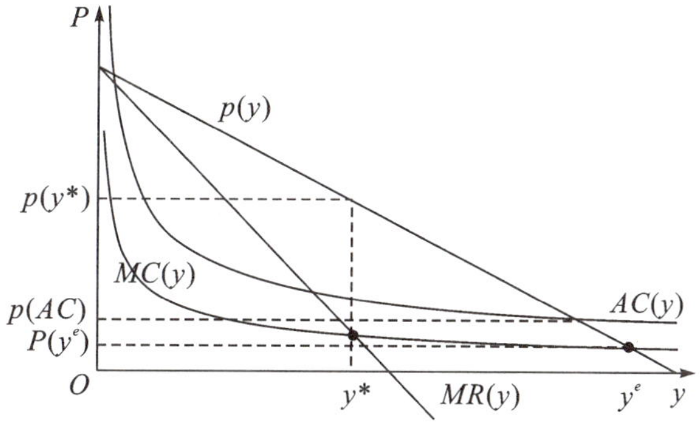

图 2-5-10

边际成本定价法：在政府管制的情况下，按边际成本定价法，即 $P=MC$，厂商定价为 P（y^e），产量实现了最有效率产量。但此时，定价小于平均成本，厂商会亏损，需要政府提供补贴。

平均成本定价法：管制者可以将自然垄断厂商的定价等于平均成本，即 $P=AC$，这时厂商没有亏损，利润为零，存在微小的无谓损失。

双重定价法：管制者允许厂商对支付意愿较高的消费者收取较高的定价，如垄断定价，这时 $P>AC$，厂商获得利润；对支付意愿较低的消费者按边际成本定价法收取较低的价格，$P=MC$，但 $P<AC$，这部分销售是亏损的。如果收取较高价格获得的利润能补

偿收取较低价格遭受的亏损，厂商愿意继续经营。

28. 垄断厂商边际成本函数为 $MC=100+10Q$，市场需求函数为 $P=1\ 000-10Q$，请计算：

（1）垄断产量和价格。

（2）竞争产量和价格。

（3）垄断带来的无谓损失。

解答：（1）$MR=MC$，即 $1\ 000-20Q=100+10Q$，解得 $Q=30$，$P=700$

（2）$P=MC$，即 $1\ 000-10Q=100+10Q$，解得 $Q=45$，$P=550$

（3）垄断造成无谓损失 $=0.5\times(700-400)\times15=2\ 250$

29. 什么叫捆绑销售？

解答：捆绑销售是指将多样产品绑定在一起销售，如一张音乐专辑将一组歌曲绑定在一起销售。一本杂志将一组文章绑定在一起销售。当消费者偏好对不同产品存在差异时，捆绑销售可以提高垄断厂商的利润。

30. 什么叫第三级价格歧视？

解答：垄断者相同的产品对两类不同的市场定不同的价格，对需求价格弹性高的市场定低价，对需求价格弹性低的市场定高价。

31. 什么叫垄断加成定价？

解答：$p(y)=\dfrac{MC(y)}{1-\dfrac{1}{|\varepsilon|}}$，垄断厂商可以在 MC 基础上，加成一个系数，即垄断加成系数。$\dfrac{1}{1-\dfrac{1}{|\varepsilon|}}>1$，因为垄断厂商只会在富有弹性（大于 1）的地方生产，垄断加成系数一般大于 1。

32. 什么叫两部收费制？

解答：垄断厂商对消费者实施两部收费 $T(q)=a+p\times q$。

单位产品的收费 $p=MC$，可将支付意愿大于 MC 的消费者均加入市场。

这时存在消费者剩余 CS，以 a 的形式再收这一部费用。

五、计算题

1. 垄断厂商的需求函数是 $P=90-0.5Q$，成本函数是 $TC=0.5Q^2+10Q$，求：

（1）该垄断厂商利润最大化的产量、价格与利润。

（2）如果国内市场的价格超过 $P=55$，就有国外同质产品进入本国，计算 $P=55$ 时，该垄断厂商的产量和利润。

（3）如果政府实施最高限价 $P=50$，求该垄断厂商的产量和利润。市场是否出现短缺？

解答：（1）$MR=\dfrac{dR}{dQ}=90-0.5\times2Q$，$MC=Q+10$

$MR=MC\Rightarrow90-Q=Q+10\Rightarrow Q=40$

$P=70$，利润 $\pi=PQ-TC=1\ 600$

（2）当 $P=55$ 时，$MR=55$，国内市场成价格接受者。

$MR=MC\Rightarrow 55=Q+10\Rightarrow Q=45$

利润 $\pi=PQ-TC=1\ 012.5$

（3）当最高限价 $P=50$

$MR=P=50=MC=10+Q\Rightarrow Q=40$

利润 $\pi=PQ-TC=800$

当 $P=50$ 时，$Q_d=80>Q=40$，市场短缺

2. 假设一个垄断厂商面临的需求曲线是 $P=10-3Q$，成本函数是 $TC=Q^2+2Q$，求：

（1）该垄断厂商利润最大化的产量、价格和利润。

（2）如果政府采取限价政策，使之生产完全竞争所能达到的产量水平，则限价应为多少？

（3）如果政府对该垄断厂商的产品每单位征收 1 单位的产品税，这时垄断厂商的产量、价格和利润分别是多少？

（4）如果政府对该垄断厂商实施总额税以便拿走所有垄断利润，则总额税为多少？厂商的最优产量为多少？

解答：（1）$MR=10-6Q$，$MC=2Q+2$

$MR=MC\Rightarrow Q=1$，$P=7$

利润 $\pi=PQ-TC=4$

（2）限价实现完全竞争产量，则：

$P=MC$

$10-3Q=2Q+2\Rightarrow Q=1.6$

$P=10-3Q=5.2$

（3）$MC'=2Q+2+1=2Q+3$，$10-6Q=2Q+3$

$Q=\frac{7}{8}$，$P=10-3Q=\frac{59}{8}$

利润 $\pi=PQ-TC-\text{税}=\frac{49}{16}$

（4）总额税为 4，因总额税不改变边际收益和边际成本，最优产量仍为 1。

3. 垄断者的需求曲线是 $P=16-Q$，垄断者出售 8 单位产品，求：

（1）出售 8 单位产品的总收益是多少？

（2）如果实行一级价格歧视，垄断者的总收益是多少？其掠夺的消费者剩余是多少？

（3）如果实行二级价格歧视，前 4 个单位定价 12 元，后 4 个单位定价 8 元，垄断者掠夺的消费者剩余是多少？

解答：（1）$P=16-Q$，$Q=8$，$P=8$，$R=PQ=8\times 8=64$

（2）第 1 个单位 $P=16-Q=15$

第 2 个单位 $P=16-Q=14$

依此类推，从第 1 个单位到第 8 个单位价格分别是 15，14，13，12，11，10，9，8

垄断者收益 $=15+14+13+12+11+10+9+8=92$

掠夺的消费者剩余为 $92-64=28$

（3）若二级价格歧视，$R=12\times4+8\times4=80$，掠夺的消费者剩余为 $80-64=16$

4. 一个垄断者在一个工厂中生产，产品在两个分割的市场上销售，其成本曲线和两个市场的需求曲线方程分别为 $TC=Q^2+10Q$，$Q_1=32-0.4P_1$，$Q_2=18-0.1P_2$。求：

（1）假设厂商可以在两个市场之间实行差别价格，计算在利润最大化时每个市场的价格、销售量及其获得的总利润。

（2）如果两市场只能索取相同的价格，计算在利润最大化时每个市场的价格、销售量及其获得的总利润。

解答：（1）价格歧视 $MR_1=MR_2=MC$

$Q_1=32-0.4P_1$，$P_1=80-2.5Q_1$，$MR_1=80-5Q_1$

$Q_2=18-0.1P_2$，$P_2=180-10Q_2$，$MR_2=180-20Q_2$

$TC=Q^2+10Q$，$MC=2Q+10=2(Q_1+Q_2)+10$

$$\begin{cases}MR_1=MR_2\\MR_2=MC\end{cases}\Rightarrow\begin{cases}80-5Q_1=180-20Q_2\\180-20Q_2=2(Q_1+Q_2)+10\end{cases}\Rightarrow\begin{cases}Q_1=8,\ P_1=60\\Q_2=7,\ P_2=110\end{cases}$$

利润 $\pi=TR_1+TR_2-TC=875$

也可以这样解：

$\pi=TR_1+TR_2-TC=P_1Q_1+P_2Q_2-[(Q_1+Q_2)^2+10(Q_1+Q_2)]$，

$P_1=80-2.5Q_1$，$P_2=180-10Q_2$

由 $\dfrac{\partial\pi}{\partial Q_1}=0$，$\dfrac{\partial\pi}{\partial Q_2}=0$，解得 $Q_1=8$，$Q_2=7$

（2）$P_1=P_2=P$，$Q=Q_1+Q_2=32-0.4P_1+18-0.1P_2=50-0.5P$，$P=100-2Q$

$MR=100-4Q$，$MC=2Q+10$

由 $MR=MC\Rightarrow Q=15$，$P=70$

利润 $\pi=TR-TC=675$

5. 一个垄断者的产品只在两个市场销售，在市场 1 的边际收益为 $MR_1=37-3Q_1$，在市场 2 的边际收益为 $MR_2=40-2Q_2$。假设厂商的边际成本是 16，固定成本是 150。该垄断者在两个市场各卖多少才能获得利润最大化，利润是多少？

解答：$MR_1=MR_2=MC$

$$\begin{cases}37-3Q_1=16\\40-2Q_2=16\end{cases}\Rightarrow\begin{cases}Q_1=7,\ P_1=37-\dfrac{3}{2}Q_1=26.5\\Q_2=12,\ P_2=40-Q_2=28\end{cases}$$

可变成本 $C_{V(Q)}=\int_0^{19}MC\mathrm{d}Q=\int_0^{19}16\mathrm{d}Q=16\times19=304$

$TC=C_{V(Q)}+FC=304+150=454$

$\pi=P_1Q_1+P_2Q_2-TC=26.5\times7+28\times12-454=67.5$

6. 垄断厂商的产品在两个市场上销售，总成本函数是 $TC=0.1Q^3-9Q^2+330Q+3\,700$。市场 1 的需求函数为 $P_1=300-1.5q_1$，市场 2 的需求函数为 $q_2=aP_2^{-2}$。垄断者达到利润最大化时，市场 1 的均衡价格为 240，这个垄断厂商的利润是多少？

解答：$MR_1=MR_2=MC$

$P_1=240=300-1.5q_1\Rightarrow q_1=40$

由 $MR_1=MC$

$MR_1=300-3q_1=180$

$180=0.3Q^2-18Q+330\Rightarrow Q=50$ 或 $Q=10$（舍去）

$q_2=aP_2^{-2}$，$P_2=a^{0.5}q_2^{-0.5}$

$q_2=Q-q_1=50-40=10$

$MR_2=0.5a^{0.5}q_2^{-0.5}=180$

$P_2=a^{0.5}q_2^{-0.5}=360$

$\pi=P_1Q_1+P_2Q_2-TC=3\ 000$

7. 垄断厂商的总成本函数是 $TC=\dfrac{Q^3}{3}-30Q^2+1\ 000Q$，产品在两个差别市场上销售。市场 1 的需求函数为 $P_1=1\ 100-13q_1$，利润最大化时总产量为 $Q=48$；市场 2 的需求曲线也是直线，均衡价格时需求价格弹性的绝对值为 3。试求该垄断厂商利润最大化时的利润。

解答：$MR_1=MR_2=MC$

$P_1=1\ 100-13q_1$，$MR_1=1\ 100-26q_1$

$MC=Q^2-60Q+1\ 000$

均衡产量为 48，则 $MC=424$

$MR_1=1\ 100-26q_1=424\Rightarrow q_1=26$，$P_1=762$

$MR_2=P_2\cdot\left(1-\dfrac{1}{|\varepsilon|}\right)=P_2\left(1-\dfrac{1}{3}\right)=424\Rightarrow P_2=636$，$q_2=Q-q_1=48-26=22$

$\pi=P_1\cdot q_1+P_2\cdot q_2-TC=18\ 060$

8. 假设一个垄断厂商面临的需求曲线是 $Q=100-5P$，边际成本恒为 10 元，在征收每单位 2 元的消费税后，试求垄断厂商的均衡价格上升多少？垄断厂商的利润变化多少？

解答：$Q=100-5P$，$P=20-\dfrac{Q}{5}$，$MR=20-\dfrac{2Q}{5}$

$MR=MC$，$20-\dfrac{2Q}{5}=10\Rightarrow Q=25$，$P=15$，$\pi=PQ-10Q=125$

征税使 $MC'=MC+2$，$MR=MC'$

$20-\dfrac{2Q}{5}=12\Rightarrow Q=20$，$P=16$

$\pi=PQ-12Q=80$

征税能使价格上升 1 单位，使利润下降 45 单位。

9. 垄断厂商的需求函数和成本函数分别是 $P=100-2Q+2\sqrt{A}$，$TC=3Q^2+20Q+A$，A 是广告支出费，求利润最大化时的 A，Q 和 P，计算需求广告点弹性。

解答：$\pi=PQ-TC=(100-2Q+2\sqrt{A})Q-(3Q^2+20Q+A)$

$$\begin{cases}\dfrac{\partial\pi}{\partial Q}=80-10Q+2\sqrt{A}=0\\ \dfrac{\partial\pi}{\partial A}=A^{-0.5}\cdot Q-1=0\end{cases}\Rightarrow\begin{cases}Q=10\\ A=100\end{cases}$$

$P=100-2Q+2\sqrt{A}=100$

$Q=50-\dfrac{P}{2}+\sqrt{A}$

$\varepsilon_{QA}=\dfrac{\mathrm{d}Q}{\mathrm{d}A}\cdot\dfrac{A}{Q}=\dfrac{1}{2}$

10. 垄断厂商的总成本函数是 $TC=2Q^2-20Q+50$，利润最大化时的价格和需求价格弹性均为 5，试求该厂商的最大化利润。

解答：$MR=P\cdot\left(1-\dfrac{1}{|\varepsilon|}\right)=5\times\left(1-\dfrac{1}{5}\right)=4$

$MR=MC$，$4=4Q-20\Rightarrow Q=6$

$\pi=PQ-TC=28$

11. 垄断厂商可以采取两种技术：A 技术的成本函数为 10+8q，B 技术的成本函数为 $60+2q$。产品的市场需求函数为 $P=24-q$。试求垄断厂商应该采取何种技术生产？

解答：A 技术，$MR=MC$

$P=24-q$，$MR=24-2q=8\Rightarrow q=8$

$\pi=Pq-TC=54$

B 技术，$MC=2$，$MR=24-2q=2\Rightarrow q=11$

$\pi=Pq-TC=61$

应选 B 技术。

12. 假设垄断厂商的需求函数为 $Q=10-P$，成本函数为 $C=2Q$，试求：

（1）垄断厂商的均衡产量、价格和利润。

（2）垄断厂商达到均衡时的生产者剩余、消费者剩余。

（3）若是竞争厂商，消费者剩余和生产者剩余分别是多少？

解答：（1）$Q=10-P\Rightarrow P=10-Q$，$MR=10-2Q$，$MC=2$

$MR=MC$，$10-2Q=2\Rightarrow Q=4$，$P=6$

$\pi=PQ-TC=16$

（2）$CS=\int_0^4(10-Q-6)\,\mathrm{d}Q=8$

$PS=$总收益$-$总可变成本$=PQ-2Q=16$

（3）竞争市场 $P=MC$，$10-Q=2\Rightarrow Q=8$，$P=2$

$CS=\int_0^8(10-Q-2)\,\mathrm{d}Q=32$

$PS=PQ-2Q=0$

13. 垄断厂商的边际成本 $MC=2+\dfrac{Q}{2}$，边际收益 $MR=8-Q$，试求：

（1）产量由 1 增加到 6，总成本和总收益分别增加多少？

（2）利润最大化的产量是多少？

（3）固定成本是9，平均成本最低时的产量是多少？

解答：（1）$\Delta TC=\int_1^6 MC\mathrm{d}Q=18.75$，$\Delta R=\int_1^6 MR\mathrm{d}Q=22.5$

（2）$MR=MC$，$8-Q=2+\dfrac{Q}{2}\Rightarrow Q=4$

（3）$TC=C_{V(Q)}+TFC=\int MC\mathrm{d}Q+TFC=\int\left(2+\dfrac{Q}{2}\right)\mathrm{d}Q+9=\dfrac{Q^2}{4}+2Q+9$

$AC=\dfrac{Q}{4}+2+\dfrac{9}{Q}$，$\dfrac{\mathrm{d}AC}{\mathrm{d}Q}=\dfrac{1}{4}-\dfrac{9}{Q^2}=0\Rightarrow Q=6$，平均成本最低。

14. 垄断厂商有两种产品 Q_1 和 Q_2，两种产品的需求函数分别是 $Q_1=40-2P_1+P_2$，$Q_2=15+P_1-P_2$，该垄断厂商的总成本函数是 $TC=Q_1^2+Q_1Q_2+Q_2^2$。试求该垄断厂商利润最大化时的 Q_1，Q_2，P_1，P_2。

解答：$\pi=P_1Q_1+P_2Q_2-TC$

由 Q_1，Q_2，$P_1=55-Q_1-Q_2$，$P_2=70-Q_1-2Q_2$

$\pi=(55-Q_1-Q_2)Q_1+(70-Q_1-2Q_2)Q_2-(Q_1^2+Q_1Q_2+Q_2^2)$

$$\begin{cases}\dfrac{\partial\pi}{\partial Q_1}=55-4Q_1+3Q_2=0\\ \dfrac{\partial\pi}{\partial Q_2}=70-3Q_1-6Q_2=0\end{cases}\Rightarrow\begin{cases}Q_1=8,\ P_1=\dfrac{118}{3}\\ Q_2=\dfrac{23}{3},\ P_2=\dfrac{140}{3}\end{cases}$$

15. 存在一个特殊的市场结构，有一个垄断厂商，还有50个竞争厂商。垄断厂商的边际成本为0，垄断厂商的需求曲线为 $Q=1\,000-50P$，竞争厂商有相同的成本函数 $C(y)=\dfrac{y^2}{2}$。试求：

（1）垄断厂商的利润最大化产量和价格。

（2）每个竞争厂商的供给量。

解答：（1）垄断厂商，$MR=MC$，$Q=1\,000-50P$，$P=20-\dfrac{1}{50}Q$，$MR=20-\dfrac{1}{25}Q=0\Rightarrow$ $Q=500$，$P=10$

（2）竞争厂商，$P=MC=y=10$

16. 垄断厂商有两个工厂：工厂1的成本函数是 $TC_1=5+9Q_1+Q_1^2$，工厂2的成本函数是 $TC_2=4+10Q_2+0.5Q_2^2$，市场需求曲线是 $P=31-Q$，$Q=Q_1+Q_2$。试求垄断厂商利润最大化的总产量、价格和各厂的产量。

解答：$\pi=PQ-TC_1-TC_2=(31-Q_1-Q_2)(Q_1+Q_2)-(5+9Q_1+Q_1^2)-(4+10Q_2+0.5Q_2^2)$

$$\begin{cases}\dfrac{\partial\pi}{\partial Q_1}=0\\ \dfrac{\partial\pi}{\partial Q_2}=0\end{cases}\Rightarrow\begin{cases}Q_1=3\\ Q_2=5\end{cases}$$

解得 $Q=Q_1+Q_2=8$，$P=31-Q=23$

17. 某垄断厂商短期固定成本是 3 000 元，短期边际成本 $SMC=0.3Q^2-12Q+140$，其中 Q 是产量，为使利润最大，产量为 40 千克，利润是 1 000 元。试求：

（1）该厂商的边际收益、销售价格和总收益。

（2）在均衡点的需求价格弹性。

（3）假定该厂商面临的是线性需求函数，写出其具体形式。

解答：（1）$MR=MC$，当 $Q=40$ 时，$MC=MR=140$

$\pi=PQ\ \ TC$，$1\ 000=40P-\left(\int_0^{40} SMC\mathrm{d}Q+3\ 000\right)\Rightarrow P=160$，$R=PQ=160\times40=6\ 400$

（2）$MR=P\cdot\left(1-\frac{1}{|\varepsilon|}\right)\Rightarrow 140=160\times\left(1-\frac{1}{|\varepsilon|}\right)\Rightarrow|\varepsilon|=8$

（3）$\frac{\mathrm{d}Q}{\mathrm{d}P}\cdot\frac{P}{Q}=\frac{\mathrm{d}Q}{\mathrm{d}P}\cdot\frac{160}{40}=-8\Rightarrow\frac{\mathrm{d}Q}{\mathrm{d}P}=-2$

设 $Q=a-2P$，由题意 $40=a-2\times160\Rightarrow a=360$

因此 $Q=360-2P$

18. 某垄断厂商的平均成本 $AC=\frac{600}{Q}+50$，其面临的需求曲线是 $Q=300-2P$。试求：

（1）该厂商利润最大化时的产量、价格和利润。

（2）如果政府对消费者购买征收每单位 10 元的税收，求新的产量、价格和利润。

解答：（1）$AC=\frac{600}{Q}+50$，$TC=600+50Q$，$MC=50$

$Q=300-2P$，$P=150-\frac{1}{2}Q$，$MR=150-Q$

$MR=MC$，$150-Q=50\Rightarrow Q=100$，$P=100$

$\pi=PQ-TC=4\ 400$

（2）征税时，$MC'=MC+10=60$，$MR=MC'\Rightarrow Q=90$，$\pi=4\ 350$

19. 某垄断厂商供给两个市场，两个市场的需求函数分别是 $P_1=1-X_1$，$P_2=2-2X_2$，$0<X_1$，$X_2<1$，垄断者的成本函数为 $C(X)=K$，$X=X_1+X_2$，K 为常数。试求：

（1）垄断者按照三级价格歧视的原则供应两个市场，那么在两个市场上的销售量和价格分别是多少？

（2）垄断者按统一的价格供应两个市场，两个市场的销售量和价格分别是多少？

（3）比较上述两种情况下的消费者福利和生产者利润，判断三级价格歧视对谁有利。

解答：（1）$MR_1=1-2X_1$，$MR_2=2-4X_2$，根据三级价格歧视利润最大化均衡条件 $MR_1=MR_2=MC$，有 $1-2X_1=2-4X_2=0\Rightarrow X_1=X_2=0.5$，代入各自的反需求函数求得 $P_1=0.5$，$P_2=1$。

（2）垄断者按统一的价格供应两个市场，$P_1=P_2=P$，市场的需求函数为 $X=X_1+X_2=2-1.5P$，$MR=\frac{4-4X}{3}$。

由 $MR=MC$，解得 $X=1$，$P=\frac{2}{3}$

$X_1=1-P_1=1-\frac{2}{3}=\frac{1}{3}$，$X_2=\frac{2}{3}$

（3）在价格歧视下，市场1的消费者剩余 $CS_1=\frac{1}{2}\times\left(1-\frac{1}{2}\right)\times\frac{1}{2}=\frac{1}{8}$，市场2的消费者剩余 $CS_2=\frac{1}{2}\times(2-1)\times\frac{1}{2}=\frac{1}{4}$，总消费者剩余 $CS=CS_1+CS_2=\frac{1}{4}+\frac{1}{8}=\frac{3}{8}$

利润 $\pi=P_1X_1+P_2X_2-K=0.75-K$

在统一定价下，消费者总剩余 $CS=\frac{1}{2}\times\left(\frac{4}{3}-\frac{2}{3}\right)\times1=\frac{1}{3}$，利润 $\pi=PX-K=\frac{2}{3}-K$

在价格歧视下的消费者总剩余大于统一定价下的消费者总剩余，厂商的总利润大于统一定价下的总利润。

20. 某垄断厂商供给两个市场，两个市场的需求函数分别是 $P_1=15-Q_1$，$P_2=25-Q_2$，垄断者的成本函数为 $C=5+3Q$，$Q=Q_1+Q_2$。试求：

（1）实施价格歧视供应两个市场，两个市场上的销售量和价格分别是多少？利润是多少？

（2）如果不能实施价格歧视，两个市场的销售量和价格分别是多少？利润是多少？

解答：（1）价格歧视，$\pi=P_1Q_1+P_2Q_2-TC=(15-Q_1)Q_1+(25-Q_2)Q_2-[5+3(Q_1+Q_2)]$

$$\begin{cases}\frac{\partial\pi}{\partial Q_1}=0\\ \frac{\partial\pi}{\partial Q_2}=0\end{cases}\Rightarrow\begin{cases}Q_1=6,\ P_1=9\\ Q_2=11,\ P_2=14\end{cases}$$

$\pi=152$

（2）不能价格歧视，$P_1=P_2$

$Q=Q_1+Q_2=15-P+25-P=40-2P\Rightarrow P=20-\frac{Q}{2}$，$MR=20-Q$

$MC=3$，$MR=MC$，$20-Q=3\Rightarrow Q=17$，$P=11.5$

$Q_1=3.5$，$Q_2=13.5$，$\pi=139.5$

21. 已知某垄断厂商利用一个工厂生产一种产品，其产品在两个分割的市场上出售，其成本函数为 $TC=Q^2+14Q$，两个市场的需求函数分别为 $Q_1=50-P_1$，$Q_2=100-2P_2$。试求：

（1）当该厂商实行三级价格歧视时，其追求利润最大化的两市场各自的销售量、价格以及厂商的总利润。

（2）当该厂商在两个市场上实行统一的价格时，其追求利润最大化的销售量、价格以及厂商的总利润。

（3）比较（1）和（2）的结果，有没有必要实行价格歧视？为什么？

解答：（1）由第一个市场的需求函数 $Q_1=50-P_1$ 可知，该市场的反需求函数为 $P_1=50-Q_1$，边际收益函数为 $MR_1=50-2Q_1$。

同理，由第二个市场的需求函数 $Q_2=100-2P_2$ 可知，该市场的反需求函数为 $P_2=50-0.5Q_2$，边际收益函数为 $MR_2=50-Q_2$。

边际成本函数 $MC=TC'(Q)=2Q+14$

该厂商实行三级价格歧视时利润最大化的原则可以写为 $MR_1=MR_2=MC$。

根据 $MR_1=MC$，有 $50-2Q_1=2(Q_1+Q_2)+14$

根据 $MR_2=MC$，有 $50-Q_2=2(Q_1+Q_2)+14$

$Q_1=4.5$，$Q_2=9$。将产量代入反需求函数，可得两个市场的价格分别为 $P_1=45.5$，$P_2=45.5$。

实行三级价格歧视厂商的总利润为

$\pi=TR_1+TR_2-TC=P_1Q_1+P_2Q_2-(Q_1+Q_2)^2-14(Q_1+Q_2)=243$

（2）当该厂商在两个市场上实行统一的价格时，$P_1=P_2=P$，市场需求函数 $Q=Q_1+Q_2=150-3P$，市场反需求函数为 $P=50-\frac{1}{3}Q$，市场的边际收益函数为 $MR=50-\frac{2}{3}Q$。

$MR=MC$，有 $50-\frac{2}{3}Q=2Q+14\Rightarrow Q=13.5$

将 $Q=13.5$ 代入市场反需求函数 $P=50-\frac{1}{3}Q$，得 $P=45.5$

厂商的利润为 $\pi=PQ-TC=13.5\times45.5-(13.5^2+14\times13.5)=243$

（3）比较（1）和（2）的结果，该垄断厂商在两个市场实行三级价格歧视时获得的利润等于在两个市场实行统一定价时所获得的利润。原因是在每一价格水平两个市场的需求价格弹性是相同的。

对于 $Q_1=50-P_1$，$e=-\frac{dQ}{dP}\cdot\frac{P}{Q}=-(-1)\cdot\frac{P}{50-P}=\frac{P}{50-P}$

对于 $Q_2=100-2P_2$，$e=-\frac{dQ}{dP}\cdot\frac{P}{Q}=-(-2)\cdot\frac{P}{100-2P}=\frac{P}{50-P}$

22. 假设一垄断企业，其边际成本和平均成本均是每单位 5 元，其在两个市场上销售产品，第一个市场的需求函数为 $Q_1=55-P_1$，第二个市场的需求函数为 $Q_2=70-2P_2$，求：

（1）如果该垄断企业能够严格分割这两个市场，每个市场的价格和产量分别是多少？企业的利润是多少？

（2）如果两个市场间的商品能够流通，但运输费是每单位 5 元，每个市场的价格和产量分别是多少？企业的利润是多少？

（3）如果两个市场的商品能够流通，无运输费，每个市场的价格和产量分别是多少？企业的利润是多少？

解答：（1）如果市场能够严格分割，对第一个市场，$Q_1=55-P_1$，收益为 $R_1=(55-Q_1)Q_1=55Q_1-Q_1^2$，$MR_1=55-2Q_1=MC=5$，可得第一个市场的产量为 $Q_1=25$，价格为 $P_1=30$。

对于第二个市场，$Q_2=70-2P_2$，同理可得 $Q_2=30$，$P_2=20$。

总利润 $\pi=(30-5)\times25+(20-5)\times30=1\,075$。

（2）当两个市场间存在运输成本时，$P_1=5+P_2$，$\pi=P_1Q_1+P_2Q_2-5(Q_1+Q_2)=(P_1-5)(55-P_1)+(P_2-5)(70-2P_2)=(P_1-5)(55-P_1)+(P_1-10)(80-2P_1)$。（亦可换成 Q,对 Q 求导）

由一阶条件 $\frac{d\pi}{dP_1}=0$，解得 $P_1=\frac{160}{6}$，$P_2=\frac{130}{6}$，$Q_1=\frac{170}{6}$，$Q_2=\frac{160}{6}$，利润 $\pi=1\,058.33$。

（3）如果两个市场间的商品能够流通，$P_1=P_2=P$，利润 $\pi=P(Q_1+Q_2)-5(Q_1+Q_2)=140P-3P^2-625$，根据一阶条件 $\frac{d\pi}{dP}=0$，求得 $P=\frac{70}{3}$，$Q_1=\frac{95}{3}$，$Q_2=\frac{70}{3}$，利润 $\pi=1\,008.33$。（亦可换成 Q，对 Q 求导）

23. 某垄断厂商的成本函数为 $C(Q)=0.05Q^2$。市场上有两种类型的消费者：第一类消费者共 5 人，每人的需求函数为 $q_1=24-p$；第二类消费者也是 5 人，每人的需求函数为 $q_2=12-p$。

（1）如果该垄断厂商采取非歧视性的线性定价，请计算垄断价格和垄断利润。

（2）如果垄断厂商可以根据消费者的外在特征区分不同的消费者，而且可以采取两部定价法收费，请分析厂商如何实施价格歧视。

解答：加总市场需求曲线如下：

$$Q=\begin{cases}120-5P & P>12\\180-10P & P\leqslant 12\end{cases}$$

需求的反函数如下：

$$P=\begin{cases}24-0.2Q & Q<60\\18-0.1Q & Q\geqslant 60\end{cases}$$

边际收益如下：

$$MR=\begin{cases}24-0.4Q & Q<60\\18-0.2Q & Q\geqslant 60\end{cases}$$

边际成本函数如下：

$MC=0.1Q$

根据 $MR=MC$，得 $Q_1=48$，$P=14.4$；$Q_2=60$，$P=12$。

两种情况下的利润分别是 $48\times14.4-0.05\times48^2=576$ 和 $60\times12-0.05\times60^2=540$。

第一种情况利润更多，因此选择 $Q=48$，$P=14.4$。

区分不同的消费者是一级价格歧视，成交的数量为需求曲线和边际成本曲线相交的点决定，即 $P=18-0.1Q=MC=0.1Q$。

总共生产 $Q=90$，边际成本是 9 元。

采用两部定价法应该把单价定在 9 元。

第一种消费者的入场费 $F_1=(24-9)\times15\div2=112.5$（元）

第二种消费者的入场费 $F_2=(12-9)\times3\div2=4.5$（元）

24. 假设垄断厂商的两个需求者的需求曲线都是 $q=24-p$，垄断厂商的边际成本为 6 且没有固定成本。

（1）该垄断者如何实施两部收费制？

（2）该垄断者的利润是多少？

解答：（1）$P=MC=6$，因此 $q=18$

每个需求者的消费者剩余为 $2\times(24-6)\times18=162$

两部收费 $T(q)=162+6\times q$

（2）该垄断者的利润 $=2\times162=324$

25. 假设垄断厂商有两个需求者，需求曲线分别是 $q_1=12-p_1$，$q_2=14-p_2$，垄断厂商的边际成本为 6 且没有固定成本。

（1）该垄断者如何实施两部收费制使两个消费者均加入市场？

（2）该垄断者的利润是多少？

解答：（1）$P=MC=6$，因此 $q_1=6$，$q_2=8$

此时需求者 1 的消费者剩余为 18，需求者 2 的消费者剩余为 32，为了使两个消费者加入市场，两部收费制可设为 $T(q)=18+6\times q$

（2）该垄断者的利润 $=2\times18=36$

第二节　垄断竞争

一、单项选择题

1. A　2. A　3. A　4. C　5. B　6. D　7. C　8. D　9. A　10. C
11. A　12. B　13. B　14. D　15. C　16. C　17. D　18. D　19. D　20. B
21. C

二、判断题

1. T　2. T　3. T　4. T　5. T　6. T　7. T　8. T　9. T　10. F
11. T　12. F　13. T　14. T　15. T　16. F　17. T　18. T　19. T　20. T
21. F　22. T　23. T　24. T　25. T　26. T　27. T　28. T　29. T　30. F
31. T　32. T　33. T　34. T　35. T　36. T　37. T　38. T　39. F　40. T
41. T　42. T

三、简答题

1. 垄断竞争市场的特征有哪些？

解答：有许多厂商，生产有差异化的产品，厂商可以自由进入和退出。

2. 垄断竞争厂商如何实现长期均衡？请画图说明。

解答：垄断竞争厂商实现长期均衡时（见图 2-5-11），$MR=LMC=SMC$ 且 $P=LAC=SAC$。

3. 非价格竞争对垄断竞争厂商具有吸引力，请辨析之。

解答：垄断竞争厂商生产同类的有差异的产品，产品有较强的替代性。需求价格弹性比较大，价格竞争时，单个厂商涨价，别的厂商不会跟进，这个厂商的销售份额将降低，若单个厂商降价，其他厂商会跟着降价，这个厂商的销售量增加有限。因此，价格竞争不是理想的竞争手段，垄断竞争厂商宁愿进行非价格竞争，如广告、品牌、品质、包装等。

4. 垄断竞争厂商为何热衷于广告？

解答：垄断竞争厂商生产有差异化的产品，均衡时 $P>MC$，有激励做广告来吸引更多的买者购买自己的特定产品。

5. 垄断竞争厂商如何实现短期均衡？请画图说明。

解答：DD 需求曲线与 dd 需求曲线相交，其交点对应的产量上，正好满足 $MR=MC$（见图 2-5-12）。

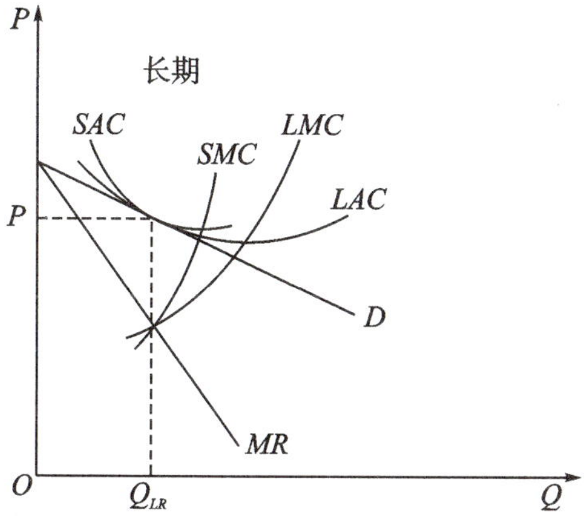

图 2-5-11

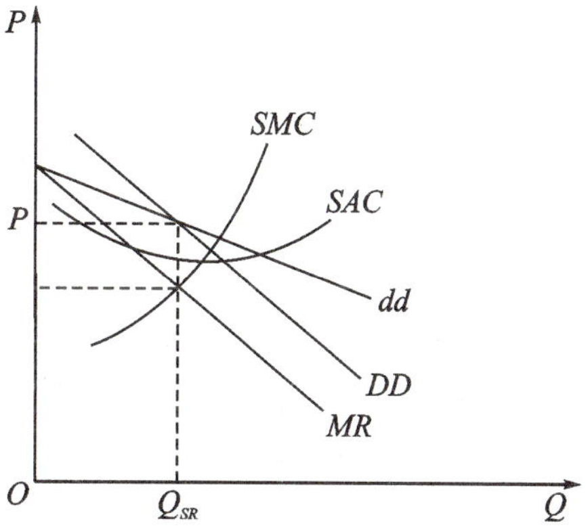

图 2-5-12

6. 试述垄断竞争厂商的两条需求曲线的含义及其相互关系。

解答：d 需求曲线表示在垄断竞争生产集团中的某个厂商改变产品价格，而其他厂商的产品价格都保持不变时，该厂商的产品价格和销售量之间的关系，称为主观需求曲线。D 需求曲线表示垄断竞争生产集团的某个厂商改变产品价格，集团内的其他厂商也使产品价格发生相同变化，该厂商的产品价格和销售量之间的关系，被称为实际需求曲线或客观需求曲线。

d 需求曲线和 D 需求曲线的一般关系是：第一，当垄断竞争生产集团内的所有厂商都以相同方式改变产品价格时，整个市场价格的变化会使得单个垄断竞争厂商的 d 需求曲线的位置沿着 D 需求曲线发生平移。第二，由于 d 需求曲线表示单个垄断竞争厂商单独改变价格时所预期的产量，D 需求曲线表示每个垄断竞争厂商在每一市场价格水平实际面临的市场需求量，d 需求曲线和 D 需求曲线相交意味着垄断竞争市场的供求相等状态。第三，d 需求曲线的弹性大于 D 需求曲线的弹性，即前者较之于后者更平坦。

7. 画图说明完全竞争厂商与垄断竞争厂商长期均衡的区别。

解答：如图 2-5-13 所示。

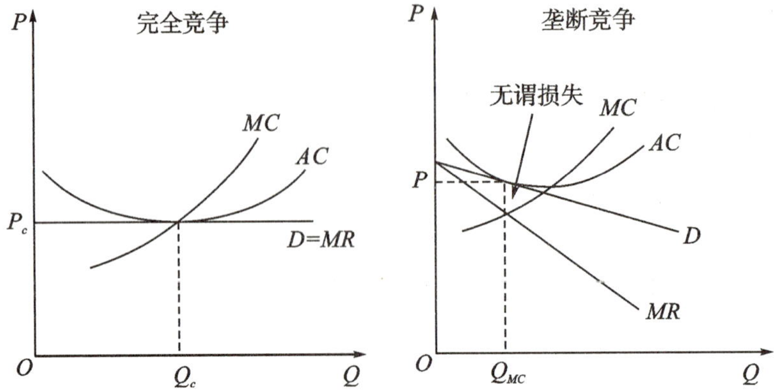

图 2-5-13

四、计算题

1. 在垄断竞争市场中，某厂商的短期成本函数为 $STC=0.001Q^3-0.036Q^2+35.5Q+100$。该厂商主观地认为，产品价格降低 1 元，可以增加 500 单位的销售量，而厂商实际的需求曲线为 $Q=4\ 000-100P$。试求：

（1）该厂商的短期均衡产量和均衡价格。

（2）该厂商的获利情况。

解答：（1）主观需求曲线为 $Q=A-500P$。在均衡点，主观需求曲线与客观需求曲线相交，而且主观需求曲线的 $MR=MC$。

由 $Q=A-500P$，得 $P=0.002A-0.002Q$

$MR=0.002A-0.004Q$

$MC=0.003Q^2-0.072Q+35.5$

由 $MR=MC$，得 $0.002A-0.004Q=0.003Q^2-0.072Q+35.5$ ①

实际需求曲线 $Q=4\ 000-100P$，即 $P=40-0.01Q$

由相交的 D 曲线和 d 曲线，得 $40-0.01Q=0.002A-0.002Q$ ②

联立①②，得 $Q=50$，$P=39.5$

（2）$\pi=PQ-STC=65$

2. 垄断竞争厂商的长期成本函数为 $LTC=0.001q^3-0.425q^2+85q$，其实际需求曲线是 $q=300-2.5p$。试求：

（1）该厂商的长期均衡产量和价格。

（2）该厂商主观需求曲线上长期均衡点的需求价格弹性。

（3）假设是线性的主观需求曲线，求该厂商的主观需求曲线。

解答：（1）长期均衡时，获得零利润 $P=LAC$，其中 P 是实际需求曲线。

$LTC=0.001q^3-0.425q^2+85q$，$LAC=0.001q^2-0.425q+85$

实际需求曲线 $q=300-2.5P$，即 $P=120-0.4q$

由 $0.001q^2-0.425q+85=120-0.4q$，解得 $q=200$，$P=40$

（2）长期均衡时，$MR=LMC$，其中 $LMC=0.003q^2-0.85q+85$

当 $q=200$ 时，$MR=LMC=35$，$MR=P\left(1-\dfrac{1}{|\varepsilon|}\right)$，又 $P=40$，代入解得 $|\varepsilon|=8$

（3）设主观需求曲线为 $P=A-bq$，根据弹性的几何图形（见图 2-5-14），在 $P=40$，$q=200$ 时的需求价格弹性为 8，则 $8=\frac{40}{A-40}\Rightarrow A=45$。斜率 $b=\frac{45-40}{200}=0.025$，因此主观需求曲线为 $P=45-0.025q$。

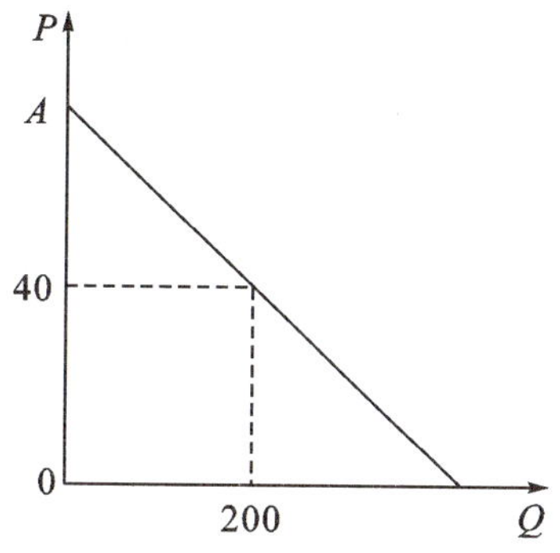

图 2-5-14

3. 垄断竞争厂商的长期成本函数和主观需求曲线分别是 $LTC=0.0025Q^3-0.5Q^2+384Q$，$P=A-0.1Q$，求解在长期均衡条件下：

（1）该厂商的均衡价格和产量。

（2）A 的数值。

解答：长期均衡时，$MR=LMC$，$P=LAC$

$LTC=0.0025Q^3-0.5Q^2+384Q$

$LMC=0.0075Q^2-Q+384$

$LAC=0.0025Q^2-0.5Q+384$

$P=A-0.1Q$，$MR=A-0.2Q$

则 $A-0.2Q=0.0075Q^2-Q+384$，$A-0.1Q=0.0025Q^2-0.5Q+384$

解得 $Q=80$，$P=360$，$A=368$

4. 垄断竞争厂商的长期成本函数为 $LTC=0.001Q^3-0.51Q^2+200Q$，实际需求曲线为 $P=238-0.5Q$，求解：

（1）在长期均衡下该厂商的产量和价格。

（2）假设是线性的主观需求曲线，求出该厂商的主观需求曲线。

解答：（1）长期均衡时，$MR=LMC$，$P=LAC$

$LTC=0.001Q^3-0.51Q^2+200Q$

$LMC=0.003Q^2-1.02Q+200$

$LAC=0.001Q^2-0.51Q+200$

$238-0.5Q=0.001Q^2-0.51Q+200$，解得 $Q=200$，$Q=-190$（舍去），$P=238-0.5Q=138$

（2）在均衡点，主观需求曲线与 LAC 曲线相切，斜率相同，则：

斜率 $=LAC'=0.002Q-0.51=-0.11$

$P-138=-0.11(Q-200)\Rightarrow P=-0.11Q+160$

5. 某家厂商的需求函数为 $P=88-2Q+2\sqrt{A}$，成本函数为 $C=3Q^2+8Q+A$，A 是广告费用，P 是价格，Q 是产量。试求：

（1）在无广告的情况下，该厂商利润最大化的产量、价格和利润。

（2）在有广告的情况下，该厂商利润率最大化的产量、价格和利润。

解答：（1）若无广告，则 $A=0$，$P=88-2Q$，$C=3Q^2+8Q$

$MR=88-4Q$，$MC=6Q+8$，由 $MR=MC$，$88-4Q=6Q+8$

解得 $Q=8$，$P=72$，$\pi-PQ-C=320$

（2）若有广告，则 $\pi=PQ-C=(88-2Q+2\sqrt{A})Q-(3Q^2+8Q+A)$

$$\frac{\partial\pi}{\partial Q}=80-10Q+2\sqrt{A}=0,\quad \frac{\partial\pi}{\partial A}=\frac{Q}{\sqrt{A}}-1=0$$

解得 $Q=10$，$A=100$，$P=88$，$\pi=400$

6. 已知某垄断竞争厂商的长期成本函数为 $LTC=0.001Q^3-0.51Q^2+200Q$。如果该产品生产集团内的所有厂商都按相同比例调整价格，那么每个厂商的实际需求曲线（图 2-5-15 中的 D 曲线）为 $P=238-0.5Q$。试求：

（1）该厂商长期均衡时的产量与价格。

（2）该厂商长期均衡时的主观需求曲线（图 2-5-15 中的 d 曲线）上的需求价格点弹性值。

（3）如果该厂商的主观需求曲线（图 2-5-15 中的 d 曲线）是线性的，推导该厂商长期均衡时的主观需求函数。

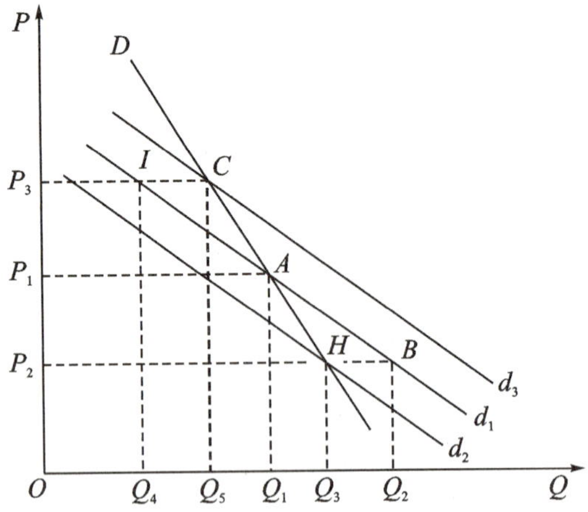

图 2-5-15

解答：（1）由长期总成本函数 $LTC=0.001Q^3-0.51Q^2+200Q$，可得 $LAC=0.001Q^2-0.51Q+200$。

垄断竞争厂商长期均衡条件为 $P=LAC$，代入相关参数可得 $0.001Q^2-0.51Q+200=238-0.5Q$。

解得 $Q_1=-190$（舍去），$Q_2=200$

将 $Q_2=200$ 代入实际需求函数可得 $P=138$。

（2）LAC 曲线在均衡点(200，138)的切线斜率是 $LAC'=0.002Q-0.51=-0.11$。因此，$E_d=-\frac{dQ}{dP}\cdot\frac{P}{Q}=\frac{1}{0.11}\cdot\frac{138}{200}=\frac{138}{22}$。

（3）由（2）知 $P-138=-0.11(Q-200)$，即 $P=-0.11Q+160$。

7. 在某垄断竞争市场，代表性厂商的长期成本函数为 $LTC=5Q^3-200Q^2+2\ 700Q$，市场的需求函数为 $P=2\ 200A-100Q$，求在长期均衡时，代表性厂商的产量和产品价格以及 A 的值。

解答：由已知条件得 $LMC=15Q^2-400Q+2\ 700$

$LAC=5Q^2-200Q+2\ 700$

$TR=PQ=(2\ 200A-100Q)Q=2\ 200AQ-100Q^2$

$MR=2\ 200A-200Q$

由于垄断竞争厂商长期均衡时有 $MR=LMC$，并且有 $LAC=P$（因为 $\pi=0$），故得以下方程组：$\begin{cases}2\ 200A-200Q=15Q^2-400Q+2\ 700\\5Q^2-200Q+2\ 700=2\ 200AQ-100Q\end{cases}$

解得 $Q=10$，$A=1$

代入需求函数 $P=2\ 200A-100Q$，得 $P=1\ 200$。

第三节　寡头

一、单项选择题

1. D　2. C　3. C　4. B　5. C　6. D　7. B　8. A　9. C　10. B
11. A　12. A　13. A　14. B　15. B　16. B　17. A　18. C　19. D　20. B
21. B　22. B　23. B　24. C

二、判断题

1. T　2. T　3. T　4. T　5. T　6. T　7. F　8. T　9. T　10. T
11. T　12. T　13. F　14. T　15. T　16. T　17. T　18. T　19. T　20. T
21. T　22. T　23. T　24. T　25. T

三、简答题

1. 请用寡头市场的理论解释价格刚性现象。

解答：斯威齐模型可以解释价格刚性现象。如果一个寡头厂商提高价格，行业中的其他寡头不会跟着提高价格，提价的寡头厂商的销售量会减少很多；如果一个寡头厂商降低价格，行业中的其他寡头厂商会将价格降低相同的水平以避免销售份额减少。因此，寡头厂商通过降价增加销售量是很有限的。寡头厂商存在一条折弯的需求曲线，边际收益曲线存在一个间断，只要边际成本相交于边际收益曲线的垂直部分，该厂商的产量和价格就保持不变（见图 2-5-16）。

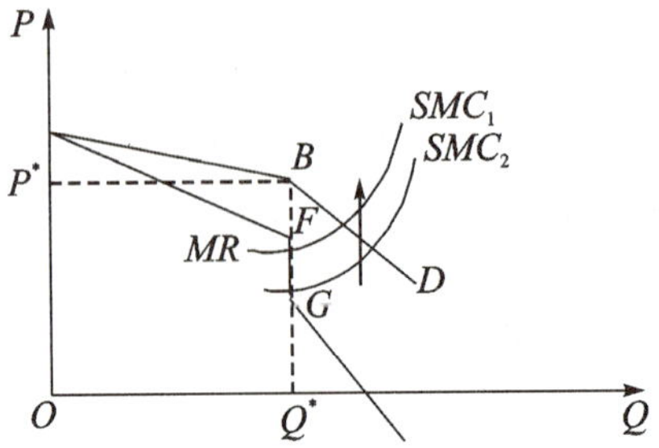

图 2-5-16

2. 什么是卡特尔？为什么卡特尔组织具有不稳定性？

解答：卡特尔是合谋一致行动的一伙厂商，卡特尔组织就像单个的垄断厂商一样，追求卡特尔组织利润的最大化。单个厂商有违约增加产量的动机，因此卡特尔组织是不稳定的。

3. 在价格领导模型中，其他厂商跟着领导厂商定价，为什么？

解答：跟随者是价格接受者，若高于领导厂商定价，则卖不出自己的产品；若低于领导厂商定价，消费者都买其一家的产品，形成垄断。

4. 双寡头市场的两个厂商都没有固定成本，边际成本 $MC_1=0$，$MC_2=0.4$，市场需求函数为 $P=1-Q_1-Q_2$。

（1）两个厂商进行产量竞争，每个厂商决策时不知道另一个厂商的产量决策。求解均衡时两个厂商的产量分别是多少？

（2）若厂商 2 先决策产量水平，厂商 1 知道厂商 2 的产量后，再确定自己的产量。求解均衡时两个厂商的产量分别是多少？

解答：（1）$\pi_1=PQ_1-0Q_1=(1-Q_1-Q_2)Q_1$

$\dfrac{\partial\pi_1}{\partial Q_1}=1-2Q_1-Q_2=0$ ①

$\pi_2=(P-0.4)Q_2=(1-Q_1-Q_2-0.4)Q_2$

$\dfrac{\partial\pi_2}{\partial Q_2}=0.6-Q_1-2Q_2=0$ ②

由①②得，$Q_1=\dfrac{7}{15}$，$Q_2=\dfrac{1}{15}$

（2）$\pi_1=PQ_1=(1-Q_1-Q_2)Q_1$

$\dfrac{\partial\pi_1}{\partial Q_1}=1-2Q_1-Q_2=0\Rightarrow Q_1=\dfrac{1-Q_2}{2}$

$\pi_2=(P-0.4)Q_2=(1-Q_1-Q_2-0.4)Q_2=\left(0.1-\dfrac{Q_2}{2}\right)Q_2$

$\dfrac{\partial\pi_2}{\partial Q_2}=0.1-Q_2=0$，$Q_2=0.1$

$Q_1=\frac{1-Q_2}{2}=0.45$

5. 寡头市场中，厂商之间的互动（相互影响）至关重要，为什么？

解答：因为市场中只有少数几个厂商，彼此之间相互影响很大。例如，在双寡头中，厂商1的利润不仅取决于自己的产量（或价格），也取决于对方的产量（或价格）。垄断市场只有一个厂商，不需要考虑其他厂商。完善竞争市场有许许多多厂商，也不需要考虑某个厂商，因为每个完全竞争厂商都是微不足道的。

四、计算题

1. 某市场有两个厂商，市场需求函数是 $P=100-0.5(Q_1+Q_2)$，Q_1 和 Q_2 分别是厂商1和厂商2的产量，它们的成本函数分别是 $C_1=5Q_1$，$C_2=0.5{Q_2}^2$。试求：

（1）两个厂商结成卡特尔时的产量各是多少？价格是多少？利润各是多少？

（2）两个厂商同时进行产量决策，均衡产量、价格和利润各为多少？

（3）若厂商1是领导者，厂商2是追随者，求斯塔克博格均衡解。

解答：

（1）卡特尔：

$\pi=P(Q_1+Q_2)-C_1-C_2=[100-0.5(Q_1+Q_2)](Q_1+Q_2)-5Q_1-0.5Q_2^2$

根据 $\frac{\partial\pi}{\partial Q_1}=0$，$\frac{\partial\pi}{\partial Q_2}=0$

有 $\begin{cases}100-(Q_1+Q_2)-5=0\\100-(Q_1+Q_2)-Q_2=0\end{cases}$

解得 $Q_1=90$，$Q_2=5$，$P=\frac{105}{2}$

$\pi_1=PQ_1-C_1=\frac{105}{2}\times90-5\times90=4\ 275$

$\pi_2=PQ_2-C_2=\frac{105}{2}\times5-0.5\times5^2=250$

（2）古诺竞争：$\pi_1=[100-0.5(Q_1+Q_2)]Q_1-5Q_1$

$\frac{\partial\pi_1}{\partial Q_1}=95-Q_1-0.5Q_2=0$ ①

$\pi_2=[100-0.5(Q_1+Q_2)]Q_2-0.5Q_2^2$

$\frac{\partial\pi_2}{\partial Q_2}=100-0.5Q_1-2Q_2=0$ ②

由①②得，$Q_1=80$，$Q_2=30$，$P=45$

$\pi_1=PQ_1-C_1=3\ 200$

$\pi_2=PQ_2-C_2=900$

（3）追随者：$\pi_2=[100-0.5(Q_1+Q_2)]Q_2-0.5Q_2^2$

$$\frac{\partial\pi_2}{\partial Q_2}=0\Rightarrow 100-0.5Q_1-2Q_2=0\Rightarrow Q_2=\frac{100-0.5Q_1}{2}$$

领导者：$\pi_1=\left[100-0.5\left(Q_1+\frac{100-0.5Q_1}{2}\right)\right]Q_1-5Q_1$

$$\frac{\partial\pi_1}{\partial Q_1}=0\Rightarrow 70-0.75Q_1=0$$

$$Q_1=\frac{280}{3},\quad Q_2=\frac{80}{3}$$

2. 两个寡头厂商供应同质产品，生产成本均为零，市场对产品的需求函数为 $Q=240-10P$，厂商决策时不知道对方的产量。试求：

（1）均衡时各厂商的产量和价格是多少？

（2）如果再有一个相同的厂商进入，每个厂商的产量、价格分别是多少？

解答：（1）$\pi_1=PQ_1=\left[24-\frac{1}{10}(Q_1+Q_2)\right]Q_1$

$$\frac{\partial\pi_1}{\partial Q_1}=24-\frac{1}{10}(2Q_1+Q_2)=0$$

两厂商对称，$Q_1=Q_2=80$，$P=8$

（2）再进入一个厂商，则三寡头竞争：

$$Q_1=Q_2=Q_3=\frac{240}{4}=60,\quad P=6$$

3. 两个寡头厂商面对的市场需求函数和成本函数分别为 $P=80-0.4(Q_1+Q_2)$，$C_1=4Q_1$，$C_2=0.4Q_2^2$，求竞争均衡、古诺均衡、串谋均衡下各厂商的产量和利润以及价格。

解答：

竞争均衡：$P=MC_1=MC_2$

$80-0.4(Q_1+Q_2)=4=0.8Q_2\Rightarrow Q_1=185$，$Q_2=5$，$P=4$

$\pi_1=PQ_1-C_1=0$，$\pi_2=PQ_2-C_2=10$

古诺均衡：$\pi_1=PQ_1-4Q_1=[80-0.4(Q_1+Q_2)]Q_1-4Q_1$

$\frac{\partial\pi_1}{\partial Q_1}=0$，$76-0.4Q_2-0.8Q_1=0$ ①

$\pi_2=PQ_2-0.4Q_2^2=[80-0.4(Q_1+Q_2)]Q_2-0.4Q_2^2$

$\frac{\partial\pi_2}{\partial Q_2}=0$，$80-0.4Q_1-1.6Q_2=0$ ②

由①②得，$Q_1=80$，$Q_2=30$，$P=36$

$\pi_1=PQ_1-C_1=2\ 560$

$\pi_2=PQ_2-C_2=720$

串谋均衡：

$\pi=P(Q_1+Q_2)-C_1-C_2=[80-0.4(Q_1+Q_2)](Q_1+Q_2)-4Q_1-0.4Q_2^2$

$$\begin{cases}\dfrac{\partial\pi}{\partial Q_1}=76-0.8(Q_1+Q_2)=0\\ \dfrac{\partial\pi}{\partial Q_2}=80-0.8Q_1-1.6Q_2=0\end{cases}\Rightarrow\begin{cases}Q_1=90\\ Q_2=5\end{cases},\ P=42$$

$\pi_1=PQ_1-C_1=3\ 420$

$\pi_2=PQ_2-C_2=200$

4. 两个寡头厂商遵循古诺模型，它们的成本函数分别为 $TC_1=0.1Q_1^2+20Q_1+100\ 000$，$TC_2=0.4Q_2^2+32Q_2+20\ 000$，这两个厂商生产一种同质产品，其市场需求函数为 $Q=4\ 000-10P$，$Q=Q_1+Q_2$。求解：

（1）古诺均衡时的产量、价格和总利润。

（2）若两个厂商结成卡特尔，求解总产量、价格以及两个厂商的产量分别是多少？总利润是多少？

解答：

（1）古诺均衡：

$\pi_1=PQ_1-TC_1=(400-0.1Q_1-0.1Q_2)Q_1-(0.1Q_1^2+20Q_1+100\ 000)$

$\dfrac{\partial\pi_1}{\partial Q_1}=-0.4Q_1-0.1Q_2+380=0\Rightarrow Q_1=950-0.25Q_2$①

$\pi_2=PQ_2-TC_2=(400-0.1Q_1-0.1Q_2)Q_2-(0.4Q_2^2+32Q_2+20\ 000)$

$\dfrac{\partial\pi_2}{\partial Q_2}=-0.1Q_1-Q_2+368=0\Rightarrow Q_2=368-0.1Q_1$②

由①②得，$Q_1=880$，$Q_2=280$，$P=284$

$\pi_1=PQ_1-TC_1=54\ 880$，$\pi_2=PQ_2-TC_2=19\ 200$

（2）卡特尔：

$$\begin{aligned}\pi&=P(Q_1+Q_2)-TC_1-TC_2\\&=(400-0.1Q_1-0.1Q_2)(Q_1+Q_2)-(0.1Q_1^2+20Q_1+100\ 000)-\\&\quad(0.4Q_2^2+32Q_2+20\ 000)\end{aligned}$$

由 $\dfrac{\partial\pi}{\partial Q_1}=0$，$\dfrac{\partial\pi}{\partial Q_2}=0$ 得，$Q_1=850$，$Q_2=199$，$Q=Q_1+Q_2=1\ 049$，$P=295$

$\pi_1=PQ_1-TC_1=61\ 500$，$\pi_2=PQ_2-TC_2=16\ 497$

总利润 $\pi=\pi_1+\pi_2=77\ 997$

5. 两个寡头厂商，它们的成本函数分别为 $TC_1=0.1Q_1^2+20Q_1+100\ 000$，$TC_2=0.4Q_2^2+32Q_2+20\ 000$，这两个厂商生产一种同质产品，其市场需求函数为 $Q=4\ 000-10P$，$Q=Q_1+Q_2$。厂商 1 是领导者，先决策产量；厂商 2 是追随者，知道领导者的产量后决策其产量。求斯塔克博格解。

解答：

追随者：$\pi_2=PQ_2-TC_2=(400-0.1Q_1-0.1Q_2)Q_2-(0.4Q_2^2+32Q_2+20\ 000)$

由$\frac{\partial \pi_2}{\partial Q_2}=0$得，$Q_2=368-0.1Q_1$

领导者：$\pi_1=[400-0.1Q_1-0.1\ (368-0.1Q_1)]\ Q_1-\ (0.1Q_1^2+20Q_1+100\ 000)$

由$\frac{\partial \pi_1}{\partial Q_1}=0$得，$Q_1=903$，$Q_2=278$

6. 某行业由一个大厂商和五个小厂商组成，小厂商有相同的成本函数，大厂商的成本函数为$C_L=0.001Q_L^2+3Q_L$，小厂商的成本函数为$C_S=0.01Q_S^2+3Q_S$，产品的市场需求曲线为$Q=5\ 250-250P$。求解价格领导模型的大小厂商的产量、价格、利润。

解答：小厂商是价格接收者$P_S=P_L=P$

$P=MC_S=0.02Q_S+3 \Rightarrow Q_S=50P-150$

$Q_L=Q-5Q_S=5\ 250-250P-5(50P-150)=6\ 000-500P$

$P=12-0.002Q_L$

$MR_L=12-0.004Q_L$

大厂商利润最大化：$MR_L=MC_L$

$12-0.004Q_L=0.002Q_L+3$

$Q_L=1\ 500$，$Q_S=300$，$P=9$

$\pi_L=PQ_L-TC_L=6\ 750$，$\pi_S=PQ_S-TC_S=900$

7. 假定某商品的需求函数为$Q=100-P$，两个厂商生产这个产品，每家厂商的成本函数都为$C_i=50+Q_i^2(i=1,\ 2)$。求解：

（1）两个厂商遵循古诺模型，则均衡产量、价格和利润分别是多少？

（2）若两个厂商结成卡特尔，则每个厂商的产量、价格以及总利润分别是多少？

（3）这个卡特尔稳定吗？假设另一个厂商遵守卡特尔协议产量不变，这个厂商最优化的产量是多少？

解答：

（1）古诺竞争：$\pi_1=PQ_1-C_1=(100-Q_1-Q_2)\ Q_1-(50+Q_1^2)$

$\frac{\partial \pi_1}{\partial Q_1}=0 \Rightarrow 100-4Q_1-Q_2=0$

利用对称性求得$Q_1=Q_2=20$，$P=60$

$\pi_1=PQ_1-C_1=750$，$\pi_2=750$

（2）卡特尔：$\pi=P\ (Q_1+Q_2)\ -TC_1-TC_2$

$$=(100-Q_1-Q_2)\ (Q_1+Q_2)\ -(50+Q_1^2)-(50+Q_2^2)$$

$$\begin{cases}\frac{\partial \pi}{\partial Q_1}=100-2\ (Q_1+Q_2)\ -2Q_1=0\\ \frac{\partial \pi}{\partial Q_2}=100-2\ (Q_1+Q_2)\ -2Q_2=0\end{cases} \Rightarrow Q_1=Q_2=\frac{50}{3},\ P=\frac{200}{3},\ \pi=\frac{4\ 700}{3}$$

（3）假定厂商2遵循卡特尔协议，即$Q_2=\frac{50}{3}$

$$\pi_1=PQ_1-C_1=\left(100-Q_1-\frac{50}{3}\right)Q_1-(50+Q_1^2)$$

$$\frac{\partial\pi_1}{\partial Q_1}=\frac{250}{3}-4Q_1=0\Rightarrow Q_1=\frac{125}{6}>\frac{50}{3}$$

厂商 1 有违约动机，卡特尔不稳定。

8. 假设有 N 个寡头厂商，每个厂商的单位生产成本为 c，市场需求函数为 $P=a-Q$，Q 是总产量，$a>c$，厂商进行古诺竞争。求古诺均衡产量和价格如何随着 N 的变化而变化。

解答：$\pi_i=(P-c)q_i=\left(a-\sum_{i=1}^{N}q_i-c\right)q_i$

$$\frac{\partial\pi_i}{\partial q_i}=a-q_1-q_2-\cdots-q_{i-1}-q_{i+1}-\cdots-q_N-2q_i-c=0$$

因为对称性 $q_i=q_j(i\neq j)$

解得 $q_i=\dfrac{a-c}{N+1}$

$$P=a-Q=a-\frac{N(a-c)}{N+1}=\frac{a+cN}{N+1}$$

$$\frac{\mathrm{d}q_i}{\mathrm{d}N}=\frac{-(a-c)}{(N+1)^2}<0,\quad \frac{\mathrm{d}P}{\mathrm{d}N}=\frac{c-a}{(N+1)^2}<0$$

均衡产量随 N 增加而减少，价格随 N 增加而减少。

9. 双寡头市场的需求函数为 $Q=a-P$，每个厂商的边际成本恒为 c，$a>c$，无固定成本。试比较完全竞争均衡、古诺均衡、串谋均衡时的市场产量、价格和利润。

解答：

完全竞争：$P=MC\Rightarrow a-Q=c\Rightarrow Q=a-c$，$P=c$

$\pi_1=\pi_2=0$

古诺竞争：$\pi_1=(P-c)Q_1=(a-Q_1-Q_2-c)Q_1$

$$\frac{\partial\pi_1}{\partial Q_1}=a-2Q_1-Q_2-c=0$$

利用对称性解得 $Q_1=Q_2=\dfrac{a-c}{3}$，$Q=Q_1+Q_2=\dfrac{2(a-c)}{3}$，$P=\dfrac{a+2c}{3}$

$$\pi_1=\pi_2=\frac{(a-c)^2}{9},\quad \pi_{总}=\pi_1+\pi_2=\frac{2(a-c)^2}{9}$$

串谋均衡：$\pi=(P-c)(Q_1+Q_2)=(a-Q_1-Q_2-c)(Q_1+Q_2)$

由 $\dfrac{\partial\pi}{\partial Q_1}=0$，$\dfrac{\partial\pi}{\partial Q_2}=0$

解得 $Q_1=Q_2=\dfrac{a-c}{4}$，$Q=Q_1+Q_2=\dfrac{a-c}{2}$，$P=\dfrac{a+c}{2}$

$$\pi_1=\pi_2=\frac{(a-c)^2}{8},\quad \pi_{总}=\pi_1+\pi_2=\frac{2(a-c)^2}{8}$$

产量：完全竞争>古诺>串谋

价格：完全竞争<古诺<串谋

利润：完全竞争<古诺<串谋

10. 假设两个寡头厂商生产同类有差异产品，它们的边际成本分别是每单位 30 元和 10 元，厂商 1 面临的需求函数是 $Q_1=100-2P_1+P_2$，厂商 2 面临的需求函数是 $Q_2=100-2P_2+P_1$，Q_1和 Q_2分别是厂商 1 和厂商 2 的产量，P_1和 P_2分别是厂商 1 和厂商 2 的价格，两个厂商同时决策价格。求解伯特兰（Bertrand）均衡。

解答：$\pi_1=P_1Q_1-30Q_1=(P_1-30)(100-2P_1+P_2)$

$\frac{\partial \pi_1}{\partial P_1}=100-4P_1+P_2+60=0$ ①

$\pi_2=P_2Q_2-10Q_2=(P_2-10)(100-2P_2+P_1)$

$\frac{\partial \pi_2}{\partial P_2}=100-4P_2+P_1+20=0$ ②

由①②得 $P_1=\frac{104}{3}$，$P_2=\frac{64}{3}$

11. 某公司面对以下两段需求曲线：

$$\begin{cases} P=25-0.25Q & 0\leqslant Q\leqslant 20 \\ P=35-0.75Q & Q\geqslant 20 \end{cases}$$

公司总成本函数为 $TC=200+5Q+0.25Q^2$，求：

（1）公司所属行业的市场结构类型。

（2）公司的最优产量和价格为多少？

（3）如果成本函数改为 $TC=20+8Q+0.25Q^2$，最优产量和价格分别为多少？

解答：（1）该行业属于寡头市场的斯威齐模型。

（2）该公司的边际成本函数为 $MC=5+0.5Q$。

第一阶段需求曲线的边际收益函数为 $MR_1=25-0.5Q$，根据 $MR=MC$，$Q=20$，满足条件。

第二阶段需求曲线的边际收益函数为 $MR_2=35-1.5Q$，根据 $MR=MC$，$Q=15$，不满足条件。因此，$Q=20$，$P=20$。

（3）此时 $MC=8+0.5Q$，$MR_1=MC$ 时，$Q=17$，满足条件。$MR_2=MC$ 时，$Q=13.5$，不满足条件。因此，$Q=17$，$P=20.75$。

12. 某垄断厂商生产的边际成本恒为 5，无固定成本。该厂商面临的市场需求函数为 $Q(P)=53-P$，请计算：

（1）该厂商利润最大化的价格、产量以及垄断带来的净福利损失。

（2）现假设第 2 个厂商加入这个市场，且具有该厂商相同的成本函数，两个厂商进行古诺竞争，求古诺均衡解及市场价格。

（3）现假设第 2 个厂商加入这个市场，且具有该厂商相同的成本函数。该厂商为领导者，先决策产量 Q_1，第 2 个厂商进入后为追随者，产量为 Q_2。求斯塔克博格均衡解及市场价格。

（4）现假设第 2 个厂商加入这个市场，且具有该厂商相同的成本函数，两个厂商进行伯特兰竞争（Bertrand），求两个厂商的产量和市场价格。

（5）现假设第 2 个厂商加入这个市场，且具有该厂商相同的成本函数，假设两厂商合谋，求合谋时两个厂商的产量和市场价格。

（6）现假设第 2 个厂商加入这个市场，且具有该厂商相同的成本函数，如果是完全竞争市场，求竞争均衡时的市场产量和价格。

解答：（1）由利润最大化条件 $MR=MC$，得 $53-2Q=5$，$Q=24$，$P=53-24=29$。

由 $P=MC$，$53-Q=5$，$Q=48$，得无谓损失为$\frac{1}{2}\times(48-24)\times(29-5)=288$。

（2）古诺竞争时，$\pi_1=PQ_1-5Q_1=(53-Q_1-Q_2-5)Q_1$，$\frac{\partial\pi_1}{\partial Q_1}=48-2Q_1-Q_2=0$

利用对称性，$Q_1=Q_2=\frac{48}{3}=16$，$P=53-32=21$

（3）斯塔克博格均衡时，$\pi_2=(P-5)Q_2=(53-Q_1-Q_2-5)Q_2$，

$$\frac{\partial\pi_2}{\partial Q_2}=48-2Q_2-Q_1=0$$

$$Q_2=\frac{48-Q_1}{2}$$

$$\pi_1=(P-5)Q_1=(53-Q_1-Q_2-5)Q_1=\left(48-Q_1-\frac{48-Q_1}{2}\right)Q_1$$

$$\frac{d\pi_1}{dQ_1}=24-Q_1=0$$

$Q_1=24$，$Q_2=12$，$P=53-36=17$

（4）伯特兰竞争时，$P=MC=5$，$Q=53-P=48$，$Q_1=Q_2=24$

（5）两厂商合谋时，$\pi=PQ-5Q=(53-Q-5)Q=(48-Q)Q$

$\frac{d\pi}{dQ}=48-2Q=0$，$Q=24$，$Q_1=Q_2=12$，$P=53-24=29$

（6）完全竞争时，$P=MC=5$，$Q=53-P=48$，$Q_1=Q_2=24$

13. 两个寡头生产同质产品，边际成本恒为 0，没有固定成本，市场需求函数为 $P=1\,200-Q$。试求：

（1）古诺均衡解和市场价格。

（2）卡特尔合谋解和市场价格。

（3）若一个厂商遵守上述卡特尔协议，求另一个厂商的最优解和市场价格。

（4）判断卡特尔协议是否稳定。

解答：（1）古诺均衡时，$\pi_1=PQ_1=(1\,200-Q_1-Q_2)Q_1$

$$\frac{\partial\pi_1}{\partial Q_1}=1\,200-2Q_1-Q_2=0$$

利用对称性 $Q_1=Q_2=\frac{1\,200}{3}=400$，$P=400$

(2) 卡特尔均衡时，$\pi=P(Q_1+Q_2)=(1\,200-Q_1-Q_2)(Q_1+Q_2)$

$$\frac{\partial\pi}{\partial Q_1}=1\,200-2Q_1-2Q_2=0$$

利用对称性 $Q_1=Q_2=\frac{1\,200}{4}=300$，$P=600$

(3) 一方遵守卡特尔协议：$\pi_1=PQ_1=(1\,200-Q_1-300)\ Q_1$

$$\frac{d\pi_1}{dQ_1}=900-2Q_1=0$$

$Q_1=450$，$Q_2=300$，$P=450$

(4) 卡特尔协议不稳定，因为450>300，每个厂商都有增加产量的激励。

14. 两个寡头厂商的行为遵循古诺模型，它们都生产一种同质产品，其市场需求函数为 $Q=900-10P$。试求：

(1) 若两厂商的生产成本都为零，均衡时厂商的产量和价格分别为多少？

(2) 若两厂商的成本函数分别为 $TC_1=4Q_1$，$TC_2=2Q_2$，则均衡时两厂商的产量和价格各为多少？

解答：(1) $P=90-\frac{Q}{10}$

$$\pi_1=P\cdot Q_1=\left(90-\frac{Q_1+Q_2}{10}\right)\cdot Q_1$$

$$\frac{\partial\pi_1}{\partial Q_1}=90-\frac{Q_1}{5}-\frac{Q_2}{10}=0$$

Q_1 和 Q_2 对称，则 $Q_1=Q_2=300$

$$P=90-\frac{600}{10}=30$$

(2) $\pi_1=[90-0.1(Q_1+Q_2)]Q_1-4Q_1$

对 Q_1求导，得 $90-0.2Q_1-0.1Q_2-4=0$

$\pi_2=[90-0.1(Q_1+Q_2)]Q_2-2Q_2$

对 Q_2求导，得 $90-0.1Q_1-0.2Q_2-2=0$

联立求解，可得 $Q_1=280$，$Q_2=300$，$P=90-0.1(Q_1+Q_2)=32$

15. 双寡头市场的需求函数为 $Q=a-P$，每个厂商的边际成本恒为 c，$a>c$，无固定成本，厂商1先决策产量 q_1，厂商2知晓厂商1的产量后再决策产量 q_2，求斯塔克博格均衡解。

解答：由厂商2最优化$\pi_2=(a-q_1-q_2)q_2-cq_2$

得厂商2的反应曲线 $q_2=(a-q_1-c)/2$

代入厂商1的最优化$\pi_1=(a-q_1-q_2)q_1-cq_1$

可得 $q_1=(a-c)/2$，$q_2=(a-c)/4$

第四节　博弈论和策略行为

一、单项选择题

1. A　2. A　3. B　4. B　5. B　6. A　7. A　8. C　9. C　10. B
11. C　12. B　13. B　14. B　15. C　16. B　17. C　18. A　19. B　20. B
21. C

二、判断题

1. T　2. F　3. T　4. T　5. F　6. T　7. F　8. T　9. T　10. T
11. T　12. T　13. F　14. T　15. T　16. T　17. T　18. T　19. T　20. T
21. T　22. T　23. F　24. T　25. T　26. T　27. T　28. F　29. T　30. T
31. T　32. T　33. T　34. T　35. T　36. T

三、简答题

1. 囚徒困境博弈如图 2-5-17 所示，请找出博弈的纳什均衡，说明为什么叫囚徒困境。

	B：坦白	抗拒
A：坦白	-5，-5	-1，-7
抗拒	-7，-1	-2，-2

图 2-5-17

解答：如图 2-5-18 所示，（坦白,坦白）是纳什均衡，该纳什均衡的结果是(-5,-5)，和为-10，不如（抗拒，抗拒）时的结果(-2,-2)，和为-4，个体的理性选择不符合集体的理性，这就是囚徒困境。

	B：坦白	抗拒
A：坦白	<u>-5</u>，<u>-5</u>	<u>-1</u>，-7
抗拒	-7，<u>-1</u>	-2，-2

图 2-5-18

2. 寻找博弈的纳什均衡（见图 2-5-19），是否存在纳什均衡的多重性？在多重性纳什均衡情况下，如何选择最为合理的策略组合。

	B：合作	不合作
A：合作	7，8	1，4
不合作	4，1	2，3

图 2-5-19

解答：如图 2-5-20 所示，（合作，合作）和（不合作，不合作）是本博弈的纳什均衡，出现了纳什均衡的多重性。当出现多个纳什均衡时，参与人可以根据帕累托上策来选择（合作，合作）这个纳什均衡，因为（合作，合作）的支付是（7，8），两个参与人的支付都好于（不合作，不合作）的支付（2，3）。

	B：合作	不合作
A：合作	7，8	1，4
不合作	4，1	2，3

图 2-5-20

3. 以下是智猪博弈，猪圈里有一头大猪、一头小猪。猪圈的一头有猪食槽，另一头安装着控制猪食供应的按钮，按一下按钮会有 10 单位的猪食进槽，猪食总共只有 10 单位，但是谁按按钮就会首先付出 2 单位的成本。若大猪先到槽边，大小猪吃到食物的收益比是 9∶1；若大小猪同时到槽边，大小猪吃到食物的收益比是 7∶3；若小猪先到槽边，大小猪吃到食物的收益比是 6∶4。

（1）请写出博弈的支付矩阵。

（2）寻找博弈的纳什均衡。

（3）智猪们有没有陷入囚徒困境？

解答：博弈的支付矩阵如图 2-5-21 所示。纳什均衡是（大猪按，小猪等），没有陷入囚徒困境。

	小猪：按	等
大猪：按	5，1	4，4
等	9，-1	0，0

图 2-5-21

4. 一个油田有价值 1 200 万元的石油，两家公司获得开采权，每家公司面临是打一口井还是打两口井的决策，每打一口井的成本是 100 万元，每口井的采油能力相同。

（1）写出博弈的支付矩阵。

（2）找出纳什均衡。

（3）两家公司是不是陷入囚徒困境？

解答：博弈的支付矩阵如图 2-5-22 所示。纳什均衡是（两口井，两口井），陷入囚徒困境，因为个体的理性选择不符合集体的理性。

	B：一口井	两口井
A：一口井	500，500	300，600
两口井	600，300	400，400

图 2-5-22

5. 给定博弈的支付矩阵如图 2-5-23 所示。

	B：上	下
A：上	2，1	0，0
下	0，0	1，2

图 2-5-23

（1）有没有占优策略均衡。

（2）找出该博弈的纯策略纳什均衡。

（3）计算混合策略纳什均衡。

解答： 如图 2-5-24 所示，不存在占优策略均衡。有两个纯策略纳什均衡（上，上）和（下，下）。

令 A 选上的概率为 x，则选下的概率为 $1-x$；令 B 选上的概率为 y，则选下的概率为 $1-y$。

$E_A=2\cdot xy+1(1-x)(1-y)$

$\frac{\partial E_A}{\partial x}=2y-(1-y)=0, y=\frac{1}{3}$

$E_B=1\cdot xy+2(1-x)(1-y)$

$\frac{\partial E_B}{\partial y}=x-2(1-x)=0, x=\frac{2}{3}$

$A\left(\frac{2}{3},\frac{1}{3}\right)$，$B\left(\frac{1}{3},\frac{2}{3}\right)$是本博弈的混合策略纳什均衡。

	B：上	下
A：上	2，1	0，0
下	0，0	1，2

图 2-5-24

6. 卡特尔博弈如图 2-5-25 所示。

	B：合谋	违约
A：合谋	1 800，1 800	1 500，2 000
违约	2 000，1 500	1 600，1 600

图 2-5-25

（1）有没有占优策略均衡？找出占优策略均衡。

（2）有没有纳什均衡？找出纳什均衡。

（3）双方合谋的卡特尔协议是否稳定？为什么？

（4）双方是否陷入囚徒困境。

解答： 存在占优策略均衡（违约，违约）。存在纳什均衡（违约，违约）。双方合谋的卡特尔协议不稳定，因为（合谋，合谋）不是纳什均衡。陷入了囚徒困境，因为个体理性选择的结果（违约，违约）不符合集体的理性。

7. 给定博弈的支付矩阵如图 2-5-26 所示。

	乙：左	右
甲：上	a，b	c，d
下	e，f	g，h

图 2-5-26

（1）如果（上，左）是占优策略均衡，那么 a，b，g，f 分别要满足什么条件？

（2）如果（上，左）是纳什均衡，那么 a，b，g，f 分别要满足什么条件？

解答： 如果（上，左）是占优策略均衡，那么 a，b，g，f 分别要满足 $a \geq e$，$c \geq g$，$b \geq d$，$f \geq h$。如果（上，左）是纳什均衡，那么 a，b，g，f 分别要满足 $a \geq e$，$b \geq d$。

8. 公共品投资博弈如图 2-5-27 所示。请找出纳什均衡，判断是否陷入囚徒困境。

	B：投资	搭便车
A：投资	12，12	-2，15
搭便车	15，-2	0，0

图 2-5-27

解答： 如图 2-5-28 所示，纳什均衡是（搭便车，搭便车），陷入了囚徒困境，因为个体理性不符合集体理性。

	B：投资	搭便车
A：投资	12，12	-2，15
搭便车	15，-2	0，0

图 2-5-28

9. 同宿舍两个人，收入均为 500 元，都认为有电视的价值是 300 元，买电视成本是 400 元，都认同买，则各承担一半费用；一方认同买，则独自承担费用（见图 2-5-29）。请寻找纳什均衡，判断是不是囚徒困境。

	B：买	不买
A：买	600，600	400，800
不买	800，400	500，500

图 2-5-29

解答： 如图 2-5-30 所示，纳什均衡是（不买，不买），是囚徒困境，因为个体理性不符合集体理性。

	B：买	不买
A：买	600，600	400，800
不买	800，400	500，500

图 2-5-30

10. 在田忌赛马的故事中，齐王和田忌各有三匹马（上马、中马、下马），齐王每个等级的马都比田忌的相同等级的马厉害，但田忌的上马比齐王的中马要好，田忌的中马比齐王的下马要好。比赛三场，每匹马只能出场一次，请写出这个博弈的标准式，田忌有没有赢的可能性？

解答：这个博弈的标准式如图 2-5-31 所示。田忌有赢的可能性。

	田忌					
齐王	上中下	上下中	中上下	中下上	下上中	下中上
上中下	3，−3	1，−1	1，−1	1，−1	−1，1	1，−1
上下中	1，−1	3，−3	1，−1	1，−1	1，−1	−1，1
中上下	1，−1	−1，1	3，−3	1，−1	1，−1	1，−1
中下上	−1，1	1，−1	1，−1	3，−3	1，−1	1，−1
下上中	1，−1	1，−1	1，−1	−1，1	3，−3	1，−1
下中上	1，−1	1，−1	−1，1	1，−1	1，−1	3，−3

图 2-5-31

11. 动态博弈如图 2-5-32 所示，请写出甲的策略集。

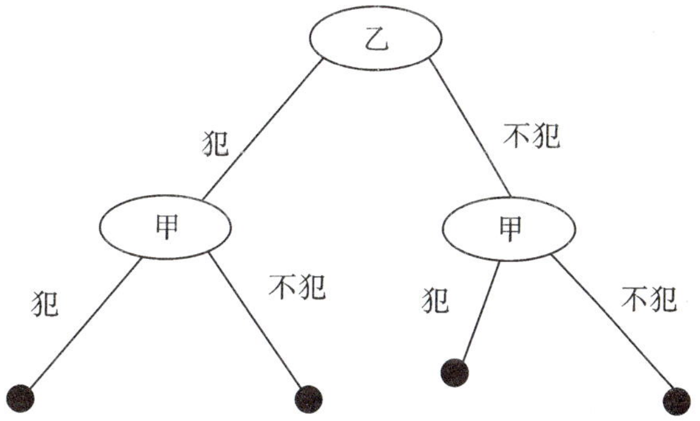

图 2-5-32

解答：{（犯，犯），（犯，不犯），（不犯，犯），（不犯，不犯）}

12. A 国与 B 国在某战略产业的生产博弈如图 2-5-33 所示。

（1）求解纯策略纳什均衡。

（2）若 B 国政府实施策略性贸易政策，对该产品的生产补贴 5，求解此时的纳什均衡。

	B：生产	不生产
A：生产	−2，−2	8，0
生产	0，8	0，0

图 2-5-33

解答：（1）存在两个纯策略纳什均衡（生产，不生产），（不生产，生产）

（2）补贴 5 时，博弈变成如图 2-5-34 所示。

	B：生产	不生产
A：生产	-2，3	8，0
不生产	0，13	0，0

图 2-5-34

纯策略纳什均衡变成（不生产，生产）。

13. 求解如图 2-5-35 所示博弈的纳什均衡。

		B	
		L	R
A	U	1，2	0，4
	D	0，5	3，2

图 2-5-35

解答：不存在纯策略纳什均衡。可求解混合策略纳什均衡。

$2\pi_U+5(1-\pi_U)=4\pi_U+2(1-\pi_U)$

$\Rightarrow \pi_U=3/5$

$\pi_L=3(1-\pi_L)$

$\Rightarrow \pi_L=3/4$

因此，混合策略纳什均衡为 A 的混合策略是（3/5,2/5），B 的混合策略是（3/4,1/4）。

14. 什么叫逆向归纳法。

解答：动态博弈（也叫序贯博弈）求解时，从最后的子博弈开始求解最优化，一层一层往前推，直到最先行动者求解最优化，理性共识决定了逆向归纳法的可行性。

四、计算题

1. 市场需求曲线为 $P(Q)=a-Q$，有三个寡头厂商产量分别是 q_1，q_2，q_3，$Q=q_1+q_2+q_3$，每个厂商的边际成本都为 C，没有固定成本。企业按照以下顺序进行产出决策：企业 1 选择 q_1；企业 2 和企业 3 观察到 q_1，同时决策产量 q_2和 q_3。求解此博弈的均衡。

解答：$\pi_2=(P-C)\ q_2=(a-q_1-q_2-q_3-C)\ q_2$

$$\frac{\partial \pi_2}{\partial q_2}=a-q_1-2q_2-q_3-C=0 \text{ ①}$$

$\pi_3=(P-C)\ q_3=(a-q_1-q_2-q_3-C)\ q_3$

$$\frac{\partial \pi_3}{\partial q_3}=a-q_1-q_2-2q_3-C=0 \text{ ②}$$

由①②联立可得：$q_2=q_3=\dfrac{a-q_1-C}{3}$

$\pi_1=(P-C)\ q_1=(a-q_1-q_2-q_3-C)\ q_1=\left(a-q_1-2\times\frac{a-q_1-C}{3}-C\right)q_1$

$\frac{\mathrm{d}\pi_1}{\mathrm{d}q_1}=0$，解得 $q_1=\frac{a-C}{2}$，$q_2=\frac{a-C}{6}$，$q_3=\frac{a-C}{6}$

子博弈精炼纳什均衡为$\left(\frac{a-C}{2},\ \frac{a-C}{6},\ \frac{a-C}{6}\right)$

2. 市场需求曲线为 $P(Q)=a-Q$，有三个寡头厂商产量分别是 q_1，q_2，q_3，$Q=q_1+q_2+q_3$，每个厂商的边际成本都为 C，没有固定成本。企业按照以下顺序进行产出决策：企业 1 和企业 2 同时决策产量 q_1和 q_2；企业 3 观察到 q_1和 q_2后，决策产量 q_3。求解此博弈的均衡。

解答：$\pi_3=(P-C)\ q_3=(a-q_1-q_2-q_3-C)\ q_3$

$\frac{\partial\pi_3}{\partial q_3}=a-q_1-q_2-2q_3-C=0\Rightarrow q_3=\frac{a-q_1-q_2-C}{2}$

$\pi_1=(P-C)\ q_1=(a-q_1-q_2-q_3-C)\ q_1$

$=\left(a-q_1-q_2-\frac{a-q_1-q_2-C}{2}-C\right)q_1$

$\frac{\partial\pi_1}{\partial q_1}=0$，$\frac{a}{2}-q_1-\frac{q_2}{2}-\frac{C}{2}=0$ ①

$\pi_2=(P-C)\ q_2=(a-q_1-q_2-q_3-C)\ q_2=(a-q_1-q_2-\frac{a-q_1-q_2-C}{2}-C)\ q_2$

$\frac{\partial\pi_2}{\partial q_2}=0$，$\frac{a}{2}-\frac{q_1}{2}-q_2-\frac{C}{2}=0$ ②

由①②联立可得 $q_1=q_2=\frac{a-C}{3}$

代入 q_3，解得 $q_3=\frac{a-C}{6}$

子博弈精炼纳什均衡为$\left(\frac{a-C}{3},\ \frac{a-C}{3},\ \frac{a-C}{6}\right)$

3. 两个寡头生产同质产品，边际成本恒为 0，也没有固定成本，市场需求函数为 $P=1\ 500-Q$。

（1）求古诺均衡解和市场价格。

（2）求卡特尔合谋解和市场价格。

（3）若一个厂商遵守上述卡特尔协议，求另一个厂商的最优解和市场价格。

（4）请写出卡特尔博弈的支付矩阵，找出纳什均衡，判断是否陷入囚徒困境，判断卡特尔协议是否稳定。

解答：（1）古诺均衡时，$\pi_1=PQ_1=(1\ 500-Q_1-Q_2)Q_1$

$\frac{\partial\pi_1}{\partial Q_1}=1\ 500-2Q_1-Q_2=0$

利用对称性 $Q_1=Q_2=\frac{1\ 500}{3}=500$，$P=500$

(2) 卡特尔均衡时，$\pi=P(Q_1+Q_2)=(1\,500-Q_1-Q_2)(Q_1+Q_2)$

$$\frac{\partial \pi}{\partial Q_1}=1\,500-2Q_1-2Q_2=0$$

利用对称性 $Q_1=Q_2=\frac{1\,500}{4}=375$，$P=750$

(3) 一方遵守卡特尔协议：$\pi_1=PQ_1=(1\,500-Q_1-375)Q_1$

$$\frac{\mathrm{d}\pi_1}{\mathrm{d}Q_1}=1\,125-2Q_1=0$$

$Q_1=562.5$，$Q_2=375$，$P=562.5$

(4) 如图 2-5-36 所示，纳什均衡是(违约,违约)，是陷入囚徒困境，卡特尔协议不稳定。

	厂商 2：遵守	违约
厂商 1：遵守	375×750，375×750	375×562.5，562.5×562.5
违约	562.5×562.5，375×562.5	500×500，500×500

图 2-5-36

4. 考虑一个家庭博弈，哥哥首先选择对他妹妹的关心程度 $x\in[0,1]$，从而决定了他的收入 $1-x^2$ 和他妹妹的收入 x。观察到哥哥的行为 x 后，父母选择留给哥哥的零花钱 $y\in[0,1]$ 和妹妹的零花钱 $1-y$。哥哥只在乎自己的效用 $\ln(1-x^2+y)$，但是父母在乎两个孩子的效用之和 $\ln(1-x^2+y)+\ln(x+1-y)$。

(1) 父母看到哥哥的行为 x 之后，他们会如何分配零花钱 $y(x)$。

(2) 求该问题的子博弈精炼纳什均衡。

(3) 如果父母可以完全控制哥哥的行为，他们会选择什么样的 x 和 y?

(4) 如果问题改为父母先分配零花钱 y，哥哥再决定对妹妹的关心程度 x，求该问题的子博弈精炼纳什均衡。

解答：

(1) 父母最大化效用：$\max U=\ln(1-x^2+y)+\ln(x+1-y)$

$$\frac{\partial U}{\partial y}=\frac{1}{1-x^2+y}-\frac{1}{x+1-y}=0$$

$$y=\frac{x^2+x}{2}$$

(2) 已知父母的策略是 $y(x)=(x^2+x)/2$，哥哥的优化问题是：

$$\max_x V=\ln\left(1-x^2+\frac{x^2+x}{2}\right)$$

$$\frac{\mathrm{d}V}{\mathrm{d}x}=\frac{\frac{1}{2}-x}{1+\frac{x}{2}-\frac{x^2}{2}}=0$$

$$x^*=\frac{1}{2},\ y^*=\frac{3}{8}$$

（3）如果父母决定 x 和 y，他们的问题是：

$$\max_{x,y} U=\ln(1-x^2+y)+\ln(x+1-y)$$

$$\frac{\partial U}{\partial x}=\frac{-2x}{1-x^2+y}+\frac{1}{x+1-y}=0$$

$$\frac{\partial U}{\partial y}=\frac{1}{1-x^2+y}-\frac{1}{x+1-y}=0$$

$$x^*=\frac{1}{2},\quad y^*=\frac{3}{8}$$

（4）按照逆向归纳法，哥哥先决定最优的反应函数 x（y）：

$$\max_{x} V=\ln(1-x^2+y)$$

$$\frac{\partial V}{\partial x}=\frac{-2x}{1-x^2+y}=0$$

$$x(y)=0$$

父母再根据 $x(y)$ 决定 y：

$$\max_{y} U=\ln(1-x(y)^2+y)+\ln(x(y)+1-y)$$

$$\frac{\mathrm{d}U}{\mathrm{d}y}=\frac{1}{1+y}-\frac{1}{1-y}=0$$

$$x'=0,\quad y'=0$$

5. 考虑 A、B 两个同学就打扫寝室卫生的问题进行博弈：如果两人一起分摊打扫工作，那么他们的收益各为 20，付出的体力成本各为 8；如果有一方打扫，另一方偷懒不打扫，那么打扫的同学收益为 20，付出的体力成本为 30，没有打扫的同学收益为 20，付出的体力成本为 0；如果两人都不打扫，那么他们的收益都为 0，成本都为 0。

（1）请写出该博弈的支付矩阵。

（2）请找出该博弈的占优策略均衡、纳什均衡。

（3）博弈是否陷入囚徒困境？

（4）如果两位同学签订了一份“共同打扫卫生协议”，该协议是否稳定？为什么？

解答：（1）该博弈的支付矩阵如图 2-5-37 所示。

	B：打扫	不打扫
A：打扫	12，12	-10，20
不打扫	20，-10	0，0

图 2-5-37

（2）占优策略均衡是（不打扫，不打扫），纳什均衡为（不打扫，不打扫）。

（3）该博弈属于囚徒困境，因为个体的理性选择不符合其集体理性。

（4）不稳定，该协定不是纳什均衡，给定对方打扫，任意参与人都有偏离打扫的动机。

6. 张三和李四进行剪刀、石头、布的游戏，如果胜者使用的是剪刀，他赢输家 3 元；如果胜者使用的是石头，他赢输家 2 元；如果胜者使用的是布，他赢输家 1 元。

（1）写出该博弈的标准式。

（2）计算该博弈的纳什均衡。

解答：（1）该博弈的标准式如图 2-5-38 所示。

		李四		
		剪刀	石头	布
张三	剪刀	0，0	-2，2	3，-3
	石头	2，-2	0，0	-1，1
	布	-3，3	1，-1	0，0

图 2-5-38

（2）假设张三出剪刀、石头和布的概率分别为（p_1，p_2，$1-p_1-p_2$），李四出剪刀、石头和布的概率分别为（q_1，q_2，$1-q_1-q_2$）。

张三的期望收益如下：

$$\pi_1=-2p_1q_2+3p_1(1-q_1-q_2)+2p_2q_1-p_2(1-q_1-q_2)-3(1-p_1-p_2)q_1+(1-p_1-p_2)q_2$$

张三的一阶条件如下：

$$\frac{\partial\pi_1}{\partial p_1}=-2q_2+3(1-q_1-q_2)+3q_1-q_2=3-6q_2=0$$

$$\frac{\partial\pi_1}{\partial p_2}=2q_1-(1-q_1-q_2)+3q_1-q_2=6q_1-1=0$$

此时，$q_1=\frac{1}{6}$，$q_2=\frac{1}{2}$，$q_3=\frac{1}{3}$。

根据对称性，得到$p_1=\frac{1}{6}$，$p_2=\frac{1}{2}$，$p_3=\frac{1}{3}$

张三出剪刀、石头和布的概率分别为$\left(\frac{1}{6},\ \frac{1}{2},\ \frac{1}{3}\right)$，李四出剪刀、石头和布的概率分别$\left(\frac{1}{6},\ \frac{1}{2},\ \frac{1}{3}\right)$。

7. 开发博弈如图 2-5-39 所示，请求解子博弈精炼纳什均衡。

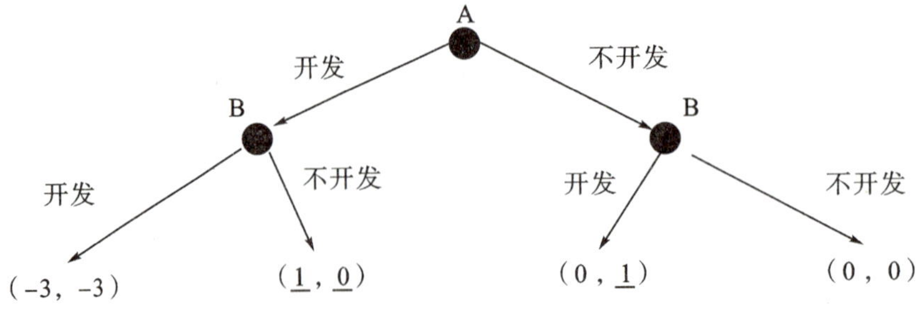

图 2-5-39

解答：根据逆向归纳法，当 A 选择开发时，B 选不开发，因为 0>-3；当 A 选择不开发时，B 选开发，因为 1>0。B 的理性选择 A 知道，逆向归纳至 A，A 会选择开发，因为 1>0。因此，本博弈的子博弈精炼纳什均衡为［开发，（不开发，开发）］。

8. 赡养博弈如图 2-5-40 所示，请求解子博弈精炼纳什均衡。

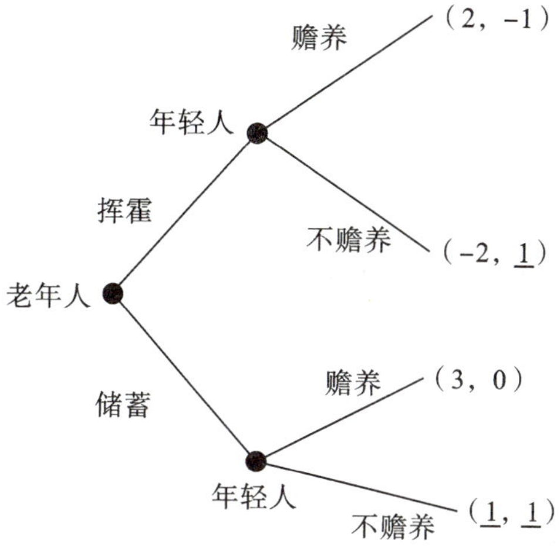

图 2-5-40

解答：运用逆向归纳法，从子博弈开始分析，老年人选储蓄时，年轻人选择不赡养，因为 1>0；老年人选择挥霍时，年轻人选择不赡养，因为 1>-1，逆向归纳到老年人时，他会选择储蓄，因为 1>-2。因此，本博弈的子博弈精炼纳什均衡为［储蓄，（不赡养，不赡养）］。

第六章

生产要素市场和收入分配参考答案

一、思考题

1. 试说明生产要素理论在微观经济学以及整个西方经济学中的地位。

解答：微观经济学旨在研究市场机制的有效性，市场包括产品市场和生产要素市场。生产要素的价格决定是分配理论的基础，生产要素市场理论构成了西方经济学收入分配学说的主要内容。分配论还包括收入不平等程度与收入差异等理论。

2. 试述生产者的要素使用原则和消费者的要素供给原则。

解答：生产者的要素使用原则是要素的边际收益等于要素的边际成本，即 $MRP=MFC$，在不同的市场类型中，有不同的形式，如完全竞争厂商（卖方和买方都是完全竞争市场）的要素使用原则是 $VMP=W$。

消费者的要素供给原则是消费者追求效用最大化，作为要素供给的资源的边际效用等于作为自用资源的边际效用，即

$$\frac{\mathrm{d}U}{\mathrm{d}L_{自用}}=\frac{\mathrm{d}U}{\mathrm{d}Y}\cdot\frac{\mathrm{d}Y}{\mathrm{d}L_{供给}}$$

3. 利润最大化产量和利润最大化的要素使用量有什么关系？

解答：厂商是理性的，追求利润最大化，条件是边际收益等于边际成本，即 $MR=MC$。在产品市场，厂商实现利润最大化的条件是产量的边际收益等于边际成本，即 $\mathrm{d}R/\mathrm{d}Q=\mathrm{d}C/\mathrm{d}Q$。在要素市场，厂商实现利润最大化的条件是要素的边际收益等于边际成本，即 $\mathrm{d}R/\mathrm{d}L=\mathrm{d}C/\mathrm{d}L$（劳动要素）。

4. 在什么情况下要素供给曲线会向后弯曲或垂直？为什么？

解答：当要素价格上升，消费者的要素供给量先增加后减少，这叫背弯的要素供给曲线。当替代效应大于收入效应，要素供给曲线向右上方倾斜，当收入效应大于替代效应，要素供给曲线向右下方倾斜，即出现背弯。垂直的要素供给曲线以土地为例，土地

的数量是固定的，若假定土地没有自用用途，全部用作生产性用途，则土地的供给曲线是垂直的。因为不会发生替代效应和收入效应，无论土地供给的价格是多少，始终供给固定数量的土地。

5. 在什么情况下要素的需求曲线和供给曲线不存在？为什么？

解答：买方垄断企业的要素需求曲线不存在，因为在利润最大化条件下，可能出现同一个要素价格对应两个甚至多个不同的最优要素使用量，也可能出现同一个最优要素使用量对应两个甚至多个不同价格的情况，即要素价格与最优要素使用量之间的对应关系不唯一。如果某种生产要素是卖方垄断供给的产品，则其供给曲线不存在，原因是要素价格和要素供给量之间的对应关系不唯一。

6. 谈谈你对资本市场均衡的看法。

解答：资本市场均衡是资本要素的供给和资本要素的需求形成的均衡。资本需求曲线和资本供给曲线的交点形成资本的均衡价格，即利率和均衡数量。在短期，资本的供给曲线是垂直的，即供给量固定。在长期，随着储蓄和资本折旧的差异，资本供给会变化，当储蓄大于折旧，则资本供给增加，在需求不变的条件下，利率将降低，反之则反是。

7. 试用马克思主义经济学的观点对西方经济学的分配理论进行分析和评价。

解答：西方经济学的分配理论主张生产要素按照其在生产中的贡献参与分配。例如，在完全竞争市场，生产要素的价格 $W=VMP$，这种观点有其合理性，生产要素应该参与分配，否则生产要素所有者就没有积极性供给要素来促进生产。我国的分配政策肯定了生产要素参与分配。党的十九大报告强调："坚持按劳分配原则，完善按要素分配的体制机制"。西方经济学的分配理论忽略了生产关系，资本家雇佣劳动力作用于劳动对象，劳动力创造了超过劳动力价值的价值，即剩余价值，资本家无偿占有了劳动者创造的剩余价值，这是剥削。西方经济学的分配理论否认了剥削的存在。

二、单项选择题

1. D	2. D	3. C	4. A	5. A	6. C	7. A	8. C	9. A	10. A
11. C	12. D	13. A	14. C	15. D	16. B	17. B	18. B	19. A	20. A
21. C	22. D	23. D	24. C	25. B	26. A	27. A	28. D	29. C	30. B
31. D	32. B	33. C	34. B	35. D	36. A	37. B	38. A	39. D	40. C
41. B	42. B	43. C	44. A	45. B	46. B	47. C	48. C	49. B	

三、判断题

1. T	2. T	3. T	4. T	5. F	6. T	7. T	8. T	9. T	10. T
11. T	12. F	13. T	14. T	15. T	16. F	17. T	18. T	19. T	20. T
21. T	22. T	23. F	24. T	25. T	26. T	27. T	28. T	29. T	30. T
31. F	32. T	33. T	34. T	35. T	36. T	37. T	38. T	39. T	40. F
41. T	42. T	43. T	44. T	45. T	46. T	47. F	48. T	49. T	50. T
51. T	52. F	53. T	54. F	55. T	56. T	57. T	58. F	59. T	60. T

四、简答题

1. 论证背弯的劳动供给曲线。

解答：设初始财富为 m，其时间为 $\bar{R}$，令 $m=P\bar{C}$，$\bar{C}$ 是消费量，P 是消费价格，禀赋的价值是 $P\bar{C}+w\bar{R}$，w 是时间价格，即工资。$PC=P\bar{C}+w(\bar{R}-R)$，R 为闲暇。

预算约束为 $PC+wR=P\bar{C}+w\bar{R}$

消费者的目标函数是 $U(C, R)$

$$\frac{\Delta R}{\Delta w}=\frac{\Delta R^{s}}{\Delta w}+(\bar{R}-R)\frac{\Delta R}{\Delta m}$$

若替代效应大于收入效应，w 上升，闲暇减少，劳动增加。

若替代效应小于收入效应，w 上升，闲暇增加，劳动减少。

如图 2-6-1 所示。

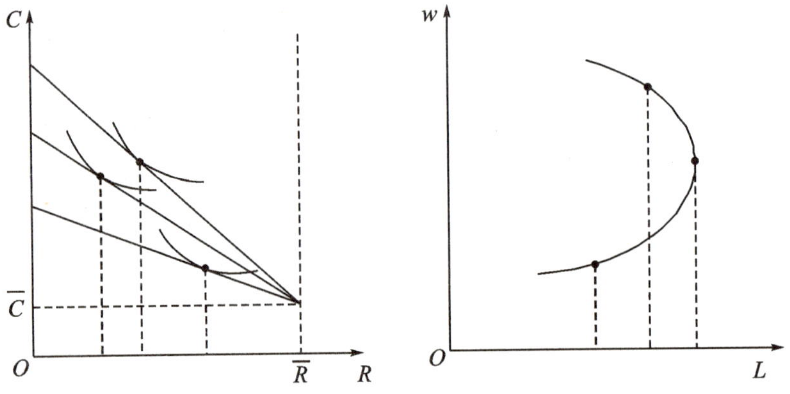

图 2-6-1

2. 土地的供给曲线为什么垂直？

解答：土地的数量是固定的，若假定土地没有自用用途，全部用作生产性用途，则土地的供给曲线是垂直的，因为不会发生替代效应和收入效应。

3. 论证背弯的储蓄供给曲线。

解答：$U(C_1, C_2)$

s.t. $(1+r)C_1+C_2=(1+r)m_1+m_2$

$$\frac{\Delta C_1}{\Delta r}=\frac{\Delta C_1^{s}}{\Delta r}+(m_1-C_1)\frac{\Delta C_1^{m}}{\Delta m}$$

对于储蓄者，$\frac{\Delta C_1}{\Delta r}$符号不确定，若替代效应大于收入效应，利率上升，$C_1$ 减少，S_1 增加；若替代效应小于收入效应，利率上升，C_1 增加，S_1 减少（见图 2-6-2）。

对于借款者，$\frac{\Delta C_1}{\Delta r}$符号为负，利率上升，$C_1$ 减少，S_1 增加，不存在背弯的储蓄供给曲线。

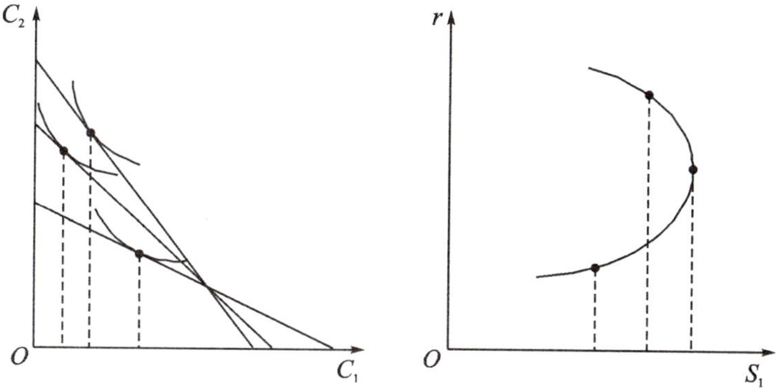

图 2-6-2

4. 什么是边际要素成本 MFC？为什么完全竞争厂商的 $MFC=w$，而买方垄断厂商的 $MFC \geqslant w$？

解答：边际要素成本 $MFC=\frac{dC}{dL}=\frac{d[w(L)\cdot L]}{dL}=w(L)+L\cdot\frac{d[w(L)]}{dL}$

完全竞争厂商面临的 $w(L)$ 是恒定的水平线，$\frac{d[w(L)]}{dL}=0$，因此 $MFC=w$

买方垄断厂商面临的 $w(L)$ 向右上方倾斜，$MFC=w(L)+L\cdot\frac{d[w(L)]}{dL}>w(L)$

5. 什么是边际收益产品 MRP？为什么完全竞争厂商的 MRP 等于 VMP？

解答：边际收益产品 $MRP=\frac{dR}{dL}=\frac{d\{R[Q(L)]\}}{dL}=\frac{dQ}{dL}\cdot\frac{dR}{dQ}=MR\cdot MP_L$

完全竞争厂商 $MR=P$，因此 $MRP=P\cdot MP_L=VMP_L$（劳动要素）

6. 画图说明为什么地租会出现为零的情况。

解答：土地供给是固定的，当土地需求有限时，如 D'，则地租为零；当土地需求增加，地租变为正值（见图 2-6-3）。

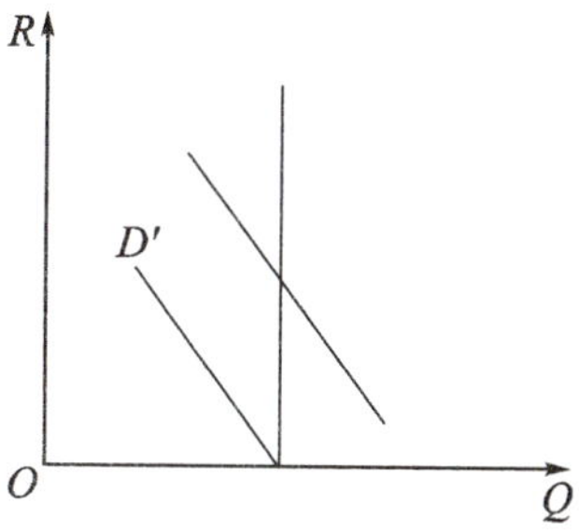

图 2-6-3

7. 完全竞争市场中劳动的名义报酬和实际报酬取决于什么？

解答：在完全竞争市场，生产者的要素使用原则是 $P\times MP_L=W$，名义工资 W，取决于 $P\times MP_L$，实际工资等于 W/P，取决于 MP_L。

8. 什么是边际生产率分配论？

解答：边际生产率分配论最先由美国经济学家克拉克提出，在其他条件不变和边际生产力递减的前提下，一种生产要素的价格取决于其边际生产率，即生产要素按照在生产中的贡献（边际生产率）获得报酬。后来，西方经济学认为，生产要素的价格由要素的需求曲线和要素的供给曲线共同决定。要素的边际生产力是决定要素需求的基础。

9. 简述厂商对要素的使用原则。

解答：厂商使用要素实现利润最大化，要满足要素的边际收益等于要素的边际成本，即$\frac{dR}{dL}=\frac{dC}{dL}$。

10. 简述消费者的要素供给原则。

解答：消费者将要素分为自用和供给两部分。消费者追求效用最大化，作为供给要素实现的边际效用等于自用要素的边际效用，即$\frac{dU}{dL_{自用}}=\frac{dU}{dY}\cdot\frac{dY}{dL_{供给}}$。

11. “男女工有相同的边际生产力，男女工的工资也一定相同。”你认为这句话对吗？

解答：不对。如果是完全竞争的劳动力市场，若男女工边际生产力相同，则工资也应该相同，否则厂商只会雇佣工资低的劳动力。如果厂商在劳动力市场是垄断买方，则即使男女工边际生产力相同，其工资也会出现差异，只要男女工的要素供给曲线具有不同的供给价格弹性，即 $MRP=MFC=w\left(1+\frac{1}{\eta}\right)$，$\eta$ 是劳动供给弹性，即使 MP_L 相同，w 也可能不同。

12. 设只有一种可变投入要素 L 的生产企业，生产函数为 $Q=10L+5L^2-L^3$，产品价格为 30 元，工资率为 60 元。试求最优的劳动投入量。

解答：$P\cdot MP_L=w\Rightarrow 30\cdot(10+10L-3L^2)=60\Rightarrow L=4$

13. 简述西方经济学的生产要素价格决定理论。

解答：生产要素的价格取决于生产要素的需求曲线和供给曲线，两者共同实现均衡价格。生产要素的需求曲线取决于要素在生产中的贡献，即要素的边际收益，生产要素按贡献取得报酬。生产要素的供给取决于消费者对自用要素和供给要素的效用最大化选择。

14. 某人意外地接受了一笔财富，他的收入-闲暇预算线如何变化？工作时间有何变化？

解答：若没有初始财富，则 $Y=w(\bar{L}-L)$，$\bar{L}$ 是时间禀赋，即 24 小时；$Y+wL=w\bar{L}$，L 是闲暇量。

若有一笔初始财富，则 $Y=w_0+w(\bar{L}-L)$，$Y+wL=w\bar{L}+w_0$，预算线会向右上方平移。闲暇量是正常物品，收入增加，闲暇会增加，工作会减少。

15. 简述完全竞争厂商的要素使用原则。

解答：$VMP=W$

16. 简述不完全竞争厂商的要素使用原则。

解答：买方垄断卖方完全竞争厂商的要素使用原则是 $VMP=MFC$。买方完全竞争卖方垄断的要素使用原则是 $MRP=W$。买方垄断卖方垄断厂商的要素使用原则是 $MRP=MFC$。

五、计算题

1. 设一厂商使用的可变要素为劳动 L，其生产函数为 $Q=-0.01L^3+L^2+36L$。式中，Q 为每日产量，L 是每日投入的劳动小时数，所有市场（劳动市场及产品市场）都是完全竞争的，单位产品价格是 0.1 元，小时工资为 4.8 元，厂商要求利润最大化。请问厂商每天要雇佣多少小时劳动？

解答：完全竞争厂商的要素使用原则为 $VMP=P \cdot MP_L=w$

$MP_L=-0.03L^2+2L+36$，$P=0.1$，$w=4.8$ 代入得：

$4.8=0.1(-0.03L^2+2L+36)$，$L=\frac{20}{3}$（舍去），因为$\frac{\mathrm{d}MP_L}{\mathrm{d}L}=-0.06L+2=1.6>0$，不满足边际产量递减。$L=60$，厂商每天雇佣 60 小时劳动。

2. 假定某劳动市场的供求曲线分别为 $S_L=100w$，$D_L=6\,000-100w$，则：

（1）均衡工资为多少？

（2）假如政府对工人提供的每单位劳动课以 10 元的税，则新的均衡工资为多少？

（3）实际上对单位劳动征收的 10 元由谁支付？

（4）政府征收到的总税收额为多少？

解答：（1）$D_L=6\,000-100w$，$S_L=100w$，$D_L=S_L$，则 $6\,000-100w=100w$，$w=30$ 元

（2）征收 10 元的税后，S_L 变成 $100(w-10)$，$100(w-10)=6\,000-100w$，$w=35$ 元

（3）10 元税收由劳动供给方和需求方共同承担，各承担 5 元。

（4）税后均衡数量为 2 500，税收收入为 $2\,500\times10=25\,000$ 元。

3. 已知劳动是唯一的可变要素，生产函数为 $Q=A+10L-5L^2$，产品市场是完全竞争的，劳动价格为 W，试求：

（1）厂商对劳动的需求函数。

（2）说明厂商对劳动的需求与工资反方向变化。

（3）说明厂商对劳动的需求与产品价格同方向变化。

解答：（1）$P \cdot MP_L=w$，$MP_L=10-10L$，$P\cdot(10-10L)=w$，$L=1-\frac{w}{10P}$

（2）$\frac{\partial L}{\partial w}=-\frac{1}{10P}<0$，劳动需求与工资反方向变化。

（3）$\frac{\partial L}{\partial P}=\frac{w}{10P^2}>0$，劳动需求与产品价格同方向变化。

4. 某产品和要素市场上的垄断者，其生产函数为 $Q=4L$，产品的需求函数是 $Q=100-P$，工人的劳动供给函数是 $L=0.5W-20$。为了谋求最大利润，该厂商应生产多少产量？L，W，P 各为多少？

解答：垄断厂商的要素使用原则为 $MRP=MFC$，即$\frac{\mathrm{d}R}{\mathrm{d}L}=\frac{\mathrm{d}C}{\mathrm{d}L}$

$R=PQ=Q(100-Q)=100Q-Q^2$，$Q=4L\Rightarrow R=100\cdot4L-(4L)^2$

$\frac{\mathrm{d}R}{\mathrm{d}L}=400-32L$，$TC(L)=wL=2L(L+20)$，$\frac{\mathrm{d}TC(L)}{\mathrm{d}L}=4L+40$

$400-32L=4L+40\Rightarrow L=10$，$Q=4L=40$，$P=100-Q=60$

5. 假定一垄断厂商仅使用劳动 L 生产产品，产品按竞争市场的固定价格出售，$P=2$，生产函数为 $Q=6L+3L^2-0.02L^3$，劳动的供给函数为 $W=60+3L$，求利润最大化时的 L，Q，W。

解答：买方垄断卖方完全竞争厂商的要素使用原则为 $VMP=MFC$。

$P\cdot MP_L=2(6+6L-0.06L^2)$

$C=wL=L(60+3L)$，$MFC=\dfrac{dC}{dL}=60+6L$

$2(6+6L-0.06L^2)=60+6L$

$L=10$（舍去）或 $L=40$，$Q=3\ 760$，$W=180$

当 $L=10$ 时，$MP_L'=4.8$，MP_L 递增，不符合边际产量递减规律。

6. 假设劳动的市场需求曲线是 $D_L=-10w+150$，劳动的供给曲线是 $S_L=20w$，w 为工资（元/日）。试求：

（1）这一市场劳动与工资的均衡水平是多少？

（2）若政府希望把均衡工资提高到 6 元/日，政府需要补贴多少钱？新的就业水平是多少？劳动供给方得到的补贴是多少？

（3）假如政府实施最低工资法，最低工资是 6 元/日，在这个工资水平下劳动需求是多少？失业人数是多少？

解答：（1）均衡时，$D_L=S_L$，$-10w+150=20w\Rightarrow w=5$（元），$D_L=S_L=100$（人）

（2）补贴时（见图 2-6-4），劳动力的需求曲线右移，新的就业水平为 $20\times6=120$（人），$D'_L=-10(w-s)+150$，$w=6$，$D'_L=120$，代入得 $s=3$

政府需发放补贴 $=3\times120=360$（元）

劳动供给方得到的补贴 $=(6-5)\times120=120$（元）

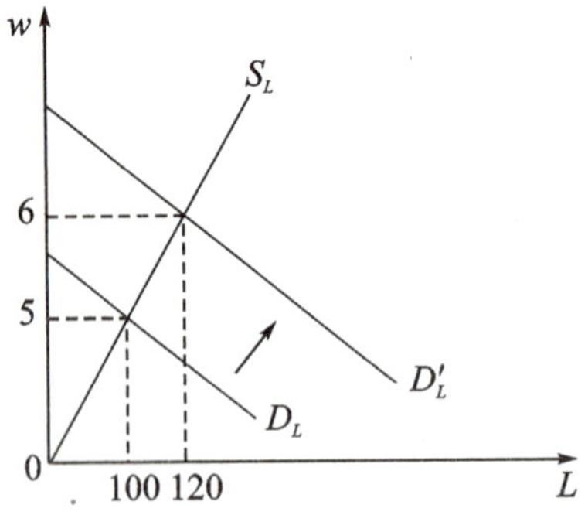

图 2-6-4

（3）在最低工资法下，$D_L=-10\times6+150=90$（人），$S_L=20\times6=120$（人），失业人数为 $S_L-D_L=120-90=30$（人）

7. 完全竞争厂商（产品市场和要素市场都是）的生产函数为 $Q=48L^{0.5}K^{0.5}$，Q 是年产出，产品价格为 50 元，工人的年工资是 14 400 元，资本的价格是 80 元。短期，该厂商拥有 3 600 单位的资本。试求：

（1）该厂商的劳动需求曲线。

（2）最优的劳动雇佣量是多少？

（3）年利润是多少？

解答：（1）$MP_L=\frac{\partial Q}{\partial L}=24L^{-0.5}\times 3\ 600^{0.5}=1\ 440L^{-0.5}$，$P\cdot MP_L=w$

$50\times 1\ 440L^{-0.5}=72\ 000L^{-0.5}=w\Rightarrow L=5\ 184\times 10^6 w^{-2}$

（2）将 $w=14\ 400$ 代入得 $L=25$（人）

（3）利润 $=TR-TC=50\times 48\times 25^{0.5}\times 3\ 600^{0.5}-3\ 600\times 80-14\ 400\times 25=72\ 000$（元）

8. 产品市场的垄断者只使用一种可变投入要素 X 生产产品，该要素的价格是 5，产品需求函数为 $P=85-3Q$，生产函数为 $Q=2\sqrt{X}$。求该垄断者利润最大化时的要素使用数量、产品数量和产品价格。

解答：产品市场垄断，要素市场完全竞争，厂商的要素使用原则是 $MRP=w$。

$$MRP=\frac{\mathrm{d}R}{\mathrm{d}X}=\frac{\mathrm{d}(PQ)}{\mathrm{d}X}=\frac{\mathrm{d}[(85-3Q)Q]}{\mathrm{d}X}=\frac{\mathrm{d}(85Q-3Q^2)}{\mathrm{d}X}$$

$Q=2\sqrt{X}$，$MRP=\frac{85}{\sqrt{X}}-12=w=5\Rightarrow X=25$，$Q=2\sqrt{X}=10$，$P=85-3Q=55$

9. 某垄断者在产品市场和要素市场均垄断，生产函数为 $Q=2L$，产品的需求函数为 $Q=110-P$，工人的供给函数为 $L=0.5w-20$。试求：利润最大化时的 L，Q，W，P。

解答：买方垄断、产品市场垄断厂商的要素使用原则为 $MRP=MFC$。

$$MRP=\frac{\mathrm{d}TR}{\mathrm{d}L}=\frac{\mathrm{d}[P\cdot Q(L)]}{\mathrm{d}L}=\frac{\mathrm{d}[(110-Q)Q]}{\mathrm{d}L}=\frac{\mathrm{d}[(110-2L)\cdot 2L]}{\mathrm{d}L}=220-8L$$

$$MFC=\frac{\mathrm{d}TC}{\mathrm{d}L}=\frac{\mathrm{d}(wL)}{\mathrm{d}L}=\frac{\mathrm{d}[2L(L+20)]}{\mathrm{d}L}=4L+40$$

$MRP=MFC$，则 $220-8L=4L+40$

$L=15$，$w=2(L+20)=70$

$Q=2L=30$，$P=110-Q=110-30=80$

10. 某消费者将固定的时间分配于劳动和闲暇，闲暇时间为 L，固定时间为 T，工作的工资率为 w，该消费者的效用函数为 $U=LY+aL$，a 是参数，Y 是收入。试求：

（1）该消费者的劳动供给函数。

（2）该劳动供给曲线是否向上倾斜。

解答：（1）闲暇为 L，固定时间为 T，劳动时间 $l=T-L$，工资率为 w。

$Y=wl=w(T-L)$，$U=LY+aL=L\cdot w(T-L)+aL$

$$\frac{\mathrm{d}U}{\mathrm{d}L}=wT-2wL+a=0\Rightarrow L=\frac{wT+a}{2w}$$

劳动供给曲线 $l=T-L=\frac{T}{2}-\frac{a}{2w}$

（2）$\frac{\mathrm{d}l}{\mathrm{d}w}=\frac{a}{2w^2}>0$，劳动供给曲线向右上方倾斜。

11. 某消费者将固定的时间分配于劳动和闲暇，闲暇时间为 L，固定时间 $T=24$ 小时，工作的工资率为 w，该消费者的效用函数为 $U=48L+LY-L^2$，Y 是劳动收入。试求：

（1）该消费者的劳动供给函数。

（2）证明 $w=0$ 时，该消费者完全不劳动。

（3）劳动供给随着 w 的上升而增加。

解答：（1）消费者将资源要素用于自用和供给市场，最优化时，

$$\frac{dU}{dL_{自用}}=\frac{dU}{dL_{供给}}=\frac{dY}{dL_{供给}}\cdot\frac{dU}{dY}=w\cdot\frac{dU}{dY}$$

本题中$\frac{dU}{dL}=w\cdot\frac{dU}{dY}$，$\frac{dU}{dL}=48+Y-2L$，$\frac{dU}{dY}=L$

$Y=w\cdot l$，$l=T-L$，l 是工作时间。

代入化简得到劳动供给函数 $l=\frac{T(w+2)-48}{2(w+1)}$

（2）当 $w=0$ 时，$l=0$，即完全不劳动。

（3）$\frac{\partial l}{\partial w}=\frac{48}{4(w+1)^2}>0$，工作时间随工资上涨而增加。

12. 假定垄断厂商 A 生产 X 数量的产品，边际成本是常数 20，无固定成本，垄断厂商 A 将产品销售给垄断厂商 B，单价为 K，垄断厂商 B 利用生产要素 X 生产最终产品 Y，生产函数为 $Y=X$。假设最终产品的市场需求函数为 $P=100-2Y$。试求：

（1）垄断厂商 A 的定价 K。

（2）最终产品的产量和价格。

（3）各垄断厂商的利润。

解答：（1）厂商 B 利润最大化时，$MR_B=MC_B$

$P=100-2Y$，$MR=100-4Y=K\Rightarrow Y=\frac{100-K}{4}$

由于 $Y=X$，则厂商 A 的产品需求函数为 $X=\frac{100-K}{4}$，$K=100-4X$

$MR_A=100-8X$，$MC_A=20$，厂商 A 利润最大化时，$MR_A=MC_A$

$100-8X=20\Rightarrow X=10$，$K=100-4X=60$

（2）$Y=X=10$，$P=100-2Y=80$，最终产品的产量是 10，价格是 80。

（3）$\pi_A=TR_A-TC_A=K\cdot X-20X=400$

$\pi_B=TR_B-TC_B=P\cdot Y-K\cdot X=200$

13. 某公司生产产品的数量为 $Q=10\,000\sqrt{L}$，该行业是完全竞争市场。试求：

（1）若每个产品的价格是 0.01 元，在竞争性工资分别是 10 元、5 元、2 元时该公司雇佣的劳动数量，并画出劳动需求曲线。

（2）若公司支付的工资是 10 元，当产品价格分别是 0.1 元、0.05 元、0.02 元时的产品数量分别是多少，并画出产品的供给曲线。

解答：（1）完全竞争厂商的要素使用原则为 $P \cdot MP_L = w$。

$$0.01 \cdot \frac{5\ 000}{\sqrt{L}} = w \Rightarrow L = \left(\frac{50}{w}\right)^2$$

当 $w=10$ 时，$L=25$（人）

当 $w=5$ 时，$L=100$（人）

当 $w=2$ 时，$L=625$（人）

劳动需求曲线如图 2-6-5 所示。

（2）$P \cdot MP_L = w$

$$MP_L = \frac{5\ 000}{\sqrt{L}},\ w=10$$

$$P \cdot \frac{5\ 000}{\sqrt{L}} = 10 \Rightarrow L = (500P)^2$$

当 $P=0.1$ 时，$L=2\ 500$（人），$Q=500\ 000$（个）

当 $P=0.05$ 时，$L=625$（人），$Q=250\ 000$（个）

当 $P=0.02$ 时，$L=100$（人），$Q=100\ 000$（个）

产品的供给曲线如图 2-6-6 所示。

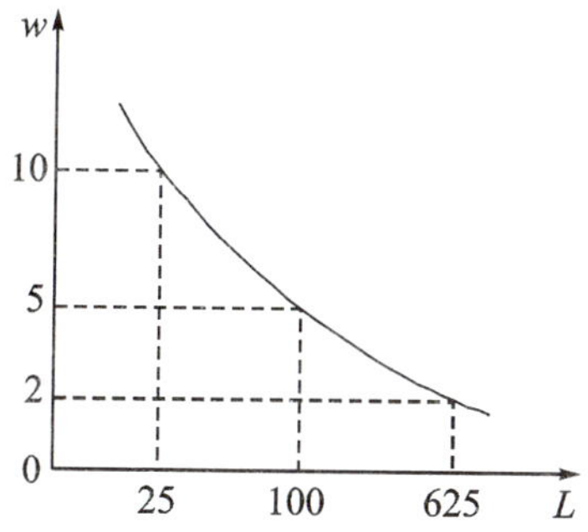

图 2-6-5

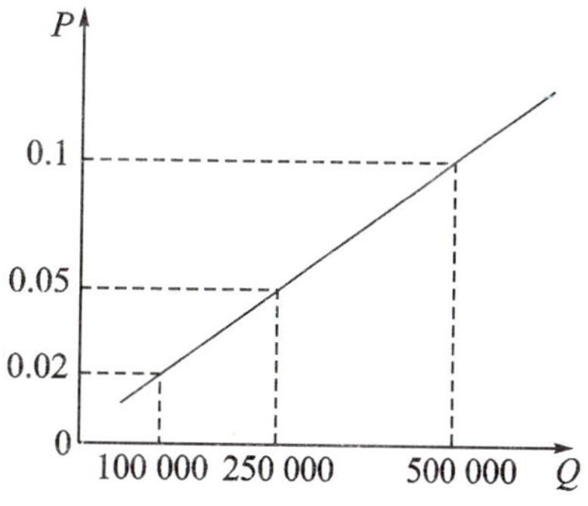

图 2-6-6

14. 完全竞争厂商以要素 L 和 K 生产 X，试证明：

$$\frac{MP_L}{P_L} = \frac{MP_K}{P_K} = \frac{1}{P_X} = \frac{1}{MC_X}$$

解答：$\pi = P_X \cdot f(K,\ L) - P_K \cdot K - P_L \cdot L$

$$\frac{\partial \pi}{\partial K} = P_X \cdot MP_K - P_K = 0,\quad \frac{MP_K}{P_K} = \frac{1}{P_X}$$

$$\frac{\partial \pi}{\partial L} = P_X \cdot MP_L - P_L = 0,\quad \frac{MP_L}{P_L} = \frac{1}{P_X}$$

因此，$\frac{MP_L}{P_L} = \frac{MP_K}{P_K} = \frac{1}{P_X}$

$MC_X = \frac{\mathrm{d}TC}{\mathrm{d}Q}$，短期若 K 不变，L 可变，K 不产生边际成本。

$$MC_X=\frac{d(L\cdot P_L)}{dQ}=P_L\cdot\frac{dL}{dQ}=P_L\cdot\frac{1}{MP_L},\ \frac{MP_L}{P_L}=\frac{1}{MC_X}$$

因此，$\frac{MP_L}{P_L}=\frac{MP_K}{P_K}=\frac{1}{P_X}=\frac{1}{MC_X}$

15. 假设劳动的边际产出函数为 14－0. 08L，产品市场和要素市场都是完全竞争的，试求：

（1）当 $P=1$，劳动的名义工资分别是 4 元、3 元、2 元、1 元时，劳动的需求分别是多少？

（2）劳动需求函数。

（3）当 $P=2$，劳动的名义工资分别是 4 元、3 元、2 元、1 元时，劳动的需求分别是多少？

（4）其他条件不变时，产品价格上升对劳动需求有何影响？

解答：（1）完全竞争厂商的要素使用原则为 $VMP=w$，$P\cdot MP_L=w$。

$P=1$，$MP_L=14-0.08L$，$1\times(14-0.08L)=w\Rightarrow L=175-12.5w$

$w=4$ 时，$L=125$；$w=3$ 时，$L=137.5$；$w=2$ 时，$L=150$；$w=1$ 时，$L=162.5$

（2）$P(14-0.08L)=w$，劳动需求函数为 $L=175-\frac{12.5w}{P}$

（3）当 $P=2$ 时，$L=175-\frac{12.5w}{2}$

$w=4$ 时，$L=150$；$w=3$ 时，$L=156.25$；$w=2$ 时，$L=162.5$；$w=1$ 时，$L=168.75$

（4）$\frac{\partial L}{\partial P}=\frac{12.5w}{P^2}>0$，价格上升，劳动需求增加。

16. 对于柯布－道格拉斯生产函数 $Q=AL^aK^b$，假设规模报酬不变，证明 a 是生产要素 L 的收入在总产值中的份额，b 是生产要素 K 的收入在总产值中的份额。

解答：$P\cdot MP_L=w$，$MP_L=\frac{\partial Q}{\partial L}=AaL^{a-1}K^b$

$P\cdot AaL^{a-1}K^b=w$，$wL=P\cdot AaL^{a-1}K^b\cdot L=P\cdot AaL^aK^b$

$$\frac{wL}{PQ}=\frac{P\cdot AaL^aK^b}{P\cdot AL^aK^b}=a$$

同理，$\frac{rK}{PQ}=b$

17. 假定消费者面临跨期选择，第一期工作，第二期退休，消费者工作期的净收入是 12 000 元，退休期的退休金为净收入的 50%，C_1 表示第一期消费，C_2 表示第二期消费，该消费者的跨期效用函数为 $U=C_1C_2$。试求：

（1）假定有金融机构从事存贷业务，利率是 10%，该消费者两期的最优消费分别是多少？第一期储蓄是多少？

（2）若没有金融机构和其他投资渠道，该消费者两期的最优消费分别是多少？第一期储蓄是多少？

解答：（1） $\max U=C_1C_2$

s. t. $(1+r)\ C_1+C_2=12\ 000\ (1+r)\ +6\ 000$

$$C_1=\frac{12\ 000\ (1+r)\ +6\ 000}{2\ (1+r)}=6\ 000+\frac{3\ 000}{1+r}=\frac{9\ 600}{1.1}\approx 8\ 727.27,\ C_2=9\ 600$$

$$S_1=12\ 000-\frac{9\ 600}{1.1}=\frac{3\ 600}{1.1}\approx 3\ 272.72$$

（2）若无投资渠道，则 $r=0$

$C_1+C_2=12\ 000+6\ 000$

$$C_1=\frac{1}{2}\times\frac{18\ 000}{1}=9\ 000,\ C_2=\frac{1}{2}\times\frac{18\ 000}{1}=9\ 000,\ S_1=12\ 000-9\ 000=3\ 000$$

18. 已知企业的生产函数为 $Y=5L-L^2$，其中 L 为雇佣工人的数量。试求：

（1）企业劳动投入的合理区域。

（2）若企业生产的产品价格 $P=5$，现行工资率 $P_L=15$，企业应雇佣多少工人？

解答：（1）由已知可得，$AP_L=5-L$，$MP_L=5-2L$。

合理投入区域由 $AP_L=MP_L$，$MP_L=0$ 决定，解得企业劳动投入的合理区域为 (0,2.5)。

（2）根据 $MP_L\cdot P=w$ 决定企业雇佣工人数量得 $(5-2L)\cdot 5=15$，解得 $L=1$。

19. 某完全竞争厂商雇佣一个劳动日的价格为 20 元，其生产情况如表 2-6-1 所示。当产品价格为 5 元时，该厂商应雇佣多少个劳动日？

表 2-6-1

劳动日数	3	4	5	6	7	8
产出数量	6	11	15	18	20	21

解答：由题意可求出该厂商的边际产量及边际产品价值数列，如表 2-6-2 所示。

表 2-6-2

劳动日数（L）	产出数（Q）	$MP=\frac{\Delta Q}{\Delta L}$	P	$VMP=P\cdot MP$	W
3	6	—	10	—	20
4	11	5	10	50	20
5	15	4	10	40	20
6	18	3	10	30	20
7	20	2	10	20	20
8	21	1	10	10	20

从表 2-6-2 中可以看出，当 $L=7$ 时，边际产品价值与工资恰好相等，均等于 20，故厂商应雇佣 7 个劳动日。

第七章

一般均衡和效率参考答案

一、思考题

1. 试比较局部均衡分析和一般均衡分析。

解答：局部均衡分析研究单个产品的市场均衡。某一市场的需求和供给是它本身价格的函数，该市场供求曲线的交点决定其均衡价格和均衡数量。一般均衡分析研究整个市场体系的所有市场同时实现均衡。

2. 应用埃奇沃斯盒式图解释某一点如何表示两个消费者购买的市场产品组合。

解答：在埃奇沃斯盒式图中，左下角的顶点表示一个消费者的原点，右上角的顶点表示另一个消费者的原点。两个消费者消费一种商品数量的和（横坐标）正好是埃奇沃斯盒式图的长，两个消费者消费另一种商品数量的和（纵坐标）正好是埃奇沃斯盒式图的宽。在这个结构中，埃奇沃斯盒式图中的某一点正好可以表示两个消费者消费的市场产品组合。

3. 在应用埃奇沃斯盒式图的交换分析中，为什么两个消费者的边际替代率在契约曲线的每一点都相等？

解答：在交换契约曲线上，两个消费者的边际替代率相等，交换契约曲线上的每一个点是帕累托有效的。如果两个消费者的边际替代率不相等，则可以通过交换使每个消费者的境况变得更好。

4. 在埃奇沃斯盒式图中，为使产品配置处于契约曲线上必须坚持什么条件？为什么竞争均衡处于契约曲线上？

解答：在交换契约曲线上的每一个点要满足两个消费者的边际替代率相等，这时实现帕累托最优。竞争均衡时，在市场价格 P_1 和 P_2 下，消费者 A 实现了最优化，从而 $MRS_{12}^{A}=P_1/P_2$，消费者 B 实现了最优化，从而 $MRS_{12}^{B}=P_1/P_2$，两类产品都出现市场出清，即消费者 A、B 的均衡点位于同一点。此时，$MRS_{12}^{A}=MRS_{12}^{B}$，是帕累托有效的，位于契约曲线上。

5. 什么是边际转换率？为什么一种产品对另一种产品的边际转换率等于生产两种产品的边际成本的比率？

解答：边际转换率是生产可能性曲线的斜率，$MRT_{xy}=\mathrm{d}Y/\mathrm{d}X$，即增加一单位 X 必须减少多少单位 Y，可以将 $\mathrm{d}Y$ 视为 X 的边际成本，即 MC_X；同理，$\mathrm{d}X$ 可以视为 Y 的边际成本 MC_Y。因此，$MRT_{xy}=\mathrm{d}Y/\mathrm{d}X=MC_X/MC_Y$。

6. 如果边际转换率不等于消费者的边际替代率，产品在消费者中间的分配为什么会缺乏效率？

解答：$MRT_{xy}=\mathrm{d}Y/\mathrm{d}X=MC_X/MC_Y=Px/Py$

若 $MRS_{xy}\neq MRT_{xy}$，$MRS_{xy}\neq Px/Py$，则没有实现交换效率。

要实现交换效率必须满足 $MRS_{XY}^{A}=MRS_{XY}^{B}=Px/Py$。

7. 为什么一般均衡分析表达了亚当·斯密“看不见的手”原理的基本含义？

解答：一般均衡分析得出竞争均衡是帕累托有效的。一般均衡体系中，个体的最优决策实现了社会的经济效率，这正是亚当·斯密“看不见的手”的含义。“看不见的手”是指在市场机制中，个人在自由竞争市场上追求私利活动最终将实现社会福利的最大化。

8. 试运用马克思主义观点分析一般均衡理论的缺陷。

解答：一般均衡理论以私有制为前提，个体的理性决策可以达到市场的均衡和稳定运行，而且是帕累托有效的。但是，在当今的资本主义社会，资本不断集中，生产不断社会化，生产资料的私有制和社会化大生产的矛盾是资本主义的基本矛盾，表现为个别企业生产的有组织性和整个社会生产的无政府状态之间的矛盾。这一矛盾使资本主义经济经常处于不平衡的状态，一般均衡理论描述的所有市场全部出清的均衡状态是不切实际的幻想，资本主义基本矛盾运行的结果是周期性的经济危机。

二、单项选择题

1. C	2. B	3. C	4. C	5. B	6. D	7. C	8. B	9. D	10. C
11. D	12. A	13. D	14. C	15. C	16. A	17. D	18. C	19. B	20. B
21. D	22. D	23. C	24. D	25. C	26. D	27. D	28. D	29. B	30. C
31. C	32. A	33. A	34. A						

三、判断题

1. F	2. F	3. T	4. T	5. F	6. T	7. F	8. T	9. F	10. T
11. T	12. T	13. T	14. T	15. F	16. T	17. T	18. T	19. T	20. T
21. T	22. F	23. F	24. T	25. T	26. F	27. T	28. T		

四、简答题

1. 什么是帕累托最优和帕累托改进？

解答：对于某种既定的资源配置状态而言，如果不可能在不降低他人境况的条件下改善某个人的福利状况，则该状态为帕累托最优状态。

若存在资源配置状态的改变，可以在不降低他人境况的条件下，改善某个人的福利状况，则该资源配置的改变是帕累托改进。

2. 什么是局部均衡？什么是一般均衡？

解答：局部均衡是指单个市场的均衡分析，单个市场的供给曲线和需求曲线是本身价格的函数，假设其他因素不变，当供给量等于需求量时，决定该市场的均衡价格和均衡数量。

一般均衡是指所有单个市场都相互联系，在一组均衡价格下，市场体系中的每一个市场同时实现均衡。

3. 只要 $MRS_{XY}{}^{A}=P_X/P_Y=MRS_{XY}{}^{B}$，就一定实现竞争市场的均衡，请辨析之。

解答：$MRS_{XY}{}^{A}=P_X/P_Y=MRS_{XY}{}^{B}$时，实现了消费者 A 最优化，也实现了消费者 B 最优化，要实现竞争市场的均衡，还要满足 A 的无差异曲线与 B 的无差异曲线相切。如果消费者 A 的最优化点和消费者 B 的最优化点不是同一点，市场并未出清，市场价格会继续调整，直到两者的最优化点是同一点为止。

4. 说明生产和交换同时在竞争市场中实现帕累托最优状态的条件，并画图表示。

解答：如图 2-7-1 所示，生产和交换同时实现帕累托最优状态的条件是 $MRT_{XY}=MRS_{XY}$。

$$MRT_{XY}=\frac{dY}{dX}=\frac{mc_X}{mc_Y}=\frac{P_X}{P_Y}$$

$$MRS_{XY}=\frac{P_X}{P_Y}$$

$$MRT_{XY}=MRS_{XY}=\frac{P_X}{P_Y}$$

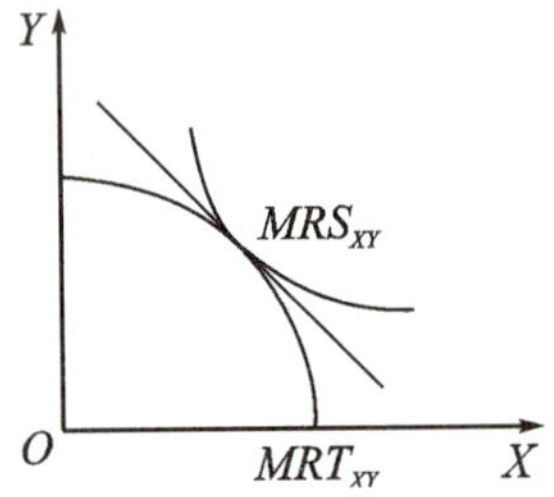

图 2-7-1

5. 什么是交换契约曲线？

解答：两个消费者所有无差异曲线切点的轨迹，表示两种产品在两个消费者之间的所有最优配置的集合，交换契约曲线要满足 $MRS_{XY}{}^{A}=MRS_{XY}{}^{B}$。

6. 什么是生产契约曲线？

解答：两个生产者所有等产量曲线切点的轨迹表示两种要素在两个生产者之间的所有最优配置的集合，生产契约曲线要满足 $MRTS_{LK}{}^{C}=MRTS_{LK}{}^{D}$。

7. 怎么得到生产可能性曲线？为什么生产可能性曲线向右下方倾斜？其为何凹向原点？

解答：生产可能性曲线由生产契约曲线派生而来，生产契约曲线各点代表的产量组合的轨迹是生产可能性曲线。生产可能性曲线向右下方倾斜是因为在资源和技术既定的情况下，要增加一种产品的产量，不得不减少别的产品的产量。凹向原点是因为边际转换率越来越大，随着一种产品的产量越来越大，单位该产品的机会成本越来越大，要放弃的另一种产品的产量越来越大。

8. 一个经济体使用 L 和 K 两种资源，生产衣服的 $MRTS_{LK}=4$，而生产食物的 $MRTS_{LK}=3$，判断该社会现有的生产状况是否有效率？为什么？如何改进？

解答：生产无效率，因为生产帕累托有效的条件是生产衣服和生产食物的 $MRTS_{LK}$ 要相等。改进过程可以通过生产食物的部门用劳动与生产衣服的部门的资本交换。生产食物部门 1 单位劳动可替代 3 单位资本，生产衣服部门 1 单位劳动可替代 4 单位资本。考虑生产食物部门用 1 单位劳动与生产衣服的部门交换 3.5 单位资本，双方都乐意，是帕累托改进。

9. 什么是瓦尔拉斯定律?

解答：在整个经济中，$\sum_{i=1}^{n} P_i Q_i^d = \sum_{i=1}^{n} P_i Q_i^s$。

左右两边代表整个市场体系的同一成交量，购买支出等于销售所得。

10. 什么是经济效率和判断经济效率的标准?

解答：当经济系统不能以现有可供使用的资源使得社会成员获得更多的福利时，经济系统就实现了经济效率。经济学通常用帕累托最优标准来评价经济效率，实现了帕累托最优，就达到了经济效率。

11. 简述整个经济达到帕累托最优状态的条件。

解答：

整个经济达到帕累托最优状态要满足：

交换的帕累托最优条件：$MRS_{XY}{}^{A} = MRS_{XY}{}^{B}$。

生产的帕累托最优条件：$MRTS_{LK}{}^{C} = MRTS_{LK}{}^{D}$。

生产和交换的帕累托最优条件：$MRS_{XY} = MRT_{XY}$。

12. 什么是福利经济学第一定理?

解答：市场竞争均衡是帕累托有效的。个人和企业在市场竞争中形成均衡时是帕累托最优的。

五、计算题

1. 甲有 300 单位商品 X，乙有 200 单位商品 Y，两人的效用函数都是 $U(X,Y)=XY$，推导所有满足帕累托最优的状态。两人通过交换达到帕累托最优，求出社会的价格体系，并求出交换后的结果。

解答：设甲、乙两人的消费束为甲（$X_{甲}$，$Y_{甲}$），乙（$X_{乙}$，$Y_{乙}$）。

$$\begin{cases} X_{甲}+X_{乙}=300 \\ Y_{甲}+Y_{乙}=200 \end{cases} \quad ①$$

交换的帕累托有效配置要满足 $MRS_{XY}^{甲}=MRS_{XY}^{乙}$。

$$\frac{MU_X{}^{甲}}{MU_Y}=\frac{MU_X{}^{乙}}{MU_Y}，得\frac{Y_{甲}}{X_{甲}}=\frac{Y_{乙}}{X_{乙}} \quad ②$$

由①②式得，$\dfrac{Y_{甲}}{X_{甲}}=\dfrac{200-Y_{甲}}{300-X_{甲}}$

得出 $Y_{甲}=\dfrac{2}{3}X_{甲}$ 是交换契约曲线。

令 X 的价格为 1，Y 的价格为 P，甲效用最大化。

$\max\ U_{甲}(X_{甲},Y_{甲})=X_{甲}Y_{甲}$

$s.t.\ X_{甲}+PY_{甲}=300$

解得 $X_{甲}=150$，$Y_{甲}=\dfrac{150}{P}$

由 $Y_{甲}=\dfrac{2}{3}X_{甲}$ 得 $Y_{甲}=100$，$P=1.5$

此时乙效用最大化。

$\max U_乙(X_乙, Y_乙)=X_乙 Y_乙$

s. t. $X_乙+PY_乙=200P$

解得 $X_乙=150$，$Y_乙=100$

社会价格体系为 X 的价格为 1，Y 的价格为 1.5。

交换结果为 $X_甲=150$，$Y_甲=100$；$X_乙=150$，$Y_乙=100$。

甲用 150 单位 X 交换乙的 100 单位 Y。

2. 已知商品 X 的生产函数为 $X=5L^{0.4}K^{0.6}$，而商品 Y 的生产函数为 $Y=4L^{0.5}K^{0.5}$，社会上有 $L=100$，$K=200$，只生产商品 X 和商品 Y，则该社会的生产契约曲线是什么？

解答：生产契约曲线由 $MRTS_{LK}^{X}=MRTS_{LK}^{Y}$得到。

$$MRTS_{LK}^{X}=\frac{dK}{dL}=-\frac{2K_X}{3L_X},\ MRTS_{LK}^{Y}=\frac{dK}{dL}=-\frac{K_Y}{L_Y}$$

两者相等，$-\frac{2K_X}{3L_X}=-\frac{K_Y}{L_Y}$

$$\begin{cases}L_X+L_Y=100\\K_X+K_Y=200\end{cases}$$

代入得$\frac{2}{3}\cdot\frac{200-K_Y}{100-L_Y}=\frac{K_Y}{L_Y}$，这就是生产契约曲线方程。

3. 两个人 A、B 和两种商品（商品 1 和商品 2）的纯交换经济，A、B 的效用函数是 $U_A=Q_{A1}^{a}Q_{A2}$，$U_B=Q_{B1}^{b}Q_{B2}$，$Q_{A1}+Q_{B1}=Q_1^0$，$Q_{A2}+Q_{B2}=Q_2^0$。求 Q_{A1}和 Q_{A2}的交换契约曲线。

解答：交换契约曲线由 $MRS_{12}^{A}=MRS_{12}^{B}$得到。

$$MRS_{12}^{A}=\frac{MU_1}{MU_2}=\frac{Q_{A2}\cdot a\cdot Q_{A1}^{a-1}}{Q_{A1}^{a}}=\frac{aQ_{A2}}{Q_{A1}},\ MRS_{12}^{B}=\frac{MU_1}{MU_2}=\frac{Q_{B2}\cdot b\cdot Q_{B1}^{b-1}}{Q_{B1}^{b}}=\frac{bQ_{B2}}{Q_{B1}}$$

由 $MRS_{12}^{A}=MRS_{12}^{B}$得$\frac{aQ_{A2}}{Q_{A1}}=\frac{bQ_{B2}}{Q_{B1}}$

又有 $Q_{A1}+Q_{B1}=Q_1^0$，$Q_{A2}+Q_{B2}=Q_2^0$，代入得$\frac{aQ_{A2}}{Q_{A1}}=\frac{b(Q_2^0-Q_{A2})}{Q_1^0-Q_{A1}}$

4. 假设一个纯交换经济中两个消费者 A、B 和两种商品（商品 1 和商品 2），消费者的初始禀赋是（W_1，W_2），消费者 A 的初始禀赋为（1，0），效用函数为 $U^A(X_1^A, X_2^A)=(X_1^A)^a(X_2^A)^{1-a}$，消费者 B 的初始禀赋为（0，1），效用函数为 $U^B(X_1^B, X_2^B)=(X_1^B)^b(X_2^B)^{1-b}$。商品 1 和商品 2 的价格分别是 P_1和 P_2。试求：

（1）竞争均衡（可把商品 1 的价格标准化为 1）。

（2）假设 $a=1/2$，$b=1/2$，使市场出清的价格水平和均衡消费量分别是多少？

解答：（1）$U^A(X_1^A, X_2^A)=(X_1^A)^a(X_2^A)^{1-a}$

s. t. $X_1^A+P_2X_2^A=1$

$X_1^A=a$，$X_2^A=(1-a)\cdot\frac{1}{P_2}$

$U^B(X_1^B, X_2^B)=(X_1^B)^b(X_2^B)^{1-b}$

s. t. $X_1^B+P_2X_2^B=P_2$

$X_1^B=bP_2$，$X_2^B=1-b$

$X_1^A+X_1^B=a+bP_2=1\Rightarrow P_2=\frac{1-a}{b}$

因此，$X_1^A=a$，$X_2^A=(1-a)\cdot\frac{1}{P_2}=b$

$X_1^B=1-a$，$X_2^B=1-b$

（2）$a=b=\frac{1}{2}$，则 $P_2=1$

$X_1^A=X_2^A=\frac{1}{2}$，$X_1^B=X_2^B=\frac{1}{2}$

5. 两个消费者 a 和 b 与两种商品 X 和 Y 的纯交换经济，$U_a=X_aY_a$，$U_b=2\ln X_b+\ln Y_b$，初始禀赋为 a（10，20），b（20，10）。求交换契约曲线方程和完全竞争均衡配置（令 X 的价格为 P，Y 的价格为 1）。

解答：$\frac{\partial U_a/\partial X_a}{\partial U_a/\partial Y_a}=\frac{Y_a}{X_a}=P$，$\frac{\partial U_b/\partial X_b}{\partial U_b/\partial Y_b}=\frac{2Y_b}{X_b}=P$

联立可得，$\frac{Y_a}{X_a}=\frac{2Y_b}{X_b}$

而（X_a，Y_a），（X_b，Y_b）满足市场出清条件：

$$\begin{cases}X_a+X_b=30\\Y_a+Y_b=30\end{cases}$$

消去 X_b，Y_b 可得契约线的方程：

$$\frac{Y_a}{X_a}=\frac{2(30-Y_a)}{30-X_a}$$

即 $X_aY_a+30Y_a-60X_a=0$

$\max U_a=X_aY_a$

s. t. $PX_a+Y_a=10\times P+20$

$X_a=\frac{10P+20}{2P}$，$Y_a=\frac{1}{2}\cdot\frac{10P+20}{1}$

$\max U_b=2\ln X_b+\ln Y_b$

s. t. $PX_b+Y_b=20\cdot P+10$

$X_b=\frac{2}{3}\cdot\frac{20P+10}{P}$，$Y_b=\frac{1}{3}(20P+10)$

由 $X_a+X_b=30$，$Y_a+Y_b=30$，可得：

$$P=\frac{10}{7}，\begin{cases}X_a=12\\Y_a=\frac{120}{7}\end{cases}，\begin{cases}X_b=18\\Y_b=\frac{90}{7}\end{cases}$$

6. 消费者 A 和消费者 B 在集市上进行以物易物的交易。已知消费者 A 带来了 12 个苹果（用 x 表示），消费者 B 带来了 12 个香蕉（用 y 表示）。已知消费者 A 的效用函数是 $U_A(x_A, y_A)=x_A^{2/3}y_A^{1/3}$，消费者 B 的效用函数是 $U_B(x_B, y_B)=x_B^{2/3}y_B^{1/3}$。

（1）当市场价格为（p_x，p_y）时，求消费者 A 和消费者 B 的需求函数。

（2）请给出合理的价格向量使得市场出清。

（3）请简述帕累托有效的定义，并给出该交换经济所有帕累托有效的结果。

解答：

（1）消费者 A 的最优化问题是：

$\max U_A(x_A, y_A) = x_A^{2/3} y_A^{1/3}$

s. t. $x_A p_x + y_A p_y = 12p_x$

解得$x_A^* = 8$，$y_A^* = 4p_x/p_y$

消费者 B 的最优化问题是：

$\max U_B(x_B, y_B) = x_B^{2/3} y_B^{1/3}$

s. t. $x_B p_x + y_B p_y = 12p_y$

$x_B^* = 8p_y/p_x$，$y_B^* = 4$

（2）市场出清条件是$x_A^* + x_B^* = 8 + 8p_y/p_x = 12$ 以及$y_A^* + y_B^* = 4 + 4p_x/p_y = 12$。解得 $p_x = 2p_y$。任一价格向量满足该条件即正确。

（3）帕累托最优是指资源分配的一种理想状态，假定固有的一群人和可分配的资源，从一种资源配置状态到另一种状态的变化中，在不使其他人境况变坏的前提下，无法使得至少一个人变得更好，或者说要使一个人境况变好，必须使其他人境况变差。

求解帕累托最优点，利用契约曲线上两个消费者的边际替代率相等：

$$MRS_A = \frac{2y_A}{x_A} = MRS_B = \frac{2y_B}{x_B} = \frac{2(12-y_A)}{12-x_A}$$

解得 $y_A = x_A$，这就是交换契约曲线。

7. 消费者 A 和消费者 B 消费两种商品 X 和 Y。消费者 A 的效用函数为 U_A（X,Y）$= X^{1/2}Y$，初始拥有 $X=16$，$Y=16$；消费者 B 的效用函数为 U_B（X，Y）$= XY^2$，初始拥有 $X=4$，$Y=144$。

（1）在两人的初始状态下，两种商品 X 和 Y 之间的边际替代率分别是多少？

（2）如果消费者 A 和消费者 B 能够自由交换，他们会交换吗？他们又会如何交换？

（3）请找出竞争性均衡的价格。

解答：

（1）$MRS_{XY}^A = MU_X/MU_Y = 1/2$，$MRS_{XY}^B = MU_X/MU_Y = 18$

（2）消费者 A 最优，$X_A = \frac{1}{3}\frac{16P_X + 16P_Y}{P_X}$，$Y_A = \frac{2}{3}\frac{16P_X + 16P_Y}{P_Y}$

消费者 B 最优，$X_B = \frac{1}{3}\frac{4P_X + 144P_Y}{P_X}$，$Y_B = \frac{2}{3}\frac{4P_X + 144P_Y}{P_Y}$

$X_A + X_B = 16 + 4$，$Y_A + Y_B = 16 + 144$

解得 $P_Y/P_X = 1/4$

$X_A = 20/3$，$Y_A = 160/3$

$X_B = 40/3$，$Y_B = 320/3$

消费者 A 和消费者 B 会交换，消费者 A 用 28/3 的商品 X 换消费者 B 的 112/3 的商品 Y

（3）$p_y/p_x = 1/4$

8. 鲁宾逊靠捕鱼为生，他的生产函数为 $F=\sqrt{L}$，其中 F 是鱼的数量，L 是工作时间。鲁滨逊一天有 10 小时用于工作或游泳。他的效用函数为 $U(F,S)=F\times S$，其中 S 是游泳时间。

（1）请计算鲁滨逊的最佳捕鱼量是多少？工作多少小时？

（2）鲁滨逊如果成立一个克鲁索公司来生产鱼，雇佣自己的劳动，再从该公司买鱼（鱼市场假设为竞争市场）。请问均衡价格是多少？此价格下鱼的产量、消费量、工作雇佣量和供给量各为多少？

解答：（1）鲁宾逊的经济最优化问题为 $\max U(F,S)=F\times S$，且 $F=\sqrt{L}$，$S=10-L$

对 L 求导，求解一阶条件可得 $L=10/3$，$F=\frac{\sqrt{30}}{3}$

（2）在这种情形下，鲁宾逊经济被分为两个部分，即消费和生产，他既是生产者，也是消费者。令鱼的价格为 P。

作为消费者，他的最优化问题为 $\max U(F^d,S)=F^d\times S$

$P\times Fd=wLs+\pi$

$S=10-L^s$

消费者要决定供给多少 L^s，其效用函数对 L^s 求导，由一阶条件可得 $L^s=\frac{10w-\pi}{2w}$

作为生产者，他的最优化问题为 $\max\pi=P\times F^s-w\times L^d$

$F^s=\sqrt{L^d}$

生产者要决定雇佣多少 L^d，其利润函数对 L^d 求导，由一阶条件可得

$L^d=\frac{P^2}{4w^2}$，$\pi=\frac{P^2}{4w}$

一般均衡时，劳动市场要出清，即 $L^d=L^s$

$$\frac{10w-\pi}{2w}=\frac{P^2}{4w^2}$$

价格体系 $\frac{P}{w}=\frac{2\sqrt{30}}{3}$

劳动市场出清：$L^d=L^s=10/3$

鱼市场出清：$F^s=F^d=\sqrt{\frac{10}{3}}$

第八章
市场失灵和微观经济政策参考答案

一、思考题

1. 比较垄断和竞争两种市场类型的经济效率，分析垄断的低效率。

解答：垄断厂商在均衡时，$MR=MC$，$P>MR$，因此 $P>MC$。在均衡产量上，存在无谓损失，即社会福利的损失。完全竞争厂商在均衡时，$P=MC$，在均衡产量 y^e 上，是有效率的产量，没有无谓损失。垄断产生无谓损失，如图 2-8-1 所示。

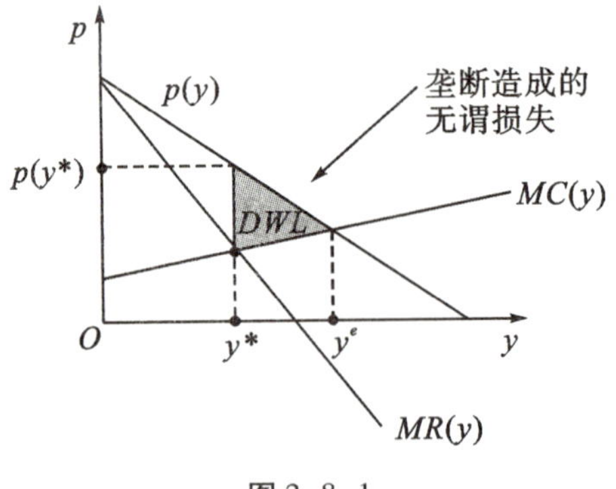

图 2-8-1

2. 分析寻租的经济作用。

解答：企业为了获得和维持可以获取经济利润的垄断地位，为此而花费一定的费用，这就是寻租活动。寻租支出是资源上的浪费，它不是用于生产，没有创造出有益产出，是一种非生产性支出。不管是购买还是创造垄断权利，垄断本身的无谓损失都继续存在，而且产生了寻租的非生产性耗费。

3. 比较没有监管和有监管的自然垄断企业的产量与价格的决定。

解答：若没有监管，自然垄断厂商在 $MR=MC$ 时决定其产量，进而由需求曲线决定其价格。此时，$P>MC$，存在无谓损失。有监管时，监管者可以将自然垄断厂商的价格定为等于边际成本，即 $P=MC$，则没有无谓损失，但厂商将陷入亏损，因为 $P=MC<AC$，往往需要政府为此补贴。另一种选择是监管者将自然垄断厂商的价格定为等于平均成本，这时厂商不会亏损，但产生少量的无谓损失。

4. 说明私人物品和公共物品的区别，并分析如何决定公共物品的最优数量。

解答：公共物品是既没有排他性，也没有竞争性的物品。私人物品是既有排他性，也有竞争性的物品。公共物品的最优数量决定如图 2-8-2 所示。

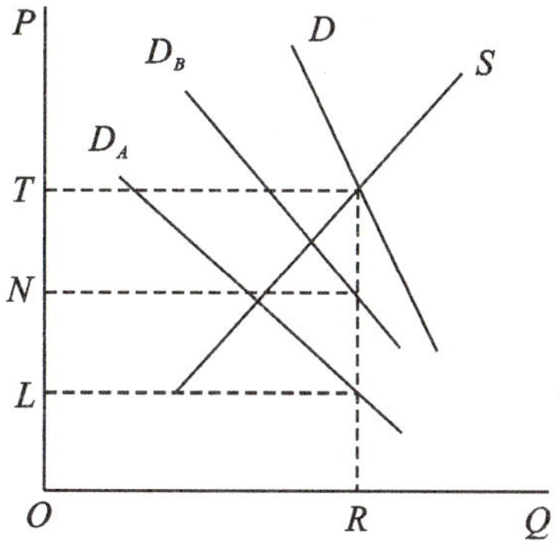

图 2-8-2

5. 分析正外部性和负外部性对经济的影响。

解答：正外部性会使私人供给不足且产生无谓损失，即图 2-8-3 中 *ODE* 所围的面积。负外部性会使私人产量超出社会合意的产量且产生无谓损失，即图 2-8-3 中 *OAB* 所围的面积。

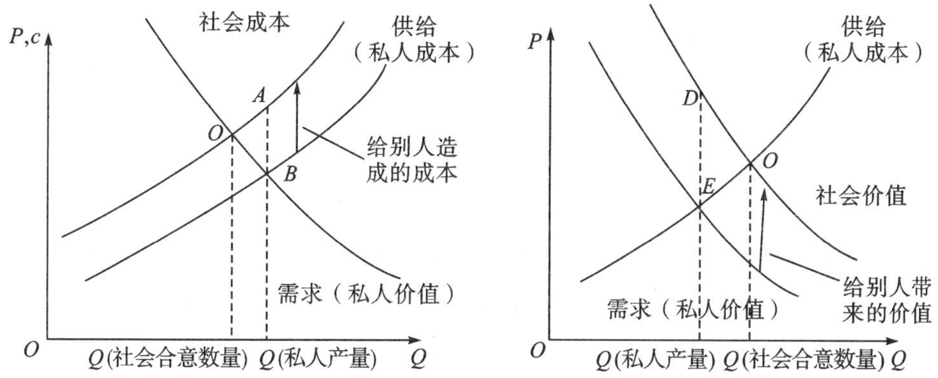

（a）负外部性的经济影响　（b）正外部性的经济影响

图 2-8-3

6. 分析道德风险和逆向选择对市场活动的影响。

解答：逆向选择是指事前因为信息不对称，掌握信息的一方隐藏信息，而导致市场失灵的现象。例如，二手货市场，逆向选择导致次品驱逐优品，甚至导致整个市场失灵，即优品退出市场，次品也卖不出去。道德风险是指事后，因为信息不对称，参与人隐藏自己的行动，行使对对方不利的行为，这是不道德的机会主义行为。例如，在医保制度下，医生和患者都倾向于开大处方、大检查，造成医疗资源的不合理配置。

7. 分析西方微观经济政策对社会主义市场经济的借鉴意义。

解答：针对市场失灵和市场经济弊端而制定微观经济政策，是对微观经济运行的政府调节，如反垄断法、庇古税（补贴）、收入再分配、对自然垄断的监管、明确和保护产权、建设公共物品等，可以弥补市场失灵和市场经济的弊端，对市场经济的健康运行起到补充作用。我国运行的是中国特色社会主义市场经济，市场失灵和市场经济的弊端同样存在，西方微观经济政策对我国社会主义市场经济具有借鉴意义。党的十九大报告明确提出，市场在资源配置中起决定性作用，更好地发挥政府的作用，以市场经济为主体，以微观经济政策为补充，完善中国特色社会主义市场经济。

8. 以马克思主义观点说明为什么西方经济学的收入分配政策不能从根本上解决西方国家的贫富两极分化的问题。

解答：西方经济学主张按生产要素在生产中的贡献参与分配，但资本主义社会存在“富裕中的贫困”现象。在西方经济学看来，市场经济面前机会平等，自由竞争，优胜劣汰，市场机制会造成收入分配极大不均。在马克思主义政治经济学看来，“富裕中的贫困”是因为资本主义剥削制度，资本家为了追逐利润，不断采用先进技术和改进管理，提高劳动生产率，以获得更多的剩余价值，并且将剩余价值不断地投入再生产，使规模扩大，结果一端是资本家财富的积累，另一端是工人贫困的积累，“富裕中的贫困”是资本主义经济制度的必然产物。

9. 以马克思主义观点说明为什么资本主义不能从根本上解决可持续发展问题。

解答：西方经济学通过庇古税、环境管制等手段抑制环境污染问题，从而促进可持续发展。但是，这些微观经济政策在资本主义制度下具有一定的局限性，资本以追逐利润为天职，竭尽所能地降低成本，增加利润，扩大规模，利润动机驱使资本主义生产无限制地增长，必然导致资源的不断耗竭和环境的不断污染，资本主义制度和资本主义生产的特殊性质是造成环境问题的根源，资本主义不能从根本上解决可持续发展问题。

二、单项选择题

1. C	2. A	3. B	4. A	5. C	6. B	7. B	8. D	9. A	10. A
11. B	12. D	13. D	14. A	15. D	16. B	17. D	18. A	19. D	20. C
21. B	22. C	23. A	24. B	25. C	26. D	27. B	28. B	29. A	30. B
31. B	32. A	33. B	34. B	35. B	36. C	37. D	38. B	39. A	40. D
41. C	42. B	43. C	44. B	45. B	46. A	47. B	48. B	49. D	50. C
51. B	52. A	53. A	54. D	55. A	56. C	57. D	58. B	59. B	60. B
61. A	62. D	63. B	64. A						

三、判断题

1. F	2. F	3. T	4. F	5. T	6. F	7. T	8. T	9. T	10. F
11. T	12. T	13. T	14. T	15. T	16. F	17. F	18. T	19. T	20. T
21. F	22. T	23. T	24. T	25. T	26. T	27. F	28. T	29. T	30. F
31. T	32. T	33. T	34. F	35. T	36. T	37. T	38. T	39. F	40. T

四、简答题

1. 什么是市场失灵？

解答：市场失灵是指市场机制有时候不能有效配置资源，难以实现帕累托最优的状况，市场失灵包括垄断、外部性、公共物品、公共资源、信息不完全等情形。

2. 垄断为什么导致低效率？请画图表示。

解答：在垄断均衡时，$P>MC$。相比于竞争产量 y^e，垄断产量减小了。损失的这部分产量实际上消费者的支付意愿大于垄断厂商的边际成本，这部分剩余损失掉了，这是垄断造成的无谓损失（见图 2-8-4）。

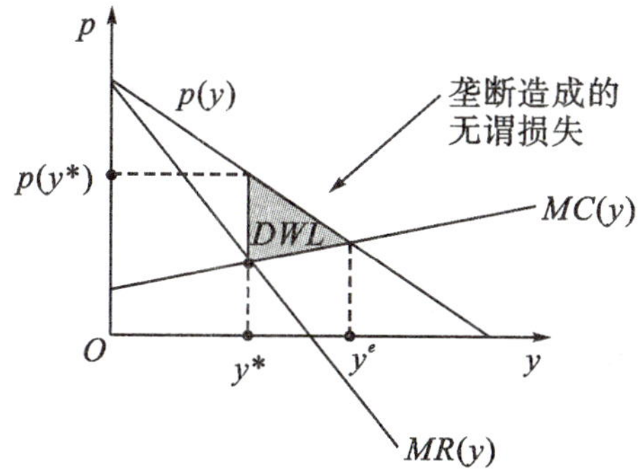

图 2-8-4

3. 什么是负外部性？为什么负外部性导致低效率？请画图表示。

解答：负外部性是指一个人的行为对他人造成不利影响，但这个人没有对他人做出补偿。因为社会成本大于私人价值，私人价值大于私人成本，私人干了社会不应该干的事，私人产量超出社会合意的产量且产生了无谓损失，如图 2-8-5 所示。

4. 什么是正外部性？为什么正外部性导致低效率？请画图表示。

解答：正外部性是指一个人的行为可以给他人带来利益，但他人并未对这个人进行支付。因为社会价值高于私人成本，私人成本高于私人价值，个人不干社会应该干的事，私人产量低于社会合意的产量且产生了无谓损失，如图 2-8-6 所示。

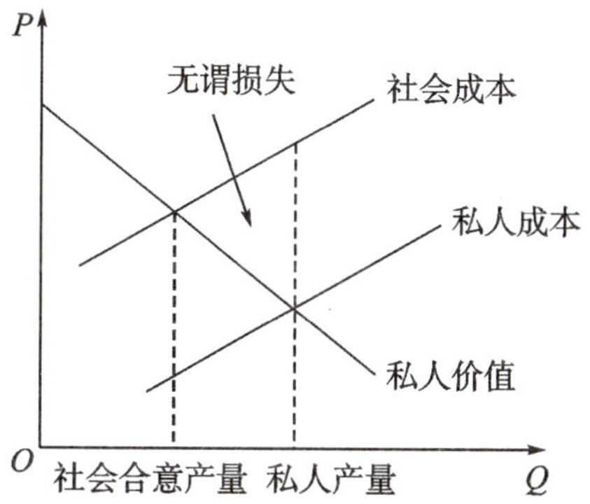

图 2-8-5

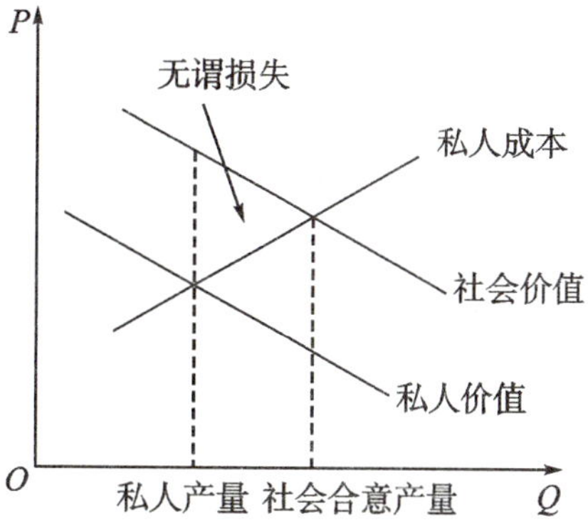

图 2-8-6

5. 什么是公共物品？公共物品为什么出现市场失灵？

解答：既没有排他性，也没有竞争性的物品叫公共物品。因为没有排他性，所以会存在搭便车问题，一些人享受公共物品的好处，但不愿为之付费。因此，市场很难提供足够的公共物品，需要政府来提供公共物品。

6. 什么是搭便车问题？为什么会产生搭便车问题？

解答：只要没有排他性，就会存在搭便车问题，一些人享受物品的好处，但不愿为之付费。

7. 解决外部性问题的方法有哪些？

解答：解决外部性问题的方法包括把外部性内在化，如合并；征税（庇古税）或补贴（庇古补贴）；政府管制（管制数量或管制行为）；在产权明晰、交易成本为零的情况下，市场机制也可以解决外部性问题。

8. 什么是科斯定理？

解答：在产权明晰且交易成本为零的情况下，不管产权如何配置，通过市场机制都可以解决外部性问题。

9. 什么叫寻租？寻租的代价有哪些？

解答：寻租是指试图获得一种可以赚取经济利润的垄断的活动。为了谋求和维持垄断地位，以获得经济利润，需要花费费用。寻租花费是一种非生产性活动，是资源的浪费。寻租维持的垄断，也会带来无谓损失，寻租产生腐败。

10. 画图表示私人物品和公共物品的最优数量。

解答：如图 2-8-7 所示。

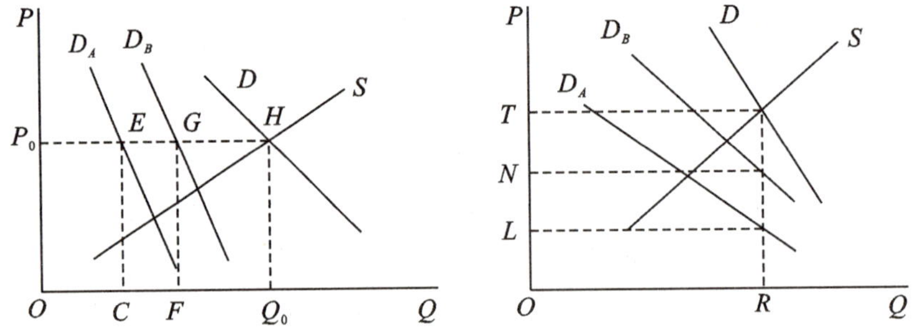

（a）私人物品　　（b）公共物品

图 2-8-7

11. 什么是公地的悲剧？如何治理公地的悲剧？

解答：公地的悲剧是指公共资源由于过度使用，容易消耗殆尽，产生悲剧性后果，如公地由于过度放牧而衰败，野生动物由于过度猎杀而灭绝等。公共资源没有排他性，但有竞争性，人们竞相使用，产生负外部性，使私人产量高于社会合意的产量，从而导致悲剧。治理公地的悲剧可以通过庇古税、管制数量或私有化等方法解决。

12. 什么是逆向选择？解决逆向选择的措施有哪些？

解答：逆向选择是事前因为信息不对称，掌握信息的一方隐藏信息，而导致市场失灵的现象。例如，二手货市场，逆向选择导致次品驱逐优品，甚至导致整个市场失灵。解决逆向选择的方法主要是发送信号，发送信号证明是优品，并且优品发送信号的成本比次品要小得多。另外，信息甄别也可以解决信息不对称问题，没有信息的一方通过某种机制的设计，使有信息的一方主动披露私人信息，起到信息甄别的效果。

13. 什么是道德风险？解决道德风险的措施有哪些？

解答：道德风险是指事后因为信息不对称，参与人隐藏自己的行动，行使对对方不利的行为，这是不道德的机会主义行为。解决道德风险的思路是让参与人在信息不对称情况下，其利益取决于自身的行为，如保险的免赔额、绩效工资（如提成制、奖金制、股权激励等）。

14. 简述产权明晰在解决外部性问题中的重要性。

解答：科斯定理认为，只要产权明晰且交易成本为零，市场可以解决外部性问题。若产权不明晰，则无法通过市场机制来解决。例如，在空气污染问题中，空气的产权不明晰，市场机制失效。

15. 什么是公共资源？公共资源容易导致什么问题？

解答：公共资源是没有排他性、有竞争性的物品。因为没有排他性，人们会竭力使用公共资源，因为有竞争性，个人使用公共资源会产生负外部性，使私人产量高于社会合意的产量，从而使公共资源被过度使用，即公地的悲剧问题。

五、计算题

1. 垄断厂商面临的市场需求函数为 $Q=1\ 000-10P$，成本函数为 $C=40Q$。试求：

（1）垄断厂商利润最大化时的产量、价格和利润。

（2）垄断造成的无谓损失。

（3）使无谓损失为零的管制价格。

解答：（1）由 $Q=1\ 000-10P$，得 $P=100-0.1Q$

$MR=100-0.2Q$，$MC=40$

$MR=MC$，则 $40=100-0.2Q \Rightarrow Q=300$，$P=70$，利润 $\pi=9\ 000$

（2）完全竞争时，$P=MC$，$100-0.1Q=40 \Rightarrow Q=600$，$P=40$。故完全竞争时的产量为 600，价格为 40。

$$\text{无谓损失}=\frac{1}{2}\times 30\times 300=4\ 500$$

（3）无谓损失为零的管制价格为 $P=40$（见图 2-8-8）。

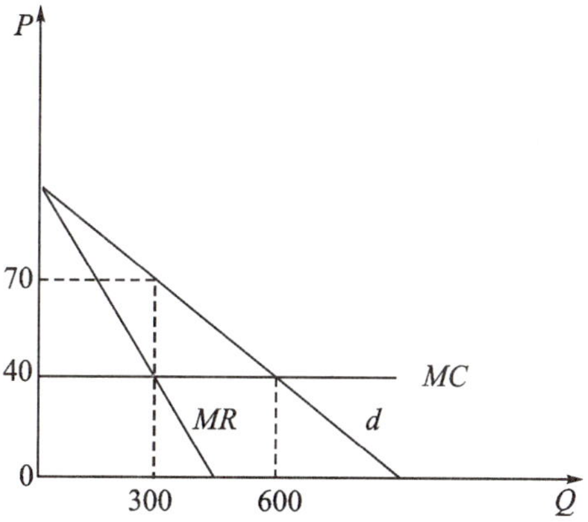

图 2-8-8

2. 某企业的生产边际成本 $MC=3Q$，其污染对社会产生的边际成本是 $2Q$，市场对其产品的需求函数是 $P=420-Q$。试求：

（1）如果该企业是垄断者，其利润最大化的产量、价格和利润。

（2）考虑到污染成本，社会最优的产量应该是多少？

（3）政府应该征收多少庇古税，使厂商的产量与社会最优产量一致。

解答：（1）企业是垄断者时，$P=420-Q$，$MR=MC$，则 $420-2Q=3Q\Rightarrow Q=84$，$P=420-84=336$

（2）考虑污染成本，社会边际成本为 $3Q+2Q=5Q$，$MR=MC$，$420-2Q=5Q$，$Q=60$

（3）边际税率为 t，征税后厂商的边际成本为 $3Q+t$，$420-2Q=3Q+t$，因为 $Q=60$，所以 $t=120$

3. 垄断厂商面临的需求函数是 $P=600-2Q$，成本函数是 $C=3Q^2-400Q+40\ 000$。试求：

（1）垄断厂商利润最大化的产量、价格。

（2）由于污染，垄断厂商的社会成本函数是 $C_S=4.25Q^2-400Q+40\ 000$，社会最优的产量和价格分别是多少？

（3）政府应对每单位产品征收多少税收，使企业产量等于社会最优产量。

解答：（1）$MR=MC$，$P=600-2Q$，$MR=600-4Q$，$MC=6Q-400$，则 $600-4Q=6Q-400$，$Q=100$，$P=400$

（2）$MR=SMC$（社会边际成本），$600-4Q=8.5Q-400$，社会最优产量和价格为 $Q=80$，$P=440$

（3）$MR=MC+t$，$600-4Q=6Q-400+t$，将 $Q=80$ 代入，得 $t=200$

4. 苹果园附近是养蜂场，A 表示苹果产量，H 表示蜂蜜产量，苹果园的成本函数是 $C_A=A^2/100-H$，养蜂场的成本函数是 $C_H=H^2/100$。已知苹果的价格是 3 元，蜂蜜的价格是 2 元，试求：

（1）如果苹果园和养蜂场独立经营，其产量各为多少？

（2）如果苹果园和养蜂场合并经营，其产量各为多少？

解答：（1）若苹果园和养蜂场独立经营，

苹果园的产量为 $3=\frac{A}{50}\Rightarrow A=150$，养蜂厂的产量为 $2=\frac{H}{50}\Rightarrow H=100$。

（2）若苹果园和养蜂场合并经营，$\pi=\pi_A+\pi_H=\left[3A-\left(\frac{A^2}{100}-H\right)\right]+\left(2H-\frac{H^2}{100}\right)$

$$\frac{\partial\pi}{\partial A}=3-\frac{A}{50}=0\Rightarrow A=150$$

$$\frac{\partial\pi}{\partial H}=3-\frac{H}{50}=0\Rightarrow H=150$$

苹果产量和蜂蜜产量都是 150。

5. 假定有一企业，从私人角度看，每多生产 1 单位产品可多得 12 元；从社会角度看，每多生产 1 单位产品还再可多得 4 元。产品的成本函数是 $C=Q^2-40Q$，为达到帕累托最优，政府应每单位补贴多少？使产量增加多少？

解答：私人决策，$MR=MC\Rightarrow 12=2Q-40\Rightarrow Q=26$，私人产量为 26。

社会决策，$SMR=MC\Rightarrow 16=2Q-40\Rightarrow Q=28$，社会合意产量为 28。

庇古补贴，$(12+S)=2Q-40$，$Q=28\Rightarrow S=4$，每单位补贴 4，可使产量增加 2。

6. 假定厂商 A 生产产品 X，成本函数是 $C_A=2X^2$，厂商 B 生产产品 Y，成本函数是 $C_B=Y^2+2XY$，厂商 A 给厂商 B 造成负外部性，厂商 B 的生产成本受到厂商 A 的产量的影响，产品 X 和产品 Y 的价格分别是 80 和 60。试求：

（1）假定厂商不对外部性问题进行交涉，两厂商的产量和利润各为多少？

（2）假定两厂商合并，两厂商的产量和利润各为多少？

解答：（1）$MR_A=MC_A\Rightarrow 80=4X\Rightarrow X=20$

利润 $\pi_A=PX-2X^2=80\times20-2\times20^2=800$

$MR_B=MC_B$，$MR_B=60$，$MC_B=2Y+2X$，$60=2Y+2X$，$X=20\Rightarrow Y=10$

利润 $\pi_B=60\times10-(10^2+2\times10\times20)=100$

（2）两厂商追求共同利润最大化。

$\pi_A+\pi_B=80X-2X^2+60Y-Y^2-2XY$

$$\begin{cases}\dfrac{\partial(\pi_A+\pi_B)}{\partial X}=80-4X-2Y=0\\[2ex]\dfrac{\partial(\pi_A+\pi_B)}{\partial Y}=60-2Y-2X=0\end{cases}，解得 X=10，Y=20$$

$\pi_A=80X-2X^2=80\times10-2\times10^2=600$

$\pi_B=60Y-Y^2-2XY=60\times20-20^2-2\times10\times20=400$

7. 假设村里决定修路，修路的成本函数为 $C(X)=X^2/2$，每个村民的边际支付意愿为 $P(X)=1-X$，X 是修路的长度。试求：

（1）如果村民是 1 000 人，那么该村应修建多长的道路？

（2）若修路的成本是 500，有多少村民时才能修这条路？

解答：（1）$1\,000(1-X)=X$，$X=\dfrac{1\,000}{1\,001}\approx0.999$

（2）设村民数量为 n，$n(1-X)\geqslant500$，$n\geqslant\dfrac{500}{1-X}$

8. 由三个人组成的社会，每个人对公共物品的需求函数分别是 $P_A=100-6q$，$P_B=200-4q$，$P_C=400-10q$，该公共物品的边际成本是 20 元，则该公共物品的最优数量是多少？

解答：$P=P_A+P_B+P_C=100-6q+200-4q+400-10q=700-20q$

$P=MC$，$700-20q=20\Rightarrow q=34$

9. 假设石油行业是完全竞争的，所有厂商从同一油田产油，石油的价格是 10 元，每个油井每年的运营成本是 1 000 元，油田每年的产量是 $Q=500N-N^2$，N 为油井的数量，每个油井的产量是 $q=500-N$。试求：

（1）竞争均衡的产量和均衡的油井数。

（2）若政府将油田国有化，计算油井数和总产出。

（3）若政府通过发放采油执照来使采油量达到最优，应发放多少张执照？每张执照的年费用是多少？

解答：（1）竞争时，获得零利润 $Pq-C=0$，$10(500-N)-1\ 000=0 \Rightarrow N=400$，$q=500-400=100$，$Q=40\ 000$

（2）国有化后，则油田利润最大化。

$\pi=PQ-NC=10(500N-N^2)-1\ 000N$

$\frac{d\pi}{dN}=4\ 000-20N=0 \Rightarrow N=200$，$Q=60\ 000$，$q=300$

（3）若发放采油许可证，N 应为 200 张执照。

每口油井的利润为 $Pq-C=10\times300-1\ 000=2\ 000$，执照收费为每年 2 000 元。

10. 农民面临是否灌溉的问题，如果灌溉或天下雨的话，作物带来的利润是 1 000 元，若缺水，作物的利润只有 500 元。灌溉的成本是 100 元，农民认为天下雨的概率是 80%。农民追求最优化，他会灌溉吗？

解答：若不灌溉，下雨的概率为 80%，期望利润为 $0.8\times1\ 000+0.2\times500=900$（元）。若灌溉，利润为 $1\ 000-100=900$（元）。该农民是否灌溉无差异。

11. 假定一个社会由 A 和 B 两个人组成，A 对某物品的需求曲线是 $Q_A=100-P$，B 对此物品的需求曲线是 $Q_B=200-P$。试求：

（1）如果此物品是公共物品，每一单位产品的边际成本是 120 元，求社会最优产出是多少？

（2）如果此物品是私人物品，会有多少单位产出？

（3）若由政府来供给这一公共物品，总支出为多少？A、B 应各缴纳多少税？

解答：（1）若为公共物品，$P=100-Q_A$，$P=200-Q_B$，$Q_A=Q_B$

垂直加总后，$P_{总}=300-2Q^*$

$P_{总}=MC \Rightarrow 300-2Q^*=120 \Rightarrow Q^*=90$

（2）若为私人物品，水平加总后：$Q_A+Q_B=(100-P)+(200-P)=300-2P$

$P=\frac{300-Q}{2}=120 \Rightarrow Q=60$

（3）总支出为 $90\times120=10\ 800$（元）

$P_A=100-Q^*=10$，$P_B=200-Q^*=110$

A 缴税 $=10\times90=900$（元）

B 缴税 $=110\times90=9\ 900$（元）

12. 假定一个社会有 A、B、C 三个厂商，A 厂商每生产一单位产品使 B 厂商增加 7 元收益，使 C 厂商增加 3 元成本，A 厂商的边际成本 $MC=4Q_A$，A 厂商产品的市场价格是 16。试求：

（1）在竞争性市场，A 厂商的产出应是多少？

（2）社会最优的产出应是多少？

解答：（1）竞争性市场，$P_A=MC_A \Rightarrow 16=4Q_A \Rightarrow Q_A=4$

（2）社会最优应该是社会总边际收益等于总边际成本时，$7+16=4Q_A+3 \Rightarrow Q_A=5$

13. 一种产品有两类生产者在生产，优质产品生产者生产的产品每件值14元，劣质产品生产者生产的产品每件值8元，消费者不能区分优劣产品。如果消费者买到优质产品的概率是P，买到劣质产品的概率是$1-P$，两类生产者生产单位产品的生产成本都是11.5元，所有生产者是竞争性的。

（1）假定市场上只有优质产品生产者，均衡价格是多少？

（2）假定市场上只有劣质产品生产者，均衡价格是多少？

（3）假定市场上存在同样多的两类生产者，均衡价格是多少？

解答：（1）市场上只有优质产品生产者时，$P=MC=11.5$（元）

（2）市场上只有劣质产品生产者时，$P=MC=11.5$（元），但消费者只愿意支付8元，一件也卖不出去，均衡价格不存在。

（3）$P=MC=11.5$，期望支付意愿为$14P+8(1-P)=14\times\frac{1}{2}+8\times\frac{1}{2}=11$，支付意愿小于边际成本，产品卖不出去，均衡价格不存在。

14. 假定两企业间存在外部性，企业1对企业2产生负外部性，成本函数分别是$C_1=X^2, C_2=X^2+Y^2$，X和Y分别是两个企业的产量，其产品价格分别是40和30。

（1）若两企业不进行外部性问题交涉，两企业的产量和利润各为多少？

（2）社会最优的两个企业产量分别是多少？

（3）政府对企业1课税，单位产量的税率是t，实现社会最优的税率是多少？

解答：（1）$\pi_1=40X-X^2$

$\frac{d\pi_1}{dX}=40-2X=0 \Rightarrow X=20$，$\pi_1=40\times20-20^2=400$

$\pi_2=30Y-X^2-Y^2$

$\frac{d\pi_2}{dY}=30-2Y=0 \Rightarrow Y=15$，$\pi_2=-175$

长期中，企业2会退出市场。

（2）社会最优时，则$\pi_1+\pi_2=(40X-X^2)+(30Y-X^2-Y^2)$

$\frac{d(\pi_1+\pi_2)}{dX}=40-4X=0 \Rightarrow X=10$

$\frac{d(\pi_1+\pi_2)}{dY}=30-2Y=0 \Rightarrow Y=15$

（3）$\pi_1=40X-tX-X^2$

$\frac{d\pi_1}{dX}=40-t-2X=0 \Rightarrow t=40-2X$，

社会最优时，$X=10$，$t=40-2X=20$